Çiğdem Akyol

Erdoğan

W0173803

Çiğdem Akyol

Erdoğan
Die kritische Biografie

HERDER

FREIBURG · BASEL · WIEN

MIX
Papier aus verantwor-
tungsvollen Quellen
FSC® C083411

vollständig überarbeitete und erweiterte Neuausgabe 2018

© Verlag Herder GmbH, Freiburg im Breisgau 2016
Alle Rechte vorbehalten
www.herder.de

Satz: Carsten Klein
Herstellung: CPI books GmbH, Leck

Printed in Germany

ISBN 978-3-451-60064-7
ISBN E-Book 978-3-451-81250-7

Für Deniz

Inhalt

Einleitung

»Du bist die Türkei: Denke groß!«, steht auf Plakaten, die in der Türkei landesweit mit Recep Tayyip Erdoğans Gesicht aushängen. Einerseits ist er allgegenwärtig, in der Türkei sowieso, und auch in den europäischen Medien produziert er große Schlagzeilen. Andererseits wissen wir in Europa immer noch wenig über den Mann, den der Großteil der Auslandstürken wählt, wo er gelegentlich bei Auftritten ganze Hallen füllt, stets rote Nelken in die Scharen wirft und wie ein Messias gefeiert wird. Wenn er dem Volk Versprechungen macht, legt er seine Hand auf die Brust. »*Üstat! Üstat*« – »Lehrmeister! Lehrmeister!«, jubeln sie ihm dann zu. Seine Anhänger – sunnitisch, konservativ – verehren den Populisten. Die Menschen, die ihn wählen, identifizieren sich mit ihm: ein dynamischer, nationalistischer Präsident. Endlich wird die Türkei nicht mehr belächelt, nein, manch Westler fürchtet Erdoğan sogar. Den Auslandstürken ruft er immer wieder zu: »Wir sind stolz auf euch.« Sie skandieren zurück: »Die Türkei ist stolz auf dich!«

Für Außenstehende ist die Grundkonstellation klar: Erdoğan hat sich die Türkei untertan gemacht. Hierzulande ist es zu einer Art Volkssport geworden, Erdoğan, den großen Unbekannten, zu psychologisieren. Dabei fallen die seelenkundlichen Diagnosen im Detail unterschiedlich aus, doch selten wird sein Name ohne die Attribute »autoritär« und »unberechenbar« erwähnt.

In Deutschland erscheint er wie eine undurchsichtige, ferne Figur im Fokus der Weltöffentlichkeit. Ein unermüdlicher Verkünder seiner eigenen Agenda, der für deren Durchsetzung auch Gewalt in Kauf nimmt und dem deswegen von seinen Kritikern eine fast mephistophelische Rolle zugetragen wird. All das ist wahr, doch natürlich ist die Geschichte Erdoğans und der Türken nicht so ein-

11

fach. Die Türken kennen Erdoğan schon seit dessen Jugend, die Deutschen vor allem seit seinem ersten Amtsantritt als Ministerpräsident 2003. Das Bild, das hier von ihm vorherrscht, entspricht nur in Teilen der Realität, die viel umfassender und vielschichtiger ist.

Denn wenn man sich auf die Suche nach dem Menschen hinter dem Präsidenten macht, nach seiner Herkunft, dann wird einem klar, wie unwahrscheinlich sein Weg zur Macht gewesen ist. Er kommt aus kärglichen Verhältnissen, immer wieder versucht die Opposition, ihn kleinzuhalten, sogar sein Ziehvater Necmettin Erbakan stellt sich dem Polittalent in den Weg. Doch sie alle scheitern und machen Erdoğan, der nie aufgegeben hat, am Ende sogar noch stärker.

Recep Tayyip Erdoğan arbeitet sich empor aus einem Armenviertel, überwindet das kemalistische System, das Männer wie ihn nicht vorgesehen hat, zunächst als Bürgermeister, dann als Verlierer, dann als Sieger – und nun als Staatspräsident. Er ist der facettenreichste Politiker der Republik, der in den Wirren der türkischen Geschichte politisch geprägt wurde, dessen Karriere zweifellos beeindruckt und dessen Leben durch eine Konstante geprägt ist: den unbedingten Willen, unbegrenzte Macht als Staatspräsident zu haben.

Wie hat es dieser Emporkömmling geschafft, der mächtigste Politiker der Türkei nach Atatürk zu werden? Erdoğans Laufbahn ist die ernüchternde Historie türkischer Politiker, die ihrem Land keinen Fortschritt bringen konnten und so seinen Aufstieg ermöglichten. So muss sein Leben auch in die komplexe Geschichte und die politischen Entwicklungen des Landes eingeordnet werden.

Es ist aber gleichwohl die Erzählung eines wendigen Mannes, der sich den Begebenheiten der Zeit anpasst und dessen Widerspruch nicht auf Kräften oder Institutionen beruht, sondern vor allem auf seiner Persönlichkeit. Er ist ein rapide lernender Charakter, der Fehler selten ein zweites Mal macht. Dabei orientiert er sich nur an seiner eigenen Person und nicht, wie immer suggeriert wird, am Glauben. Erdoğan ist ein Besessener. Er verfügt über eine manipulative Kraft, die Kraft der einlullenden rhetorischen Gewalt. Ein Narziss und ein Verführer, zweifellos selbstsicher, aber gleichsam ängstlich – denn nur wer sich fürchtet, baut solch ein repressives System auf.

Bislang sind auch Erdoğans Verdienste zu würdigen. Tatsächlich brachte er dem zerrütteten Land über Jahre hinweg ungewohnte politische und wirtschaftliche Stabilität, führte die Republik vor die Tore Europas, wagte einen Neuanfang in der Kurdenpolitik, baute die Infrastruktur auf, demilitarisierte das Land und ließ die Leistungen der Sozialversicherungen erheblich ausweiten. So verbinden viele Türken Erdoğan zwar mit Unterdrückung und auch mit Korruption, aber vor allem mit neuen Straßen, Sicherheit und Konsum. Aus dieser Perspektive werden die Oppositionsparteien hingegen als größeres Übel oder schlicht als zu schwach gesehen, um dem Machthaber etwas entgegenzusetzen. Deswegen wird Erdoğans Unberechenbarkeit bis an die Grenzen des Entschuldbaren hingenommen. »Seine« Türkei ist ziviler und moderner geworden, nicht aber demokratischer.

Politiker der AKP-Partei Erdoğans sprechen selten mit der westlichen Presse. Es wird geschickt abgewiegelt, vertröstet, hingehalten. Und wenn sie doch einmal reden, dann dürfen sie nicht zitiert werden. Sie misstrauen zutiefst der Presse und fürchten Konsequenzen, wenn sie ohne Genehmigung reden. So bleiben Anfragen an die Regierung für ein Interview mit Erdoğan bedauerlicherweise unbeantwortet, auch bei mir ist keine Antwort eingegangen.

Wer Erdoğan kennenlernen und über ihn schreiben will, muss ihm also hinterherreisen und die etlichen Veranstaltungen besuchen, bei denen er auftritt. Der muss die Stationen seines Lebens anschauen, sich herantasten, ihn umkreisen, seine Persönlichkeit studieren. Mit Vertrauten, mit Befürwortern, Gegnern und Zeitzeugen reden, Dutzende Archive besuchen und all das Medienmaterial auswerten, das es über Erdoğan gibt. Ich habe rund fünfzig Gespräche mit Menschen geführt, die Erdoğan entweder persönlich kennen oder aber von seiner Politik direkt betroffen sind – mit Freund und Feind. Doch nur die allerwenigsten wollen als meine Gesprächspartner genannt und zitiert werden.

In Europa werden diese Menschen, die es nicht wagen, öffentlich ihre Meinung zu sagen, rasch als »Feiglinge« abgeurteilt und Journalisten, die sich selbst zensieren, als unfähig abgestempelt. Aber könnte sich nicht jeder selbst fragen, was er machen würde, wenn er in einer defekten Demokratie mit einem gelenkten Rechtssystem und einem löchrigen Sozialstaat leben würde? Zu groß ist mittlerweile die Angst, vom Staatspräsidenten persönlich angezeigt zu werden, das freie Wort ist gefährlich.

Allein in den ersten vierzehn Monaten nach Erdoğans Amtsantritt als Präsident wurden 236 Ermittlungsverfahren wegen »Beleidigung des Präsidenten« eingeleitet. Bei einem Schuldspruch drohen bis zu vier Jahre Haft. Kritik – mag sie auch harmlos als Satire daherkommen – entgegnet Erdoğan vehement. Dabei sind schon Banalitäten ausreichend, um ins Visier der Justiz zu geraten – etwa der Vergleich Erdoğans mit dem »Herr der Ringe«-Wesen Gollum.

Selbst zu Hause ist man nicht mehr sicher. Im Februar 2016 zeigt ein Mann seine eigene Ehefrau wegen Beleidigung des Staatspräsidenten an. Die Frau habe Erdoğan immer beschimpft, wenn er im Fernsehen auftaucht, berichtet die regierungsnahe Zeitung *Yeni Safak*. Der Ehemann habe seine Frau mehrfach ermahnt, dies zu unterlassen. Weil sie aber nicht damit aufhört, nimmt er ihre Kritik auf Tonband auf und zeigt sie an.

Dazu kommen die Tausenden Menschen, die nach dem vereitelten Putschversuch im Juli 2016 inhaftiert werden, die Pässe entzogen, die Jobs verloren. Deswegen haben sich viele Mutige bereits zurückgezogen. Die wenigen, die ihre Kritik doch noch tapfer äußern, müssen im Wochentakt miterleben, wie ihresgleichen durch Gerichtsverfahren zermürbt oder unter fadenscheinigen Gründen in langjährige Untersuchungshaft gesteckt werden.

Doch nahezu jeder, der Erdoğan je persönlich getroffen hat, sagt, er sei ein Seelenfänger. Sein Charisma beeindruckt gleichermaßen Erdoğan-Hasser oder -Unterstützer.

Die zahlreichen türkischsprachigen Erdoğan-Biografien und Bücher über ihn sind ebenfalls wichtige Quellen für eine Annäherung an den Politiker, doch ist dabei kritisch zu berücksichtigen, dass keines dieser Bücher sachlich-distanziert ist. Um drei Beispiele zu nennen: Muhammed Pamuk, Autor des Buches *Yasaklı Umut. Recep Tayyip Erdoğan* (Verbotene Hoffnung. Recep Tayyip Erdoğan), ist Journalist bei regierungsnahen Medien und macht aus seiner Begeisterung für seinen Protagonisten auch überhaupt kein Geheimnis. Mustafa Hoş, Verfasser des Bestsellers *Big Boss*, geht in seinem Buch von der These aus, Erdoğan sei ein »guter Schauspieler«, für die er verschiedene Biografien, die er nach Widersprüchen durchsucht hat, heranzieht. Zwar ist Hoş insgesamt sachlich, doch auch er hat eine eindeutige politische Agenda: Hoş gehörte zu den prominentesten Journalisten des Landes, dann wurde er von Erdoğans Anhängern dermaßen unter Druck gesetzt, dass er mit seiner journalistischen Tätigkeit aufhörte. Ruşen Çakır und Fehmi Çalmuk haben zwar mit *Recep Tayyip Erdoğan. Bir Dönüşüm Öyküsü* (Recep Tayyip Erdoğan. Die Geschichte eines Wandels) eine sachliche Studie vorgelegt, doch ist diese 2001 erschienen und somit veraltet.

Setzt man die biografischen Mosaiksteine zusammen, lässt sich erkennen, dass Erdoğan kein Islamist ist, wie in der deutschen Öffentlichkeit oft unterstellt, sondern ein Taktiker erster Güte – oder aber übelster Sorte, je nach Sichtweise. Seine politische Agenda ist er selbst. Er kann mahnen, provozieren, belehren und begeistern. Er will eine Gehorsamsgesellschaft: Sie soll kaufen, hinnehmen und nicht gegen seine Vorstellungen aufbegehren. Vor allem aber will er uneingeschränkte Macht. Und er möchte gewürdigt werden für seine Leistungen. Auf dieser Grundlage gedeihen die Kränkungen gleichermaßen weiter wie sein Ehrgeiz, den nur ein Außenseiter haben kann.

Freundschaften halten bei ihm nur so lange, wie sie ihm auch nützen. Seinen jahrzehntelangen Weggefährten Abdullah Gül etwa hat er einfach »entsorgt«, als das politische Kalkül dies erforderte. Ihn interessiert die Meinung aus dem Ausland wenig, mehrheitsfähige Positionen bei seinen Stammwählern sind seine Maßgabe – gelegentlich verspricht er ihnen die Einführung der Todesstrafe.

Während Freunde schnell vergessen sind, sind es Feinde aber nie – Erdoğan ist nachtragend und zornig auf alle, die es wagen, ihn zu hinterfragen, und rechnet irgendwann mit ihnen ab.

So wächst der Autoritarismus. Erdoğan hat es geschafft, dass aus der Türkei ein Land der Angst geworden ist. Jugendliche müssen sich fürchten, wegen eines Erdoğan-kritischen Facebook-Postings hinter Gittern zu kommen. Die Türkei unter Erdoğan hat sich zu einem Land entwickelt, in dem kritische Bücher aus den Geschäften verbannt werden. Menschen verschwinden spurlos. Oppositionspolitikern wird die Immunität abgesprochen, um sie anschließend mit politischen Justizverfahren zu zermürben.

Kurden sind nicht mehr sicher – weder vor Ankara noch vor der Terrororganisation PKK. Und die Europäer schrecken in der Flüchtlingskrise vor Erdoğan zurück, der die vor Bürgerkriegen Geflohenen wie Schachfiguren einsetzt. Dazu kommt, dass die Menschen mit dem Terror des »Islamischen Staates« (IS) rechnen müssen und sich ein Attentäter neben ihnen in die Luft sprengt. Die Regierung kündigt nur hilflose Maßnahmen an.

Kritische Medien haben nachgezählt, dass in der zweiten Jahreshälfte 2015 rund 44 Kinder bei Auseinandersetzungen zwischen Regierungskritikern und Sicherheitskräften oder bei Terroranschlägen ums Leben kamen. Einer Studie des Global Peace Index von 2017 über die friedlichsten Länder der Welt zufolge, rangiert die Türkei auf Platz 146 – von 163 Ländern. Zum Vergleich: Deutschland befindet sich auf Platz 16. Allein zwischen Oktober 2015 und der Silvesternacht zu 2017 sterben rund 365 Menschen durch Terroranschläge von kurdischen Gruppen oder mutmaßlich durch Mörder des »Islamischen Staates«.

Wie geht es weiter mit Erdoğan? Zwischen März 2013 und April 2017 gab es fünf Wahlen, letztere, um endlich das Präsidialsystem einführen zu können, das ihn zum Alleinherrscher macht. Erdoğan hat all die Krisen seiner Amtszeiten überstanden, die Gezi-Proteste, die Korruptionsaffäre, das Bergwerksunglück in Soma, den Machtkampf mit Fethullah Gülen, die gescheiterte Außenpolitik mit den Nachbarn, die Terrorwelle durch mutmaßliche Dschihadisten des IS, das Ende des Friedensprozesses mit den Kurden, den niedergeschlagenen Putsch, den Einmarsch in Nordsyrien – doch viele Probleme werden weitergetragen.

So hat seine Außenpolitik die Türkei nicht sicherer gemacht, denn mit all ihren Nachbarstaaten ist die Türkei im Clinch, mit Zypern ist keine Regelung in Sicht, mit Armenien gibt es kaum Austausch. Die Menschenrechtssituation verschlechtert sich zusehends. Die Wirtschaft schwächelt, Erdoğan hat nur noch Claqueure um sich herum versammelt, die Kurden im Südosten des Landes kämpfen wieder gegen die Regierung. In keinem westlichen Land sitzen so viele Journalisten im Gefängnis wie in der Türkei. Der Geheimdienst wird immer wieder mit neuen weitreichenden Befugnissen ausgestattet. Und Erdoğan? Der donnert seinen Kritikern ein »*Haddini bil*« (»Kenne deine Grenzen«) entgegen.

Doch es gibt keine Alternative zu Erdoğan. Tausende Oppositionelle sitzen in den Gefängnissen, nach der gescheiterten Revolte von Teilen des Militärs im Juli 2016 hat Erdoğan jegliche Hemmungen verloren und sich mit einer gigantischen »Säuberungswelle« jeglicher Kritiker entledigt. Seine Kernwähler – die Konservativ-Frommen – erfahren sowieso nichts von all den Negativschlagzeilen, weil Erdoğan die meisten Medien kontrolliert und weil ihnen die rhetorische Feindmarkierungen auch gefallen. Sie wollen Teil sein von Erdoğans hyperzentralistischem System, dessen Institutionen mittlerweile bis in die Kapillaren mit seinen Leuten besetzt sind.

So ist die Türkei ein tief gespaltenes Land. Zwischen denen, die Erdoğan verehren, die an ihm festhalten, weil sie weitere Wirren befürchten. Denen, die aus Sorge schweigen, weil sie keinen Ausweg mehr sehen. Und denen, die auf den Straßen »Erdoğan, tritt ab!« rufen.

Die Türkei ist die Republik der toten Kinder: wo dem vierzehnjährigen Berkin Elvan während der Gezi-Proteste ein Polizist von hinten in den Kopf schießt.

Die Türkei ist ein Land der politischen Pragmatiker: wo der Kurde Dengir Mir Mehmet Fırat, einst AKP-Vize, in die HDP wechselt, um doch noch etwas bewirken zu können.

Die Türkei ist ein Land voller besonderer Geschichten: wo der deutschtürkische HDP-Politiker Ziya Pir, Neffe eines PKK-Mitbegründers, nun gegen Erdoğan kämpft.

Die Türkei ist ein Land der Verwundeten: wo der Künstler Mehmet Aksoy um seine Skulptur trauert, die Erdoğan abreißen ließ, weil sie ihm nicht gefiel.

Die Türkei ist ein Land der Verletzten: wo der Maler und strenge Kemalist Bedri Baykam von einem Islamisten niedergestochen wird und weiterhin gegen Erdoğan wettert.

Istanbul, im Januar 2018

Atatürks langer Schatten

Recep Tayyip Erdoğan ist ohne Zweifel der innen- und außenpolitisch einflussreichste türkische Politiker der modernen Türkei – seit Mustafa Kemal Atatürk. Der Republikgründer ist nach wie vor das personifizierte Selbstverständnis dieses Staates, Erdoğan will in dessen historische Fußstapfen treten. Für Erdoğan ist die Frage der eigenen »Bedeutsamkeit« im Vergleich zu Atatürk ein zentrales Motiv seiner Selbstdarstellung – und damit auch seiner politischen Entscheidungen. Denn zwischen beidem gibt es bei Erdoğan keine Trennung. Um Erdoğan zu verstehen, muss man auch Atatürk verstehen – und dessen Prinzipien nachvollziehen, welche die moderne Türkei geprägt haben.

Und auch wenn zwischen den Geburtsjahren der beiden Präsidenten fast ein Dreivierteljahrhundert liegt, gibt es biografische Parallelen. Sie begannen ihr Leben nicht als Vertreter der herrschenden Eliten, sondern als Kind der »kleinen Leute«. Dass es beide mit diesen Startbedingungen nach ganz oben geschafft haben, liegt unter anderem an einer weiteren Gemeinsamkeit: Die Zwei verbindet das unbedingte Ziel, es zu etwas Großem zu bringen, der sich schon in jungen Jahren deutlich zeigt. Atatürk brachte dieser Ehrgeiz vom Halbwaisendasein in der Provinz erst zu militärischem Ruhm und dann an die Spitze eines neuen Staates. Bei Erdoğan, der es aus einem Istanbuler Arbeiterviertel an die Staatsspitze schaffte, zeigt sich dieser Wille in der Verbissenheit, mit der er alles daran setzt, eine historische Legende zu werden – wie Atatürk. Der eine schuf einen neuen Staat – der andere baute sich ein neues System; beide verschoben die Machtverhältnisse zu ihren Gunsten.

Dieses Ziel trieb Erdoğan auf seinem bisherigen Weg nach oben an. Der Hunger nach Bedeutsamkeit und Stärke machte ihn zum harten, kernigen Alleinherrscher, der sich in seine selbst erschaffene Welt immer weniger hineinreden lässt – *sein* Land, *seine* Leute, *seine* Regeln. Sein Weg ist noch nicht zu Ende: Erdoğans großes Ziel lautet »Präsident im Jahr 2023« zu sein. Dann feiert die Türkische Republik ihren 100. Geburtstag. Sollte er dann tatsächlich noch Präsident sein, könnte er endlich aus dem ewigen Schatten des Republikgründers treten. Der wird nicht nur auch heute noch in der ganzen Türkei verehrt, er ist noch immer zentraler Bestandteil des nationalen Selbstverständnisses, das seit seinen »Kemalistischen Reformen« auf Säkularismus, Fortschrittsglauben und türkischem Nationalismus basiert. Diese Prinzipien galten – allem zwischenzeitlichen politischen Chaos im Land zum Trotz – jahrzehntelang als sakrosankt. Bis Erdoğan kam, diese aushöhlte und demontierte.

Der Gründer der Republik

Generationen von Historikern, Politikwissenschaftlern, Journalisten, Autoren und Turkologen aus aller Welt haben die Archive durchforstet und über Atatürk geforscht. An sachlichen Biografien, deren historische Faktensammlungen und Interpretationen zweifelsohne sauber sind, herrscht kein Mangel.

Mustafa kommt entweder im Winter 1880/81 oder im Frühjahr 1881 im osmanisch kosmopolitischen Salonica (dem heutigen griechischen Thessaloniki) auf die Welt – bisher ist es nicht gelungen, sein genaues Geburtsdatum herauszufinden. Als »offizieller« Geburtstag hat sich später der 19. Mai 1881 durchgesetzt. Der Geburtsname lautet lediglich »Mustafa«, erst die »Kemalistischen Reformen« zwingen Jahrzehnte später die Türken dazu, sich Familiennamen zuzulegen.

Der Sohn eines Finanzbeamten und einer Bauerntochter lebt mit den Eltern und fünf Geschwistern zunächst in bescheidenen Verhältnissen – nur er und eine Schwester werden das Erwachsenenalter erreichen. Nach dem frühen Tod des Vaters um das Jahr 1888 zieht die Mutter mit den beiden verbliebenen Kindern zu ihrem Bruder, wo sie weiterhin in Armut leben. »Meine wichtigste Pflicht war die Feldhüterei. Nie werde ich vergessen, wie ich mit meiner kleinen

Schwester in der Mitte eines Bohnenfeldes unter einem Schutzdach saß und wir mit dem Vertreiben der Krähen beschäftigt waren.«[1] Nach zwei Jahren Feldarbeit wird Mustafa zu einer Tante nach Saloniki geschickt und kann wieder eine Schule besuchen.

Schon früh vom Militär fasziniert, bewirbt er sich an einer militärischen Vorbereitungsschule in Saloniki und besteht 1893 die Aufnahmeprüfung. Hier, so heißt es, habe er wegen seines mathematischen Talents den Beinamen Kemal (von arabisch kamāl: Reife, Vollkommenheit) von einem Lehrer erhalten. Von dort aus wechselt er auf eine höhere Militärschule. Am 13. März 1899 geht es weiter nach Istanbul auf die »Kriegsschule«. Im Anschluss daran folgt ab 1902 die Ausbildung an der Militärakademie der damaligen Hauptstadt. Die schließt er 1905 als Fünftbester mit dem Rang eines Generalstabsoffiziers ab. Anschließend tritt Mustafa Kemal in den Dienst der osmanischen Armee.

Zur damaligen Zeit sind Militärschulen Keimzellen des Patriotismus und des Liberalismus – was dem amtierenden Sultan Abdülhamid II. missfällt. Strikte Zensur ist fester Bestandteil seiner Herrschaft, Kritiker werden in die Verbannung geschickt, freies Denken ist unerwünscht. Der Herrscher regiert autokratisch, und beansprucht sowohl die weltliche Macht (Sultanat) als auch die geistliche Führerschaft (Kalifat). Auch ein 1877 eingesetztes Parlament ändert wenig an diesem Allmachtsanspruch. Der Sultan, damals noch ganz frisch im Amt, löst es bereits nach nur einem Jahr auf. Demokratische Hoffnungen keimen erst auf, als die revolutionären Jungtürken die Herrschaft übernehmen und das Parlament wieder einsetzen.

Die Revolutionäre

Die Jungtürken sind eine nationalistisch gesinnte Geheimgesellschaft. Zu ihnen gehört auch der junge Mustafa Kemal. Die Geheimbündler stören sich an der fortschreitenden Zerbröckelung des Reichs – die Schuld daran geben sie dem Sultan, wenn sie in konspirativen Zirkeln debattieren. Für den jungen Offizier Mustafa

Kemal ist im Jahre 1907 der Sultan »eine hassenswerte Existenz«. Dieser dekadente Vertreter eines Herrscherhauses, das seinen goldene Ära längst hinter sich hat und international quasi ohne Einfluss ist, kann den gut ausgebildeten, aufstrebenden jungen Männern wenig entgegensetzen: 1908 ergreifen die Jungtürken mit ihrem »Komitee für Einheit und Fortschritt« die Macht.

Die Revolutionäre führten die konstitutionelle Monarchie ein, 1909 muss Sultan Abdülhamid II. den Thron an seinen Bruder Mehmet V. abgeben. An der Spitze der Revolutionäre gibt ab 1913 ein Triumvirat den Ton an: Ismail Enver, Ahmed Cemal und Mehmet Talât. Doch in den hinteren Reihen der Revolution steht schon ein von den Ideen der französischen Revolution beeindruckter Mann bereit. Der damals 27-jährige Offizier Mustafa Kemal hat nicht vor, in der Bedeutungslosigkeit zu verbleiben.

Abb. 1: Mustafa Kemal Atatürk – offizielles Bild des jungen Atatürk

Der Wunsch, eine historische Figur zu werden, begleitet den späteren Jungtürken Mustafa Kemal schon seit den Anfängen seiner Militärzeit, die er noch im Dienste des Sultans absolvierte. Dieser ausgeprägte Ehrgeiz ist auch einer der Gründe, die ihn zum jungtürkischen Revolutionär machten. Denn: im osmanischen Heer schien sein Übereifer eher hinderlich. Statt ins Zentrum der Macht, wurde der als zu ambitioniert geltende junge Mann von einem entlegenen Militärposten zum nächsten geschickt – bis sich der Enttäuschte schließlich der jungtürkischen Opposition unter Enver Pascha anschließt.

Nachdem dieses Engagement in der geheimen oppositionellen Jungtürkenbewegung auffliegt, wird Mustafa Kemal nach Syrien versetzt. Im dortigen Exil treibt er seine konspirativen Aktivitäten voran und gründet die Geheimorganisation »Vaterland und Freiheit«.

Zusätzlich fällt Mustafa Kemal auch durch militärisches Talent auf – und das legt schließlich den Grundstein für seinen Aufstieg in der Armee: Unter Beweis stellt er es beim Konflikt von Libyen und Italien (1911–1912), in dem die Osmanen auf der Seite der Italiener kämpfen. Auch während der Balkankriege (1912–1913) ist er im Einsatz und schließlich als Ende Oktober 1914 das zunächst neutrale Osmanische Reich auf der Seite der »Mittelmächte« Deutschland und Österreich-Ungarn in den Ersten Weltkrieg eintritt. Atatürk ist kommandierender Offizier der auf der Halbinsel Gallipoli westlich von Istanbul stationierten Truppen – eine entscheidende Station für die Zukunft Mustafa Kemals. Denn dort ereignet sich zwischen Februar 1915 und Januar 1916 die »Gallipoli-Schlacht«, die heute Teil des Gründungsmythos der modernen Türkei ist.

In dem Kampf gegen die Truppen der Entente um die strategisch wichtige Meerenge der Dardanellen gelingt es Kemals Truppen, die Angriffe einer Allianz aus französischen, britischen, neuseeländischen und australischen Truppen abzuwehren.

Der militärische Sieg verhilft dem 34-jährigen Kemal zum langersehnten Ruhm und ist das Sprungbrett für eine Karriere in der Politik. Den Türken gilt er seitdem als der »Retter von Istanbul«, er erhält den Ehrentitel Pascha. Auch außerhalb der Türkei ist sein Name nun erstmals zu hören. Nach der erfolgreichen Verteidigung der Dardanellen wird Mustafa Kemal zum General befördert, anschließend dient er im Kaukasus und in Syrien. Zudem hat der Einsatz einen weiteren Effekt: Während er siegreich bei Gallipoli kämpft, beteiligen sich andere Militärführer an einem Verbrechen unter Federführung des jungtürkischen »Komitees für Einheit und Fortschritt« – dem Völkermord an den Armeniern. Atatürk selbst bezeichnete diesen 1919 zwar als von den Jungtürken »begangene Katastrophe«, erkannte aber Zeit seines Lebens nie die Realität eines armenischen Völkermords an.

Generell erweist sich die Jungtürken-Regierung für die zahlreichen Minderheiten im Land als Katastrophe. 1915 beginnt sie mit der systematischen Vertreibung und Vernichtung der christlichen Minderheit der Armenier, die Ende des 19. Jahrhunderts im Osmanischen Reich rund zwei Millionen Angehörige zählt. Die Jungtürken misstrauen ihnen als potenziellen inneren Feinden, deren Loyalität im Krieg gegen das christliche Russland als zweifelhaft gilt. Den Vertreibungen und Ermordungen fallen nach unterschiedlichen Schätzungen 1915 und 1916 zwischen 200 000 und 1,5 Millionen Menschen zum Opfer. Viele Armenier werden gezwungen, zum Islam überzutreten.

Zu diesem Zeitpunkt gilt das einstige Weltreich schon lange als »kranker Mann«. An der inneren Stabilität nagen immer häufigere Autonomieforderungen der verschiedenen Nationalitäten, aus denen sich das Reich noch immer zusammensetzt – auch wenn dessen Fläche stark geschrumpft ist.

Vom europäischen Teil des osmanischen Herrschaftsgebietes ist nur ein schmaler Streifen geblieben. Er erstreckt sich von Albanien über Mazedonien bis Thrakien. Im Südosten sind noch der Irak, der Libanon, Palästina und Teile der arabischen Halbinsel unter osmanischer Verwaltung. Sie bilden den kläglichen Rest eines einst glanzvollen Imperiums, das zu seiner Blütezeit Mitte des 17. Jahrhunderts seine maximale Ausbreitung erreicht hatte. Die reichte von Ägypten, über weite Teile der Arabischen Halbinsel bis zum

Jemen und an den Persischen Golf. In Europa waren die Osmanen einst bis Wien und an die polnische Grenze vorgedrungen. Nun, mit dem Ende des Ersten Weltkriegs, bricht auch das Osmanische Reich zusammen. Weite Teile sind durch die Alliierten besetzt oder im Krieg verloren gegangen. Am 30. Oktober 1918 muss die Türkei die Kapitulation im Waffenstillstand von Mudros unterzeichnen – die Niederlage ist besiegelt. Im Pariser Vorort Sèvres teilen am 10. Oktober 1920 die Alliierten das geschlagene Imperium unter sich auf. Übrig bleiben nur fünfzehn Prozent seines einstigen Territoriums.

Für die Nationalisten, wie Mustafa Kemal, begeht der Sultan mit der Kapitulation einen unverzeihlichen Verrat. Als siegreicher General in einem besiegten Land beginnt er mit der Organisation des militärischen Widerstands. Endlich bietet sich für ihn die Gelegenheit, in die erste politische Reihe aufzurücken. Sein Befreiungskrieg richtet sich gegen die Besatzung durch alliierte Truppen, die Aufteilung des anatolischen Kernlandes und gegen den als Schmach empfundenen Vertrag von Sèvres 1920.

Am 19. Mai 1919 landet der General in Samsun an der Schwarzmeerküste und beginnt ohne Rücksicht auf die Befehle des Sultans das Volk um sich zu scharen – dieser Tag gilt als Beginn des Türkischen Befreiungskrieges. Er endet 1923 mit einem Sieg für die Türkei im Friedensvertrag von Lausanne, der den demütigenden Vertrag von Sèvres außer Kraft setzt. Die Alliierten ziehen ab, die Türkei in ihren heutigen Grenzen wird unabhängig und völkerrechtlich anerkannt. Der neue Friedensvertrag, in der Türkei als Sieg gefeiert, ist nicht für alle Bewohner des jungen Staates ein Grund zur Freude: Die größte Minderheit des Landes, die Kurden, geht darin leer aus. Während die Sieger des Ersten Weltkriegs im Friedensvertrag von Sèvres den Kurden noch einen eigenen Staat versprochen hatten, werden diese im neuen Vertrag nicht einmal erwähnt. Stattdessen werden ihre Siedlungsgebiete zwischen der Türkei, dem Irak, dem Iran und Syrien aufgeteilt.

Der Vertrag von Lausanne erschüttert das ethnische Mosaik des Osmanischen Reichs, zumal unmittelbar nach seiner Ratifizierung ein sogenannter »Bevölkerungsaustausch« zwischen Griechenland und der Türkei vereinbart wird. Den meist orthodoxen Christen des Landes wirft man vor, auf der Seite der Invasoren zu stehen. Rund 1,2 Millionen von ihnen müssen die Republik in Richtung Griechenland verlassen. Umgekehrt siedeln rund 400 000 Muslime zwangsweise von den ägäischen Inseln und Westthrakien in die Türkei um. Ihre Häuser werden konfisziert, sie dürfen nur mitnehmen, was sie tragen können.

Am 19. September 1923 gründet Atatürk seine »Volkspartei« (Halk Fırkası, HF), die am 10. November 1924 in »Republikanische Volkspartei« (Cumhuriyet Halk Fırkası, CHF) unbenannt wird und inzwischen Cumhuriyet Halk Partisi, CHP, heißt. Ein Elitenprojekt, bestehend aus Militär- und Zivilbürokraten. Ihr erster Vorsitzender ist selbstverständlich Mustafa Kemal, der nun beginnt, die junge Republik nach seinen Vorstellungen zu formen. Eine Opposition gibt es nicht, Regierung und Partei bilden eine geschlossene Einheit, die wenig liberal herrscht. Fast alle Staatsbeamten sind Mitglieder der CHF (später CHP) und müssen deren Anordnungen Folge leisten.

Innere Modernisierung

Als Mustafa Kemal am 29. Oktober 1923 die neue Republik ausruft, wird er mit 42 Jahren deren erster Präsident – und leitet eine geistige, gesellschaftliche und politische Rundumerneuerung ein, die er der mehrheitlich agrarisch geprägten Gesellschaft rücksichtslos von oben verordnet. Diese Umbruchsphase wird bis in die Fünfzigerjahre dauern. Ziele der Reformen sind ein nationales Selbstbewusstsein und Fortschrittlichkeit: »Hierfür wird der Zeitmaßstab nicht nach den schlaffen Ansichten der Vergangenheit, sondern nach Ansichten der Geschwindigkeit und Bewegung unseres Jahrhunderts gesetzt«, erklärt Atatürk vor der Nationalversammlung. »Türkei, sei stolz, arbeite und habe Vertrauen«, impft er den Menschen ein. Mit dem Laizisten Atatürk gründet also ein ehemaliger Soldat die »neue

Türkei«, der ehemalige Islamist Erdoğan wird später an *seiner* »neuen Türkei« bauen.

Der ideologische Bruch und die damit verbundene Abgrenzung vom historischen Ballast erschaffen neue Klassenverhältnisse. Die Spaltung zwischen »schwarzen Türken« (Siyah Türkler) und »weißen Türken« (Beyaz Türkler) – eine Definition, die erst in den Achtzigerjahren durch die Soziologin Nilüfer Göle geprägt wurde – wird unter Mustafa Kemal gefördert. Ein diskriminierendes System, welches erst durch Erdoğans Aufstieg endgültig abgeschafft wird: Zu den »weißen Türken« zählt die kemalistische Elite, die das Land über Jahrzehnte regiert, und ab der Republikgründung Militär, Justiz und Medien dominiert. Streng dem Säkularismus verpflichtet, behalten sich die »weißen Türken« vor, über das Zusammenleben und die Gestaltung der politisch-kulturellen-Strukturen zu entscheiden. Dabei schauen sie auf die »schwarzen Türken« herab. Diese sind arm, religiös-konservativ und ungebildet. Politische Teilhabe wird ihnen verweigert. »Schwarze Türken« durften die Häuser der »weißen Türken« putzen, ansonsten hatten sie darin nichts verloren. Diese von Atatürk begründete Gesellschaftsstruktur beginnt erst Jahrzehnte später zu bröckeln. Endgültig verschoben werden die Machtverhältnisse, als der »schwarze Türke« Erdoğan die Regierung 2003 übernimmt.

Diktierter Fortschritt

Mustafa Kemals Maßnahmen gehen als »kemalistische Reformen« in die Geschichte ein. Er setzt sie in den Anfangsjahren der Republik um, ohne sich um die Akzeptanz der Massen zu scheren. Sie umfassen auch die »Türkisierung« der Minderheiten: Das Osmanische Reich war multikonfessionell und multinational, und auch in der neuen Türkei leben Muslime, Christen und Juden, Türken, Griechen, Armenier, Araber, Kurden und Slawen. Im Vertrag von Lausanne werden zwar die Rechte von Nichtmuslimen garantiert, aber bis heute hat einer der Leitsätze Mustafa Kemals – »Ne mutlu

Türküm diyene« (Glücklich derjenige, der sich als Türke bezeichnet) – seine Gültigkeit. Es gilt: Ein Volk, eine Sprache, eine Nation. Entsprechend wenig Platz ist für religiöse und ethnische Minderheiten. Mustafa Kemal möchte einen homogenen Nationalstaat nach europäischem Vorbild. Die Nationalversammlung definiert am 20. April 1924 in der republikanischen Verfassung den Begriff »Türke« so: »Die Einwohner der Türkei heißen ohne Ansehen der Religion und Rasse ›Türke‹ im Sinne der Staatsangehörigkeit.«

Atatürk verlangte der Gesellschaft mit seinen Reformen viel ab – zu viel. Er handelte schnell – zu schnell – und erntete dafür Respekt, gepaart mit Furcht. Die westliche Welt war das Ideal. Um die türkische Gesellschaft auf deren vermeintlich höheres Niveau zu heben, formte er das Land väterlich-bevormundend und in atemberaubendem Tempo um. Sein Weggefährte Ismet Inönü, der »Zweite Mann«, befand, das ganze Land sei ein Klassenzimmer und Atatürk der Oberlehrer. Atatürk selbst sagte: »Ich diktiere meinem Volk die Demokratie.«

Im Schnelldurchlauf

In keinem anderen sunnitisch-islamischen Land wurde je in so kurzer Zeit so stark mit Vergangenheit und Traditionen gebrochen, wie in Atatürks Türkei. Der muslimische Glauben gilt plötzlich als Hauptgrund für alle bisherigen Niederlagen und als Ursache für Rückständigkeit und Gehemmtheit. Geduldet wird Religiosität fortan nur noch im Privaten. Sein Credo auf dem Weg in die Moderne: »Der Islam gehört auf den Müllhaufen der Geschichte. Diese Gotteslehre eines unmoralischen Beduinen ist ein verwesender Kadaver, der unser Leben vergiftet.« Die arabischen Nachbarn betrachten die türkischen Brüder und Schwestern bald »als vom Glauben Abgefallene«. Denn für die gilt fortan die kemalistische Devise: »Die einzig wahre Rechtleitung im Leben ist die Wissenschaft.«

So werden Reformen umgesetzt, die bis heute einzigartig sind in der islamischen Welt. Zunächst einmal wird, um sich auch vom osmanischen Erbe zu distanzieren, Ankara zur Hauptstadt erklärt.

Der erste Artikel der am 20. April 1924 verabschiedeten Verfassung des jungen Staates lautet:»Das Türkische Reich ist eine Republik«, die Große Türkische Nationalversammlung wurde als »alleiniger Vertreter des Volkes« bestimmt. Laut Atatürk hat sich die Regierung nur an der Verfassung und nicht an dem Koran zu orientieren. Nachdem am 1. November 1922 gesetzlich schon das Sultanat (die weltliche Herrschaft des Sultans als Monarch) abgeschafft worden war, greift Kemal 1924 nach dem Herzstück des osmanischen Reichs, dem Kalifat, dem Anspruch auf die geistige Führerschaft der Muslime in der Tradition des Propheten. Denn: das »Kalifat ist ein Märchen der Vergangenheit, das in unserer Zeit keinen Platz mehr hat. Religion und Staat müssen getrennt werden«, erklärt Mustafa Kemal. Als am 3. März 1924 die Nationalversammlung verkündet, dass das Amt des Kalifen abgeschafft werde, bricht Atatürk mit einer fast 1300 Jahre alten Tradition – der Verbindung von weltlicher und geistlicher Macht des Staatsoberhauptes. Für den Staatsgründer gibt es nur »eine Zivilisation«, die des Westens.

Der letzte osmanische Kalif, Abdülmecid II. und alle Mitglieder der ehemaligen osmanischen Sultansfamilie werden ins europäische Exil geschickt. Im selben Jahr werden die Şeriatgerichte, die nach sunnitisch-islamischer Tradition Recht sprachen, aufgelöst – ebenso wie religiöse Stiftungen. Dafür entsteht die auch heute noch bestehende Religionsbehörde Diyanet (Diyanet İşleri Başkanlığı, Präsidium für Religionsangelegenheiten). Sie organisiert die Pilgerfahrt nach Mekka, ist zuständig für die Imame, die Religionsauslegung, das Theologiestudium und die Verwaltung der religiösen »Imam-Hatip-Schulen«. Ihr Vorsitzender ist die höchste religiöse Autorität im Staat. Für Atatürk dient die Diyanet vor allem dazu, den Glauben zu kontrollieren. Erdoğan wird später das Budget der Behörde erheblich ausweiten.

1924 stellt Mustafa Kemal alle Schulen unter staatliche Kontrolle. Im November 1925 werden die Derwischkloster, ihre Medressen und Orden als »Horte der Reaktion« geschlossen. Viele Symbole der – aus Sicht des Präsidenten – rückständigen islamischen Vergangenheit werden verbannt.

Wie verbissen der neue Staatschef gegen einzelne Elemente der Tradition vorgeht, zeigt die von ihm initiierte Hutrevolution, sie ist Teil seiner Kampagne, seinen Landsleuten »international übliche Bekleidung« zu verordnen. Darunter fällt auch der Fez, die traditionelle Kopfbedeckung, die Mustafa Kemal als »Zeichen der Unwissenheit« schmäht. Weil die Türken den Fez mit dem Islam, den westlichen Hut dagegen mit dem Christentum verbinden, fällt ihnen die geforderte Umstellung nicht leicht. Am 25. November 1925 wird das »Gesetz über das Tragen von Hüten« (Şapka Kanunu) verabschiedet, welches das Tragen des Fez verbietet. Beamten werden Frack und Zylinder für offizielle Festlichkeiten vorgeschrieben, zudem befiehlt ihnen Atatürk, sich mit ihren Frauen auf Bällen zu amüsieren.

Atatürks Frauenbild: Erfolgreich, selbstbewusst, unverschleiert

Nach den Kopfbedeckungen der Männer sind die Schleier der Frauen an der Reihe, wobei Mustafa Kemal weniger drastisch vorgeht. Zwar galt ihm der Schleier als ein Symbol der weiblichen Unterdrückung. Ein radikaler Angriff auf die »Ehre« der Frau hätte jedoch einiges an sozialem Konfliktpotenzial mit sich gebracht und wurde deswegen nicht gesetzlich verankert.

Der Zwang zum Schleier und zu einem Ganzkörperumhang für Musliminnen wird zwar aufgehoben und in einer Kleiderverordnung festgehalten, dass Beamtinnen und Angestellte des öffentlichen Dienstes während der Dienstzeit mit unbedecktem Haar erscheinen sollten. Aber das berüchtigte Kopftuchverbot in Bildungseinrichtungen wird erst 1982 von den Militärs eingeführt. Kemal versucht es mit Ansprachen, in denen er an die Fortschrittlichkeit seiner Landsleute appelliert, so etwa 1925: »An manchem Ort sehe ich Frauen, die über ihren Kopf ein Hals- oder Badetuch oder etwas Ähnliches werfen und ihren Kopf von an ihnen vorbeigehenden Männern abwenden oder sich mit geschlossenen Augen hinsetzen. (…) Meine Herren, darf die Mutter, die Tochter einer zivilisierten Nation sich in eine solch barbarische Haltung begeben? Das ist ein Anblick, der die Nation äußerst lächerlich erscheinen lässt.«[2] Rund neunzig Jahre später, im Juli 2014, fordert Erdoğans Stellvertreter Bülent Arınç, Frauen sollten sich »schamhafter« zeigen. »Wo sind unsere Mädchen, die leicht erröten, ihren Kopf senken und die Augen abwenden, wenn wir in ihre Gesichter schauen, und somit zu einem Symbol der Keuschheit werden?«, fragt Arınç.

Die »neue Türkei« ist für Mustafa Kemal nicht vorstellbar ohne starke Frauen. So werden 1926, angelehnt an das Vorbild Italiens und der Schweiz, ein neues Zivil- und Strafrecht eingeführt, und die rechtliche Gleichstellung der Frau durch die Übernahme des schweizerischen Zivilrechts und des italienischen Strafrechts in Angriff genommen. Bis dahin wurden Frauen nicht als vollwertige Rechtsperson anerkannt, ein Mann durfte mehrere Frauen heiraten, und nur der Mann durfte sich scheiden lassen. Natürlich hatte er auch mehr Rechte, was die Kinder, das Eigentum und das Erbrecht betraf.

Es werden die Polygamie und das Verstoßen von Ehefrauen verboten und durch die Zivilehe, gleichberechtigte Ehescheidung und formale Gleichberechtigung von Mann und Frau abgelöst. Muslimische Frauen erhalten das Recht, Nichtmuslime zu heiraten. Der Mann gilt fortan nicht mehr als das Oberhaupt der Familie und darf auch nicht mehr alleine den Wohnsitz der Familie festlegen. Zudem brauchen Frauen keine Zustimmung des Ehemannes mehr, wenn sie arbeiten gehen wollen. Das Heiratsalter wird auf achtzehn Jahre festgelegt, bei Sorgerechtsstreitigkeiten hat nicht mehr automatisch der Mann das letzte Wort. 1934 wird das aktive und passive Frauenwahlrecht eingeführt – fünfzehn Jahre später als in Deutschland, aber elf Jahre vor Frankreich, der Wiege von Freiheit, Gleichheit und Brüderlichkeit. Ein Jahr später dürfen Frauen auch in die Nationalversammlung einziehen.

Im Privaten lebt Mustafa Kemal allerdings die Gleichberechtigung bei weitem nicht so, wie er sie öffentlich propagiert. Zwar adoptiert er, der nie leibliche Kinder hatte, acht Töchter. Von seiner

Ehefrau Latife Uşşaki, einer Juristin und modernen First Lady nach europäischem Vorbild, trennt er sich nach nur einem Jahr Ehe – die standesamtlich geschlossen worden war. Die Scheidung vollzieht er 1924 nach islamischen Recht – durch eine schriftliche Kündigung seinerseits. Und: auch wenn die neuen Gleichstellungsgesetze zweifelsohne fortschrittlich sind, entsprechen sie längst nicht überall der Realität. Vielerorts bestimmt weiterhin das patriarchalische Gesellschaftsideal von der Hausfrau und Mutter den Alltag. Und der Weg zur vollkommen Gleichberechtigung ist bis heute nicht zu Ende: Erst 1990 wurde der Zivilrechtsartikel für verfassungswidrig erklärt, der dem Ehemann das Recht auf Einspruch bei der Berufsausübung seiner Partnerin gestattete.

Die forschen Vorstöße des Staatsoberhauptes erschüttern die weitgehend ländliche und von religiösen Werten geprägte Gesellschaft. Seine teils mit Brutalität durchgepeitschten Reformen traumatisieren diese Gesellschaft teils regelrecht. Kemal hat für seine Reformen auch deshalb freie Bahn, weil es auch nach den Anfangsjahren keine politische Opposition gibt, die seine Politik hätte hinterfragen können. Selbst Gewerkschaften sind verboten. Als im Juni 1926 in Izmir ein Attentatsversuch gegen den Präsidenten auffliegt, der als »Verschwörung von Smyrna« bekannt wird, nutzte er dies politisch aus. Er beginnt, das Bild einer inneren und äußeren Bedrohung für die Türkei zu inszenieren. Ein Instrument, dessen sich auch Erdoğan Jahrzehnte später bedienen wird. Einige der Verschwörer – ehemalige Jungtürken von »Union und Fortschritt« – enden nach einem Schauprozess vor einem Sondergericht am Galgen.

Alle Wege führen nach Westen

Der strikte Westkurs wird fortgesetzt, der Islam noch radikaler verbannt. Stand in der Verfassung von 1924 noch in Artikel 2: »Die Religion des türkischen Staates ist der Islam«, so wird dieser Passus im April 1928 gestrichen. Keine Regierung nach Atatürk hat diese

Entscheidung bisher zurückgenommen. Am 8. April beschließt die Nationalversammlung die Trennung von Religion und Staat, seitdem ist die Türkei das einzige islamische Land mit einem säkularen System – bis heute. Vorbild ist Frankreich, das 1905 als erstes Land der Welt die Laïcité in der Verfassung verankerte. Ebenfalls 1928 lässt er die islamische Freitagspredigt auf Türkisch statt wie vorher üblich auf Arabisch sprechen.

Auch andere gesellschaftliche Bereiche nimmt er ins Visier: Eine Bildungsreform unterstellt alle Ausbildungs- und wissenschaftlichen Institutionen dem Bildungsministerium. Ab dem 1. Januar 1926 gelten der gregorianische Kalender und die Uhrzeitreform. Nach der alten Uhrzeit mussten sich die Menschen immer nach der Sonne richten. 1928 werden die internationalen Zahlen eingeführt, das osmanische Türkisch wird verbannt. Zudem ist es nun verboten, Arabisch zu lesen und zu lehren.

Die arabische Schrift wird im Alltag abgeschafft, fortan wird in lateinischen Buchstaben geschrieben. Eine Expertenkommission empfiehlt die Umsetzung dieser Reform binnen weniger Jahre. Soviel Geduld hat Mustafa Kemal nicht, stattdessen müssen die Türken rasch die neue Schriftsprache lernen, denn das Arabische verschwindet aus dem öffentlichen Raum. Wer das lateinische Alphabet nicht beherrscht, kann plötzlich weder Schilder noch Zeitungen oder Behördenschreiben lesen, die die neuen »türkischen Buchstaben« verwenden müssen. Journalisten und Beamte bekommen drei Monate Zeit, die neue Schrift zu lernen. Wer durch die dann folgende Prüfung fällt, verliert seine Arbeit. Atatürks volkserzieherischen Autokratismus sollte auch Erdoğan übernehmen. Auch neue Münzen und Geldscheine werden geprägt und gedruckt.

Der ideologische Überbau der von oben diktierten Revolution entsteht auf dem CHP-Parteitag zwischen dem 10. und 18. Mai 1931: Als »Sechs Pfeile« des Kemalismus (Altı Ok) gehen die sechs Prinzipien – Etatismus, Revolutionismus, Republikanismus, Populismus, Nationalismus und Säkularismus – in das Parteiprogramm ein. Sie gelten bis heute, und noch immer zieren sechs weiße Pfeile das rote CHP-Emblem. Ein sichtbarer Geburtsfehler der Republik, denn die Demokratie wird nicht erwähnt. Der Laizismus grenzt die frommen Muslime aus, der ethnische Nationalismus verbannt Minderheiten wie die Kurden.

Ein Gesetz vom 21. Juni 1934 zwingt die Türken, sich einen Familiennamen zuzulegen. Ausgeschlossen sind ausländische, lächerliche und sittenwidrige Namen und Namen, die einen militärischen Rang bezeichnen. Weil auch dies innerhalb kürzester Zeit umgesetzt werden musste, lassen sich viele Überforderte einfach einen Namen vom zuständigen Beamten geben. Mustafa Kemal bekommt den Beinamen Atatürk (»Vater der Türken«) zugesprochen, ein Ehrentitel, der bis heute nur ihm zusteht.

Die Übernahme des westlichen Gesellschaftsmodells geht weiter, statt dem Freitag wird der Sonntag zum Ruhetag. Geistliche dürfen ihre traditionelle Kleidung nur noch während der Ausübung ihrer Arbeit tragen. Am 5. Februar 1937 wird schließlich das Prinzip des Laizismus in die Verfassung aufgenommen. Dabei versteht sich Atatürk perfekt auf die Selbstinszenierung: Legendär ist bis heute seine Marathonrede, die er zwischen dem 15. und 20. Oktober 1927 zum vierten Republikjubiläum hält. In der 36-stündigen »Nutuk« (Rede) erzählte er, in einen Frack gekleidet, über sechs Tage verteilt sein eigenes Epos. 900 Seiten umfasst das historische Dokument dieses Auftritts, in dem er die Geschichte der Türkei zwischen 1919 und 1926 darstellte.

Das Ende des »Vaters der Türken«

Atatürks letzte Jahre sind geprägt von Krankheit, zeitweise fällt er ins Koma. Er stirbt mit nur 57 Jahren am 10. November 1938 um 9.05 Uhr im pompösen Dolmabahçe-Palast in Istanbul. Gemunkelt wird, sein ausgiebiger Rakikonsum habe zu seinem frühen Ende geführt. Kurz nach seinem Tod wurde er zum »Ewigen Anführer« (Ebedi Şef) seiner Partei, der »Kemalismus« (Atatürkçülük) zur Staatsideologie ernannt.

»Das Herz des Landes ist stehen geblieben«, schreiben die Zeitungen. Millionen Türken gehen auf die Straßen, um dem verstorbenen Feldherr, Gründer der jungen Republik und ihrem Präsidenten das letzte Geleit zu geben.

Doch der physische Tod Atatürks ist nicht das Ende des Personenkultes, der schon zu Lebzeiten begonnen hatte. Noch während er das Land umkrempelte, entstanden landesweit Atatürk-Denkmäler. Bis zur Republikgründung hatte es kaum Standbilder oder Büsten Herrschender oder historischer Figuren, gegeben. Mit Atatürk aber änderte sich dies. Plötzlich wetteiferte jede Gemeinde darum, das schönste Denkmal des Politikers zu errichten. Am 8. August 1928 wird das Atatürk-Denkmal am Istanbuler Taksim-Platz eingeweiht, wo Erdoğan mehrfach den erfolglosen Versuch unternahm, eine osmanische Kaserne nachbauen zu lassen oder gar eine Moschee zu platzieren.

Atatürks Vermächtnis

Bis heute ist die Verehrung für den Republikgründer ungebrochen. Sein Geburtshaus im griechischen Thessaloniki wurde originalgetreu in Ankara nachgebaut, um Atatürk-Fans die Wallfahrt zu erleichtern. Schon Grundschulkinder müssen seine Ideologie verinnerlichen. In jedem Schulbuch sind die Nationalhymne, der İstiklâl Marşı (Freiheits- bzw. Unabhängigkeitsmarsch), ein Atatürk-Porträt und dessen berühmte »Rede an die Jugend« vom 20. Oktober 1927 abgedruckt. Darin fordert er die Jungen auf: »Es ist stets deine erste Aufgabe, die türkische Unabhängigkeit und die türkische Republik bis in alle Ewigkeit zu schützen und zu verteidigen.«

Auf jedem Schulhof steht eine Atatürk-Büste. Jedes Jahr am 10. September um 9.05 Uhr legen die Türken eine Schweigeminute ein. Überall sind Sirenen zu hören, alle halten inne, der Verkehr steht still. Die Türkei müsse man sich vorstellen wie einen Baum, mit Wurzeln und Ästen in viele Richtungen, schrieb einmal der britische »Economist«. Atatürk sei der Mann, der diesen Baum gepflanzt, aufgezogen und gestutzt habe.

Dafür, dass das Andenken an den Republikgründer unbeschädigt bleibt, sorgt das Gesetz Nummer 5816 des türkischen Strafgesetzbuches. Jedem, der es wagt, den »Vater der Türken« zu kritisieren oder zu beleidigen, droht eine mehrjährige Gefängnisstrafe: Als 2004 ein türkischer Journalist die unwahre Behauptung aufstellt, Atatürk sei ohne religiöses Gebet beerdigt worden, wird er zu fünfzehn Monaten Haft verurteilt, trotz öffentlicher Entschuldigung. Nur einer wagt es, den Republikgründer öffentlich zu diskreditieren: Erdoğan nennt Atatürk 2013 einen »Säufer«. Auch wenn er dessen Namen nicht erwähnt, ist der Bezug klar. Konsequenzen: keine.

Der stellenweise schon manische Personenkult um Atatürk wird jedoch nicht nur von der AKP-Regierung mehr oder weniger durch Zwang hochgehalten, sondern gleichzeitig vor allem in AKP-kritischen Kreisen gepflegt. Wer heute in der Türkei eine türkische Flagge mit dem Atatürk-Konterfei aus seinem Fenster hängen lässt, grenzt sich damit von Erdoğan ab. Der Kemalismus erscheint wie die einzige Rettung vor dem freiheitsraubenden konservativen islamisch-geprägten Weg, für den Erdoğan steht. Atatürk wird zum Helden einer Nation, die Erdoğan so nicht mehr haben will.

Zweifelsohne hat die Gesellschaft dank Atatürks reformerischem Heißhunger spektakuläre Fortschritte gemacht. Doch war er eben nicht nur, wie die türkische Geschichtsschreibung betont, ein genialer Visionär, sondern auch ein aufgeklärter Despot. Natürlich war er ein Erneuerer, aber kein Demokrat. Er herrschte totalitär und duldete keinen Widerspruch – Parallelen, die sich später auch durch Erdoğans Politikstil ziehen sollten.

Dass unter Atatürk Minderheiten wie Kurden, Griechen oder Armenier zu einem ungeliebten Fremdkörper degradiert wurden, dass er seine Gegner erhängen ließ, dass die Reformen von ihm rücksichtslos durchgedrückt wurden, und dass er ein Alkoholproblem hatte, darüber wird in der Türkei oft hinweggesehen.

Seit dem 10. November 1953 ruht Atatürk in einem Mausoleum, das die Ausmaße einer Kleinstadt hat. Millionen Türken pilgern jährlich zu dem gigantischen Bau namens »Anıtkabir« auf einem

Hügel am Rande von Ankara. In der monumentalen Säulenhalle sind in einem Museum mit lebensgroßen Figuren die wichtigsten Schlachten Atatürks nachgebaut. Eine Atatürk-Wachsfigur ist zu bewundern – ebenso seine vollständige Garderobe. Im September 2015 wird in der Hauptstadt ein Gebäude mit noch gigantischeren Ausmaßen für ein neues Staatsoberhaupt eingeweiht: Der Ak Saray (weißer Palast), der neue Amtssitz Erdoğans, der kurz zuvor zum Präsidenten gewählt wurde. Mit rund 1100 Zimmern ist er rund zwanzigmal größer als der Pariser Élysée-Palast.

Einen Tag nach Atatürks Tod wird in Ankara Inönü zu Atatürks Nachfolger gewählt. Die Amtszeit des zweiten Präsidenten der Republik ist vor allem geprägt durch das Ende des Zweiten Weltkriegs und die fortgeführte Diskriminierung von Nichtmuslimen und Nichttürken. So werden 1942 die Varlık Vergisi – eine »Vermögenssteuer« – für diese Gruppen eingeführt, mit der unter anderem Geld für die Kriegsausgaben herangeschafft werden soll, aber vor allem eine nationale Homogenisierung vorangetrieben wird. Diese Zwangsabgabe wird zwar zwei Jahre später wieder gestrichen, aber während dieser Zeit wird die Steuer gewaltsam eingetrieben, wer sie nicht zahlen kann oder will, wird in Viehwaggons deportiert.

Obwohl der neue Staat 1923 die Rechte der christlichen Minderheiten – mehrheitlich Griechen und Armenier – völkerrechtlich garantiert, werden diese Minderheitenrechte im Alltag nicht umgesetzt. Der Staat impft dem Volk den Nationalismus ein, das Türkentum wird grotesk überhöht, es wird drohend wiederholt, dass jeder, der in der Türkei lebe, ein Türke sei – Töne, die Erdoğan auch übernehmen wird.

Inönü genehmigt erstmals eine Oppositionspartei. Zwar hatte Atatürk bereits 1924 und 1930 die Gründung einer Oppositionspartei zugelassen, um den Meinungsaustausch in der Politik anzuschieben und sich der Illusion seiner westlichen Demokratievorstellung kurzzeitig hinzugeben. Doch die »Republikanische Fortschrittspartei« (Terakkiperver Cumhuriyet Fırkası, TCF) überlebt nur ein Jahr, und weil die »Freie Republikanische Partei« (Serbest Cumhûriyet Fırkası, SCF) bei den Kommunalwahlen beachtliche Erfolge erzielt, wird das Demokratie-Experiment schon nach drei Monaten wieder beendet. Erst neun Jahre später wird auf dem fünften Parteikongress der CHP die Zulassung von Oppositionsparteien beschlossen, um Parlamentsdebatten zu stimulieren. Durch den Ausbruch des Zweiten Weltkriegs verzögert sich jedoch die Öffnung hin zum Mehrparteiensystem.

Am 19. Mai 1945 kündigt Staatspräsident Inönü ein Mehrparteiensystem an. Denn im Land werden immer wieder Stimmen laut, die Kritik an der kemalistischen Elitenregierung wagen und die strenge Verbannung des Glaubens aus der Öffentlichkeit nicht hinnehmen wollen.

Einstige Weggefährten Atatürks ergreifen die Gunst der Stunde, und verlassen die CHP, um in die Opposition zu gehen. Zu ihnen gehören etwa Celâl Bayar, von 1937 bis 1939 Ministerpräsident, und Adnan Menderes. Beide gründen im Januar 1946 zusammen mit anderen Dissidenten aus der CHP die »Demokratische Partei« (Demokrat Parti, DP), eine konservative Partei, die zu einem Sammelbecken unzufriedener Kleinbürger wird. Zudem fordert die DP die Liberalisierung der Wirtschaft und des politischen, gesellschaftlichen und religiösen Systems. Einiges an der DP erinnerte später auch an die AKP.

Die DP wendet sich bei den Parlamentswahlen speziell an die Landbevölkerung und vermarktet sich als Sprachrohr der Massen, die von den Sozialdemokraten nicht vertreten werden würden. Die DP betrachtet sich als »Anti-Establishment-Bewegung«, kann aber mit dieser Haltung bei den Wahlen im Juli 1946 nicht gewinnen.

Doch die CHP bleibt in ihrem starren kemalistischen Korsett stecken. Die DP schafft es in den Folgejahren hingegen, sich als populistische Bauernpartei zu etablieren. So gelingt es schon bei den darauffolgenden Parlamentswahlen am 14. Mai 1950 der Opposition, nach 27 Jahren die Herrschaft der CHP zu beenden. Der Parteivorsitzende Menderes tritt mit dem Wahlslogan auf »Es reicht, das Wort hat nun das Volk« und holte rund 55,2 Prozent der Stimmen.

Damit endet das Diktat der CHP, die mit 39,6 Prozent auf die Oppositionsbank verbannt wurde, und es begann die zweite Periode der Republik. Bayar wurde Staatspräsident und ernannte Menderes zum Ministerpräsidenten. Das Tandem Bayar – Menderes sollte für die nächsten zehn Jahre die Geschicke des Landes lenken.

Der 1899 geborene Menderes gilt als erster »islamischer« Ministerpräsident der Republik. »Wir haben unsere bis jetzt unterdrückte Religion von der Unterdrückung befreit«, verkündete der neue Regierungschef dem Volk. Als erster frei gewählter Premier machte Menderes zunächst einmal einige der laizistischen Reformen rückgängig. Der »Ezan«, der Aufruf zum Gebet, durfte wieder auf Arabisch gesprochen werden. Es wurden der Moscheebau und die Gründung der religiösen Prediger- und Vorbetergymnasien gefördert, der Islam wurde von dem bekennenden Muslim Menderes ins politische Tagesgeschäft eingebracht. »Wir haben unsere bis jetzt unterdrückte Religion von der Unterdrückung befreit. Ohne das Geschrei der besessenen Reformisten zu beachten, haben wir den Gebetsruf wieder auf das Arabische umgestellt, den Religionsunterricht an den Schulen eingeführt und im Radio die Rezitation des Koran zugelassen. Der türkische Staat ist muslimisch und wird muslimisch bleiben«, so Menderes.

Als Begründung, warum der Gebetsruf wieder auf Arabisch erklingt, wird gesagt, es werde ja auch auf Arabisch in der Moschee gebetet. Derwischorden werden wieder zugelassen. Die von der Atatürk-Regierung ins Leben gerufenen Dorfinstitute und Volkshäuser – die die Funktion hatten, gute Nachrichten der Partei unter die Menschen zu bringen – werden abgeschafft

Der Regierungswechsel, der auch als »weiße Revolution« bezeichnet wird, begann hoffnungsvoll, die DP konzentrierte sich auf die Modernisierung des Agrarsektors und die Liberalisierung der Wirtschaft. So werden heute diese Jahre auch die »goldenen Menderes-Jahre« genannt. Menderes regierte durchgehend bis zu seinem Tod, nur Erdoğan sollte eine solch lange Regierungszeit als Ministerpräsident Jahrzehnte später schaffen.

Der Aufstieg von Menderes, und später von Süleyman Demirel, symbolisierte die Verlagerung des politischen Gewichts weg von der elitären Minderheit, hin zu der mittellosen Mehrheit, dem Bürgertum und den ländlichen Schichten. Diese Karrieren wurden aber in den nächsten Jahrzehnten immer wieder von Militärs gewaltsam gestoppt. Erdoğan sollte es als erster schaffen, die Militärs zu entmachten. Der Politiker wird einen Klassenkampf ausfechten, der das Land so tiefgreifend verändert, wie seit Atatürks Tagen kein Wandel mehr stattgefunden hat. Erdoğan wird, das ist schon jetzt absehbar, als der erste türkische charismatische Staatslenker nach Atatürk eingehen.

Eine türkische Kindheit

»Islamist«, »Faschist«, »Autokrat«: Als Erdoğan am 28. August 2014 zum Präsidenten gewählt wird, sind seine Gegner außer sich. Nun trete der türkische Albtraum ein. »Führer«, »Vater«, »Demokrat«: Für seine Anhänger hingegen ist dieser Spätsommertag ein Wunder. Ihr Mann, der sich gegen alles und jeden durchgesetzt hatte, ist endlich am Ziel, und nun steht er auf dem Balkon der AKP-Zentrale in Ankara, um mit ihnen diesen Triumph zu feiern. »Im Namen der Türkei und unserer Nation erfahren wir einen frohen Beginn«, beginnt der Noch-Ministerpräsident, aber zukünftige zwölfte Staatspräsident der Türkei seine Rede, neben ihm steht seine lächelnde Ehefrau Emine. Polarisierung ist noch ein viel zu schwaches Wort, um die Reaktionen auf seine Person zu beschreiben. Selbst ausgeglichenen Türken geht jegliche Diplomatie verloren, wenn es um Erdoğan geht – er wird gehasst oder geliebt.

Erdoğan, groß, athletisch, kurze Haare, Schnauzbart, der Charismatiker mit den haselnussbraunen Augen, hat in den vergangenen Jahren immer verbissenere Züge entwickelt und höchst selten öffentlich Freude gezeigt. An diesem milden Abend ringt er sichtlich um Fassung – so bedeutsam ist der Moment. Er ist gerührt und zufrieden mit dem Wahlergebnis, mit seinem Volk. Diese Wahl sei ein »Meilenstein für die Türkei«, eine »Wiedergeburt aus der Asche«, sagt er und verspricht, der Präsident aller Türken zu sein und »nicht nur jener, die mich gewählt haben. Ich werde ein Präsident sein, der für die Fahne, für das Land, für das Volk arbeitet.« Tausende Anhänger zu seinen Füßen jubeln, blicken begeistert nach oben und strecken ihm ekstatisch die Hände entgegen.

Seine Worte klingen fast schon wie eine Friedenserklärung. Denn als er vom Balkon herab eine neue Ära verspricht, steht es schlecht um das Land: Rund ein Jahr zuvor, im Sommer 2013, ließ Erdoğan als Ministerpräsident die Gezi-Proteste niederschlagen, ein gewaltiger Korruptionsskandal erschütterte kurz darauf seine Macht, beim größten Bergwerksunglück in der Geschichte des Landes am 13. Mai 2014 waren 301 Kumpel ums Leben gekommen, und noch im Spätsommer waren die Kurden landesweit auf die Straßen gegangen, weil die nordsyrische Stadt Kobanê vom »Islamischen Staat« überrannt wurde und Erdoğan deren kurdische Verteidiger mit den Dschihadisten gleichsetzte.

Dennoch steht er jetzt hier als Sieger. Seinen Weg nach oben konnte keine der Krisen stoppen. Erdoğan hatte elf Jahre lang das Amt des Ministerpräsidenten bekleidet, und nach jeder der drei in Folge gewonnenen Parlamentswahlen war er vor sein Volk getreten, um zu ihm zu sprechen. Doch diese Ansprache war etwas ganz Besonderes: Jetzt ist Erdoğan mit 51,8 Prozent der Stimmen der erste direkt vom Volk gewählte Präsident der Türkei. Noch dazu hat er den Wahlsieg mit absoluter Mehrheit bereits in der ersten Runde errungen.

Der in vielen Teilen der Welt als autoritär, unbeherrscht und unkontrollierbar geltende Volkstribun hat alle seine Gegner abgehängt. In diesem Moment muss er niemandem mehr etwas beweisen, er hat seinen langen Marsch beendet und den vorläufigen Höhepunkt seiner Karriere erreicht. Doch das ungetrübte Glück währt nur kurz, denn den salbungsvollen Worten folgt rasch der Absturz in die Realität der Politik eines Landes, die seit 2003 von dem verbissenen Machtmenschen bestimmt worden war.

Das Schweigen des Präsidenten

Bereits wenige Monate später ist der Nimbus der Unbesiegbarkeit und der Friedensvisionen dahin, und Erdoğan ist wieder derjenige, der durch Drohungen, Diskreditierung und Demütigungen Politik macht – ein Mann, dem es trotz höchsten Staatsamtes schlichtweg an Gravitas fehlt. Am 7. Juni 2015 warten die Türken vergebens auf eine Balkonrede. Diesmal gibt es keinen großen Auftritt, es gibt überhaupt keinen Auftritt. Was war passiert?

Erdoğan, der sich nicht mit den laut Verfassung vorgeschriebenen repräsentativen Aufgaben seines Amtes begnügen kann, wollte ein Präsidialsystem nach amerikanischem oder französischem Vorbild einführen und damit seine Befugnisse ausbauen. Doch um dafür die Verfassung zu ändern, brauchte die von ihm 2001 mitgegründete Regierungspartei AKP eine Zweidrittelmehrheit. Hinter ihm liegt ein Marathon. Wochenlang ist er vor den Parlamentswahlen als oberster Wahlkämpfer durch die Lande gezogen. Bei seinen Auftritten wedelte er mit dem Koran in der Hand, als sei dieser eine Parteibroschüre. Der Dauereinsatz ist ihm deutlich anzumerken: Manchmal ist er so heiser, dass er je nach Tagesform entweder ins Mikrofon krächzt oder mit einer Stimme brüllt, die an eine Comicfigur erinnert. Die Spötter in den sozialen Netzwerken vergleichen ihn mit Micky Maus. Dass er mit diesem Wahlkampf gegen die Verfassung verstieß, interessierte ihn nicht. Denn: sein Volk brauchte jetzt einen starken Führer – ihn, Recep Tayyip Erdoğan.

Nun jedoch, an diesem 7. Juni 2015, ist der sonst so unermüdliche Redner verstummt, weil das Drehbuch eine unerwartete Wendung genommen hat. Erdoğans AKP, die seit 2002 ununterbrochen die absolute Mehrheit im Parlament hält, muss erstmals einen herben Verlust hinnehmen: Die Wähler haben sich bei diesen Parlamentswahlen gegen Erdoğans Alleinherrschaft entschieden. Nur 40,9 Prozent von ihnen haben der AKP ihre Stimmen gegeben. Und damit nicht genug: Mit einem ebenso überraschenden wie sensationellen Ergebnis von 13,1 Prozent hat die prokurdische HDP die Allmachtsfantasien Erdoğans zerstört. Die Verachtung seiner Gegner lässt nicht lange auf sich warten. Die linke Zeitung »Bir Gün« zeigt am Tag nach den Wahlen ein Foto der Gezi-Proteste vom Sommer 2013 und titelt: »Wir sind auf dem Balkon gewesen, aber warum haben wir dich nicht gesehen, Väterchen«.

Dass die AKP die stärkste politische Kraft bleibt, ist kein Trost, denn nach mehr als zwölf Jahren an der Macht kann die AKP aus

43

eigener Kraft nicht mehr weiterregieren. So verzichtet Erdoğan nicht nur auf seine traditionelle Balkonrede, sondern vermeidet für ein paar Tage lang jedes laute Wort. Die Öffentlichkeit, allen voran die Journalisten, beginnen sich zu fragen, wie lange der Vollblutredner das durchhalten kann. Im Internet taucht eine Seite mit einer Stoppuhr auf, die die Erdoğan-freie Zeit zählt. »Das ist das Ende der Ära Erdoğan«, sagt der Historiker Ahmet Insel auf dem Sender CNN-Türk. Er irrt sich. Es ist ein Neuanfang.

Die Enge von Kasımpaşa

Wer nach Erklärungen für den Kampfgeist Erdoğans sucht, wird im Istanbuler Stadtviertel Kasımpaşa fündig. Hier liegen seine Wurzeln, hier verlebt er die erste Phase seines Lebens. Denn Erdoğan wächst in einem von islamischer Frömmigkeit geprägten Milieu auf, an das nur die ihm Zugehörigen glauben, nicht die Außenstehenden. Die schauen auf die einfachen Menschen von dort herab. Sein Vater muss die Familie mit harter Arbeit durchbringen, viel Geld hatten die Erdoğans nicht. Wer wissen will, von wo aus Erdoğans Aufstieg begann, der muss zurück in die stinkenden Straßen und Gassen von Kasımpaşa. Die Rolle des Durchbeißers im Kampf gegen die Elite liegt ihm schon von seiner Biografie her.

Das Viertel liegt nur wenige Gehminuten von der imposanten İstiklâl Caddesi (»Unabhängigkeitsstraße«) entfernt. Die berühmte Flaniermeile auf der europäischen Seite Istanbuls ist vergleichbar mit dem Berliner Kurfürstendamm – ein Geschäft reiht sich ans nächste, Einheimische und Touristen aus aller Welt strömen bis spät in die Nacht hinein diese Einkaufsmeile entlang, in deren Seitenstraßen sich Hunderte Kneipen, Discotheken und Restaurants befinden. Die historische Straßenbahn, die entlang der İstiklâl den Taksim-Platz mit der Zahnradbahn »Tünel« verbindet, ist in jedem Reiseführer abgebildet. Will man vom republikanischen Symbol »Taksim-Platz«, der das nördliche Ende der İstiklâl markiert, nach Kasımpaşa laufen, durchquert man dabei ein Potpourri türkischer

Identitäten. Über die von westlichen Ketten geprägte Wegstrecke geht es vorbei an den Geschäften der griechischen Minderheit, an pittoresken Jugendstilgebäuden, vorbei an den vornehmen Galerien und Clubs von Pera und schließlich durch den ebenfalls im Stadtteil Beyoğlu liegenden schrillen Heterosexuellen-, Schwulen- und Transvestitenstrich.

Kasımpaşa liegt direkt am Goldenen Horn, dem Meeresarm, der Beyoğlu im Norden von der historischen Altstadt trennt. Ausgerechnet von hier aus – dem sogenannten »Tal der Quellen« – begann 1493 die Eroberung Konstantinopels durch die Osmanen, die das Ende des Byzantinischen Reichs einläutete. Fast 500 Jahre später, am 26. Februar 1954 wird hier in einem Holzhaus der heute mächtigste Mann der Türkei geboren. Das Heim seiner Familie hat zwei Zimmer und knarzende Dielen. Später überlässt Erdoğans Vater das Haus einem Bauunternehmer – dafür erhält die Familie zwei Stockwerke des Neubaus. Tayyip ist das jüngste von fünf Geschwistern, seine Geschwister verkaufen diese Wohnung erst Anfang der Neunzigerjahre.

Die Verhältnisse in Kasımpaşa, in die Recep hineingeboren wird, sind ärmlich und konservativ – und wirken im Vergleich zu den räumlich nahen Touristenmagneten wie eine andere Welt. Reisende verirren sich so gut wie nie in diese Straßen – und umgekehrt schaffen es die Einwohner Kasımpaşas in der Regel auch mit schwerer Arbeit nicht, ihren widrigen Umständen zu entkommen. Erdoğan wächst mit dem Gestank der damals weitgehend ungepflasterten Straßen auf, auf denen häufig Müll vor sich hin verrottet. Unterbrechungen der Strom- und Wasserversorgung sind keine Seltenheit. Rundherum befinden sich besonders viele Geschäfte, die Möbel und Innendekoration verkaufen. Neben alten Holzhäusern stehen neue Wohnhäuser, Wäscheleinen werden von einem Haus zum nächsten herübergespannt, sodass die Kleidung der Anwohner über den Straßen flattert. Immer noch ist Kasımpaşa ein konservatives Viertel, Alkohol mag zwar fester Bestandteil der Feiernden in den nahen Ausgehstraßen sein – in Kasımpaşa hingegen ist diese Sünde kaum zu haben. Hier wohnen vor allem Zugezogene vom

Schwarzen Meer und Roma. Die muslimischen Frauen des Viertels sind entweder voll verschleiert oder tragen zumindest ein Kopftuch. Die Männer sitzen vor den Teestuben, spielen Tavla, ein türkisches Brettspiel, und lassen Gebetsketten durch die Finger gleiten. Die Gesellschaft ist homogen: fromm, konservativ, mittellos und bildungsfern. Das macht sie zum beliebten Wahlvolk der zu dieser Zeit regierenden DP – und zum Ziel der Verachtung der Kemalisten. Das Misstrauen, das die Kemalisten später dem hemdsärmeligen Aufsteiger Erdoğan entgegenbringen, fußt also tief – ebenso wie dessen Haltung gegenüber den alten Eliten. Der nutzt später jede Gelegenheit, sich an den »weißen Türken« zu rächen.

Die gemeinsamen Überzeugungen schweißen zusammen – freiwillig oder unfreiwillig. Muazzez Ersoy, eine bekannte Musikerin, die ebenfalls in Kasımpaşa aufwuchs, beschreibt den Stadtteil in einem Interview so: »Ein Nachbar war Grieche, ein anderer vielleicht Armenier oder Jude. Wir haben es geschafft, tolerant und harmonisch miteinander zu leben.« Man habe gemeinsam auf Hochzeiten und Straßenfesten gefeiert und gesungen. »Die Menschen in Kasımpaşa waren heißblütig und enthusiastisch.« Wenn sich aber jemand nicht an die Regeln des Viertels gehalten habe, dann »wurde das Nötige unternommen. Deswegen hat es oft Streit gegeben.«[3]

In diesem Kosmos bildet sich das Koordinatensystem des Jungen, der sich später mit unbändigem Fleiß nach oben arbeiten wird und einen sagenhaften politischen Ehrgeiz entwickelt. Er wird nichts geschenkt bekommen und dennoch in der Lage sein, selbst mächtigste Widersacher aus dem Weg zu räumen. Gerecht ist nichts in dieser Gesellschaft. Die Kindheit, die ein Kreditkonto für die Zukunft ist, war voller Minuspunkte für Erdoğan. Weil der Weg heraus aus Kasımpaşa nicht vorgesehen ist, bekommt der Junge keinerlei Direktiven für sein weiteres Leben. Die Voraussetzungen für eine politische Karriere könnten schlechter nicht sein, und so wird er schon früh zum »Macher«. Während andere an den Härten der Politik scheiterten, hatte er ohne Übertreibung die Härten des Lebens schon in jungen Jahren kennengelernt – zum Verlieren war da kein Platz.

Als er später Bürgermeister von Istanbul wird, kümmert er sich persönlich um die Modernisierung des Viertels.

Heute ist Erdoğans ehemalige Grundschule ein religiöses Gymnasium, die Kaptanpaşa-Imam-Hatip-Schule – der Name Kaptanpaşa war der Titel des osmanischen Marineministers. Es ist ein modernes Gebäude mit bunter Metalldekoration an den Fenstern und einem großen Schulhof, der von einem hohen Zaun geschützt wird. Die Straßen sind gepflastert, es gibt mehrstöckige Häuser, Stromausfälle sind selten geworden und die Müllabfuhr holt den Unrat ab – geblieben ist das Image seiner Bewohner.

Auch als Erdoğan bereits im Präsidentenpalast Ak-Saray lebt, kehrt er immer wieder hierhin zurück, denn »aus Kasımpaşa zu stammen ist eine große Liebe«, lässt er sich gerne zitieren. Es scheint, als bliebe seine wahre Heimat die türkische Unterschicht, deren markige Rhetorik er nie abgelegt hat und deren Angehörige treu die AKP wählen.

Über das Viertel heißt es in Istanbul, die Menschen dort hätten alle die gleiche Körpersprache: Die rechte Schulter sei immer ein Stückchen weiter vorn und stehe leicht schief. Die Beine stünden wie bei einem Raufbold auseinander, die Knie leicht angewinkelt, die linke Schulter sei hinten – immer zum Kampf bereit, es regiert die Faust. Als die Zeitung »El Aziz«, die seinem späteren politischen Ziehvater Necmettin Erbakan nahesteht, Erdoğan einmal als »Taugenichts aus Kasımpaşa« bezeichnet, betont er, dass ihn das keinesfalls störe: »Wer kein Taugenichts ist, kann diesen Job gar nicht machen. Untergehen und wieder hoch kommen, das ist es, was ein Taugenichts kann.«[4]

Er gefällt sich öffentlich in der Rolle des Aufsteigers, die so viele Identifikationspunkte für sein Wahlvolk mitbringt. Er hat es den arroganten kemalistischen Eliten gezeigt und gibt den »schwarzen Türken« ihre Würde zurück, indem er sich stolz als einer der ihren präsentiert. Die bescheidene Herkunft ist für Erdoğan nichts, was man verschweigen muss – im Gegenteil: Er betont dies auf seinem Weg nach oben immer wieder. Wenn er »Seht her, ein armes Kind aus einem Kleineleute-Viertel kann euch verteidigen, wenn ihr ihm eure Stimme gebt« oder »Ein Kasımpaşali hält seine Versprechen« in die Mikrofone schreit, jubeln die Massen, die ihn dafür lieben, dass er sie nicht vergessen hat. Seine Botschaft lautet: Ich bin ein echter Sohn Kasımpaşas, einer von euch. Hart aber herzlich, arm aber ehrlich, angriffslustig aber fair und natürlich voller Respekt gegenüber Religion und Tradition. Das Jahrzehnt, in dem Erdoğan auf die Welt kommt, ist geprägt durch innenpolitische Instabilität, nur gesellschaftlich herrschen klare Hierarchien: Eine wohlhabende kemalistisch geprägte Minderheit fühlt sich erhaben über die arme Mehrheit. Anderseits stellt die Demokratische Partei um Ministerpräsident Menderes seit 1950 die Regierung. Deren Stammwähler sind die einfachen, frommen Leute. Denen imponiert der Premier auch mit seiner harschen Ablehnung des Laizismus – er spricht sich für einen islamischen Staat aus. Während des Parlamentswahlkampfs 1954 reisen die DPler durchs Land. Ihr Ziel sind vor allem die Benachteiligten, Menderes verspricht die landesweite Versorgung mit Strom und mehr Schulen. Die DP ist sich auch nicht zu schade, in die Gassen von Kasımpaşa hinabzusteigen – ganz anders als die kemalistische Konkurrenz, der die mittellosen Frommen allenfalls ein Naserümpfen entlocken.

Diese Masse sunnitischer Kleinbürger Anatoliens bringt der auch wirtschaftlich erfolgreichen Menderes-Partei bei der Parlamentswahl am 2. Mai 1954 erneut den Sieg und 58,4 Prozent der Stimmen. Natürlich wählt auch Familie Erdoğan Menderes. Die kemalistische CHP hingegen holt 35,1 Prozent. Trotzdem hätten die Bewohner von Kasımpaşa damals jeden für wahnsinnig erklärt, der behauptet hätte, einer von ihnen würde einmal der mächtigste Türke seit Atatürk. Selbst der »Kleine-Leute-Präsident« Menderes ist Sohn eines Gutsbesitzers und hat eine Eliteschule in Istanbul besucht. Wie unwahrscheinlich dieser Aufstieg in Erdoğans Jugendzeit war, spiegelt ein Zitat von Fahrettin Kerim Gökay wider, der von 1949 bis 1957 Bürgermeister Istanbuls war: »Das Volk überflutet die Strände, der Bürger kann nicht mehr baden.« Mit »Bürger« meint er sich und die gebildete Oberschicht – zum Rest gehört das »Volk« wie die Erdoğans.

Abb. 2: Erdoğan mit Ehefrau Emine beim G-20-Gipfel in Toronto 2010

Vor allem, weil er so unvorhersehbar war, begeistert Erdoğans Aufstieg gegen alle gesellschaftlichen Regeln auch nach Jahrzehnten noch Millionen von Anhängern. Erdoğans Zielstrebigkeit, seine offen gelebte Religiosität in einem laizistischen System und später auch die gemeinsamen Auftritte mit seiner verhüllten Ehefrau Emine faszinieren – weil solche Szenen lange Zeit unvorstellbar waren. »In diesem Land gibt es eine Trennung zwischen weißen und schwarzen Türken. Euer Bruder Tayyip gehört zu den schwarzen«, ist einer seiner Standardsätze auf Wahlkampfevents – einer aus dem Volk für das Volk, dieses Image und sein eiserner Durchhaltewille führen ihn lange Zeit von Wahlsieg zu Wahlsieg. Dass das ungläubige Staunen darüber noch immer anhält, nutzt er geschickt für seine Selbstinszenierung: »Ein Kasımpaşalı zu sein, bedeutet deutlich und männlich zu sein«, erklärt er sein Selbstverständnis. Seit er Staatspräsident ist, heißt es auch: »Er kam als Prahlhans aus Kasımpaşa und kehrte zurück als ein Mann aus Etiler.« Letzteres ist ein nobles Viertel im Istanbuler Stadtteil Beşiktaş.

Er kämpft um Respekt und gegen das politische System, das Männer wie ihn nicht vorsah. In dem Aufstieg eines »schwarzen Türken« sieht er ein Mittel, auch die türkische Gesellschaft wieder selbstbewusster, gesünder zu machen. Er setzt sich als Macho in Szene. Da, wo er herkommt, lernt man früh, sich mit den Fäusten durchzusetzen. Seine »Rauflust«, so sagt Erdoğan später in einem Interview, habe er in seinem Viertel gelernt. Und aus diesem Ruf und einigen biografischen Anekdoten konstruiert er sich eine Art Straßenehre, auf die er sich stolz beruft: »Wenn man sagt, man sei aus Kasımpaşa, dann heißt es, man sei ein Raufbold, stehe aber zu seinem Wort (…) und erwartet dasselbe auch von der Gegenseite. Hält man es nicht, dann ist der Preis dafür hoch. (…) So sind wir groß geworden. So habe ich es kennengelernt.«[5]

Entsprechend wird seine Hemdsärmeligkeit, seine Reizbarkeit und seine provokative Wortwahl von seinen Anhängern stets mit einem »Er ist eben ein Kasımpaşali« erklärt. Die Regeln der Straße gelten auch für seine Politik. Erdoğan betritt jedes Schlachtfeld mit offen gezückten Waffen, und gewinnt fast immer. Falls er doch einmal verliert, zieht er sich zurück, um den Gegner schließlich mit einer neuen Taktik entweder zu umgehen oder ganz auszuschalten. Das brachte ihm viele mächtige Feinde. Sein größtes Vertrauen gilt der eigenen Familie, so dass er ein auf sich selber bezogener Mann bleibt, der schon früh einen ungeheuerlichen Ehrgeiz entwickelte. Der aber wegen seiner Herkunft lange Zeit ein Aufsteiger mit unsicherem Selbstbewusstsein bleibt.

Fragt man nach dem prominentesten Mann aus diesem Viertel wiederholen sich die Antworten: »Nur Erdoğan hat ein Programm. Die anderen Politiker wissen doch alle überhaupt nicht, wie sie so ein aufstrebendes Land wie die Türkei lenken sollen«, sagt ein älterer Herr. »Dank Erdoğan kann ich jetzt studieren«, lobt eine junge Frau mit Kopftuch. »Er ist korrupt, dass wissen wir doch alle«, so eine Jugendliche. »Aber er macht wenigstens etwas für unser Land. Ich würde für ihn sterben.«

Ein strenges Elternhaus

Die Familie Erdoğan ist arm, wie so viele ihrer Nachbarn. Sein Vater Ahmet war als Dreizehnjähriger aus der Schwarzmeerstadt Güneysu in der Provinz Rize gekommen. Es ist eine wunderschöne Region mit wilder Natur, einer hinreißenden Berglandschaft und sehr vielen sattgrünen Wäldern. Noch heute schwärmen die Bewohner, dass der junge Erdoğan, der hier einst seine Ferien verbrachte, sie mit seiner Reife beeindruckt habe. Man ist stolz auf ihn, das versteht sich von selbst. Die AKP erreicht hier regelmäßig Spitzenwerte. Bei den Neuwahlen am 1. November 2015 holte die Partei 75,9 Prozent der Stimmen – der Präsident hat seinen treuen Anhängern in Rize mittlerweile als Dank eine »Recep Tayyip Erdoğan-Universität«, ein »Tenzile-Erdoğan-Krankenhaus« und eine »Ahmet-Erdoğan-Imam-Hatip-Schule« geschenkt und zuletzt 2015 auf einem Hügel eine neue, imposante Moschee eröffnet – sein Sommerhäuschen steht natürlich auch hier.

In Istanbul arbeitet der Vater Ahmet als Seemann. Erdoğans Mutter Tenzile ist seine zweite Ehefrau. Mit seiner ersten Frau hat Ahmet Erdoğan bereits zwei Kinder, mit seiner zweiten Frau bekommt er weitere drei. Das spätere Staatsoberhaupt ist Ahmets Jüngster, das dritte Kind mit Tenzile.

Der erste Name des jüngsten Familienmitglieds »Recep« ist vom arabischen Radschab abgeleitet, wie der für Muslime heilige siebte Monat genannt wird. In diesem Monat, so die Legende, sei der Prophet Mohammed in den Himmel gereist. Das Wort Radschab leitet sich von der Wurzel »rajaba« ab, was »sich scheuen« bedeutet. Den zweiten Namen »Tayyip« (von arabisch »tayyib«: gut) bekommt der Junge von seinem Großvater, der Tayyip hieß. Aus der frühen Kindheit ist wenig überliefert – das mag auch daran liegen, dass die eingeschworene Gemeinschaft von Kasımpaşa den Präsidenten aus den eigenen Reihen nicht öffentlich vorführen möchte. So ist davon auszugehen, dass Quellen, die über diese Zeit berichten, auch sehr verherrlichend sind und vor allem dazu dienen, den Politiker in einem positiven Licht dastehen zu lassen. Erdoğan selbst gibt immer wieder gerne markige Anekdoten über seine Kindheit und Jugend zum Besten. Und auch wenn diese Instrument der Selbstdarstellung sind, geben sie dennoch Einblicke in die Lebensgewohnheiten des jungen Recep – denn der sieht seine Kindheit in der Retrospektive sehr rosig. Vieles wird romantisiert und schöngeredet.

Trotz strenger Erziehungsmethoden verehrt Erdoğan seine Eltern bis heute, niemals hat er ein diffamierendes Wort über sie verloren – was auch gegen die türkische Kultur wäre. Denn die Familie und insbesondere die Eltern sind heilig – Hässlichkeiten über diese in der Öffentlichkeit zu verbreiten ist ein Tabu. Seinem Vater verdanke er entscheidende Anstöße, so sagt er. Der praktizierende Muslim und glühende Patriot sei ein Kapitän gewesen, der ein Schiff aus jedem Sturm herausnavigieren konnte. »Meinen Vater nannte man Onkel Kapitän, das war sein Spitzname. Er war die Kasse unserer Landsleute, die im Ausland auf dem Schiff arbeiteten, nicht nur für seine Verwandten. Leute aus dem Dorf oder den Nachbardörfern vertrauten ihm. Sie ließen ihr Geld bei meinem Vater und reisten ab. Für jeden Einzelnen hatte mein Vater ein Kuvert, und ich führte die Bücher. Über Vertrauensleute schickte er dieses Geld in die Dörfer zu den Ehefrauen. Deswegen genoss er großes Vertrauen«[6], sagt Erdoğan voller Ehrfurcht.

Der Kapitän bringt die strengen Regeln der Seefahrt mit nach Hause, ihm konnten wohl schon mal die Nerven durchgehen. Tenzile versucht, die Kinder vor seinen harten Strafen zu schützen. »Wir respektierten die Autorität. Wir hätten sonst auch gewusst, dass unser Vater uns andernfalls schwer dafür würde büßen lassen«[7], sagt der Sohn später. Wenn ihm ein unanständiger Begriff herausgerutscht sei, habe es eine Strafe gegeben: »Wenn man fluchte, war die Rechnung dafür teuer. Deswegen hat unser Vater von Zeit zu Zeit mit uns abgerechnet.« Mehrfach erzählt Erdoğan im Stil einer lockeren Anekdote von einer drastischen Bestrafung. Auslöser war ein Schimpfwort des damals Fünf- oder Sechsjährigen: »Ich musste nach Hause, bevor es dunkel wurde. Gegenüber wohnte eine Nachbarin, die wir Müserref Abla nannten. Ich war ja noch ein Kind, ich habe sie beschimpft. Da hat sie sich mich vorgenommen. Je mehr ich fluchte, desto mehr gefiel ihr das, und sie schlug mich auf den Po. Sie schlug mich, und ich fluchte. Sobald mein Vater kam, der im Stadtteil sehr beliebt war, hat sie sich über mich beschwert. Davon wusste ich natürlich nichts. Mein Vater kam herein ... möge er in Frieden ruhen ... er packte mich und hängte mich unter die Decke. Ob er mich dafür an den Händen oder unter den Achseln gefesselt hat, weiß ich nicht mehr. Ich blieb fünfzehn oder zwanzig Minuten hängen, bis mein Onkel kam und mich rettete. Danach war die Zeit des Fluchens für mich vorbei.«[8] Solche Maßnahmen, sagte er aber auch lächelnd, seien auch sinnvoll gewesen.

Warme Erinnerungen hat Erdoğan hingegen an die Gastfreundschaft in seinem Elternhaus. Erdoğan liebt die reichhaltige Schwarzmeerküche, und seine Mutter ist eine begabte Köchin. Weil Vater Ahmet oft ohne Ankündigung Gäste mitbrachte, schwärmt der Sohn, war sie in der Lage, die Köstlichkeiten in sehr kurzer Zeit zuzubereiten. Weil die Wohnung so klein war, gab es keinen Esstisch, gespeist wurde dann in großer Runde auf dem Boden, jeder bediente sich von einem großen Tablett – ein bis heute in der ländlichen Türkei gängiger Brauch. Seine Mutter Tenzile verehrt er ganz besonders. Er eröffnet Schulen oder Krankenhäuser, die ihren Namen tragen. »Wer seine Ahnen nicht vergisst, der wird in Zukunft selbst nicht vergessen werden«, so Erdoğan. Und bei einer anderen Gelegenheit im November 2014 erzählt er, dass er als Kind seiner Mutter oft die Füße geküsst habe – eine im Islam durchaus übliche Geste. »Der Himmel liegt zu Füßen deiner Mutter«, zitiert er den überlieferten Ausspruch des Propheten Mohammed.

Die jungen Jahre Erdoğans spielen sich zwischen verwahrlosten Treppenhäusern, zugigen Räumen, rußigen Kohleöfen und winzigen Zimmern ab. Die räumliche Enge treibt den Jungen auf die Straße. Er selbst beschreibt sich als lebhaftes Kind, nicht besonders ruhig, das jeder im Viertel gekannt habe. Obwohl die Straßen Kasımpaşas in der damaligen Zeit vor allem für die dort aktiven Gaunerbanden und Taschendiebe berüchtigt sind, skizziert Erdoğan den Ort seiner Kindheit als Idyll mit Obstbäumen und Feldern: »Ich war von dem Schlamm geformt. Nicht wie die armen

Kinder von heute, die von Asphalt umgeben sind.« Oder: »Da, wo ich geboren wurde, wo ich aufgewachsen bin, gab es überall Erde. Zu unserer Zeit gab es in den Parks keine Steine und keinen Asphalt. Wir fielen in den Schlamm, blieben da liegen, und standen auf.« Wenn seine Mutter nicht zuhause gewesen sei, habe er sich halt bei den Nachbarn gewaschen.[9]

Weil es zu Hause wenig Platz gibt, verbringt er viel Zeit draußen, Luxusgüter wie Fernseher oder eine Auswahl an Spielsachen kann sich die Familie nicht leisten. Auf der Straße spielen Recep und seine Freunde »Çelik Çomak«, ein Wurfspiel mit Stöcken, »Uzun Eşek«, eine Art Bockspringen und »Yakartop«, Völkerball. Zuhause spielt er Brettspiele, »Dokuz Taş«, Mühle. An Feiertagen werden Holz- und Papiertürmchen im Hof errichtet und angezündet. Auch auf die Armut der Familie blickt er mit Stolz und Verklärung zurück, wenn er von damals erzählt: Spielzeug oder so etwas Simples wie ein Rad habe sich die Familie Erdoğan »natürlich nicht leisten« können. »Bei Festen zogen wir von Tür zu Tür, küssten die Hände der Erwachsenen und bekamen von ihnen Taschengeld. In diesen Nächten bekamen wir einige Cent. Darüber haben wir uns immer so gefreut, mit dem Geld haben wir uns Waffeln gekauft, Kekse und Lokum. In unserem Bezirk, in unserer Straße gab es einen Zusammenhalt. Die Bewohner des Viertels waren wie Familienmitglieder.«[10] Manchmal vermisse er diese Tage, sagt auch der erfolgreiche Politiker Erdoğan noch. Die heutigen Kinder bemitleide er, da sie solche Erfahrungen nicht kennen. Gleichzeitig freue er sich für sie, weil sie neue Technologien kennenlernen können.

Die allgegenwärtige Gewalt und Armut, der Schmutz und das Elend des Viertels haben zumindest in seiner öffentlichen Erinnerung keinen Platz – stattdessen versucht er, selbst dessen Geschichte im Nachhinein zu begradigen: »Vor allem in Osmanischer Zeit lebte in Kasımpaşa die Elite, auch in der Neuzeit kamen viele, die mit der Verwaltung unseres Landes betraut sind, von dort.« Von dem Verwaltungschaos, den Fehlplanungen, illegalen Bebauungen und der problematischen Sozialstruktur will er nichts wissen. Bei Erdoğan hört sich das Leben in dem Armenviertel so an: »Als

Tayyip Erdoğan habe ich die schönsten Tage meiner Kindheit zusammen mit meinen Freunden in den Maulbeerbaumgärten und zwischen den historischen Obelisken auf dem weitläufigen Gebiet von Kulaksiz-Okmeydani bis hin nach Mecidiyeköy oder gar Levent verbracht.« Wenn er nach seiner Kindheit gefragt wird, wiederholt er die immer gleichen Anekdoten. Denn mit solch emotionalen Biografien lenkt er geschickt von seinen politischen Inhalten ab. Und es sind Szenen und Sätze, die von seinen Anhängern und Biografen immer wiedergegeben werden, und ihre Wirkung entfalten. Es sind Geschichten, die in keiner größeren Erdoğan-Veröffentlichung fehlen und auf die Erdoğan immer wieder selbst zurückgreift. In der zweistündigen Dokumentation »Ustanın Hikayesi« (»Geschichte des Meisters«) werden diese Erzählungen von Erdoğan in aller Ruhe ausgebreitet, eine Moderatorin, gekleidet in einem rot-weißen Anzug, den Farben der türkischen Flagge, lächelt ihn dabei an, und gelegentlich wirft sie eine schmeichelnde Frage ein. Der zweistündige Erdoğan-Propagandafilm, 2013 auf einem regierungsfreundlichen Sender ausgestrahlt, ist die einzige ausgiebige türkische Film-Dokumentation über sein Leben.

Anfangs findet er mit seinem beeindruckenden Aufstieg in vielen Redaktionen Widerhall. Es gibt allerdings auch Menschen, denen diese Instrumentalisierung der Aufsteigergeschichte irgendwann nicht mehr gefällt. Denn die Absicht dieser »Ich bin einer von euch«-Geschichten ist so deutlich erkennbar, dass mittlerweile die Glaubwürdigkeit verloren ging.

Die Türkei in den Fünfzigern: ein Land in Unruhe

Die Zeit, die Erdoğan als Kindheitsidyll beschreibt, ist für das Land alles andere als ruhig und friedlich. Wirtschaftskrise folgt auf Regierungskrise folgt auf Staatskrise, und all das führt zu Unruhen. Während die Auslandsschulden stetig anwachsen, hängt Ministerpräsident Menderes unrealistischen Zukunftsträumen nach: »In je-

der Mahalle (kleine Wohnviertel) soll es einen Millionär geben.«
Er will das Agrarland in eine Industrienation umbauen, möglichst
innerhalb weniger Jahre. Überall lässt er Staudämme, Straßen und
Brücken, Kraftwerke und Fabriken bauen. Und während er das
Land in Schulden und Inflation stürzt, prahlt er:»Atatürk ist der
Begründer der Türkei, aber ich bin ihr Erbauer.«

Auch außenpolitisch steht das Land unter Druck: 1955 beginnt der Zypernkonflikt, eine bis heute andauernde Auseinandersetzung zwischen der Türkei und Griechenland um die Insel
in der Ägäis. Es gibt Stimmen, die behaupten, die DP habe das
Zypernproblem hochgespielt, um von innenpolitischen Schwierigkeiten abzulenken. Je mehr sich der Zwist zwischen türkisch- und
griechischstämmigen Zyprioten zuspitzt, desto mehr hetzen auch
die türkischen Medien. Das Ziel ihrer Angriffe sind die nichtmus-
limischen Minderheiten im eigenen Land. Die nationalistischen
Blätter behaupten, griechische Zyprioten planten einen Angriff auf
die türkische Minderheit der Insel. Als am 6. September 1955 im
Geburtshaus Atatürks in Thessaloniki eine Bombe explodiert, sind
die Schuldigen schnell ausgemacht: die Griechen. Es ereignet sich
ein Pogrom, das türkische Autoren als »türkische Kristallnacht«
oder auch als »türkische Bartholomäusnacht« bezeichnen. In der
Nacht vom 6. auf den 7. September zieht in den großen Städten,
in Ankara, Izmir und Istanbul ein johlender Mob mit Macheten,
Gewehren und Äxten bewaffnet durch die Straßen. Sie zertrüm-
mern die Schaufenster der Geschäfte von Juden, Armeniern und
vor allem von Griechen.

Griechisch-orthodoxe Kirchen brennen, ebenso griechische
Konsulate. Schulen werden zerstört, Gräber geschändet, Geistliche
ermordet und Frauen vergewaltigt. Alleine in Istanbul sollen bis zu
100 000 Menschen an den Ausschreitungen beteiligt gewesen sein.
Griechische Taxifahrer pinseln »Zypern ist türkisch« auf ihre Autos,
um verschont zu bleiben. Doch viele Türken helfen den Betroffe-
nen auch: Um ihre griechischen Nachbarn zu schützen, stellen sich
Muslime mit türkischen Flaggen vor deren Häuser. Manche verstecken Griechen bei sich daheim.

Mancherorts greift das Militär ein, um noch Schlimmeres zu verhindern – oft jedoch viel zu spät. Augenzeugen schildern eine auffällige Zurückhaltung von Polizisten, die stattdessen die Angreifer teilweise noch zur Gewalt anstacheln, indem sie etwa applaudieren. Auch die Staatsspitze zeigt sich ungerührt. Obwohl der Istanbuler Polizeichef noch am Abend des 7. September den Regierungschef und den Präsidenten informiert, sehen die keinen Anlass zu einer öffentlichen Reaktion. In der Folge behauptet die DP-Regierung zunächst, das Pogrom sei ein Racheakt für den Anschlag auf Atatürks Geburtshaus gewesen. Dann findet Ministerpräsident Menderes einen neuen Sündenbock für die Gewalttaten: die Kommunisten. Sie hätten eine landesweite Psychose ausgelöst. Aus all diesen gewalttätigen Ausschreitungen werden die Militärs letztlich Menderes einen Strick drehen.

Neben den Erfahrungen auf den Straßen, der Armut, dem Zusammenhalt des Viertels, einer gewissen Freiheit und elterlicher Strenge wachsen die Kinder aus Erdoğans Generation in Kasımpaşa also auch mit der täglichen öffentlichen Hetze gegen Minderheiten und den Erfahrungen der staatlich tolerierten Gewalttaten aus. Diese früheste Prägung wird Erdoğan nicht dazu verleiten, milder zu werden. Im Gegenteil: Er selbst wird im Sommer 2015 nicht einschreiten, als Nationalisten kurdische Einrichtungen in Brand setzen.

Lernen fürs Leben

Während die Metropole am Bosporus immer wieder von Wellen der Gewalt erschüttert wird, absolviert Recep Tayyip seine Schulzeit. Er beginnt 1965 mit dem Besuch der Piyale-Paşa-Grundschule des Viertels. Die Schule steht bis heute, nichts weist auf den prominentesten Schüler hin. Ein Grundschullehrer wird später über ihn sagen, er sei »schlau wie eine Peitsche« gewesen, insgesamt aber, heißt es in den wohlwollenden Erdoğan-Biografien, sei er ein eher durchschnittlicher Schüler gewesen. Dort wird auch folgende Anekdote erzählt, die schon zur Standardlegende gehört: Als Erdoğan in der 5. Klasse war, sei der Schuldirektor in die Klasse gekommen und habe gefragt:»Wer möchte vorbeten?« Niemand wollte. Dann meldete sich der kleine Tayyip. Der Direktor breitete eine Zeitung auf dem Fußboden aus und rief ihn zum Gebet zu sich. Daraufhin habe der Junge gesagt:»Mein Hoca, auf dieser Zeitung sind überall Bilder. Darauf kann man nicht beten.« Es wurde die Tischdecke genommen und auf dem Boden ausgebreitet, und der junge Erdoğan betete vor der Klasse. Danach war sein neuer Spitzname Hoca, was ihm gefallen habe. Weil er als Koran-Rezitator so überzeugend gewesen war, gehört er fortan zu den»Koran-Nachtigallen« – so werden die Schüler genannt, die besonders begabt im Rezitieren des heiligen Buches sind. Auch das berühmte Gedicht von Ziya Gökalp wird er schon in jungen Jahren gelegentlich vortragen – es wird ihn schließlich 1999 ins Gefängnis bringen.[11]

Schon früh beginnt der Junge nebenher zu arbeiten. In den Ferien fährt er zu Verwandten in die Heimatstadt seines Vaters, um bei der Teeernte zu helfen. Um etwas dazuzuverdienen, verkauft der Schüler in Istanbul nebenbei Süßigkeiten, Wasser und die Sesamkringel Simit. Auch diese armutsbedingte Kinderarbeit sieht er später vorwiegend positiv – als Schmiede seines Geschäftssinns. »Damals kostete ein Simit zehn Kurus. Ich habe sie für 2,5 Kurus gekauft und für fünf Kurus weiterverkauft. Außerdem habe ich in der Schule Postkarten verkauft. Damals habe ich mir zu Raten von je fünf Lira mein erstes Buch gekauft.«[12] Die Brote, die er tagsüber nicht loswird, hält seine Mutter über Nacht mit Wasser weich. Am nächsten Tag verkauft der Sohn diese für den halben Preis.

Versucht jemand ihn zu prellen, schlägt er mit der Faust zu, wie er später berichtet. Und er lernt einzustecken, wobei er auch diese Schwierigkeiten mit reichlich Zuckerguss überzieht. Um das Geld für Verkehrsmittel zu sparen, sei er meist zu Fuß gegangen.»Leider hatte ich nicht das Geld, um ein Fahrrad zu kaufen«, erinnert er sich. Aber all diese Hürden seien ja auch charakterformend gewesen. Ein Mann beißt sich durch, und die Politik war eine Möglichkeit, diesen kargen Verhältnissen zu entfliehen.

Wenn er etwas haben möchte, muss er es sich erarbeiten, geschenkt gibt es nichts: Sein erstes eigenes Bücherregal gewinnt er laut eigenen Angaben bei einem Gedichtwettbewerb am Mithatpaşa-Kunstinstitut für Mädchen, einer Berufsschule für junge Frauen. Seine spätere Ehefrau Emine war auf dieser Schule, hat diese allerdings ohne einen Abschluss verlassen. »Die Gesellschaft der Technischen Zeichner schrieb ein Bücherregal aus, das man an die Wand montieren konnte. Ich habe mitgemacht und gewonnen. Wenn ich mich recht erinnere, gab es ein Preisgeld in Höhe von 500 Lira. Das war damals ein sehr hoher Gewinn für mich. Zudem das Bücherregal und die Bücher – das war der erste Preis, der mir je verliehen wurde«, erinnert er sich. Als seine Lieblingsbücher nennt er später neben dem Koran die Werke von dem Schriftsteller Necip Fazıl Kısakürek (1905–1983), der als »Sultan der Dichter« auch die Idee des »Islamischen großen Ostens« – also den Zusammenschluss mehrerer Staaten zu einer geschlossenen islamischen Einheit – mitentwickelte, sowie den Dichter Mehmet Âkif Ersoy, der auch den Text zu der türkischen Nationalhymne, den Unabhängigkeitsmarsch »İstiklâl Marşı« schrieb. Das emotionale Rezitieren von Gedichten behielt er den Rest seines Lebens bei.

»Gedichte sind Leidenschaft, Gedichte sind Liebe, Gedichte sind Begeisterung«[13], bekannte er noch im Jahre 2000. Er selbst schreibt Tagebuch, »und wann immer ich einen Moment dazu finde, mache ich mir Notizen über die Entwicklung darin«, sagt er als Ministerpräsident. Er könne sich auch vorstellen, diese in Memoiren zu verwenden. Engagement und Selbstdarstellung liegen bei Erdoğan nahe beieinander.

Macht der Generäle – Ohnmacht der Massen

Neben den konservativen Eltern formten auch die gesellschaftlichen Klassenkämpfe seine politische Identität. Immer wieder kündigen sich politische Wirren an. Obwohl sich nach anfänglichen wirtschaftlichen Erfolgen der DP das Land mittlerweile in einer ökonomischen Flaute befindet, gewinnt Menderes' Partei die vorgezogenen Parlamentswahlen am 27. Oktober 1957 mit 48 Prozent der Stimmen, auch wenn die Partei mit diesem Ergebnis erstmals unter die 50-Prozent-Marke rutscht. Die kemalistische CHP holt deutlich auf und sichert sich 41,1 Prozent der Stimmen. Die Beliebtheit der Kleine-Leute-Partei beginnt ebenso wie die Wirtschaftskraft des Landes zu bröckeln: Das Handelsbilanzdefizit wächst, es mangelt immer häufiger an Grundnahrungsmitteln, die Inflation steigt. 1958 muss das Land ein Stabilisierungsprogramm aufsetzen. Die Türkische Lira wird abgewertet, weitere Auslandskredite aufgenommen. Gleichzeitig steigen wegen des NATO-Beitritts die Militärausgaben. Dennoch oder gerade deswegen beantragt die Türkei 1959 einen Assoziierungsantrag an die EWG (Europäische Wirtschaftsgemeinschaft).

Die Regierungspartei wird immer repressiver, agiert gegen den Laizismus, und sie legt sich mit dem Militär an. Als nach den antigriechischen Gewalttaten drei Generäle wegen angeblichen Versagens ihres Amtes enthoben werden, ist das für die Armee eine nicht hinnehmbare Provokation. Nachdem Menderes dann auch noch General Cemal Gürsel das Kommando über die Streitkräfte entzieht, lässt der Putsch nicht lange auf sich warten. Am Morgen des 27. Mai 1960 ist die Stimme von General Alparslan Türkeş im Radio zu vernehmen. Der Rechtsextremist, Hitler-Verehrer und spätere Vorsitzende der ultranationalistischen »Partei der Nationalistischen Bewegung« (Milliyetçi Hareket Partisi, MHP) verkündet den Sturz der Menderes-Regierung. Er erklärt: »Dieser Schritt ist gegen keine Person oder Klasse gerichtet. Unsere Verwaltung wird weder Angriffe auf einzelne Personen ausführen noch andere dazu ermächtigen. Alle Landsleute, gleich welcher Partei sie angehören, werden entsprechend den Gesetzen behandelt werden.«

In diesem ersten, noch unblutigen Staatsstreich, wird im »Namen der Nation« das Parlament aufgelöst, die Macht vom »Komitee der Nationalen Einheit« übernommen. Die DP wird verboten, alle Regierungsmitglieder werden verhaftet. Premierminister und Präsident werden von der Junta auf die im Marmarameer gelegene Insel Yassiada gebracht, wo sie ein Schauprozess mit teilweise absurden

Vorwürfen erwartet. Später kommt die Anklage hinzu, die antigriechischen Pogrome seien von der DP gesteuert gewesen. Das Gericht verurteilt Menderes und vierzehn weitere Personen zum Tode. 31 Angeklagte werden zu lebenslänglich, und weitere 402 zu bis zu zwanzig Jahren Gefängnis verurteilt. Am 17. September wird der dreimal demokratisch gewählte Premierminister auf der Marmarainsel Imrali gehängt. Zuvor hatte er versucht, sich mit Tabletten das Leben zu nehmen, doch seine Wächter pumpten ihm den Magen aus. Jahre später wird Menderes als ein Opfer der Generäle rehabilitiert. Die damals veröffentlichten Bilder des ehemaligen Präsidenten erschüttern das Land: Sie zeigen Menderes noch lebend im Anzug auf einem Stuhl sitzen und später mit einem weißen Kittel und gefesselten Händen leblos am Galgen baumeln. Der siebenjährige Schüler Recep, dessen Eltern DP-Wähler sind, entdeckt die Aufnahmen in der Zeitschrift »Hayat Mecmuası«. Sie hinterlassen einen tiefen Eindruck und das Gefühl, Zeuge großen Unrechts zu sein: »Es gab ein Foto aus diesen Tagen, welches den verstorbenen Menderes mit den Händen am Rücken gefesselt, bekleidet mit seinem Totenhemd zeigte, wie er zur Hinrichtung schritt. Mein Vater hat die Zeitschrift mit nach Hause gebracht. Ich habe sie durchblättert und dieses Bild gesehen«, sagte er später als Regierungschef.

»Damals habe ich nicht viel verstanden. Aber ich sah, dass mein Vater und meine Mutter sehr bestürzt waren, den Mann auf seinen Tod zugehen zu sehen. Es war eine aufgewühlte Atmosphäre zu Hause.« Gemeinsam mit seinem Vater habe er um Menderes geweint. Für Erdoğan ist dieser Moment auch ein Wendepunkt, an dem er erstmals vage spürt, in welche Richtung sein Leben gehen soll. Er hat diese Szene nie vergessen. Später wird er immer wieder Bezug nehmen auf Menderes. Denn die Angst vor einem Machtverlust, vor dem Sturz in die Bedeutungslosigkeit und später auch die Furcht vor juristischen Konsequenzen wegen angeblicher Korruptionsverwicklungen sitzen tief.

Als 2001 seine AKP gegründet wurde, nennt er Menderes als ein Vorbild, und zitiert diesen immer wieder mit den Worten:

»Es reicht, das Volk hat das Wort.« Und mit: »Es reicht, das Volk entscheidet.«

Trotz aller Radikalität, die die Militärs beim Auslöschen der DP-Regierung an den Tag legen, werden deren Religionsreformen nicht rückgängig gemacht. Die Generäle hatten verstanden, dass sich in einer mehrheitlich muslimischen Gesellschaft die Religion nicht ganz aus der Öffentlichkeit verbannen lässt. Stattdessen gibt es bald eine neue Verfassung, die nun – im Gegensatz zur Vorversion – klar Legislative, Exekutive und Judikative trennt. Grundrechte werden verankert, etwa das Streikrecht garantiert.

Allerdings ändert auch die neue Verfassung nichts daran, wer das Sagen im Land hat, nämlich das Militär. Erstmalig wird der Nationale Sicherheitsrat (Millî Güvenlik Kurulu, MGK) in der Verfassung verankert: ein demokratiefeindliches Instrument der Junta, bestehend aus zivilen Politikern, Vertretern der Streitkräfte und dem Generalstabschef. Die Befugnisse des MGK werden nach dem Putsch von 1980 noch ausgeweitet. Eine Kontrolle des Rates ist weder durch das Parlament noch durch die Verfassung vorgesehen – dies zeigt das tiefsitzende Misstrauen gegenüber Politikern und die Angst vor einer Marginalisierung. Zudem baut die Junta nun auch ihre wirtschaftliche Macht aus und beginnt ein großzügiges Vergünstigungssystem für Militärangehörige aufzubauen und zudem einen eigenen Pensionsfonds (Ordu Yardımlaşma Kurumu, Oyak). In den nächsten Jahrzehnten, bis zum Regierungsantritt der AKP, sollte das Eingreifen des Militärs in das politische Geschehen zu einem festen Bestandteil türkischer Politik werden. Erst Erdoğan schafft es, die Befugnisse der Generäle endgültig zu beschneiden.

Insgesamt dauert die Militärregierung eineinhalb Jahre. Bei den ersten Wahlen nach dem Putsch am 15. Oktober 1961 gewinnt die CHP mit 36,7 Prozent der Stimmen. Damit kehrt Atatürks direkter Nachfolger Inönü ins Amt des Ministerpräsidenten zurück, er regiert in einer Koalition mit der »Gerechtigkeitspartei« (Adalat Partisi, AP). Doch das Land bleibt innenpolitisch instabil, sodass zwischen 1961 und 1965 vier Regierungen gebildet werden.

In dieser Zeit erhält Erdoğan seine religiöse Erziehung in Koran-kursen in einer Moschee. Ebenfalls Anfang der Sechzigerjahre machen sich Tausende seiner Landsleute nach Deutschland auf. Am 30. Oktober 1961 wird in Bad Godesberg bei Bonn das das deutsch-türkische Anwerbeabkommen unterzeichnet, das türkische Arbeitskräfte in die florierende deutsche Wirtschaft holen soll. Es sieht eine maximale Aufenthaltsdauer von zwei Jahren und ein Rotationsprinzip vor und schließt Familiennachzug aus. 1963 schließt die Europäische Gemeinschaft mit Ankara ein Assoziierungsabkommen. Ministerpräsident Inönü spricht von einer Verbindung in alle Ewigkeit. Walter Hallstein, Präsident der EU-Kommission, sieht damals die Türkei als »Teil Europas«, die »vollberechtigtes Mitglied der Gemeinschaft« sein solle. Und obwohl erst zwei Jahre zuvor der erste demokratisch gewählte Ministerpräsident eines Nato-Staates von der Junta hingerichtet wurde, lobte Joseph Luns, Präsident des Ministerrates im Europäischen Parlament: »Für die Türkei bedeutet dieses Abkommen gewissermaßen einen erneuten Beweis dafür, dass sie ihrem Wesen nach europäisch ist.« Dennoch erhält das Land erst 1999 den offiziellen Kandidatenstatus, und erst 2005 unter Erdoğan beginnen die bis heute anhaltenden Beitrittsverhandlungen.

Vom Imamschüler zum Politnovizen

Erdoğans spätere Kindheit und Jugend fällt in eine Zeit, in der die türkische Gesellschaft von Turbulenzen erschüttert wird: Studentenunruhen, massive wirtschaftliche Probleme führen fast zum Staatsbankrott, ständig wechselnde Regierungen, die Zypernkrise, Gewalttaten zwischen rechtem und linkem Lager bis hin zu politischen Morden. In dieser wechselhaften Zeit entstehen auch neue politische Parteien, und der junge Erdoğan findet in der sich veränderten politischen Landschaft seinen Platz. Er verlässt das kleine Kasımpaşa und feiert erste politische Erfolge. Seinen Weg halten die stürmischen Randbedingungen nicht auf – im Gegenteil: Erdoğan stellt die Weichen auf Aufstieg, er findet Idole und Unterstützer, die seine Talente fördern. Es ist das zweite Gesicht, seine Prägung in der islamistischen Millî-Görüş-Bewegung und einer religiösen Schule.

Nachdem er die Grundschule in Kasımpaşa abgeschlossen hat, wechselt er 1973 auf eine Imam-Hatip-Schule auf einem Hügel über der Altstadt von Istanbul. Der Direktor seiner Grundschule habe dies so empfohlen. Die Einrichtung gehört zu den religiös ausgerichteten Gymnasien, in denen der Ausbildungsschwerpunkt auf dem Koranunterricht liegt. Daneben werden jedoch auch andere, allgemeinbildende Fächer vermittelt, die aber bei manchen Themen den religiösen Inhalten angepasst werden: Im Biologieunterricht etwa hat die Evolutionstheorie keinen Platz. Zwar wird hier auch das Arabische unterrichtet, doch Erdoğan wird nie richtig eine Fremdsprache lernen.

Den Imam-Hatip-Schülern wird der Islam als höchste moralische Instanz vermittelt. Und das bleibt er auch für den späteren Politiker Erdoğan viele Jahre – bis seine unbändige Machtgier diese Rolle übernimmt.

Imam Hatip heißt übersetzt »der predigende Imam«. Das ursprüngliche Konzept dieser Anstalten war, Berufsschulen für sunnitische Imame zu schaffen. Allerdings musste die erste Imam-Hatip-Schule, die in den Zwanzigerjahren eröffnet wurde, rasch wieder schließen. In der Hochphase des kemalistischen Säkularismus mangelte es an Nachfrage für diesen damals kaum zukunftsträchtigen Ausbildungsweg. Die nächsten Imam-Hatip-Schulen entstanden erst wieder 1951 unter dem frommen Premierminister Menderes, dessen Ansatz, die durch den strengen Laizismus »unterdrückte Religion« zu befreien, die Aussichten des theologischen Nachwuchses auf einen Beruf deutlich verbessert hatte.

Das Konzept, angehende Imame nicht nur im Arabischen, im Koranrezitieren und in islamischer Theologie zu unterrichten, sondern ihnen eine breite Allgemeinbildung zu vermitteln, war damals ein sehr moderner Ansatz. Hinzu kam, dass die Schulen bald einen guten Ruf genossen. Für viele Türken, die sich keine teuren Privatschulen leisten konnten, waren die Einrichtungen mit ihren recht hohen Bildungsstandards eine beliebte Alternative zu den unzulänglichen staatlichen Schulen. Aufgenommen wurden auch Mädchen, auch wenn ihnen das ursprüngliche Ausbildungsziel, Imam einer Moschee zu werden, verwehrt blieb und noch immer bleibt. Viele religiös konservative Eltern wählten die Schulen, weil ihre Töchter hier Kopftuch tragen durften, was an staatlichen oder säkularen Privatschulen undenkbar war. Natürlich wurden Mädchen und Jungen hier getrennt unterrichtet.

Überzeugten Laizisten waren – und sind – diese Schulen von je her ein Grauen. Sie galten ihnen als Instrumente der Entwestlichung, als Kaderschmieden für Islamisten, die die Republik gefährden. Denn: weil die erfolgreichen Schulen stets mehr Jugendliche ausbilden als Bedarf an Geistlichen besteht, wechseln viele Absolventen in die Privatwirtschaft oder gar ins Militär.

Erdoğan schwärmt auch später als Politiker noch in den höchsten Tönen von seiner Ausbildung: »Die Zeit an der Imam-Hatip-Schule bedeutet alles für mich. Hier bekam ich einen Rahmen, eine Orientierung für mein ganzes Leben. Die Imam-Hatip-Schule hat mich die Liebe zur Heimat gelehrt. Ich lernte, den Menschen, dem Land zu dienen. Sie lehrte mich zu beten und die Freude, Allah zu lieben. Ich lernte, Umweltbewusstsein nicht zu unterdrücken, und Solidarität. Und das, was ich mir für mich wünsche, auch für andere zu wollen.« Über den Koranunterricht sagt er:»Die Lektionen, die ich dort erhalten habe, haben einen großen Beitrag bei der Entwicklung meiner Redlichkeit geleistet.« Und:»Diese Liebe und diese Freude daran, Tag und Nacht unterwegs zu sein, habe ich dort erlangt. Die Imam-Hatip-Schule hat mich zu dem gemacht, was ich heute bin.«[14]

Die Einrichtung schult auch seine rhetorischen Fähigkeiten, und er übt, vor Publikum aufzutreten – immerhin legt seine Redekunst später den Grundstein für seine ersten politischen Erfolge. An der Schule, so berichtet er, habe es regelmäßig Abende mit Gedichten, Konzerten und Theaterstücken gegeben, an denen er auch teilgenommen habe. Am liebsten habe er Gedichte rezitiert und in dieser Disziplin auch Schülerwettbewerbe gewonnen. Wegen seiner Erfolge wird er zum Leiter der Jugendorganisation der MTTB (Millî Türk Talebe Birliği; Nationale Union der türkischen Schüler und Studenten), einer von Atatürk gegründeten nationalistisch-konservativen Jugendorganisation, bei deren Versammlungen Erdoğan auch Gedichte vorträgt. Während seiner Zeit auf der Imam-Hatip und bei der Union der Türkischen Studenten lernt Erdoğan viele seiner späteren Wegbegleiter kennen, unter anderem Abdullah Gül und Mehmet Ali Şahin, den späteren AKP-Justizminister.

Er beklagt, die Imam-Hatip-Schüler hätten viel härter arbeiten müssen als Schüler an anderen Schulen. Hinzu gekommen sei die gesellschaftliche Ächtung:»Unser Lehrer hat uns damals zum Thema Ausgrenzung Folgendes gesagt: ‚Warum seid ihr hierhergekommen? Um Leichen zu waschen? Wo es doch all die anderen Gymnasien gibt, was habt ihr da hier zu suchen? Von hier aus könnt ihr nicht einfach so auf irgendeine Uni gehen. Das war damals der Jargon der Ausgrenzung. Damals gab es nur das höhere Islaminstitut für die weitere Ausbildung, oder man musste weitere Prüfungen ablegen. Danach erst konnte man auf eine normale Hochschule.« Auch sein eigener weiterer Weg sei durch die Schulwahl erschwert worden: »Weil ich auf der Imam-Hatip-Schule war, konnte ich nicht auf die Universität, auf die ich wollte.«[15] Denn um die Verteilung der Imam-Hatip-Absolventen zu kontrollieren, durften diese nur bestimmte Fächer an den Universitäten belegen, und auch der Zugang zu diesen wurde ihnen durch eine unfaire Punktevergabe erschwert, sodass ihnen letztlich lediglich ein Theologiestudium offenstand. Außer sie wählten einen Umweg, wie Erdoğan es tat.

Dennoch, und weil er es als frommer Muslim nicht anders wollte, schickte er später voller Überzeugung all seine vier Kinder auf eine Imam-Hatip-Schule und wettert über die Marginalisierung dieses Bildungssystems: »Und egal wie viele Kinder ich hätte, ich würde sie wieder auf die Imam-Hatip schicken. Was ist es, was diese Imam-Hatip-Schüler durchleiden müssen? Wenn Eingangsprüfungen stattfinden, werden Leute von der Imam-Hatip nicht aufgenommen. In welches Demokratieverständnis passt das hinein? Diejenigen, die heute als Demokraten durchgehen, sind dieselben, die früher Galgen aufgebaut haben. Sie werden aussterben, wie die Vögel«[16], sagte er 1997. Und drei Jahre zuvor konstatierte er: »Die Absolventen der Imam-Hatip werden die Zukunft der Türkei bestimmen!«[17].

Seine Begabung, die Massen mit seiner Rhetorik einzufangen, lernt er hier. Auch seine Vorliebe, seine Reden mit Gedichten zu beginnen, sowie sein Interesse für Ziya Gökalp eignet er sich an der Imam-Hatip an. »Ich habe mich sehr für Gedichte interessiert. Dieses Gedicht (Anm.: von Gökalp) hat mir so gut gefallen, dass ich es in dem Moment komplett auswendig gelernt habe. In den folgenden Jahren habe ich, als ich aktiv in die Politik eingetreten war, aus allen Ecken der Türkei Einladungen erhalten und bei jeder Gelegenheit versucht, dem Volk in verschiedenen Regionen unseres Landes zu erzählen, welche Probleme es gibt. Mal habe ich unser Volk im Konferenzsaal getroffen, mal auf einem Platz. Für gewöhnlich habe ich meine Reden mit dem Rezitieren eines Verses begonnen.« Noch hat seine Stimme den Ton der Jugendlichkeit, tief und rau, aber schon auch mit Aggression und auch gelegentlich etwas Vulgärem enthalten.

Während der Jugendliche Recep in dem religiösen Institut den Koran und Allgemeinwissen lernt, werden 1964 wegen des Zypernkonflikts Zehntausende Griechen von der Regierung gezwungen, das Land zu verlassen. Die türkische Politik bestimmt ab 1965 die »Gerechtigkeitspartei« (Adalet Partisi, AP). Sie entstand 1961, nachdem das Militär wieder politische Parteien freigegeben hatte, als Nachfolgepartei von Menderes' DP und gewinnt die Wahlen sowohl 1965 als auch 1969. Wie die DP gilt auch die AP als Partei der »kleinen Leute«. Ihr starker Mann, Süleyman Demirel, ist Sohn eines Freimaurers mit bäuerlichen Wurzeln und soll die Politik des Landes vierzig Jahre lang prägen. Demirel wird allein zwölf Jahre Ministerpräsident und sieben Jahre Staatspräsident des Landes sein, auch wenn sich diese Amtszeiten aus vielen kurzen Perioden zusammensetzen – ein Zustand, der viel über diese Zeit der türkischen Geschichte aussagt und der von Erdoğan später immer wieder instrumentalisiert wird. Mit Koalitionsregierungen, so wird er für seine AKP werben, habe die Republik keine guten Erfahrungen gemacht.

Abb. 3: Süleyman Demirel

Der fromme Muslim Demirel unterstreicht den islamischen Charakter der AP und wird mit folgendem Satz zitiert:»Der Staat ist zwar laizistisch, nicht aber die Nation.« Wie Menderes' DP umwirbt seine Partei die einfachen Leute, die Benachteiligten des Kemalismus. Ein wichtiges Wahlkampfargument ist die Biografie des Spitzenkandidaten – und deren zielgruppengerecht frisierte Version. Die erzählt vom»Hirtenjungen Sülü«, der es trotz seiner bescheidenen Herkunft nach oben schaffte. Die AP macht Wahlkampf mit Slogans wie»Bauernjunge und kein College«. Das beschert ihr am 10. Oktober 1965 ganze 52,9 Prozent der Stimmen, die CHP schafft magere 28,7 Prozent. Es sind wieder die Frommen an der Macht, die von 1950 bis 1960 regiert hatten. Genau dies hatte das Militär eigentlich verhindern wollen. Mit 41 Jahren ist Demirel der jüngste Ministerpräsident des Landes.

Der Gymnasiast Erdoğan begeistert sich indessen für Fußball – und hintergeht für diese Leidenschaft sogar den strengen Vater:»Ich habe den Fußball sehr geliebt. Ich habe nachts davon geträumt. Aber anfangs ließ mein Vater mich nicht spielen.« Der Grund für das Verbot sind die unislamisch kurzen Hosen und die engen Oberteile der Fußballer. Hinzu kommt die väterliche Sorge, der Sohn könne seine Studien vernachlässigen.»Lange Zeit musste ich heimlich spielen. Ich habe beispielsweise meine Fußballschuhe nie mit nach Hause gebracht. Außerhalb unseres Hauses gab es einen Kohlenkeller. Da habe ich meine Schienbeinschoner vor meinem Vater versteckt. Um meine Schule habe ich mich trotzdem gut gekümmert. Wenn ich vom Spielen nach Hause kam, habe ich meinem Vater nichts gesagt. Wenn ich mich verletzt hatte, musste ich die Zähne zusammenbeißen und so tun, als wäre nichts. Egal wie schlecht es mir ging, habe ich nichts rausgelassen.«[18] Er sagt aber später auch:»Ich weiß, dass ich mich versündigt habe, weil ich normale Shorts getragen habe.«[19]

Während seine Altersgenossen beginnen, Alkohol und Zigaretten auszuprobieren und mit den Nachbarinnen zu flirten, erwirbt sich Erdoğan den Ruf eines kompromisslosen Verfechters der Moral, dessen einzige»Sünde« der heimlich ausgeübte Sport ist – was nachträglich sicherlich auch zu seiner Inszenierung als disziplinierter Muslim beiträgt. »Vor jedem Training hat er gebetet«, erinnert sich ein früherer Mitspieler. »Er ermahnte uns immer, keinen Alkohol zu trinken und nicht den Mädchen nachzuschauen.« Für Gebete unterbricht Erdoğan sogar die geliebten Fußballspiele. »Er verzog sich für ein Gebet rasch in eine Ecke, und rannte danach einfach wieder aufs Feld.« Sein damaliger Trainer, Mehmet Ali Gürses, sagt später, Erdoğan habe zu den besten Amateurspielern gehört. Seine Mitspieler nennen den begabten Spieler auch »Beckenbauer«. Der schlanke Athlet spielt in der Position des Mittelspielers, seine Hauptaufgabe ist es, im Zentrum der Aufmerksamkeit Tore zu schießen, immer vorne zu bleiben.

Mit fünfzehn bekommt er sein erstes Transferangebot: Für 1000 Türkische Lira wechselt er zum Sportclub Camialtı – verheimlicht seinem Vater aber weiterhin das Hobby. Als er wieder einmal nicht an einem Turnier teilnehmen kann, weil die Unterschrift des Vaters fehlt, wendet er sich an seinen Onkel. Receps Doppelleben fliegt auf. Der Vater »explodiert«, wie es der Sohn formuliert. »Wegen meines Vaters habe ich viele Gelegenheiten wie diese verpasst.«[20] Als er Jahre später als Ministerpräsident zu Besuch bei den Nachwuchsfußballern von Erokspor ist, sagt er zu den Kindern: »Ihr könnt euch sehr glücklich schätzen. Eure Mütter und Väter haben euch an ihrer Hand hierhin gebracht.« Seit September 2014 heißt das Fußballstadion von Kasımpaşa »Recep Tayyip Erdoğan Stadı«.

Als Jugendlicher ist Erdoğan Fan des Istanbuler Vereins Fenerbahçe, wie viele seiner Schulkameraden. »Wir gingen zu den Spielen. Damals haben wir gesehen, wie Lefter (Anm.: Lefter Küçükandonyadis) spielte, und das hat uns wahrscheinlich beeinflusst, verzaubert, und so begann die Begeisterung für Fenerbahçe«, erzählt er später. Zur Begeisterung der Koranschüler für den Club habe auch beigetragen, dass dessen Chef Emin Cankurtaran der Schule einmal Speisen zum Fastenbrechen spendiert habe. 1976 ist Erdoğan eines von drei Jungtalenten, die bei Fenerbahçe vorgestellt werden. Er wäre genommen worden, so der

Club, lehnte aber wegen seines Vaters ab. Vielleicht wäre aus Erdoğan ein ordentlicher Fußballer geworden, doch es sollte anders kommen.

Seine Begeisterung für Fußball ist bis heute ungebrochen, und seine dort erworbenen Qualitäten prägen ihn auch als Politiker. Noch immer spielt er in seiner Freizeit und zieht Parallelen zwischen dem Sport und der Politik:»Denn sei es das kollektive Verständnis, der Ehrgeiz oder der Glaube an den Erfolg. Du musst an den Erfolg glauben. Wir werden das schaffen. Diese Aufgabe werden wir mit einem Sieg beenden, daran muss man glauben.« Ein Gespräch mit einem US-Politiker über den Kampf gegen den PKK-Terror fasste er so zusammen:»Es reicht nicht, den Ball im Mittelfeld hin und her zu schieben. Es ist an der Zeit, ein Tor zu schießen.« Bis heute, so sagte er in einer Dokumentation, sei die gesamte Familie Fenerbahçe-Fan. Lediglich Ehefrau Emine halte zu Beşiktaş, einem eher linken Verein, zu dem die Fangruppe Çarşı (türkisch für Basar) gehört. Die Çarşı-Ultras waren bei den Gezi-Protesten ganz vorne mit dabei. 35 von ihnen mussten sich deswegen vor Gericht verantworten. Die Anklage lautete auf Putschversuch, das geforderte Strafmaß: lebenslang. Im Januar 2016 wurden die Fans in allen Punkten der Anklage für nicht schuldig befunden.

Der islamistische Mentor

Am 26. Januar 1970, kurz bevor Recep sechzehn wird, wächst die politische Landschaft des Landes erneut. Aus der islamistischen Bewegung Millî Görüş (»Nationale Sicht«) gründet Necmettin Erbakan die »Partei der nationalen Ordnung« (Millî Nizam Partisi, MNP), nachdem ihm in Demirels AP die Mitgliedschaft verwehrt wurde. Zu den Mitgliedern der ersten Stunden gehören auch einige Ex-APler. Zwar wird die junge Partei, die sich ausdrücklich auf den Islam bezieht, bereits nach einem Jahr wieder verboten, doch Erbakan bleibt der türkischen Politik erhalten – immer wieder gelingen ihm mit neuen Organisationen politische Comebacks. Mit Erbakans Eintritt in die Politik etabliert sich eine dritte Strömung in der Türkei, die lange Zeit verachtet wurde. Neben der säkular-linken und der rechts-konservativen Richtung steht nun erstmals der politische Islam, also eine Strömung, die eine allein islamisch-religiös legitimierte Staats- und Gesellschaftsordnung anstrebt. Erbakan wird zum Hassobjekt der Militärs und macht dennoch politische Karriere.

Abb. 4: Der Ziehvater Necmettin Erbakan

Schon als Schüler treibt es Erdoğan in die Politik. Erbakans Parolen für eine »Rettung durch den Islam« oder einen »Gottesstaat« sind für ihn wie eine Offenbarung. Die Jugendorganisation dieser Partei wird Erdoğans erste politische Heimat, der er unmittelbar nach der Gründung beitritt. Mit Erbakan hat der Teenager ein Idol gefunden, und der Ältere beginnt, das junge Parteimitglied zu fördern, weil er Erdoğan für einen begabten Redner und kreativen Jungen hält. Zwar sind auch die MNPler über Erdoğans kurze Hosen beim Fußball irritiert, schauen aber über die »unislamische« knappe Bekleidung hinweg. Für die nächsten Jahre folgt der Junge dem 1926 an der Schwarzmeerküste geborenen Erbakan, der gerne betont, er vergesse nie eines der fünf täglichen Pflichtgebete. Das politische Engagement an seiner Seite ist die Gelegenheit, der Armut und den Demütigungen durch das Establishment zu entkommen. In diesen politischen Lehrjahren begreift er, wie wichtig es ist, sich mit den richtigen Leuten zu umgeben, politische Konkurrenten kaltzustellen und Taktiken und Strategien auszuhandeln. All das sollte Erbakan nicht gelingen, und er sollte daran später auch scheitern.

Wie tief die Verbundenheit und Dankbarkeit gegenüber diesem politischen Mentor ist, zeigt sich darin, dass Erdoğan seinen zweiten Sohn nach ihm benennt: Necmettin Bilal, den in der Türkei alle nur Bilal nennen. Erbakan führte Erdoğan in die Politik ein, später werden sie Gegner sein, und Erdoğan wird als Sieger hervorgehen.

Die Anhänger der ersten islamistischen Partei des Landes nennen Erbakan ehrfurchtsvoll »Hoca« (Lehrer) und streben eine »muslimische Ordnung« für die junge Republik an. Die MNP ist als Partei durch das Verbot zwar rasch erledigt – doch gelingt es ihrem Anführer erstaunlicherweise, trotz des erheblichen Widerstands des Militärs und der oppositionellen Kemalisten politisch Karriere zu machen. Sein Konzept lautet Hartnäckigkeit. Nach jedem Parteiverbot gründet die »graue Eminenz« einfach eine neue Partei und führt zäh seinen politischen Werdegang fort. 1996 schafft er es sogar in das Amt des Ministerpräsidenten – wenn auch nur für ein Jahr. Dann drängt ihn das Militär aus dem Amt.

Erbakan ist studierter Maschinenbauingenieur und hat mehrere Jahre in Deutschland gelebt. Der strenge Muslim wurde 1953 an der Technischen Hochschule Aachen promoviert. Er spricht sehr gut Deutsch und hat Erfahrungen in der deutschen Rüstungsindustrie gesammelt: bei Klöckner-Humboldt-Deutz in Köln. Er wirkte auch an der Entwicklung des Leopard-Panzers mit. Als er aus Deutschland zurückkommt, wird er zunächst Vorsitzender der türkischen Industrie- und Handelskammer, bevor er sich der Politik zuwendet.

Der füllige ältere Herr mit dem weißen Schnurrbart und der schlichten Brille wirkt äußerlich sanft, wie ein gutmütiger Großvater aus einem Kinderbuch. Doch seine Parteien führt er stets als rigider Alleinherrscher mit wilder Wortwahl. Bei öffentlichen Auftritten arbeitet er mit Notizen in Stichwortform anstelle von fertigen Formulierungen. Er röhrt in harten, knappen Sätzen, dass er weg will von der parlamentarischen Demokratie – um stattdessen die Türkei in eine »Islamische Union von Kasachstan bis Marokko« einzugliedern. Vor der EU hingegen warnt er. Der Beitritt in diesen »Christenclub« ziehe den Verlust der nationalen Identität nach sich. Dabei nimmt er für sich in Anspruch, den »nationalen Standpunkt« zu vertreten.

Erbakan redet über Politik und Glauben, wie islamistische Nationalisten es eben so tun: Er fordert, die lateinische Schreibweise des Türkischen wieder abzuschaffen und die laizistischen Leitlinien aus der Verfassung zu tilgen. Seine Anhänger weiß er mit unverhohlenen Drohungen gegen seine politischen Gegner für sich zu gewinnen. Und für die frommen Massen hat er den Islam im Angebot. Er steht für die Abkehr von einem System, das den traditionellen Glauben deckelt und in die Schranken des Privaten weist. Mit seinem Religionsfokus legt er den Finger in eine Wunde der Republik – die Kluft zwischen Regierenden und Regierten. Es ist nicht verwunderlich, dass das Militär dem islamischen Chauvinisten mit der drastischen Wortwahl misstraut – Erdoğan hingegen imponiert er, und Erdoğans späterer Führungsstil und seine Rhetorik werden gelegentlich an seinen fundamentalistischen Ziehvater erinnern.

Auch die Sechzigerjahre sind in der Türkei politisch alles andere als ruhig. Seit Beginn der Dekade kommt es regelmäßig zu gewaltsamen Unruhen an Universitäten, deren Studenten sich zunehmend radikalisieren. Die Gewalt zwischen Rechten und Linken schaukelt sich immer weiter hoch. Die regierende AP büßt an Popularität ein und holt bei den Parlamentswahlen 1969 nur noch 46,5 Prozent der Stimmen. Soziale Unruhen erschüttern das Land. Die Regierung um Ministerpräsident Demirel scheitert an dieser gesellschaftlichen Herausforderung. 1970 beginnen die Studentenunruhen sich auf das ganze Land auszuweiten. Auch die Gier des Staatsoberhauptes stößt immer mehr Türken übel auf: Der Mann, der einst als armer Hirtenjunge in den Wahlkampf zog, hat mittlerweile dank seines Amtes beachtliche Reichtümer angehäuft. Als er sich dafür vor dem Parlament rechtfertigen muss, erklärt er: »Mein ganzes Vermögen, mit allen Grundstücken, beträgt nur 500 000 Türkische Lira. Wer mir nachweisen kann, dass ich mehr habe, bekommt das alles von mir geschenkt.« Obwohl sein Vermögen deutlich höher ist, bekommt niemand etwas geschenkt.

Wie immer, wenn die etablierte Politik derart in der Krise steckt, schlägt die Stunde für neue politische Akteure. Die kommen jetzt aus dem nationalistischen Umfeld: Die MHP entsteht 1969 aus der »Republikanischen Bauern-Volkspartei« (Cumhuriyetçi Köylü Millet Partisi, CKMP), Vorsitzender wird Putsch-General Türkeş. Diese extrem rechte Partei vertritt einen türkisch-völkischen Nationalismus, die Idee des »Panturanismus«, der »türkischen Herrenrasse«, und lehnt jeglichen Dialog mit den Kurden ab. Von Türkeş stammen die Sätze: »Wo es auf der Welt einen Türken gibt, da fangen unsere natürlichen Grenzen an.« Oder: »Wenn ihr Kurden weiterhin eure primitive Sprache sprecht (…), werdet ihr von den Türken auf die gleiche Weise ausgerottet, wie man schon Georgier, die Armenier und die Griechen bis auf die Wurzeln ausgerottet hat.« Schlägertruppen der MHP – die »Grauen Wölfe« – nehmen bei den Auseinandersetzungen zwischen Links- und Rechtsextremisten teil, die Demirels Regierung nicht eindämmen kann. Innenpolitisch herrscht hingegen Stillstand. Im Parlament liefern sich die Parteien heftigste Auseinandersetzungen – gleichzeitig werden die wirtschaftlichen Probleme immer größer. Das Militär versteht sich noch immer als oberster Richter und Wächter über die Prinzipien des Landes. Zehn Jahre nach ihrem ersten Putsch beschließen die

Generäle, dass es erneut Zeit ist, die Geschicke der Republik zu übernehmen.

Zuvor haben die Militärs mehrere Eskalationsstufen beschritten: Sie hatten zunächst Vorschläge zur Krisenlösung unterbreitet und dann begonnen, mit einem Einschreiten zu drohen, um der endemischen Gewalt ein Ende zu setzen. Schließlich spricht Generalstabschef Memduh Tağmaç in der Neujahrsansprache 1971 von der »nicht mehr berechenbaren Geduld der Armee«. Am 12. März veröffentlicht die Armee ein »Memorandum«, in dem sie droht, die Regierung zu übernehmen, wenn nicht umgehend eine neue gebildet werde. Diese müsse so kompetent sein, dass sie die »in der Verfassung vorgesehenen Reformen im Geiste Atatürks« durchsetzen könne. Das Memorandum wirkt schon nach wenigen Stunden: Ohne weitere Gegenwehr tritt Demirel zurück. Allerdings übernehmen die Generäle, anders als 1961, nicht selbst die Regierung. Stattdessen führen bis zu den nächsten Wahlen 1973 verschiedene überparteiliche, meist parteilose Ministerpräsidenten das Land.

Auch das Parlament wird dieses Mal nicht aufgelöst, stattdessen wird in zahlreichen Provinzen zur Wiederherstellung »von Ruhe und Ordnung« der Ausnahmezustand ausgerufen – und mehrfach bis zu den Wahlen 1973 verlängert. Am 22. September 1971 tritt eine Verfassungsänderung in Kraft, um »liberale Auswüchse« zu beseitigen. Der Einfluss des Nationalen Sicherheitsrats wird ausgedehnt, und das Militär erhält mit dem Hohen Militärverwaltungsgerichtshof seine eigene Gerichtsbarkeit.

Nach dem Putsch verbietet das Verfassungsgericht Erbakans erst ein Jahr alte MNP wegen »Ausbeutung religiöser Gefühle«. Daraufhin geht der Parteigründer kurzzeitig ins Ausland. Die islamistische MNP organisiert sich bereits 1972 unter dem Namen »Nationale Heilspartei« (Millî Selamet Partisi, MSP) neu, die bis 1980 in drei Koalitionen vertreten sein wird.

Nach einer zweijährigen Phase vom Militär gelenkter Politik bekommt im Oktober 1973 das Land wieder eine zivile Regierung. Die Neuwahlen am 14. Oktober werden zur Niederlage für die konservativen Parteien. 23 Jahre nach ihrer Abwahl wird die sozialdemokratische CHP unter Bülent Ecevit mit 33,3 Prozent der Stimmen stärkste Kraft. Der Wahlsieger hatte Arbeitern und Bauern zahlreiche Versprechen gemacht, unter anderem mehr Land und vereinfachte Möglichkeiten, Betriebe zu gründen. Demirels »Gerechtigkeitspartei« wird mit 29,8 Prozent zweitstärkste Kraft, Erbakans »Nationale Heilspartei« zieht mit immerhin 11,8 Prozent als drittstärkste Kraft ins Parlament. Es folgen monatelange Koalitionsverhandlungen, an deren Ende sich schließlich CHP und Erbakans MSP zusammentun. Wieder sind die innenpolitischen Verhältnisse alles andere als stabil: Zwischen 1973 und 1980 gibt es sieben Regierungen mit wechselnden Koalitionen, drei unter Demirel und seiner AP, zwei unter Ecevit. Die politische Situation ist so verfahren, dass selbst die Türken nicht mehr mitkommen.

Dass die erste dieser Koalitionen – zwischen Ecevits CHP und Erbakans MSP – bereits nach acht Monaten zerbricht, liegt an einer Politik der Nadelstiche. Die Frage, wie es mit dem Zypernkonflikt weitergehen soll, spaltet die ungleichen Partner. Erbakan spricht sich für die bedingungslose Teilung der Insel aus, Ecevit ist anderer Meinung. Am 20. Juli 1974 besetzen türkische Truppen den Norden Zyperns. Zuvor hatten die griechischen Zyprioten den Anschluss der Insel an Griechenland verkündet – erst vierzehn Jahre vorher war die ehemalige britische Kronkolonie unabhängig geworden.

Ausgerechnet Ecevit, der nach eigener Aussage »links der Mitte« steht, gibt den Befehl für die Entsendung von Truppen nach Zypern. Die Türkei weitet ihre Militäraktion aus und nimmt zwischen dem 14. und 16. August den gesamten Norden der Insel ein. 170 000 griechische Einwohner werden von dort vertrieben. Dafür ziehen türkische Zyprioten vom Süden in den Norden – die Insel ist nun faktisch ethnisch geteilt. Am 15. November 1983 wird die »Türkische Republik Nordzypern« ausgerufen, die bis heute nur von der Türkei anerkannt wird.

In dieser turbulenten Zeit macht Erdoğan seinen Abschluss: 1973 beendet er die Ausbildung an der Imam-Hatip-Schule. Nun würde er gerne Politikwissenschaften studieren, aber als Absolvent dieser Einrichtung wäre das für ihn nur im ostanatolischen Erzurum möglich. Also holt er am Gymnasium das reguläre Abitur nach. Sein Wunschfach darf er danach allerdings noch immer nicht studieren, weil seine Abiturpunktzahl nicht ausreicht. So schreibt er sich an der Istanbuler Marmara-Universität für Wirtschaft ein.

Die Universitäten des Landes sind in dieser Zeit Schauplatz heftiger Auseinandersetzungen zwischen Rechten und Linken, die bereits kurz nach den Neuwahlen wieder begonnen hatten – kaum dass sich die Militärs wieder in ihre Kasernen zurückgezogen hatten. Den kurzlebigen Koalitionen folgen erneute Neuwahlen am 12. Oktober 1975. Dabei setzt sich wieder Demirels AP durch, der allerdings ein Vier-Parteien-Koalitionskabinett zusammenstellen muss. Die Wirtschaftspolitik dieser »Nationalen Front« führt das Land an den Rand des ökonomischen Zusammenbruchs, die ausländischen Geldgeber reagieren sehr skeptisch. Demirels Stellvertreter ist für die Türken ein alter Bekannter: General Türkeş, faschistischer Anführer der »Grauen Wölfe«, der fünfzehn Jahre zuvor den Militärputsch im Radio verkündet hatte. Dessen Gruppe wird neben dem wirtschaftlichen Sturzflug zum Problem. Denn: die »Grauen Wölfe« attackieren linke Studenten, es kommt zu Morden – und Demirels Regierung hält sie nicht auf. Schließlich muss ein Großteil der türkischen Hochschulen wegen der Gewalteskalation schließen.

Erste Schritte auf dem politischen Parkett

Während die türkische Politik rotiert, treibt der junge Erdoğan seinen eigenen politischen Werdegang voran. Es gibt keinen bis ins letzte Detail durchdachten Plan, aber ein Ziel: selbst Politiker werden, vorne stehen und Einfluss nehmen. Sein rhetorisches Talent kommt ihm dabei zugute, er fällt rasch auf in der »Nationalen Heilspartei«, denn er ist einer, dem die Leute in dieser unruhigen Zeit zuhören. Zwar wirken jene ersten Reden insgesamt noch etwas holprig und ungelenk, aber sie sind ambitioniert. Zudem überzeugt er wie alle Charismatiker durch die Art seines Vortrags, durch die unverwechselbare Stimme, mit der er zum Publikum spricht. Beim Sprechen hält er nicht inne, er drückt seine Worte in den Raum, vertritt extreme Positionen, wird am Ende eines Satzes mit den letzten Worten wohltemperiert, nachdenklicher, und vermittelt den Zuhörern das Gefühl, sie seien Teil eines von ihm vorangetriebenen Gesellschaftswandels. Sein Sprechstil gilt rasch als ein Beweis für seinen Mut, seinen Willen, seine Ernsthaftigkeit. Ein Talent, das sich entfalten kann. Erbakan imponiert der ehrgeizige, begabte Jungspund, der voller Ideen steckt und neben Optimismus eine Aura der Selbstgewissheit ausstrahlt.

Zwar wird im Jahr 1976 Erdoğan Vorsitzender des Jugendverbands der »Nationalen Heilspartei« im Istanbuler Stadtteil Beyoğlu, zu dem Kasımpaşa gehört, und noch im selben Jahr wird er Vorsitzender des Jugendverbands für ganz Istanbul, trotzdem deutet nichts darauf hin, dass einer mit solch einer politischen, religiösen und gesellschaftlichen Herkunft einmal das höchste Amt des Staates bekleiden wird. Dennoch nimmt seine Parteikarriere rasch Fahrt auf. Er erzählt später: »Nach kurzer Zeit bekam ich das Angebot, die Leitung der Jugendorganisation für die Provinz Istanbul zu übernehmen. Nach einem Kongress mit mehreren Widersprüchen bekam ich das Amt. Das war natürlich vor den Achtzigerjahren. In dieser Zeit war es an der Uni wirklich problematisch. Damals gab es natürlich keinen Terrorismus, aber dafür Anarchie. Es gab Vorkommnisse mit Studenten zu einem gewissen Zeitpunkt. Unsere Aufgabe bestand darin, die Organisation, für die wir verantwortlich waren, aus solchen Dingen rauszuhalten, und Gott sei Dank ist es uns gelungen, unsere Leute von gewalttätigen Aktionen fernzuhalten. Während dieser Zeit konnte ich nicht weiterstudieren, ich habe nur an den Prüfungen teilgenommen. So habe ich an der Uni weiter gemacht.«

Wie absurd und glanzvoll seine Unterstützer den Politiker darstellen, zeigt eine Szene aus einer Erdoğan-Biografie, geschrieben von einem Verehrer. Der Wahrheitsgehalt ist mehr als zweifelhaft, die Echtheit lässt sich nicht überprüfen, aber diese Szene gibt einen unverfälschten Eindruck in die gelegentlich schon absurde Heiligendarstellung ihrer Ikone. Die Begebenheit geht so: Bei einer Wahlkampfveranstaltung habe Erdoğan von einem kleinen Mädchen einen goldenen Armreif geschenkt bekommen. Sie habe zu ihm gesagt:»Den hat meine Mutter geschickt. Wir lieben dich sehr. Meine Mutter sagt, du darfst uns nicht vergessen.« Erdoğan habe gezögert, doch das Kind habe ihm den Armreif in die Hand gedrückt und sei wieder in der Menge verschwunden. Er sei so irritiert gewesen von dem kindlich-entzückenden Zusprechen, dass er sogar vergessen habe, sie nach ihrem Namen zu fragen. Erdoğan habe das Schmuckstück aufbewahrt. Als man ihm später während seiner Zeit als Oberbürgermeister Bestechungsgelder angeboten habe, habe er es hervorgeholt und hochgehalten:»Wenn man mir Millionen von Dollar anbieten oder alle Reichtümer der Welt zu Füßen legen würde, nichts davon hätte für mich den Wert dieses Armreifs, den ich von dem kleinen Mädchen bekommen habe.«Nach seiner Entlassung aus dem Gefängnis sei er bei einem Besuch in der Stadt Ardeşen bei Rize gewesen, wo ihn eine große Gruppe von Anhängern umjubelt habe. Plötzlich, inmitten der Menge, habe Erdoğan ein junges Mädchen erblickt. Sie hätten Augenkontakt gehabt, und er habe gespürt, wie sich ihm der Hals zuschnürte und sein Herz schneller klopfte. Gezittert habe er, als er fragte:»Bist du das nicht, die mir in Istanbul den Armreif gegeben hat?« Plötzlich Stille, alle hätten gebannt auf das Mädchen geschaut, die hervorgetreten sei und dem erstarrten Erdoğan eine Blume überreicht habe. Erneut die Frage:»Bist du es nicht?« Und sie habe geantwortet:»Ja, ich bin es.« Daraufhin habe er die winzigen Hände des Mädchens umfasst und sie geküsst und ihren Kopf gestreichelt.[21]

Es reizt ihn, die polarisierende Rhetorik seines politischen Ziehvaters Erbakan zu übernehmen: Weg von der Professorenattitüde der Kemalisten und den Hasstiraden der Ultranationalistischen, hin zur lustvoll anti-intellektuellen Rede. So definiert er die Jugend der MSP wie folgt:»Die Jugend der Nationalen Heilspartei ist damit beauftragt, koste es was es wolle, (…) dass wir von der Unterdrückung ans Licht kommen. Sie bemühen sich darum, die Unterdrückung durch das Licht zu zerreißen. Unsere Jugend geht über dornige Wege, um ihr göttliches Ziel zu erreichen. Bis zum letzten Punkt, den der Heilige Krieg erreicht. Es gibt eine Gegenleistung für jeden einzelnen Schritt, den wir unternehmen. Die Kreuzrittermentalität steht uns heute auf eine modernisierte Art gegenüber. EWG, IMF und OECD sind Beispiele dafür. Ich glaube daran, dass die Jugend der ›Nationalen Heilspartei‹ dagegen kämpfen wird, ohne sich von den Beschimpfungen niederringen zu lassen.«[22]

Anders als beim Fußball sind seine Eltern nicht gegen sein politisches Engagement. Angst um ihren Sohn haben sie dennoch. Erdoğan tröstet nach eigenen Angaben seine Mutter mit folgenden Worten:»Mütterchen, wir mischen uns in die Aktionen der Anarchisten nicht ein. Und weil wir das nicht tun, warum sollten sie sich dann mit uns anlegen.« Wie angespannt die Lage war, schildert seine Mutter Tenzile:»Auf je zwei Seiten unseres Hauses gab es einen Balkon. Ich ging auf der einen Seite raus, da hörte ich Schüsse. Peng, Peng. Ging ich auf der anderen Seite hinaus, wieder dasselbe. Peng, Peng. Von überall her Schüsse, dass man fast taub wurde. Das Herz klopfte mir bis zum Hals, während ich auf meinen Tayyip gewartet habe. Dieses unbehagliche Gefühl dieser Zeit ist mit nichts anderem vergleichbar. Jede Nacht habe ich bis zum Morgen auf ihn gewartet, ohne zu blinzeln. Jeden Tag habe ich schlimme Nachrichten erwartet. Aber egal wie oft ich ihm sagte ›Geh nicht‹, er hörte nicht auf mich und machte weiter im Kampf für die Sache, an die er glaubte.«[23]

Die politischen Fronten verhärten sich weiter, die Unruhen zwischen Arbeitern, Linken, Rechten und den Oberen halten an. Mehrere Attentatsversuche auf Ministerpräsident Ecevit scheitern. Schlägerkommandos von Türkeş' »Grauen Wölfen« ziehen durchs Land. Links- und Rechtsextremisten ermorden sich gegenseitig auf offener Straße, mancherorts gleicht die Türkei einem Bürgerkriegsland. Wegen ständiger Proteste an den Universitäten müssen diese immer wieder tageweise geschlossen werden, und Premier Demirel schaut all dem hilflos zu.

Abb. 5: Bülent Ecevit

Eine Gewerkschaftsdemonstration am 1. Mai 1977 geht als Kanlı 1 Mayıs (blutiger 1. Mai) in die Geschichte ein: Einem Aufruf des linken Gewerkschaftsbundes DISK sind etwa eine halbe Million Menschen auf den Istanbuler Taksim-Platz gefolgt. Plötzlich fallen Schüsse. Bei dem Massaker sterben mindestens 34 Menschen, Hunderte werden verletzt. Sowohl die Schützen als auch die Hintermänner dieses sogenannten Taksim-Massakers sind bis heute nicht ermittelt.

Am 5. Juni 1977 finden vorgezogene Neuwahlen statt – Ecevit löst Demirel wieder ab. Weil das Wahlergebnis jedoch sehr knapp ist, gelingt es ihm erst 1978, eine Regierung zu bilden. Während in Ankara ein innenpolitisches Geplänkel das andere ablöst, betritt in Südostanatolien ein Mann die politische Landschaft, der Erdoğan noch lange beschäftigen soll. Am 27. November 1978 gründet sich im Dorf Lice nahe Diyarbakır die Arbeiterpartei Kurdistans (kurdisch: Partiya Karkerên Kurdistanê, PKK). Unter den Mitbegründern ist Abdullah Öcalan. Aus der einstigen kleinen Rebellengruppe soll die wichtigste und militanteste kurdische Stimme weltweit werden – doch davon ahnt der neue alte Ministerpräsident noch nichts. Er müht sich, das unruhige Land zu befrieden – und scheitert kläglich: Die Streiks wollen nicht enden, die Inflation wird durch lockere Lohnsteigerungen angeheizt. Im Oktober 1979 übernimmt wieder Demirel von Ecevit das Ministerpräsidentenamt, in einer Minderheitsregierung aus AP, der ultranationalistischen MHP und der islamistischen MSP. Die Unfähigkeit dieser Kompromissregierung zeigt sich auch darin, dass es selbst nach 120 Wahlgängen nicht gelingt, einen neuen Staatspräsidenten zu wählen.

Die Frau im Hintergrund

Als Vorsitzender der »Nationalen Heilspartei« sind öffentliche Auftritte für Erdoğan keine Seltenheit mehr. Wegen seines Engagements bekommt er den Spitznamen »Glaubenskämpfer Erdoğan« und »Mudschahid Erdoğan«, womit quasi die Vorgänger der Dschihadisten gemeint sind. Als er 1977 auf einer Veranstaltung spricht, sitzt im Publikum auch die ein Jahr jüngere Emine Gülbaran – und ist von dem jungen Redner sofort hin und weg. Später sagt sie über diese erste Begegnung, Erdoğan sei buchstäblich der Mann ihrer Träume gewesen. Als Jugendliche sei ihr ein Mann mit Gebetskappe erschienen, der auf einen anderen Mann gezeigt habe, um ihr dann zu prophezeien: »Den wirst du heiraten!« Während sie Erdoğan auf der Parteiveranstaltung in Tepebaşı-Beyoğlu lauschte, habe sie in ihm den Mann aus ihrem Traum erkannt.

Emine Gülbaran ist am 16. Februar 1955 im religiösen Istanbuler Stadtteil Fatih geboren. Hier reiht sich ein Geschäft für Kopftuchmode ans andere, Frauen in schwarzen Tschadors gehören zum Straßenbild. Später wird dieser Bezirk auch zusätzliche Bekanntheit erlangen, weil es heißt, dass Dschihadisten des »Islamischen Staates« hier Nachwuchs rekrutieren. Emine Gülbaran wächst dann allerdings im Stadtteil Üsküdar auf der asiatischen Seite auf, was zwar immer noch ein traditioneller Ort, aber im Vergleich zu Fatih schon sehr viel liberaler ist. Ihre Familie kommt wie die Erdoğans ursprünglich vom Land, aus der ostanatolischen Stadt Siirt, und ist arabischer Herkunft. Eine weitere Parallele zu ihrer künftigen Schwiegerfamilie: Auch die Gülbarans sind fromm und äußerst konservativ. Der Vorname Emine ist populär, weil er auf den Vornamen der Mutter des Propheten Mohammed (arab. Amina) zurückgeht.

Emine hat die Mädchenkunstschule bereits nach der Mittelstufe beendet. Ihr Haar ist verhüllt – ein seltener Anblick im studentenbewegten Istanbul der Siebzigerjahre. Später erzählt sie in einem Interview, dass die Entscheidung für das Tuch anfangs nicht von ihr ausgegangen sei. Der Älteste ihrer vier Brüder habe sie zu diesem Schritt gezwungen: Als ihr Bruder ihr gesagt habe, dass sie sich verhüllen müsse, habe sie sogar an Selbstmord gedacht. »Wie kann das sein, dass ich mich verhülle! In meiner Umgebung gab es kein einziges Beispiel. Wären wir in einem Dorf, wäre ich nicht aufgefallen.«[24] Doch schon bald trägt sie ihr Tuch aus Überzeugung. In einem Interview von 1995 sagte sie: »Diese Menschen (Anm. Frauen ohne Kopftuch) wissen nicht, was die Scharia ist. Für sie ist der Koran heilig, der Islam schön. Aber die Scharia haben sie ganz anders beigebracht bekommen. Das eigentliche Wesen der Scharia haben sie nicht erkannt. Sie leben den Islam nicht als einen Weg, sondern als eine Tradition.«

Mit sechzehn Jahren habe sie sich der muslimischen Frauenrechtlerin Şule Yüksel Şenler angeschlossen und sei dem von ihr gegründeten »Verein der idealistischen Frauen« beigetreten, in dem sie zur stellvertretenden Vorsitzenden aufstieg, berichtet sie später. »Dort habe ich gesehen, dass eine muslimische Frau sowohl modern und gebildet als auch verhüllt sein kann.« Der »Verein der idealistischen Frauen« steht Erbakans MSP nahe, in der Emine ebenfalls Mitglied ist. Mit diesem Frauenverein sei sie zu der schicksalhaften

Rede ihres zukünftigen Ehemanns gefahren. Die Begeisterung ist nicht einseitig. Auch Erdoğan bemerkt die junge Frau im Publikum und sucht mehrere Male den Blickkontakt. Nach der Versammlung versucht der Redner herauszufinden, wer die junge Frau mit dem Kopftuch ist. Er lässt ihr eine Nachricht zukommen und bekundet sein Interesse. Sie antwortet: »Sie gefallen mir auch.«

Das weitere Kennenlernen schildert Emine später in einem Interview: »Ich habe ihm gefallen und er mir auch. Es war Liebe auf den ersten Blick. Allerdings haben wir geheiratet, ohne dass ich vorher mit Tayyip geflirtet hatte. Wir sind nicht miteinander ausgegangen. Also in der Hinsicht, wie sie das auffassen, haben wir nicht geflirtet. Wir haben uns nur einmal außer Haus getroffen. Aber nicht alleine, sondern gemeinsam mit Leuten aus seiner und meiner Familie. Sechs Monate, nachdem wir uns das erste Mal gesehen hatten, kam Tayyips Familie zu uns und hielt um meine Hand an.«

Erdoğan umschreibt sein Begegnung mit Emine so: »Man geht in der Liebe auf. So definiere ich das. Aber jetzt gibt es ja Leute, die ständig sagen, dass sie ›lieben‹. Aber wenn man genau hinsieht, dann lieben sie mehr als eine Person. Die Anzahl derer, die sie lieben, steigt ziemlich an. Aber bei uns ist das nicht so. Wir haben uns nur einmal verliebt, haben die eine Liebe gefunden und leben damit weiter.« Und weiter: »Neuerdings sagt man, dass man elektrisiert wurde, aber wenn man es etwas literarischer betrachtet, dann nennt man das ›verlieben‹. Das war es, was dort passierte.«[25]

Şenler, die bis heute eine enge Freundin Emines ist, erzählte in einem Interview, dass der junge Erdoğan über Monate hinweg mit seiner Mutter Tenzile habe diskutieren müssen. Denn seine Mutter wollte eine Schwiegertochter, die auch einen Tschador trägt – also ein meist großes, meist dunkles Tuch, das über der eigentlichen Kleidung getragen wird und lediglich Gesicht und Hände frei lässt. Ein streng umgebundenes Kopftuch, wie Emine es trägt und das alle Haare, Nacken und Hals bedeckt, sei Mutter Erdoğan nicht ausreichend gewesen – er habe sie aber letztlich doch umstimmen können.

Wenn in der Türkei eine Familie um die Hand einer Frau an-hält, dann hat die Braut in spe die Möglichkeit, Salz in den Kaf-fee der Gäste zu geben, um ihr Veto einzulegen:»Gottseidank hat sie mir das nicht angetan«, sagt Erdoğan später, der mit seinem Vater, seiner Mutter und seiner Schwägerin zur Familie Gülbaran ging:»Ich habe Baklava mit Schokolade oder Kakao machen las-sen. Das haben wir mitgebracht. Ich habe natürlich erst hinter-her erfahren, dass wir an dem Tag um die Hand anhalten und bin knallrot angelaufen. Ich hatte ja nicht sonderlich viel Erfahrung. Mein Vater und meine Mutter waren da. Mein Schwiegervater und meine Schwiegermutter haben uns sofort, ohne Schwierigkeiten, eine positive Antwort gegeben. Das hat sich nicht übermäßig in die Länge gezogen. Innerhalb eines Jahres haben wir uns verlobt und geheiratet.«[26]

Das Paar heiratet am 4. Juli 1978, Tayyip ist 24 Jahre alt, Emi-ne 23. Aus konservativer Perspektive erweist sich »Emine Hanim« als muslimische Mustergattin, die weiß, wo ihr Platz ist: Sie bleibt zu Hause, bekommt zwei Töchter (Esra und Sümeyye) und zwei Söhne (Ahmet Burak und Necmettin Bilal), übernimmt die Erzie-hungsarbeit und hält Tayyip den Rücken frei, damit er sich um sei-ne Karriere kümmern kann. Eine Frau, die die Öffentlichkeit sucht oder gar eine eigene Arbeit anstrebt, ist sie nicht.»Ich bin da, wo ich bin, sehr glücklich und habe nie darüber nachgedacht, mehr in den Vordergrund zu treten«, sagt sie einmal. Die Erdoğans zeigen sich als Familienmenschen, die eine harmonische Ehe leben – obwohl er dauernd unterwegs ist.

Ihr Mann weiß ihre Zurückhaltung zu schätzen, die Kinderzim-mer habe er selten betreten. Später erzählt er:»Seit wir geheiratet haben, habe ich nicht einmal wegen meines politischen Kampfes die Worte ›Warum bist du so spät‹ gehört. Meine große Tochter hat mir einmal diesen Vorwurf gemacht. Aber das war nicht im Sinne von ›Warum bist du so spät gekommen‹ gemeint. Sie hat uns einfach nur vermisst und ich sie. Aber der Kampf, den wir leis-ten, bietet nicht die Möglichkeit, uns solche Zeit einzuräumen. Wir kommen in der Nacht gegen eins oder zwei nach Hause. Damals war der Kampf nicht so einfach wie heute. Das waren Zeiten mit größeren Schwierigkeiten. Ich rede von den Achtzigerjahren.«[27]

Emine sieht ihren Traummann nicht oft. Die Rollen des Paares sind klar verteilt. Die Familie ist Emines Domäne, sie ist die stillsorgende Kraft, die gütig lächelnd die kleine Einheit zusammenhält – ihr Ehemann ist Oberhaupt und Ernährer, er lebt in erster Linie für die Politik. Eines Nachts habe seine ältere Tochter Esra einen kleinen Notizzettel an die Schlafzimmertür der Eltern gehängt, darauf die Aufschrift:»Papa, bitte nimm dir einen Abend für uns Zeit«, berichtet Erdoğan über diese Zeit. Und weiter:»Das hat mich sehr ergriffen. Natürlich haben sie auch Rechte. Wenn ich komme, dann schlafen sie schon, wenn ich aufstehe, sind sie in der Schule. So ist es. Aber dass ich mit allen meinen Kindern in dieselbe Richtung blicke, wir denselben Weg eingeschlagen haben, dass meine Frau einen großen Teil der Last auf sich genommen hat, dass sie mir den Rücken stärkt, das hat es mir wirklich erleichtert, und ich kann behaupten, dass das unseren nun vierzig Jahre währenden politischen Kampf erleichtert hat. Unsere Begeisterung hat uns gestärkt.«[28]

Emine Erdoğan lässt ihren Mann nach eigener Aussage gewähren. Dass sei auch eine Bedingung gewesen, die der Verlobte vor der Heirat gestellt habe, wie er rückblickend berichtet:»Eines der ersten Dinge, die wir bei der Hochzeit besprachen, war Folgendes: Ich sagte ihr, dass sie mich 24 Stunden lang nicht suchen darf. Wenn ich nicht komme, dann bedeutet das, dass ich bei der Organisation bin. Wenn ich dann immer noch nicht da bin, fängst du an, nach mir zu suchen. Deswegen gab es Gottseidank nie die Frage, warum ich nicht gekommen bin oder warum ich mich verspätet habe. Aber wenn ich mich verspäte, dann macht sie sich Sorgen.«

Nach außen hin klagt sie nicht, leistet nie öffentlich Widerstand und verlässt vor allem nie den Pfad der Konservativen. Er ist der junge, aufstrebende Mann, dessen Ehrgeiz nicht zu bremsen ist, sie die gehorsame Frau an seiner Seite. Mit ihren Beteuerungen, wie gerne sie für die Karriere ihres Gatten zurücktrat, stimmt sie in das Credo ein, das der Chor der konservativ-bürgerlichen Politikergattinnen der ganzen Welt singt. »Weil Tayyip Bey von Beginn unserer Ehe an in der politischen Bewegung war, konnten wir nicht viel Zeit miteinander verbringen. (…) Wir haben 1978 geheiratet und seither sehr selten gemeinsam gegessen. Weil ich weiß, dass mein Mann unter sehr schwierigen Bedingungen arbeitet, habe ich das nie als befremdlich empfunden. Auch die Kinder haben das akzeptiert. Es macht uns glücklich, die Aktivitäten von Tayyip Bey zu unterstützen«, erklärte Emine Erdoğan in einem Interview aus dem Jahr 1995 – ihr Mann war damals Oberbürgermeister seiner Heimatstadt. »Jede Frau sagt, dass der Mann bei seiner Familie sein soll. Aber obwohl ich das wollte, war ich immer dafür, dass er seine Aufgabe absolviert. Das galt schon vor der Hochzeit. Ich habe immer dafür gebetet, dass ich jemanden heirate, der sein Herz und seine Arbeit dieser Sache widmete. Dass er im Dienste dieser Sache steht, erfüllt mich mit Stolz«, betont sie ein andermal

Stolz, Harmonie und vor allem Zurückhaltung – das ist es, was Emine nach Außen trägt. Von der Familie gibt es meist nur gute Nachrichten. Scheidungen, Affären, Depressionen, solche Schlagzeilen sucht man hier vergebens. Ein einziges Mal gibt es ein Gerücht, dass Erdoğans ältester Sohn, Ahmet Burak, eine außereheliche Liebschaft haben soll. Unmittelbar nach der Korruptionsaffäre Ende 2013 und wenige Tage vor den Kommunalwahlen am 30. März 2014 erscheint im Internet ein Telefonmitschnitt angeblicher Gespräche des Politikersohnes mit seiner ausländischen Geliebten.

Man muss nur die Bilder der Erdoğans anschauen: Die politische Home-Story ist auf das Klientel zugeschnitten. Da sitzen die Kinder – die Töchter tragen schon als Kinder ein Kopftuch – brav am Esstisch, an dem auch der Politikervater Platz genommen hat, Emine serviert gütig lächelnd das Essen. Es sind Aufnahmen, die ein glückliches Familienleben suggerieren. Was gestellt ist und was echt, lässt sich nicht herausfinden.

Denn alles Private wird gedeckelt, inszeniert und im Nachgang idealisiert. Armut, gewalttätige Erziehung, entfremdete Familie – alles war im Nachhinein betrachtet genau richtig so. Denn schon früh machte Erdoğan die Erfahrung persönlicher Verunglimpfung.

Seine Bildung, seine fehlenden Fremdsprachenkenntnisse, seine verschleierte Frau und Details wie seine Sonnenbrille – Marke Matrix, wie ein kemalistisches Blatt einmal spöttelte – man lästerte über ihn. Nichts, was Erdoğan nicht kontrollieren kann, darf an die Öffentlichkeit. Im Zentrum steht Erdoğan, der heute seine Tochter Sümeyye in Stellung bringt, die inzwischen seine enge Beraterin ist und sich gerne erhobenen Hauptes Seite an Seite mit ihrem Vater in der Öffentlichkeit präsentiert. Sümeyye selbst nennt sich »ehrenamtliche Beraterin« ihres Vaters, sie studierte wegen ihres Kopftuches in Großbritannien Politikwissenschaften und begleitet ihren Vater bei Auslandsreisen, wo sie dann auch für ihn übersetzt. Gelegentlich wurde gemutmaßt, sie selbst würde für eine Legislaturperiode als AKP-Mitglied kandidieren, seit Aufhebung des Kopftuchverbotes durch ihren Vater wäre dies nun auch möglich.

Kritische Interviews oder gar ein öffentliches Abrechnen mit dem Vater oder Ehemann, wie dies in anderen Ländern immer wieder geschieht, ist in der Erdoğan-Türkei schlichtweg nicht vorstellbar. Die Familie ist stets eine geschlossene Einheit. Bei Tayyip Beys Balkonreden stehen sie ihm Schulter an Schulter zur Seite. Immer. Alle. Gerne Hand in Hand.

Familiäre Auftritte sind wohldosiert und gut durchchoreografiert. Die intakte Familie des Staatsoberhauptes ist ein protokollarisches Muss, steht sie doch für die Erdung, die »Normalität« des Politikers, der nicht nur Machtmensch, sondern auch Ehemann und Vater ist. Bei Erdoğans konservativ-muslimischer Wählerschaft würde ein moralisches oder hierarchisches »Ausscheren« eines Familienmitglieds diesen seine Glaubwürdigkeit kosten. Deswegen gibt es auch kaum Gefühlsäußerungen.

Emine Erdoğan gibt selten Interviews, überhaupt ist sie in der Öffentlichkeit eher still. Und doch begleitet sie ihren Mann überall hin in die Hässlichkeit des politischen Alltags. Wenn sie dennoch einmal mit Journalisten spricht, dann hält sie sich streng an das Drehbuch ihrer Rolle als brave Bewunderin und Stütze im Hintergrund. Das Denkmal soll keinen Kratzer bekommen: »Tayyip Bey ist ein sehr realistischer Mensch. Er betrachtet die Dinge immer sehr realistisch und gelassen. Er würde nie unvorhergesehene Entscheidungen treffen. Er redet wenig, aber substanziell. Er hat die Gabe der Rede, die ein Tribut an Allah ist. Dazu haben sicher auch die Wettbewerbe und Versammlungen, an denen er in seiner Jugend teilgenommen hat, beigetragen. Er ist sehr geduldig und fährt nicht schnell aus der Haut. Er ist sehr ordentlich. Und sehr großzügig. Seiner Familie gegenüber ist er sehr freigiebig. Er liebt Kinder sehr. Und große Familienfeste. Die mag er sehr und ist immer sehr dafür. Er ist tolerant.«[29]

Während Erdoğan an seiner Karriere feilt, halten die Unruhen im Land an. Es ist 1979, und täglich gibt es Nachrichten über den ausufernden Terror zwischen Linken und Rechten. Noch immer werden Universitäten wegen der anhaltenden Ausschreitungen geschlossen. Durchschnittlich zwanzig Terrortote gibt es – pro Tag, an einzelnen Tagen sind es deutlich mehr. Seit Demirels Regierungsantritt im November sind rund 2500 politische Morde begangen worden. Stabile parlamentarische Koalitionen hat das Land seit 1973 nicht mehr erlebt, die kurzlebigen Bündnisse schließen immer wieder Erbakans Islamisten und Türkeş' Faschisten mit ein. Immer mehr Türken verlieren das Vertrauen in die Politik.

Die Wirtschaftslage des Landes ist in einem katastrophalen Zustand, auch Demirels neoliberaler Kurs ändert daran nichts. Die Ölkrise lässt die Rohölpreise in die Höhe schnellen. Weil Devisen fehlen, bricht der Import ein, der Rohstoffmangel verursacht Engpässe in der Industrie, so müssen viele Produkte teuer im Ausland eingekauft werden, was die Lage weiter verschärft. Die Türkei gilt nicht mehr als kreditwürdig, die Auflagen des Internationalen Währungsfonds (IWF) zur Abwendung eines Staatsbankrotts werden immer strikter: Aufhebung des Streik- und Tarifrechts, Einfrieren der Gehälter, Privatisierungen, Abwertung der Türkischen Lira, Senkung der Staatsausgaben im Gesundheits-, Sozial- und Bildungsbereich. Das Nato-Mitglied Türkei ist für das Ausland kein vollwertiger Wirtschaftspartner mehr, sondern ein vom Westen abhängiger Bittsteller geworden.

Ein im Januar 1980 aufgesetztes wirtschaftliches Stabilisierungsprogramm kommt zu spät. Die Arbeitslosigkeit ist schon von 14 Prozent im Vorjahr auf 26 Prozent hochgeschnellt, die Armut hat die Kindersterblichkeit in Ostanatolien um bis zu 55 Prozent steigen lassen. Massenentlassungen führen zu landesweiten Streiks, die Preise für Konsumartikel steigen mancherorts um bis zu 300 Prozent. Die Gewerkschaften werden militanter. Die Industriekammer in Istanbul appelliert an die Gastarbeiter im Ausland, sie hätten die »heilige Pflicht«, den Notleidenden in der Heimat Geld zu schicken. In Ankara klagt der hilflose Staatspräsident Demirel, sein Schatzamt habe »keine 70 Cent« mehr, um die Staatsschulden zu begleichen. Gleichzeitig behauptete er: »Wir hatten schon schlimmere Situationen.« Ein Eingreifen des Militärs schließt er aus – er irrt sich. Es folgt ein Albtraum für die Bevölkerung.

Eine schrecklich erfolgreiche Familie

Geht Emine Erdoğan shoppen, muss sie in ganz großem Stil denken: Immerhin residiert die Ehefrau des Präsidenten in einem Palast mit mehr als 1100 Zimmern.

Nur wenige Tage vor dem vereitelten Putschversuch vom 15. Juli 2016 begleitet sie ihren Mann zu einem Staatsbesuch nach Warschau. Unterwegs mit ihrer Entourage kauft die First Lady in der polnischen Hauptstadt Antiquitäten im Wert von rund 44 000 Euro, wie regierungskritische Medien berichten. Überhaupt mag die Türkin es eher mondän: Stets in teures Tuch gehüllt, genießt sie spezielle Teesorten, deren Kilopreise bei rund 2000 Euro liegen sollen – das durchschnittliche monatliche Einkommen in ihrer Heimat beträgt 700 Euro.

Die Erdoğans – eine schrecklich erfolgreiche Familie. Die Ehefrau steht unerschütterlich an der Seite ihres Mannes, die Töchter Esra und Sümeyye sind mit glühenden AKP-Anhängern verheiratet. Vieles scheint gut im Hause Erdoğan – wären da nicht die beiden Söhne. Beide verweigerten den obligatorischen Militärdienst.

Zwar sind sie vermögend – durch Geschäfte in der Süßwaren- und Kosmetikbranche –, doch besitzen beide überhaupt kein politisches Talent und sorgen regelmäßig für Skandale.

Sohn Bilal wird in der Türkei für seine Tölpelhaftigkeit verspottet, während der Älteste, Ahmet, selbst auf Familienfeiern fehlt – es ranken sich wilde Gerüchte um ein wenig konventionelles Bild von ihm. So soll er dem Nachtleben und insbesondere dem Alkohol sehr zugeneigt sein.

Bilal verkündet 2005, damals noch bei der Weltbank in Washington tätig, in die politischen Fußstapfen seines Vaters treten zu wollen. Doch schnell stellt er fest, dass diese wohl doch zu groß sind. Stattdessen wird immer wieder gemunkelt, er sei in kriminelle Machenschaften verstrickt.

So tauchen Anfang 2014 Telefonmitschnitte im Internet auf, angeblich ist darauf zu hören, wie Erdoğan seinen jüngsten Sohn auffordert, große Mengen Bargeld in Sicherheit zu bringen. In Deutschland würden solche Vorwürfe den Abschied von der seriösen politischen Bühne bedeuten. In der Türkei kneift der Ministerpräsident beide Augen zu, spricht von einer Fälschung und lässt die im Rahmen einer Korruptionsaffäre ermittelnden Staatsanwälte suspendieren. Unmittelbar danach wird bekannt, dass eine Stiftung aus dem familiären Umfeld Erdoğans knapp 72,5 Millionen Euro Auslandsspenden erhalten habe. Woher diese aber stammen, dazu äußern sich die Verantwortlichen nicht. Dem Vorstand der Stiftung allerdings gehören Bilal und Esra an. Die Opposition wirft dem Clan Geldwäsche vor, Erdoğan beschimpft seine Gegner dagegen wieder einmal als »israelisches Sperma« oder »Blutegel«.

Als Bilal 2015 mit seiner Familie ins italienische Bologna zieht, um dort angeblich seine Doktorarbeit zu beenden, wird erneut spekuliert. Es heißt, er würde sich um die finanziellen Geschäfte seiner Eltern kümmern. Schon wenige Monate später kehrt er in die Türkei zurück – in Italien wird wegen möglicher Geldwäsche gegen ihn ermittelt. Natürlich stellt sich sein Vater öffentlich gegen die Anschuldigung. Der italienische Regierungschef Matteo Renzi entgegnet: »In unserem Land antworten die Richter auf Gesetze und die italienische Verfassung, und nicht auf den türkischen Präsidenten. Das nennt sich Rechtsstaat.«

Sohn Ahmet sorgt ebenfalls immer wieder für Negativ-Schlagzeilen: Der Politiker-Spross, der im Schifffahrtsgeschäft mehrfacher Millionär geworden sein soll, hält sich im Hintergrund auf – oder wird im Hintergrund gehalten, je nach Erzählperspektive. Ihm werden Neigungen zu außerehelichen Affären und Alkohol nachgesagt. 1998 verursacht Ahmet in Istanbul einen Autounfall, verletzt eine Frau tödlich und begeht Fahrerflucht. Es wird bekannt, dass er keinen Führerschein besitzt, doch verurteilt wird er nie. Ein Gutachter gibt der Frau eine Mitschuld an dem Unfall – und wird in der Folge zum Vize der staatlichen Schifffahrtsgesellschaft befördert. In dieser Zeit ist Ahmets Vater Bürgermeister von Istanbul.

So sind also vor allem die Töchter und deren Ehemänner die politischen Hoffnungsträger des mächtigen Vaters, sie versprechen ihm höchste Loyalität. Des Präsidenten Lieblingstochter Sümeyye engagiert sich als stellvertretende Vorsitzende einer proislamischen Frauengruppe. Im Mai 2016 heiratet sie den Rüstungsunternehmer Selçuk Bayraktar, dessen Familienunternehmen – wen wundert es – Drohnen und andere Technologien an die türkischen Streitkräfte liefert.

Auch Esra ist mit einem Mann liiert, der von ihrem Papa profitiert. An ihrer Hochzeit im Juli 2004 mit dem Geschäftsmann Berat Albayrak nehmen namhafte Staatsführer, zum Beispiel der pakistanische Präsident Pervez Musharraf, teil. Albayrak wird nach der Parlamentswahl im November 2015 zum Energieminister ernannt – Kritiker sehen darin einen Beweis für den Klientelismus, den sie Erdoğan seit Langem vorwerfen. Dass Albayrak in der dramatischen Putschnacht des 15. Juli 2016 mit Erdoğan im Badeort Marmaris ist, verdeutlicht seine Nähe zum Präsidenten. Als sich Erdoğan am frühen Morgen am Flughafen in Istanbul an die Presse wendet, ist auch Albayrak an seiner Seite. Für die Opposition hat der als Damat (Schwiegersohn) bekannte Politiker zu viel Einfluss.

Der Unternehmer Albayrak, Sohn eines Journalisten, kümmert sich – wie auch sein Schwiegervater – gerne persönlich um eine parteifreundliche Berichterstattung, indem er bei kritischen Medien direkt interveniert. Bis 2013 ist er Vorstandsvorsitzender eines Mischkonzerns, der vor allem im Bausektor von staatlichen Aufträgen profitiert und natürlich auch Medien aufkauft, die innerhalb kürzester Zeit zu Verlautbarungsorganen der AKP-Regierung werden. Auch anderweitig gerät Albayrak wiederholt ins Zwielicht.

In der Krise nach dem Abschuss eines russischen Kampfflugzeugs an der türkisch-syrischen Grenze im November 2015 wirft Moskau Erdoğans Familie und Albayrak vor, in illegalen Ölhandel mit der Dschihadistenmiliz IS verwickelt zu sein. »Wir wissen, wer jetzt in der Türkei den Terroristen hilft, sich zu bereichern, indem das gestohlene Erdöl verkauft wird«, sagt Putin im prunkvollen Georgssaal im Kreml. Erdoğan weist die Vorwürfe entschieden zurück. »Meine Familie mit hineinzuziehen, ist eine nicht sehr moralische Seite dieser Angelegenheit«, stellt er in Ankara klar. Die Türkei habe Belege, dass der größte Ölhändler des IS ein russisch-syrischer Staatsbürger sei.

Aufstieg, Fall und Wiederauferstehung

Vom Republikgründer Atatürk darauf verpflichtet, das Land vor äußeren und inneren Feinden zu bewahren und mit ihrer traditionell selbstbewussten Sicht der eigenen Rolle im Staat orten die Streitkräfte erneut den Feind im eigenen Land. Am 1. Januar 1980 stellt der Generalstab ein Ultimatum: »Unsere Nation kann nicht länger diejenigen dulden, die die großzügigen, in unserer Verfassung verankerten Freiheiten missbrauchen, diejenigen, die die kommunistische Internationale anstelle unserer Nationalhymne singen, oder diejenigen, die das demokratische System durch irgendeine Art von Faschismus, Anarchie, Zerstörung und Separatismus ersetzen wollen.«

Trotz dieser Drohung kommt das Land nicht zur Ruhe – im Gegenteil, die Situation eskaliert. Zum politischen Terror treten wirtschaftliche Probleme. Angesichts dieses Chaos wird die Ohnmacht der Regierung immer deutlicher. Islamistische Tendenzen innerhalb der Gesellschaft werden sichtbarer. So werden etwa am 16. Mai in einer TV-Übertragung von einer nächtlichen Feier anlässlich des Prophetengeburtstags aus dem Istanbuler Stadtteil Fatih auch Verunglimpfungen Atatürks gesendet. Die MSP organisiert große »Al-Quds«-Demonstrationen, auch in Deutschland, bei denen Hetzrufe wie »Scharia oder Tod« zu hören sind.

Als Tropfen, der das Fass zum Überlaufen bringt, gelten die Ereignisse vom zentraltürkischen Konya Anfang September: Zunächst werden auf einer Versammlung von Erbakans Heilspartei Rufe nach einem islamischen Staat laut. Das Singen der Nationalhymne wird verweigert, stattdessen rufen die Teilnehmer: »Wir wollen den Gebetsruf hören, diesen Marsch singen wir nicht.« Schließlich marschieren am 6. September Islamisten durch die Großstadt, auf ihren Plakaten steht »Der Islam ist der einzige Weg«.

Sechs Tage später, am 12. September 1980 – kurz vor den Feierlichkeiten zu Atatürks 100. Geburtstag und 57 Jahre nach Gründung des Staates –, werden die Türken mit der über das Radio und Fernsehen verbreiteten Nachricht geweckt, dass »die Armee für das Wohl und die Unteilbarkeit des Landes die Macht übernommen« habe. Es ist der dritte Militärputsch innerhalb von zwanzig Jahren. Neuer Regierungschef ist Generalstabschef Kenan Evren – die Türken atmen erleichtert auf, als der unblutige Putsch, die bürgerkriegskriegsähnlichen Zustände beendet. Viele Türken sehen Evren anfangs positiv, als Friedensstifter.

Die neuen Machthaber in Uniform nennen dieses erneute Ende der parlamentarischen Demokratie »Operation 12. September 1980« und stellen sich als Retter dar. Sie verbieten Gewerkschaften, alle Parteien und verhängen landesweit das Kriegsrecht. Später lässt sich Evren zum Staatspräsidenten ausrufen. Diesmal werden die vorherigen politischen Führer nicht hingerichtet – doch glimpflich kommen die wenigsten davon. Die ehemalige Regierung steht zeitweise unter Hausarrest, das Parlament wird aufgelöst, über 200 Parlamentarier werden festgenommen, ihre Immunität wird aufgehoben. Streiks werden verboten, die Verfassung wird außer Kraft gesetzt. Die Vorsitzenden aller politischen Parteien erhalten ein zehnjähriges Berufsverbot. »Alle Politiker sind Schlamm«, tönt Evren im Radio. Zeitungsredaktionen und Vereine werden geschlossen, Bücher verbrannt, Filme verboten. Zudem wittert die Junta hinter den Werken vieler Künstler staatsfeindliche Machenschaften und geht massiv gegen sie vor. Tausende Intellektuelle flüchten ins Ausland, auch nach Deutschland.

Es gilt ein Ausgeh- und ein Ausreiseverbot. Die Zahl der Opfer dieser traumatisierenden Zeit variiert je nach Quelle. Die gängigste Bilanz während und nach dem Putsch lautet wie folgt: Rund 7000 Türken werden mit Forderung nach der Todesstrafe angeklagt, 49 werden hingerichtet. Gegen Gewerkschafter, Linke und Kurden beginnt sofort eine massive Verhaftungswelle. 650 000 Personen werden in Gewahrsam genommen, und während im Radio das Lied »Vorwärts, o Türke, immer vorwärts« gespielt wird, wird zehntausend Türken ihre Staatsbürgerschaft aberkannt. General Evren verteidigt die Hinrichtungen im Oktober 1984 mit dem Satz: »Sollen wir die Verräter nicht erhängen, sondern ernähren?« Für Außenstehende sind die politischen Verhältnisse undurchschaubar, für die Türken ist es eine furchtbare Zeit. Als im Jahre 2015 die Türkei einen Terroranschlag nach dem anderen erlebt und der Bürgerkrieg im Südosten wieder ausbricht, sagen viele, die Zeit in den Achtzigerjahren sei noch viel traumatischer gewesen.

Ausgerechnet die Frommen profitieren von der Junta, denn sie gelten den neuen Machthabern als natürliche Gegner ihres Hauptfeindbildes: des Kommunismus und der türkischen Linken. Entsprechend ebnen die Generäle nun den Absolventen der Imam-Hatip-Schulen den Weg an die Universitäten. Zudem wird das Budget der Diyanet erhöht, Islamunterricht an allen Schulen verpflichtend. Die Zahl religiöser Gymnasien vervielfacht sich rasant.

Die Junta ist zwischen 1980 und 1983 im Amt – in dieser Zeit entstehen insgesamt 535 Gesetze und Regelungen, von denen einige auch viel später noch für Konflikte sorgen: Ziel ist zunächst die eigene Machtsicherung. Das Parlament wird geschwächt. Doch auch das Kopftuchverbot für Studentinnen entsteht in dieser Zeit, ebenso wie die – auch international kritisierte – Zehn-Prozent-Hürde, die eingeführt wird, um den Einzug radikaler Parteien sowie die von Minderheitenvertretern ins Parlament zu verhindern und durch klare Mehrheiten stabile Regierungen zu ermöglichen. Die Stimmen der Parteien, die nicht über diese Hürde kommen, werden im außerparlamentarischen Nirwana versenkt. Am 9. November 1982 tritt eine neue Verfassung in Kraft – sie stützt die Rolle der Machthaber, die die Verfassung quasi im Alleingang beschließen. Eine Volksabstimmung findet nicht statt, ein Parlament gibt es zu dieser Zeit nicht.

Das neue Gesetzeswerk wird wegen seiner Tendenzen auch als »Verfassung der Verbote« bezeichnet. Es stärkt die Macht des Militärs weiter und legt fest, dass der »Nationale Sicherheitsrat« die nationale Sicherheit zu gewährleisten habe und der Regierung hierfür seine Empfehlungen unterbreite. Damit erhalten die Mitglieder des – eigentlich rein beratend angelegten – Gremiums einen

Freibrief für politische Interventionen. Die Regierung muss die »Empfehlungen« des MGK mit dringlicher Priorität behandeln. Erst Erdoğan wird dieses undemokratische Werkzeug des Militärs entschärfen. Doch bis dessen AKP sich erstmals zu den Parlamentswahlen 2002 stellt, folgen noch zwei Phasen höchster politischer Instabilität: Zwischen 1983 und 2002 wird es unglaubliche dreizehn zivile Kabinette geben. Zwar lässt die Junta 1983 wieder Wahlen zu, doch alle kandidierenden Parteien und Einzelpersonen müssen zuvor vom Nationalen Sicherheitsrat bewilligt werden, dessen Vorsitzender Evren höchstpersönlich ist.

Während die Generäle die Macht ergreifen, ist Erdoğan noch immer Leiter der MSP-Jugendsektion – und zeigt sich später stolz auf seinen Beitrag zum Erhalt der Ordnung: »In dieser Zeit, in der ich Student war und in der es an der Uni Probleme gab, gehörte es zu meinen Aufgaben, dafür zu sorgen, dass unsere Jugend nicht in diese Anarchie abrutscht und, Hamdolsun (Anm.: »Gottseidank!«), in Istanbul war keiner der Kollegen aus unserer Jugendorganisation, in Aktionen verwickelt. Weder in der Provinz noch in unserem Bezirk gab es Probleme wegen anarchistischer Aktionen.«[30]

Den turbulenten Ereignissen zu Beginn des Putschjahres 1980 kann auch Erdoğan sich nicht entziehen. Mit etwa 400 Leuten, so wird erzählt, habe er an einem Begräbnis von vier jungen Islamisten teilgenommen. Die Trauergemeinde hatte Zeitungen, Jacken und Mäntel auf dem Asphalt ausgebreitet, um darauf zu beten. Polizei und Gendarmerie sahen zunächst erstaunt zu, um dann alle zu verhaften. Die Zeitung *Sebil* berichtete darüber: »Tayyip Erdoğan, der wahre Führer der Islamischen Jugend und Vorsitzende der Jugendorganisation des MSP, wurde aufgrund der Ereignisse, die während der Begräbniszeremonie der Märtyrer erzwungen wurden, verhaftet und später vom Ausnahmezustandsgericht auf freien Fuß gesetzt.«[31]

Erdoğan, der zu diesem Zeitpunkt schon seinen charakteristischen Schnurrbart trägt, arbeitet neben dem Studium bei den Istanbuler Verkehrsbetrieben IETT, die in öffentlicher Hand sind. Nach dem Putsch kommt ein Militärkommando zur IETT, das Bärte für unerwünscht erklärt. Auch zu Erdoğan sagt der Offizier: »Entweder wirst du dich rasieren oder morgen kündigen.« Erdoğan kündigt, obwohl er ein begeisterter Spieler des zugehörigen Fußballvereins ist. Stattdessen fängt er bei EROK Spor an und spielt dort, bis er zum Wehrdienst eingezogen wird. Den Bart gibt er nicht auf – auch wenn sich nicht einmal die Erbakan-nahe *Millî Gazete* mehr traut, sein Foto zu drucken. Für den Fußball hingegen ist er zu gewissen Kompromissen bereit – hier trägt er kurze Hosen.

Nach seinem Abschluss als Betriebswirt an der Istanbuler Marmara-Universität im Jahr 1981 beginnt Erdoğan als Buchhalter in einer Wurstfabrik zu arbeiten. Diesen Job muss er jedoch zunächst einmal für seinen Militärdienst in Tuzla am Rande von Istanbul unterbrechen. Weil sein Sold nur halb so hoch ist wie sein ziviles Gehalt, zahlt sein Arbeitgeber die andere Hälfte weiter. Deshalb kehrt Erdoğan in die Wurstfabrik zurück. Der Branche bleibt er zunächst treu und wechselt als Direktor zu einem anderen Hersteller von Fleischwaren.

Unter das Parteienverbot der machthabenden Generäle fällt auch Erdoğans damalige politische Heimat: Erbakans MSP. Deshalb gründen ehemalige MSP-Mitglieder – unter ihnen auch der aufstrebende Leiter der Jugendorganisation Erdoğan – 1983 eine neue Partei. Sie nennen sie »Wohlfahrtspartei« (Refah Partisi, RP). Während zahlreiche Ex-MSPler sich auch der ebenfalls neuen Partei »Anavatan« anschließen, kommt es für Erdoğan nicht in Frage, Erbakan im Stich zu lassen – noch nicht. Er sagt: »Ich habe meinen Anführer.« Dass Erbakan wegen eines Politikverbots bis 1987 kein Amt übernehmen kann, stört seinen jüngeren Bewunderer nicht. Dessen Treue zahlt sich aus. Erdoğan wird zunächst Bezirksvorsitzender von Beyoğlu, dann ab 1985 zum Vorsitzenden für Istanbul.

Er hat eine Vision und auch ein Programm, gibt sich modern, volksnah und kämpferisch, auf Veranstaltungen verkündet der Rechtshänder seine Botschaften manchmal sogar mit mehreren Mikrofonen gleichzeitig in einer Hand, die andere in der Luft gestikulierend und wechselweise den Zeigefinger oder den Daumen nach oben zeigend – eine Mischung, die ihm auch später noch Erfolge bescheren soll. Seine Devise damals: »Wir dürfen nicht als besserwissende Korankenner auftrumpfen.« In die konservative Partei bringt er ein, dass erstmals auch Frauen für die Partei beim Wahlkampf aktiv sein dürfen. Die sogenannten »Damenkommissionen« (Hanım Komisyonları) machen mit beim Straßenwahlkampf und klopfen an den Türen, um weibliche Wählerinnen zu gewinnen. Als die Doppelbelastung als Istanbuler Parteichef und Direktor einer Wurstfabrik für den aufstrebenden Jungpolitiker zu viel wird, bieten ihm die Parteimitglieder an, sein Gehalt zu zahlen – damit wird Erdoğan zum Berufspolitiker.

Der Konkurrent als Lehrmeister – Turgut Özal

Politische Konkurrenz in dieser Zeit ist die ebenfalls neugegründete »Mutterlandspartei" (Anavatan Partisi, ANAP), politische Heimat von Turgut Özal, der die politische Bühne für Jahre bestimmen wird. Während Erdoğan sich noch ganz am Anfang seiner Karriere befindet, kann er am Beispiel Özals hautnah miterleben, wie erfolgreich eine Mischung aus konservativ-religiösem Weltbild und wirtschaftlichem Fortschrittsprogramm in der Türkei sein kann. Auch über eine bildstarke Rhetorik verfügt Özal – Komponenten, die sich später in Erdoğans politischem Stil wiederfinden werden.

Özals Partei ist ein Hort für islamische und nationalistische Kräfte. Ihr kurdischstämmiger Vorsitzender steht für eine Annäherung an die Kurden, einen engen Kontakt zu den USA und gleichzeitig für eine behutsame Islamisierung, so tritt auch Özal für die Lockerung des Kopftuchverbotes ein. Mit ihrer Mischung aus konservativem Gesellschaftsbild, Kritik an der Bürokratie, einer liberalen Wirtschaftssicht sowie religiös-nationalistischen Tendenzen und der Verherrlichung der osmanischen Geschichte gewinnt die ANAP am 6. November 1983 die ersten freien Wahlen nach dem Militärputsch deutlich. Sie holt 45,1 Prozent der Stimmen. Die Partei kann bis 1991 ohne Koalitionspartner regieren. Özals Kombination aus Frömmigkeit und nüchternem wirtschaftlichen Sachverstand wird Erdoğan später in seinen politischen Baukasten übernehmen. »Klammert euch an das Seil Allahs, dann wird es euch gutgehen«, sagt Özal.

Während Özals Amtszeit als Ministerpräsident beginnt der bewaffnete Konflikt zwischen der PKK und der türkischen Regierung. Kurdenführer Öcalan, der sich nach dem Militärputsch in die syrische Hauptstadt Damaskus abgesetzt hatte, organisiert von dort aus den militärischen Kampf gegen Ankara. Am 15. August 1984 erklärt er der Türkei offiziell den Krieg.

Özals neoliberaler Kurs scheitert, durch Missmanagement und Cliquenwirtschaft wachsen die Auslandsschulden – denn gezahlt wird mit geliehenem Geld. 1984/85 steckt die Türkei in der schwersten Wirtschaftskrise seit Gründung der Republik. Während Özal immer reicher wird, kommt es zu heftigen Protesten. Rund 25 Prozent der Türken sind arbeitslos. Weil Fleisch für viele Menschen zu teuer ist, fordert die Regierung in Zeitungsannoncen auf: »Leute, esst Linsen!« Die nächsten Wahlen am 29. Oktober 1987 gewinnt die ANAP dennoch – mit 36,3 Prozent, aber mit einem deutlich geringeren Stimmenanteil.

Wie später Erdoğan setzt sich auch Özal immer wieder über die Verfassung hinweg. »Kleine Verstöße« seien »nicht weiter schlimm«, findet Staatspräsident Özal, der auch von einem Präsidialsystem nach französischem oder amerikanischem Muster träumt.

Während des Golfkriegs 1990/91 unterstützt Özal die USA militärisch, obwohl das ohnehin wirtschaftlich gebeutelte Land sich das finanziell nicht leisten kann – er erhofft sich davon einen Prestigegewinn und eine gestärkte Position in der Region. Eine Strategie, die scheitert.

Erste Risse in der Beziehung zu Erbakan

Erdoğan indessen kandidiert unter Özals Regierung im Jahr 1989 zum ersten Mal für ein höheres politisches Amt. Er möchte Bürgermeister des Istanbuler Stadtteils Beyoğlu werden. Wie gehabt tritt er populistisch als Kasımpaşalı auf, der nun, wendig wie er ist, »die Stimme der schweigenden Mehrheit« vertritt und mit seinem Anpassungskurs geschickt den Zeitgeist für sich nutzt. Im Wahlkampf setzt er erneut auf Frauen – auch wenn er dafür Schmähungen aus dem eigenen Lager erntet. »Man hat uns dafür kritisiert, doch wir waren fest entschlossen zu gewinnen. Denn wir sind keine Kurzstreckenläufer, sondern Marathonläufer. Unser Marathon ist ein Marathon, der bis zum endgültigen Ziel führt«, sagt er später.[32] Zwar verliert er die Wahl – erzielt jedoch als Zweitplatzierter einen gewissen Achtungserfolg.

Für seine Partei, die Refah, geht es währenddessen bergauf. Bei den Parlamentswahlen am 20. Oktober 1991 feiert sie ihren ersten landesweiten Erfolg – seit den vergangen Wahlen konnte sie ihren Stimmenanteil von 7,1 auf 17 Prozent steigern. Erbakan gelingt dies, weil er die Stimmen nationalistischer Protestwähler für sich gewinnt, indem er den Oppositionsparteien das »Nachäffen des Westens« vorwirft und mit antisemitischen Drohszenarien Stimmung macht: »Falls ihr nicht wünscht, dass eure Söhne als Soldaten von Salomon in Tel Aviv geführt werden, müsst ihr unsere Partei wählen. Falls ihr nicht vorsichtig seid, werden die Türkei und Israel zu einem Staat zusammenwachsen«, ruft er auf Wahlveranstaltungen.

Die ANAP hingegen verliert nach vier gewonnenen Wahlen ihre absolute Mehrheit, was Demirel zu einem erneuten Comeback verhilft. Ein Vierteljahrhundert nachdem er 1965 sein erstes Kabinett gebildet hatte und nach zwei Absetzungen durch das Militär, ist er wieder Ministerpräsident. Die Regierung bilden nun seine »Partei des Rechten Weges« (Doğru Yol Partisi, DYP) und die »Sozialdemokratische Volkspartei« (Sosyaldemokrat Halkçı Parti SHP).

Am 17. April 1993 stirbt Özal, seit 1989 der Nachfolger Evrens als Staatspräsident, im Alter von 65 Jahren überraschend an einem Herzinfarkt – bis heute halten sich wacker Theorien und Gerüchte, er sei in Wirklichkeit vergiftet worden. Demirel folgt ihm am 16. Mai ins Präsidentenamt. Das Ministerpräsidentenamt übernimmt mit Tansu Çiller erstmals eine Frau. Die Tochter einer wohlhabenden Istanbuler Industriellenfamilie ist weltweit die dritte Ministerpräsidentin eines überwiegend islamischen Landes. Sogar Bikini-Bilder gibt es von ihr, was einerseits sensationell, für viele aber auch schockierend ist.

Çiller verspricht den Türken »die Liebe einer Mutter und den Respekt einer Schwester« und sichert zu, dass das »Vaterland wichtiger ist als das Leben«. Doch die angespannte politische und ökonomische Lage bekommt sie nicht in den Griff. Ihr geschätztes Privatvermögen von bis zu 100 Millionen US-Dollar macht sie noch angreifbarer. Ihre Koalitionsregierung hält nur drei Jahre.

Indessen baut sich Erdoğan langsam eine eigene Basis auf. Eines seiner Erfolgsgeheimnisse bezieht er direkt auf den Propheten: »Man muss anders aussehen. Damit man majestätisch wirkt, empfiehlt sich, im Kampf Seide zu tragen. Unser Prophet hat einige praktische Anwendungen. Im Krieg ist Seide empfohlen«, erklärt er.[33]

Schon bald wird er kämpfen müssen. Zu den Kommunalwahlen 1994 will er als Refah-Kandidat für das Istanbuler Bürgermeisteramt antreten. Doch für Parteichef Erbakan ist Erdoğans Spitzenkandidatur keineswegs gesetzt. Er spricht sich für die Kandidatur von Ali Coşkun aus, einen Parteiwechsler von der ANAP. Die Partei will beide ins Rennen schicken. Aber Erbakan duldet Erdoğans wachsende Beliebtheit neben sich nicht, er will den Rivalen, den er unterrichtet hat, wegdrängen.

Erdoğan ist enttäuscht von seinem Führer, er blickt in einen Abgrund voller Heuchelei. Der einstige Ziehvater zweifelt offen am Protegé und bremst diesen nun sogar aus. Trotzdem wagt Erdoğan es jedoch noch nicht, sich vom früheren Vorbild gänzlich zu lösen, obwohl einer Mitgliederbefragung in Istanbul und Ankara zufolge die Mehrheit der Partei hinter ihm steht. Als Erbakan die Befragung wiederholen lässt, fällt das Ergebnis ähnlich aus. Dennoch beharrt der Alte weiterhin darauf, dass Erdoğan nicht der Richtige für diesen Posten sei: »Unser Bruder Tayyip ist noch sehr jung. Für uns ist es nicht leicht, das Rathaus zu erobern. Deswegen wäre es nicht richtig, den Namen Recep Tayyip Erdoğan dafür abzunutzen«[34], begründet er seine Haltung offiziell.

Doch er hat seine Rechnung ohne Erdoğan gemacht – und ohne dessen nun etablierte Basis in der Partei: Vor allem die Istanbuler Mitglieder bestehen auf eine Kandidatur Erdoğans, andernfalls würden sie geschlossen ihre Parteibücher zurückgeben. Schließlich muss sich Erbakan geschlagen geben. Erdoğan wird offizieller Refah-Kandidat für das Amt des Istanbuler Oberbürgermeisters. Er gewinnt die Wahl und hat zum ersten Mal im Leben Macht. Es ist das dritte Gesicht Erdoğans, das sich nun herauskristallisiert: Er ist immer noch ein Islamist, aber ein pragmatischer. Als Oberbürgermeister muss er nun eine Millionenstadt verwalten – die zugleich die liberalste Stadt der islamischen Welt in dieser Region ist. »Wie wird es nun weitergehen?«, fragt ein besorgter Kommentator der türkischen BBC.

Der fromme Bürgermeister

Erdoğan erarbeitet sich rasch ein Renommee. Er ist pragmatisch, löst in kurzer Zeit viele Probleme der Stadt. In seiner Amtszeit werden 600 000 neue Bäume gepflanzt, die Heizsysteme werden von Braunkohle auf Gas umgestellt, was eine erhebliche Luftverbesserung bewirkt. Er verbessert die Müllabfuhr, initiiert eine durchgehende Wasserversorgung und engagiert sich gegen die Korruption. Er kümmert sich um neue Grünanlagen, zudem baut er eine U-Bahn. Und: wie in der Politik üblich, besetzt er viele Stellen in der Stadtverwaltung mit Vertrauten.

Doch trotz erfolgreicher Bilanzen gelingt es Erdoğan nicht, sich in das weltoffene, lockere Lebensgefühl der Stadt einzufühlen – der Religiöse im Rathaus versucht es auch gar nicht. Er kann nicht lassen von seinen Millî-Görüş-Instinkten, immer wieder sorgt er mit seiner konservativen Glaubensauslegung für Unmut, denn weder kann er sich öffentlich von seiner islamischen Agenda lösen, nennt sich gar »Imam von Istanbul«, noch tritt er als Verfechter der Demokratie auf. Ein Rezept, das zwar die liberalen Istanbuler gegen ihn aufbringt, ihm jedoch andererseits die Unterstützung der Frommen und oft auch Benachteiligten sichert.

Auf Plakatwänden der Stadt dürfen keine leichtbekleideten Frauen mehr gezeigt werden. Ein Anlass für heftige Debatten ist sein Alkoholverbot in städtischen Betrieben, auch wenn Erdoğan mit der Gesundheit argumentiert: »Ich habe den Alkohol verboten, weil ich daran glaube, dass ich der Arzt dieser Gesellschaft bin. Weil sie mich zum Oberbürgermeister ernannt haben. Sie haben also gesagt: ›Was immer die Gesundheit der Bewohner dieser Stadt bedroht, du musst die Person sein, die sich dagegen auflehnt.‹ Ich kann den Alkohol nicht erlauben, denn Paragraf 58 der Verfassung sagt: ›Schütze die Jugend vor alkoholischen Getränken‹.«[35]

Er schimpfte über Ballett, das er als »pornografisch« bezeichnet: »Es ist wohl offensichtlich, was eine Ballerina tut, was sie darstellt und was sie anspricht«, findet Bürgermeister Erdoğan. »Ich bin bei allem dabei, was die Empfindsamkeit des Menschen nicht unter die Gürtellinie zieht. Aber wenn es drunter geht, dann bin ich dagegen. Denn einer der wichtigsten Zweige des Kulturimperialismus besteht momentan darin, unsere Aufmerksamkeit unter die Gürtellinie zu ziehen«, erklärt er im Juli im Fernsehen.[36]

Erdoğan sieht seine Rolle als Politiker analog zu einem muslimischen Prediger – worauf seine Ausbildung an der Iman-Hatip-Schule ja auch ausgelegt war: »Wenn von Imam die Rede ist, dann denken Sie an den Vorbeter in der Moschee. In der islamischen Terminologie ist ein Imam eine Person, die die Verwaltungsgewalt innehat. Denn der Imam ist ein Führer, ein Ratgeber. Wir sind hier ein Führer, ein Verwalter.«[37]

Der Mann, der später, in seinen ersten Jahren als Ministerpräsident mit dem Schlagwort »Demokratisierung« die Gesetze des Landes umkrempeln wird, ätzt in dieser Zeit gegen Verfassung und Laizismus, auch wenn er sich noch nicht traut, Kritik am Republikgründer Atatürk zu üben und lieber argumentative Umwege nutzt: »Wir haben die Demokratie in der Türkei nicht geschrieben. Das haben die gemacht, die sagen, dass sie gegen uns sind. Auch diese Verfassung haben wir nicht gemacht, sage ich Ihnen. Diese Verfassung, diese Gesetze haben Parteien außerhalb der RP gemacht. Und wir sind hier trotz ihrer Gesetze. Das bedeutet, dass das Volk den Wechsel wünscht«, zitiert ihn die »Miliyet« am 14. Juli 1996. Und: »Die Idee des Laizismus stammt nicht von Atatürk. Die Verfassung wurde 1937, als Atatürk krank darnieder lag, von Ismet Inönü implementiert«, so Erdoğan im selben Blatt im Mai des Folgejahres. Deutlich weiter geht er im November 1994, als er sich offen als Anhänger der Scharia präsentiert – also per Definition eine islamistische Position einnimmt. »99 Prozent der Einwohner der Türkei sagen, dass sie, Elhamdüllilah, Muslime sind. Dann muss man auch sagen, Elhamdüllilah, ich bin Anhänger des Scheriats. Ich bin, Elhamdülillah, Anhänger des Scheriats. Scheriat bedeutet Islam. Das bedeutet die Gesetze Allahs.«[38] Die Formel »Elhamdüllilah« entspricht dem arabischen »Al-hamdu li-llah« (Lob sei Gott), die unter Frommen Muslimen üblich ist – ein derart inflationärer Gebrauch ist vor allem unter streng gläubigen Muslimen verbreitet.

Als Partnerstadt für Istanbul wünschte er sich Mekka, denn dies sei ein »wichtiger ideeller Schritt für die Zukunft«, erklärt er am 9. Mai 1995, nach seiner Rückkehr von der Hadsch. Zudem sei dies »ein Schritt auf dem Weg des Adil Düzen (der gerechten Ordnung, das ist Millî Görüş) an die Macht.«[39]

Immer wieder attackiert er den Laizismus: »Ich sage, dass Menschen nicht laizistisch sein können. In unserer Verfassung steht allerdings, dass die Bürger der Republik Türkei laizistisch seien, dass der türkische Staat laizistisch sei. Ist der Laizismus eine Religion oder nicht? Wenn nicht, dann kann man den Laizismus nicht dem Islam gegenüberstellen.«[40]

Der Bürgermeister spricht sich offen für eine Moschee auf dem Taksim-Platz aus. »So lange diese Seele in dieser Haut sitzt, werde ich innerhalb dieser fünf Jahre mit Allahs Erlaubnis nichts unversucht lassen, um bismillah (arabisch für »im Namen Gottes«) diese Moschee bauen. Der Taksim-Platz ist ein Symbol. Aber wir haben keine Identität. Warum probt ein Volk, das zu 99 Prozent aus Muslimen besteht, nicht den Aufstand, wenn man aus politischen Gründen verbietet, eine Moschee zu bauen?«[41] Häufig zitiert wird auch sein Ausspruch aus dem Juli 1996: »Demokratie ist ein Mittel, kein Ziel.«

Erdoğans verbale Angriffe auf die Grundwerte der Republik rufen das Militär und die kemalistisch geprägte Justiz gegen ihn und seinen Parteichef Erbakan auf den Plan. Der befindet sich gerade auf dem Höhepunkt seiner Karriere. Denn: nachdem am 21. September 1995 die Regierung Çiller zurückgetreten ist, wird die Refah bei der Parlamentswahl im Dezember mit 21,4 Prozent überraschend stärkste Kraft, knapp vor der ANAP. Nach langwierigen Regierungsverhandlungen wird Erbakan 1996 Ministerpräsident. Für dieses politische Amt verspricht Erbakan Çiller, keine Untersuchungen in Korruptionsvorwürfen gegen sie zuzulassen. Damit führt die 54. Regierung der Republik zum ersten Mal ein islamistischer Ministerpräsident, der demokratisch gewählt worden war, derweil dessen politischer Ziehsohn die Geschicke der wichtigsten Stadt des Landes lenkt. Während es aber für Erbakan fortan nur noch bergab ging, geht es für Erdoğan nach einem Schockmoment nur noch bergauf.

Das Militär ist angesichts des Erfolgs des politischen Islam alarmiert. Auch außenpolitisch bewegt sich Erbakan offen vom Westen weg. War bislang eine Orientierung in Richtung Europa politischer Usus, führen die ersten beiden Auslandsreisen des neuen Ministerpräsidenten in islamische Länder. Auf dem Plan stehen Iran, Pakistan, Malaysia, Libyen und Indonesien sowie Ägypten. Das laizistische Establishment ist nervös, es gibt Anzeichen für einen vierten Militärputsch.

Indessen tragen einzelne Refah-Mitglieder dazu bei, dass das Misstrauen des Militärs weiter wächst. Etwa als der RP-Bürgermeister von Sincan, einem Vorort Ankaras, in der Nacht vom 31. Januar auf den 1. Februar 1997 eine »Jerusalem-Nacht« ausruft. Die Veranstaltung wird zu einer Demonstration gegen Israel – und für einen islamistischen Staat. Der iranische Botschafter fordert vor jubelnden Türken, den Säkularismus durch die Scharia, das islamische Gesetz, zu ersetzen. Am 4. Februar ziehen Panzer und Soldaten durch Sincan, offiziell wird dieser offensichtliche Warnschuss mit der Anfahrt zu einem angeblichen Manöver begründet.

Am 28. Februar 1997 verlangt der Nationale Sicherheitsrat ein stärkeres Vorgehen gegen islamistische Tendenzen im Lande. Erbakan musste scheitern, weil er den Koran höher schätzte als die Verfassung. Ein Fehler, aus dem Erdoğan später lernen wird. Die vom Militär verlangte strikte Trennung von Staat und Religion einzuhalten, will Erbakan nicht einlösen – er hält dem Druck der Eliten nicht stand und reicht im Juni seinen Rücktritt ein. Der indirekten und gewaltfreien Intervention gegenüber, die als »postmoderner Staatsstreich« oder »sanfter Putsch« bezeichnet wird, zeigt sich Erbakan erschreckend machtlos. Tausende Strenggläubige liefern sich in Ankara mit Sicherheitskräften Straßenschlachten, nachdem die Schließung von Koranschulen angeordnet worden ist. Es ist gleichzeitig das Ende der RP-DYP-Regierung, eine Minderheitenregierung unter Mesut Yılmaz übernimmt. Die vorgezogenen Wahlen von 1998 stehen auch im Zeichen von Öcalans Festnahme. Die Wähler entscheiden sich im April für zwei Außenseiter. Ecevits Demokratische Linkspartei (Demokratik Sol Parti, DSP) erringt die Mehrheit und bildet mit der MHP eine Koalition, in die auch die ANAP und die rechtsextreme MHP eintreten.

Die Haft

Schließlich gibt ein bekanntes Gedicht den Vorwand, unter dem die Kemalisten Erdoğan zur Strecke bringen. Am 12. Dezember 1997 trägt er in Emines Heimatstadt Siirt einige Verse des Dichters Ziya Gökalp (1875–1924) vor. Der nationalistische Intellektuelle stand der pantürkischen Idee nahe und sprach sich für die Übernahme westlicher Ideen in nur kleinen Dosen aus. Vor rund 5000 Anhängern beginnt Erdoğan seinen Auftritt – wie er es oft tut – mit der Rezitation eines Gedichts. Dabei fällt auch der Satz: »Die Minarette sind unsere Bajonette, die Kuppeln unsere Helme, die Moscheen unsere Kasernen und die Gläubigen unsere Soldaten.« Er ist bis heute in der internationalen Presse ein Klassiker innerhalb der Erdoğan-Porträts.

Dass der Istanbuler Bürgermeister bei seinem folgenreichen Auftritt weit mehr vortrug und dabei auch den kriegerischen Anspruch relativierte, wird vor allem von seinen Gegnern gerne übersehen. In der folgenden Rede sagt er unter anderem auch: »Es geht uns nicht um diese oder jene Person. Uns geht es um die Geisteshaltung in diesem Land, um die Denkstrukturen. Wir gehen nicht gegen einzelne Personen vor, weil jahrelang das Land einer falschen Geisteshaltung ausgesetzt war, sondern gegen die Geisteshaltung.« Die Menge schwenkte wie üblich türkische Fahnen zu diesen Worten, und er fuhr fort: »Deswegen kann man nichts erreichen, wenn man sich den Knechten an die Fersen heftet. Denn dieser Knecht wird auf seinem Weg sterben! Und dann? Unsere Vorfahren haben ein schönes Sprichwort: ›Stütze dich nicht an einen Baum, er verrottet, bricht zusammen, und du hast keine Stütze mehr. Stütze dich nicht an einen Knecht, er ist sterblich, stirbt, und du bleibst ohne Anleitung. Stütze dich auf Allah, damit du auf beiden Beinen stehen bleibst.‹« Und weiter: »Und ich sage es mit stolz geschwellter Brust: Meine Referenz ist der Islam. Brüder und Schwestern, wenn ich nicht das Recht habe, das zu sagen, welchen Sinn hat dann für mich als Mensch das Leben?«[42]

Der Auftritt hat Folgen. Am 21. April 1998 verurteilt das Staatssicherheitsgericht von Diyarbakır Erdoğan wegen »Aufstachelung zur Feindschaft« nach Paragraf 312 des Strafgesetzbuchs zu zehn Monaten Gefängnis und erteilt ihm ein lebenslanges Politikverbot. Gökalps Minarett-Verse seien ein Aufruf zum Sturz der weltlichen Regierung, begründet der Richter sein Urteil. Dass Gökalps Gedichte gleichzeitig Pflichtlektüre an staatlichen Schulen sind, wird außer Acht gelassen. Entsprechend gering ist Erdoğans Einsicht: »Ich werde meine Identität, meine Persönlichkeit, meinen Glauben, die Gedanken, von denen ich überzeugt bin, ausleben und aussprechen«, beharrt er und erklärt, er habe diese Verse schon hunderte Male vorgetragen – sogar auf dem Taksim-Platz. Nie sei etwas geschehen. Vollkommen zu Recht befindet er: »Wenn ich kein Gedicht lesen würde, sondern ein Nummernschild, würden sie wieder einen Grund finden, mich in den Knast zu sperren.«[43] Das Urteil nimmt er stramm stehend mit regungsloser Miene entgegen. Er ist nun ein verurteilter Islamist, ein Gesetzesbrecher. »Natürlich habe ich im Grunde genommen so ein Urteil nicht erwartet. Natürlich wäre es gelogen, wenn ich behaupten würde, dass mich das im ersten Moment nicht mitgenommen hat«, sagt er später.

Er kritisiert, die Türkei sei kein Rechtsstaat, und befindet: »Ich habe kein ehrenrühriges Verbrechen begangen. Ich war kein Vaterlandsverräter. Ich habe nicht gestohlen. Ich habe nur meine Meinung gesagt. Außerdem war ich in Anwesenheit Gottes und des Volkes nicht spaltend, sondern versöhnend.«[44]

Die Verurteilung hinterlässt tiefe Spuren bei Erdoğan. Nach dem Wahlsieg der AKP 2002 erklärt er öffentlichkeitswirksam, dass nun niemand mehr »für seine Meinung, seine Gedanken und seinen Glauben« bestraft werden dürfe. Er deutet die Haftzeit als Zeichen der Diskriminierung ihm gegenüber, dem frommen »schwarzen Türken«. Er erzählt zudem, nach seiner Verhaftung habe ihm ein Priester ein Buch mit Gebeten geschickt und auch für ihn gebet.[45] Immer wieder pocht er darauf: »In diesem Land gibt es eine Trennung zwischen weißen Türken und schwarzen Türken; euer Bruder Tayyip ist einer der schwarzen Türken.«

Rückblickend wirken alle Worte und Erklärungen rund um seine Haftzeit wie ein einziger Hohn. Denn je mehr Macht Erdoğan später innehat, desto mehr wird er darüber wachen, welche Meinungen in der Türkei öffentlich geäußert werden. Die noch unter dem Eindruck der eigenen Festnahme geäußerten demokratischen Versprechen sind nicht mehr als leere Hülsen. Ob sie damals eine gewisse Demokratiegläubigkeit ausdrückten oder rein taktische Überlegungen darstellten, lässt sich schwer sagen. Für all die inhaftierten Journalisten und sonstigen im Gefängnis sitzenden Erdoğan-Kritiker dürfte die Antwort jedoch klar sein.

Was folgt, ist das Achsenjahr in seiner Biografie. Am 26. März 1999 muss Erdoğan seine Haftstrafe antreten. Den hunderten Menschen, die sich vor seiner Wohnung in Üsküdar versammelt haben, ruft der wie immer in einem dunklen Anzug gekleidete 44-Jährige sichtlich bewegt und mit unverkennbar kräftigen Stimme zu: »Ich nehme nicht Abschied von euch. Das ist kein Abschied. So wie ich es immer sage, wird dies nur eine Strophe, eine Station eines Liedes, das nie endet.« Die Menge antwortet: »Das Volk ist stolz auf dich.«[46] Daraufhin fährt Erdoğan für ein Gebet in die Istanbuler Eyup-Sultan-Moschee, ein kilometerlanger Konvoi begleitet ihn schließlich zur Fahrt ins Gefängnis Pınarhisar, das rund 190 Kilometer von Istanbul entfernt liegt. Auf Bewegtbildern ist Emine Erdoğan zu sehen, die eine dunkle Sonnenbrille trägt, um ihre Tränen zu verstecken. Ein letztes authentisches Menscheln der späteren First Lady, die für ihren immer gleichen steifen Gesichtsausdruck bekannt ist.

Bevor sich die Gefängnistore hinter ihm schließen, hält Erdoğan eine Ansprache. Darin sagt er: »Die Türkei der 2000er-Jahre wird eine helle und schöne Türkei sein. Aber dafür müssen wir alle viel tun. Ich verspreche, dass ich da drin viel arbeiten werde. Und ihr müsst in der Schule viel lernen. Was auch immer ihr werden möchtet, auf dem Gebiet müsst ihr euch bilden. Um gute Ingenieure, gute Lehrer, gute Ärzte, gute Manager, gute Juristen zu werden, müsst ihr viel lernen. Ich gehe jetzt und erledige meine Hausaufgaben. Auch ihr müsst eure Hausaufgaben gut erledigen.« Sogar die Menschenrechtsorganisation Amnesty International beschäftigt sich mit diesem Fall, und auch diejenigen, die ihn nicht gewählt haben, sind entsetzt: Dass jemand wegen des Zitierens eines Gedichts ins Gefängnis kommt, halten viele für Unrecht. Heute wird der Gefängnisaufenthalt auch in seinem Lebenslauf auf der Regierungshomepage erwähnt.

Erdoğan muss nicht allzu lange in einer Zelle hausen – seine Strafe wird auf vier Monate reduziert. Wohlwollende Biografen schildern, an Besuchstagen sei das Gefängnis voller Menschen gewesen, die Erdoğan sehen wollten. Um die Fanbesuche zu organisieren, sei an einer Tankstelle ein Büro eröffnet worden, in dem potenzielle Besucher ihre Namen hinterlegen konnten, die an die Staatsanwaltschaft weitergeleitet wurden. Die täglich zulässige Besucherzahl im Gefängnis wird wegen des großen Andrangs angeblich auf 400 Gäste reduziert. Erbakan bleibt zu der Zeit auf Distanz zu seinem einstigen Ziehsohn. Zu dessen Verurteilung sagt er abweisend: »Kein Kommentar«, wofür der spätere AKP-Vize Bülent Arınç »den Weißhaarigen« kritisiert. In der Fraktionssitzung am 23. April 1998 moniert er: »Unser Vorsitzender hat keine zwei Worte über Erdoğan zusammengebracht, nichts gesagt.«

Der Bruch zwischen den beiden Parteipromis wird öffentlich als eine Art kalter Krieg ausgetragen: »Was aus denen wird, die sich gegen den Hoca stellen, ist bekannt«, sagt Erdoğan und legt nach: »Gibt es die Regel, dass ich, immer wenn ich nach Ankara fahre, beim Hoca vorbeifahren und ihm die Hand küssen muss? In einem Jahr war ich nicht ein einziges Mal beim Amt des Ministerpräsidenten.«[47]

Erdoğan selbst spricht heute nicht mehr über die Monate hinter Gittern. Nur wenige Stunden nach seiner Haftentlassung hält er schon eine Pressekonferenz. Er kann und will trotz des Berufsverbots nicht von der Politik lassen: »Ich habe die Zeit im Gefängnis damit verbracht, dass ich nach Lösungen für die Probleme meines Landes und meines Volkes gesucht habe.« Er gibt sich tatkräftig und optimistisch und inszeniert sich weiterhin als fleißigen, demütigen Mann, der nur für »sein Volk« arbeite. Später erklärt er, er habe im Gefängnis jeden einzelnen Brief beantwortet, den er bekomme habe. Hinter Gittern habe er zudem Vorbereitungen für die Gründung einer eigenen Partei getroffen: »Natürlich habe ich dort an der Grundidee für unsere Zukunft gearbeitet. Dazu gehörten die Parteisatzung, das Programm, und ich hatte Gelegenheit, die Satzungen verschiedener politischer Parteien im In- und Ausland zu lesen«, sagt er. »Ein Ergebnis erzielt man, wenn man sein eigenes Modell selber herstellen kann.«

Der Trennungsprozess von Erbakan lässt sich nach seiner Entlassung indessen nicht mehr umkehren. Der Zögling des Islamisten macht sich selbstständig und kündigt das auch selbstbewusst an: »Eine Partei, die fest entschlossen ist, an die Macht zu kommen, muss ein Falke sein. Herden können kein Falke sein.«[48] Nun setzt er zum Angriff gegen seinen einstigen Mentor an. Der Schüler hatte erkannt, dass ihn eine islamistische Agenda nicht weiterbringen würde. Das geht mit einem neuen Public Image einher. Von nun an präsentiert sich Erdoğan als geläuterter Ex-Islamist, dessen neues Ziel eine lupenreine Demokratie ist. Und zu einem Zeitpunkt, als sich seine Gegner als weltfremde Elitenmenschen entlarven, die sich nicht um die Bürger kümmern, wird klar: Erdoğan ist ein Mann des

Volkes, womit er sich schmückt. Es ist seine besondere Masche, die eigene Biografie in Reden einzuflechten, sie hundertfach zu wiederholen und genau damit an Glaubwürdigkeit zu gewinnen. Hatte er sich bisher beharrlich geweigert, irgendeine Rolle zu spielen, orientiert er sich nun an neuen Spielregeln. Nach außen hin wechselt er die Überzeugung, im Inneren bleibt er aber ein Überzeugungstäter. Obwohl er nun Umwege geht, bleibt er letztlich doch geradlinig. Ohne sich für eine gewisse Zeit dem System zu unterwerfen, konnte er nichts erreichen.

Als Erbakans angeschlagene Refah Partisi tatsächlich verboten wird, haben deren Mitglieder bereits vorgesorgt. Ihr Nachfolger, die »Tugendpartei« (Fazilet Partisi, FP) war bereits 1997 gegründet worden. Große politische Erfolge bleiben der Neuauflage allerdings verwehrt. Trotz Politikverbots sind anfangs sowohl Erdoğan als auch Erbakan involviert, doch der Bruch zwischen Erdoğans »Erneuerern« und Erbakans »Traditionalisten« begleitet die junge Partei von Anfang an. Die Parteispaltung ist damals schon in Planung.

Als am 22. Juni 2001 auch die FP wegen antilaizistischer Politik verboten wird, ist die Spaltung endgültig. Es ist Erbakans viertes Parteiverbot – und ein Neuanfang für Erdoğan, der das Politikverbot einfach ignoriert. Der Ziehsohn hat nicht vor, den Sackgassenkurs des einstigen Mentors zu wiederholen, er verfolgt eigene Aufstiegspläne. Wenn er weiter will, muss er sich aus dem Einflussbereich des Alten lösen und neue Verbündete suchen. So gehen die Traditionalisten (*gelenekçiler*) und »Erneuerer« (*yenilikçiler*) fortan getrennte Wege. Das islamisch geprägte politische Lager der Türkei ist erstmals gespalten. Erbakans Traditionalisten gründen die Glückseligkeitspartei (*Saadet Partisi*, SP). Und Erdoğan und seine Getreuen gründen am 14. August 2001 die AKP. Damit ist die politische Scheidung von Erbakan vollzogen. »Mit Erbakan geht es nicht mehr. Unsere Beziehung zu ihm kommt nicht mehr vom Herzen«, kommentiert Erdoğan knapp.

Zu den Gründungsmitgliedern gehören neben Erdoğan unter anderem Abdullah Gül, Abdüllatif Şener und Bülent Arınç. Mittlerweile ist nur noch Arınç in der Partei, Gül musste gehen, Şener verließ die Partei im Streit. Die »Erneuerer« sind politisch keineswegs homogen – die neue Partei versammelt Nationalisten ebenso wie Islamisten, Konservative und auch Wirtschaftsliberale. Den Namen AK-Parti (Adalet ve Kalkınma Parti, Partei für Gerechtigkeit und Entwicklung) wählen sie, um damit ein Statement gegen die grassierende Korruption abzugeben. Das Parteienkürzel ergibt das Wort »Ak«, das auch »sauber« oder »rein« bedeutet. Das türkische Wort »adalet« ist von dem arabischen »ʿadāla« (Gerechtigkeit) abgeleitet. Im osmanischen Reich bezeichnete es die Gerechtigkeit, zu der der Sultan dem Volk gegenüber verpflichtet war. Als Parteilogo wählen sie eine Glühbirne. Sie soll die Helligkeit und Transparenz symbolisieren, die die »Erneuerer« in die Politik bringen wollen.

In einem der ersten Werbespots der AKP wird der Moment festgehalten, in dem Erdoğan zum Parteivorsitzenden gewählt wurde. Er sitzt neben seinem lächelnden Freund Gül, während er angestrengt schaut. Als dann das Ergebnis verkündet wird und Erdoğan zum Chef der größten Oppositionspartei gewählt ist, kann man kein Gefühl der Freude in seinem Gesicht zu erkennen. Er steht auf, dreht sich zu den ausschließlich männlichen klatschenden Parteianhängern, hebt die Arme in die Luft und nickt. Es folgen Bilder eines Feuerwerks, von Staatsgründer Atatürk, Erdoğan beim Fußballspielen, Erdoğan mit Kindern auf dem Arm, Erdoğan beim Inspizieren von Baustellen, Erdoğan vor jubelnden Anhängern, die er direkt anspricht. »Diese Partei haben nicht wir gegründet, diese Partei habt ihr gegründet«, ruft er den Fahnen schwenkenden Anhängern zu – all das unterlegt mit einem eigens für den Sechzehn-Minuten-Spot komponierten Song, in dem der Sänger über die AKP jubelt. Als Parteiziele nennt Erdoğan »Gerechtigkeit, Freiheit und Brot«. Man orientiere sich an Voltaires berühmtem Ausspruch: »Ich bin zwar nicht ihrer Meinung, aber ich würde mein Leben dafür geben, dass sie diese vertreten können.« Erdoğan verspricht, in der Partei werde es niemals eine »Führungsdiktatur« geben. Man werde »die Verstopfung lösen und die behäbigen Strukturen überwinden«.[49]

Das Geschehen ist die logische Entwicklung eines Prozesses, der schon vor Jahrzehnten einsetzte, als die Migration der »schwarzen

Türken« in die Städte begonnen hatte. Sie waren die gesellschaftliche Mehrheit, doch im politischen System waren sie nicht vorgesehen – bis eben Erdoğan kam. Das AKP-Programm wird als »konservative Demokratie« (Muhafazakar Demokrasi) bezeichnet: »Das ist unsere Marke, das ist unsere Identität«, sagt er. Sie soll, »ausgehend von ihrer eigenen Gedankentradition, eine völlig neue konservative politische Linie aufzubauen, die auf dem lokal verwurzelten Wertesystem ebenso wie auf globalen Standards basiert«.

Auf einer Pressekonferenz zur Parteigründung im Bilkent Hotel in Ankara sagt Erdoğan: »Von dieser Minute an gibt es im türkischen politischen Leben eine Tatsache namens AK Partei (…). Und von heute an wird in der türkischen Politik nichts mehr so sein wie früher.« Er sollte Recht behalten. Falsch lag er mit seinen weiteren Ankündigungen an diesem Tag: »Der heutige Tag wird in die türkische Politikgeschichte als der Tag eingehen, an dem die ›Führer-Oligarchie‹ zusammengebrochen ist. An die Stelle der monopolistischen Führerkultur tritt die Vertretung auf Basis des kollektiven Verstands. Der heutige Tag wird in die türkische Politikgeschichte auch als der Tag eingehen, an dem die innerparteiliche Demokratie vom frommen Wunsch zum Wandel in der Geisteshaltung und zur bindenden Vorschrift in der Parteisatzung wird. Es ist der Tag, an dem ein in alle Richtungen transparentes, vom Wähler hinterfragbares und für Überprüfung offenes, nagelneues politisches Organisationsmodell in die türkische Politikgeschichte eingeht.«

Abdullah Gül, zuvor außenpolitischer Berater Erbakans, sagt in einem Interview: »Die AKP hat sich entschieden, im Gegensatz zu unseren Vorgängerorganisationen, Religion und Politik ein für alle Mal zu trennen. Wir nennen uns ›Konservative Demokraten‹. Diese Bezeichnung deckt unsere gesamte Tradition, unsere Geschichte, unsere Kultur, auch unsere religiöse Herkunft ab.« Dass viele AKPler Politikgewächse der militanten Erbakan-Bewegung waren, streitet Gül keineswegs ab: »Ich kann diese Wurzeln nicht leugnen. Aber glauben Sie mir, die AKP ist anders. Für unsere Wähler ist Religion wichtig, aber auf einer individuellen Basis. Es gibt in der Türkei nicht viele Leute, die einen Scharia-Staat wollen.« Als außenpolitisches Ziel legte die AKP den Beitritt zur EU ebenso fest wie künftig eine Rolle als regionaler Mittler einzunehmen und ein demokratisches Vorbild für die islamischen Nachbarstaaten zu werden. Alle drei Ziele sollte die Partei meilenweit verfehlen.

Sensibilisiert durch die Parteiverbotserfahrungen tritt die AKP wesentlich zurückhaltender auf als Erbakans Parteien. Islamische Themen werden gemieden. Man will weg vom Image der islamischen Fundamentalisten, hin zu den westorientieren Reformern. Dass er ein gläubiger Muslim ist, gehört auch weiterhin zu seiner Selbstdarstellung – doch nun betont er, sein Verhältnis zu Gott sei »rein persönlich«, Religion sei »Privatsache«. Es gleicht schon einem Akt der Selbstverleugnung, wenn er sich zur »säkularen und laizistischen Demokratie« bekennt. Er hatte die Eigentümlichkeit der türkischen Situation erfasst, nämlich die, dass in dem muslimischen Land mit dem Thema Islam keine Wahlen zu gewinnen waren. In der heiklen Frage des Kopftuchverbots an Universitäten argumentiert er im Sinne der Gläubigen – aber mit sozialkritischen Inhalten: Wenn Studentinnen mit Tuch der Zugang zu Bildung verwehrt werde und gläubige Musliminnen von gesellschaftlicher Teilhabe ausgeschlossen seien, sei das eine Form der Diskriminierung durch die alten Eliten. Er stellt die AKP als Gegenpol zur elitären Staatsbürokratie dar und somit als attraktive Alternative zu den zerstrittenen Altparteien für all jene, die das bestehende Gesellschaftsmodell benachteiligt.

Die AKP wendet sich an die Peripherie, und Erdoğan wird nicht müde, die eigene Herkunft zu betonen und dort gleichzeitig das bestehende enorme Misstrauen gegen die Eliten weiter zu schüren. Der Wahlkämpfer ist durch und durch ein Kind der Straße und ein politischer Selfmademan. Seine Karriere hat er nur sich zu verdanken, seinem Ehrgeiz, es allen zu zeigen, und der Rücksichtslosigkeit gegenüber seinen Gegnern. Er kennt überhaupt kein anderes Überlebensprinzip – sogar sein einstiger Gönner Erbakan hat ihn verraten.

Mit seinem dynamischen Auftreten verspricht er der anatolisch-konservativen Unter- und Mittelschicht ein neues Selbstbewusstsein. Hier kommt ein robuster und begabter Aufsteiger, kein Theoretiker. Ihm gelingt es wie keinem Politiker zuvor, das Bedürfnis der Wähler nach Sichtbarkeit zu befriedigen. In weißem Hemd und mit hochgekrempelten Ärmeln präsentiert er sich als Sprachrohr der Ausgegrenzten, Diskriminierten, Religiösen und Armen – oder, wie er es formuliert: Er ist die »Stimme der großen, unterdrückten, schweigenden Masse«. Und auch er fühlt sich von ihnen ungleich besser verstanden als von den »weißen Türken«, die keine Hürden überwinden mussten. Von den Kemalisten misstrauisch beäugt, verkörpert er das neue Selbstbewusstsein der mehrheitlich armen Bevölkerung, die von einer Minderheit ausgegrenzt wurde. So schafft er es, Millionen von Anhängern hinter sich zu versammeln, die längst genervt sind von einem Politikergeplapper, das meist nur aus Unterstellungen besteht und letztlich in der Wirtschaftskrise mündete. Erdoğan war unvermeidbar.

Er strahlt Optimismus aus. Er meint nicht nur. Er lockt, er weiß. Und er verkündet seine Heilsbotschaften als markanter, aber bescheidener Mann auch in den varoş, den Armenvierteln der Städte, welche die Kemalisten meiden. Es ist seine liebste Rolle: als einziger, der Klartext spricht in einem Land, dessen Politiker die Bürger in den Ruin führen. Das Authentische als Maske. Von Anbeginn wird er von Freund und Feind nur mit seinem Vornamen genannt. Seine Gegner wollen damit ihre Abschätzigkeit zeigen – er ist es ihnen nicht einmal wert, beim vollen Namen gerufen zu werden. Seine Anhänger wollen ihre Nähe suggerieren, als sei er ein Kumpel. Dabei wirkt nichts an ihm kumpelhaft, im Gegenteil: Wenn er in die Massen muss, schaut er so grimmig, als wolle er nichts lieber als sofort wieder weg. Er bewegt sich hölzern, wirkt gehemmt, aber das macht nichts. Denn sobald die einstige »Koran-Nachtigall« ans Rednerpult tritt, macht Erdoğan all das wieder wett und kann die Menschen mühelos für sich einnehmen. Seine schlichte Parole ist auch in Deutschland bekannt: »Wir sind das Volk.« Wie die Refah macht die AKP vor allem Basisarbeit, lockt mit Geschenken und Versprechungen, geht in die Gecekondus – die über Nacht hochgezogen Viertel der Mittellosen, präsentiert aber mit ihrem Selbstbewusstsein doch einen neuen Politikstil. Nahezu alle Ehepartnerinnen von AKP-Mitgliedern tragen ein Kopftuch, was vor allem den Konservativen gefällt, die sich mit der neuen Partei ein Ende der Ausgrenzung der Religiösen erhoffen.

Sich als offen fromm zu positionieren und gleichzeitig die Trennung von Staat und Religion hochzuhalten ist neu. Immer wieder wird Erdoğan »Taqiyya« unterstellt – eine religiös legitimierte Verleugnung des eigenen Glaubens, die ursprünglich vor allem in der schiitischen Glaubenslehre eine Rolle spielte und dem Schutz vor Verfolgung diente. Doch die AKP steht nicht nur für einen Generationenwechsel, sondern auch für einen Imagewechsel am konservativen Rand. Genau wie Özal kombiniert Erdoğan Frömmigkeit mit nüchternen wirtschaftlichen Sachverstand. Durch den liberalen Wirtschaftskurs der AKP bestehen Ähnlichkeiten zur DP und zur ANAP. Eine Untersuchung ergibt, dass über die Hälfte der AKP-Mitglieder zuvor in rechten Parteien aktiv waren. Alte Politiker treten in neuem, demokratischem Gewand auf. Zudem werden auch Politiker ohne islamistische Vergangenheit nominiert, etwa von der ANAP. So soll der Bruch zu Erbakans Refah nach außen noch deutlicher werden.

Noch zeigt der Aufsteiger seine Verachtung gegenüber den ihm suspekten Intellektuellen, zu denen er nie gehört hat, nicht ganz. Ausschweifendes geistiges Gerede ist ihm ein Graus. Und jeder weiß von diesen Ressentiments. Sie bringen ihm zusätzliche Stimmen von den Bildungsfernen ein, die sich ausgeschlossen fühlen und endlich einen befördern wollen, der diese öden Einfaltspinsel hinter ihren Phrasen herausfordert. Und genau das macht er – mit seiner unverwechselbaren Stimme, die mühelos über Straßen und Plätze trägt. Manchmal hält er beim Sprechen mit nachdenklichem Ernst inne, lässt seine Sätze bei den Zuhörern ankommen. Er spricht nie mit einem Manuskript, was seinem Sprechstil einen Ton von Arglosigkeit und Unverstelltheit verleiht. Eine Kombination, die selten ihre Wirkung verfehlt und deren Anziehungskraft der Gedichtrezitator ganz genau zu kalkulieren weiß.

Neben dem sorgfältig inszenierten Imagewechsel ist die Schwerpunktsetzung auf wirtschaftliche Themen Erdoğans zweiter kluger Schritt, denn hier gibt es viel zu tun: Trotz diverser Stabilisierungsprogramme krankt die türkische Ökonomie. Im Februar 2001 kommt es zu der schwersten Wirtschaftskrise seit Gründung der Republik. Ursache ist ein Streit zwischen Regierung und Staatspräsident. Auch die letzten ausländischen Investoren suchen nun das Weite, zahlreiche Banken kollabieren, Hundertausende werden arbeitslos. Um die benötigten Milliardenkredite zu erhalten, muss sich das Land einem strikten IWF-Reformprogramm unterwerfen. Im Rahmen des »Programms für die Stärkung der türkischen Ökonomie« (Güçlü Ekonomiye Geçiş Programı, GEGP) wird schließlich das Bankenwesen neu geordnet, werden Privatisierungen eingeleitet und Staatsausgaben gekürzt.

Natürlich unterstellen die Säkularen der Partei von Anfang an, sie wolle die »Şeriat« (die Scharia) einführen. Als Beleg hierfür gilt gemeinhin das islamistische Erbe der meisten Parteimitglieder, auf das die Kritiker unermüdlich hinweisen: Unmittelbar nach der AKP-Gründung etwa gräbt der Fernsehsender Kanal D ein altes Video aus. Es zeigt Erdoğan, der als Refah-Parteichef eine Rede hält. Darin fallen Sätze wie:»Man kann nicht gleichzeitig laizistisch und Muslim sein. Entweder bist du Muslim oder laizistisch. Das ist wie die gegensätzlichen Pole eines Magneten. Beides gleichzeitig geht nicht.« Oder:»Wenn wir an der Macht sind, werden Frauen nur noch von weiblichen Geburtshelferinnen betreut.« Oder:»Die Behauptung, dass die Macht dem Volke gehört, ist eine riesige Lüge. Die Macht gehört Allah.« Oder:»Der eigentliche Name der Europäischen Gesellschaft lautet Union der katholisch-christlichen Völker. Wir möchten nicht in die EU.«[50]

In einem anderen Video aus dem Jahr 1992 bezeichnet er in einer Rede in der Schwarzmeerstadt Rize den Einsatz von Wehrdienstleistenden im Kampf gegen die Kurden als»selbstmörderisch«, und gratuliert den afghanischen Taliban zur»Gründung einer islamischen Republik«. Ein Bild aus dem Jahre 1993 wird herumgereicht, das Erdoğan im afghanischen Kabul zu Füßen von Gulbuddin Hekmatyār zeigt, dem damaligen afghanischen Premierminister, der später Osama bin Laden zur Flucht verholfen haben soll und zum Krieg gegen die USA aufrief.

Generalstabschef Hüseyin Kıvrıkoğlu warnt, Erdoğan »spucke Hass«, und kündigt ein entschiedenes Vorgehen gegen islamische Fundamentalisten an: »Dieser Kampf wird noch tausend Jahre weitergehen.« Der Staatsanwalt Sabih Kanadoğlu reicht wegen des aufgetauchten Videos Klage wegen »religiöser Hetze« und »Beleidigung der Armee« ein. Jedoch ist die potenzielle »Straftat« längst verjährt, die Klage wird abgewiesen. Und Erdoğan kritisiert die Medien, die »die Pressefreiheit zum Schlechten verwenden«. Im Nachhinein wirkt das wie ein erster Vorgeschmack auf Erdoğans Vorstellung von Meinungsfreiheit und von deren Grenzen. Er verteidigt sich, indem er den »Laizismus als den Garanten für die Demokratie« bezeichnet. Und Gül springt ihm zur Seite: »Wir sind eine konservative demokratische Partei. Wir wollen die Standards der Europäischen Union durchsetzen, und wir streben die EU-Mitgliedschaft an. Wir wollen zeigen, dass ein mehrheitlich muslimisches Land mit der modernen Welt völlig problemlos zurechtkommen kann.« Und weiter: »Unsere Verbindung zur Religion beschränkt sich auf die individuelle Ebene. Religionsausübung ist ein Grundrecht, aber nur eines unter anderen. Wir wollen den Menschen keine religiösen Vorschriften aufzwingen.«

Erdoğan gelingt es, dass die AKP als normale, demokratische, ja zeitgemäß-moderne Partei wahrgenommen wird. In seiner Beliebtheit steckt aber auch Kritik an den aktuellen Politikern. Die Regierung Ecevit scheitert mehr und mehr an der hartnäckigen Wirtschaftskrise. Zwar hat der Kemalismus die orientalische Despotie beendet, wirtschaftlich bleibt das Land aber ein Armenhaus, und politisch scheitert es schon kurze Zeit nach jedem Wahlgang. Da hilft es wenig, dass das Land unter Ecevit, dessen DSP die Wahlen im April gewonnen hatte, am 10./11. Dezember 1999 vom Europäischen Rat den Kandidatenstatus erhält – auch wenn Ministerpräsident Ecevit dies als »historisches Ereignis« feiert. In der Realität bringt der Status dem Nato-Mitglied keinerlei automatischen Beitrittsanspruch und verpflichtet auch nicht zur Aufnahme von Verhandlungen.

Bis zuletzt versucht die Opposition, Erdoğan alle Wege zu versperren. Die Staatsanwaltschaft in Ankara beantragt beim Verfassungsgericht das Verbot der Partei. Zwar sei er wegen einer früheren Verurteilung aus dem Gründungsrat der AKP zurückgetreten, nicht aber vom Parteivorsitz, lautet die Begründung. Und wenige Tage nach der AKP-Gründung werden zwei zehn Jahre alte Videos veröffentlicht, in denen Erdoğan die Väter des Grundgesetzes als »Betrunkene« beschimpft und sich gegen die säkulare Verfassung ausspricht. Er selbst werde die Türkei von der EU, »diesem Bund katholischer Staaten«, fernhalten. Denn die islamische Welt, so Erdoğan, erwarte, »dass die türkische Nation sich erhebt«. Nachdem zwei TV-Sender den Film gezeigt haben, wird gegen Erdoğan wegen »Verunglimpfung des Staates« ermittelt. Aber alle Versuche, ihn zu behindern, bleiben folgenlos. Die AKP füllt ein Vakuum, die leidgeplagten Türken sehnen sich nach Veränderung. Und die verkörpert keiner so wie Erdoğan, dessen AKP eine Antwort auf die Sehnsucht nach Stabilität, dem Ende der Abhängigkeit von internationalen Geldgebern und der Massenarmut verspricht. Der Niedergang der verbrauchten politischen Kaste ist nicht mehr zu stoppen, eine neue politische Realität hält Einzug.

Der Erdrutsch

Die Frage nach der künftigen Orientierung wurde neu gestellt, und das phänomenale Versagen der anderen Parteien führte schließlich dazu, dass ein gesellschaftspolitischer Wandlungsprozess losgetreten wurde. Seit dem 3. November 2002 werden die politischen Geschicke der Türkei durch eine Partei gelenkt: die AKP. Das politische Personal hatte sich selbst zerfleischt, der Parlamentarismus steckte in einer Dauerkrise, ein Regimewechsel war längst überfällig. Das Lebensgefühl der Wähler war davon geprägt, dass sich die »Oberen« nicht für sie interessierten. Müde von dem nicht enden wollenden Zank wird der Denkzettel der Wähler unmissverständlich formuliert.

Alles an Erdoğan ist anders, als es die Türken sonst von ihren Politikern gewohnt sind. Für die »weißen Türken« ist die proletarische Herkunft keine Empfehlung für das höchste Regierungsamt. Dass einer von ganz unten kommt und nach oben strebt, ist nicht vorgesehen. Genau das ist aber Erdoğans Pluspunkt bei den »schwarzen Türken«. Die anderen Politiker verkörpern Abgehobenheit und stehen für ein politisches System, das die Menschen hungern lässt. Erdoğan dagegen gefällt sich in seiner liebsten Rolle: der Einzige zu sein, der Klartext redet in einem Land, dessen Politiker letztlich doch alle unter einer Decke stecken, weil sie korrupt sind. Er hat die Wut im Angebot und will die Massen erobern. Er ist eine Kraftnatur und liegt gut im Wind mit seinen Themen. Sein unerschütterliches Selbstbewusstsein, unablässig vorgetragen mit einem Megafon, ist für viele erfrischend.

Als größte politische Begabung seiner Zeit zieht er die Bürger in seinen Bann. Wer ihm zuhört, empfindet es plötzlich als Auszeichnung, ein »schwarzer Türke« zu sein. Erdoğan präsentiert eine neue muslimische Intelligenz, die postmodern denkt, sich von den Eliten emanzipiert, vom unteren Ende der sozialen Skala kommt und den Islam im öffentlichen Leben sichtbar werden lässt. Damit trifft er einen wunden Punkt, und mit seiner Bürgernähe gewinnt er an Sympathien. »Wir machen es besser«, ist das Credo Erdoğans, der als normaler Bürger antritt und verspricht, dass alle mitmachen können bei der Demokratisierung des Landes. So geht es los, und in ihrer ersten Amtsperiode ist die AKP tatsächlich eine Hoffnung. In dem nun fünf Jahre anhaltenden Spiel ist Erdoğan der Traumerfüller. Sein Team schießt, dribbelt den Ball so präzise wie keine Mannschaft zuvor an den Gegnern vorbei, dass diese nicht mehr mitkommen.

Es beginnt die dritte Phase in der Geschichte der türkischen Republik. Es ist eine Zäsur, vergleichbar mit der von 1950, und wie schon damals bei Menderes kommt eine neue Schicht an die Macht. Seitdem ist die politische Landschaft übersichtlich. Waren die Jahre seit der Republikgründung geprägt durch ständig wechselnde Koalitionen und Militärputsche, folgt nun dank der AKP eine Periode der politischen Stabilität. Erdoğans erst ein Jahr junge Partei AKP holt einen phänomenalen Wahlsieg und beendet damit auf einen Schlag auch die Phase der kurzlebigen politischen Zweckbündnisse. Die AKP kann eine Alleinregierung stellen, was seit 1991 keiner Partei mehr gelungen war.

Auch wenn zunächst sein Stellvertreter Ministerpräsident wird, heißt der Wahlsieger Erdoğan. Der Parteichef gibt von diesem Zeitpunkt an den Ton an. Er wird von seinen Wählern bewundert und von Intellektuellen verachtet oder belächelt. Keiner von ihnen ahnt zu diesem Zeitpunkt, wie lange Erdoğan dem Land erhalten bleiben und in welchem Ausmaß er es prägen wird. Die entscheidenden Parlamentswahlen kommen einem politischen Erdbeben gleich. Den kometenhaften Aufstieg seiner jungen Partei verdankt Erdoğan vor allem dem Totalversagen des politischen Establishments. Dessen Selbstzerfleischung und parlamentarische Dauerkrise haben den Boden für die Newcomer der AKP geschaffen. Es ist eine Selbstreinigung des Parlaments. Einerseits ein großes Glück für die türkische Demokratie, andererseits steht Erdoğan Jahre später für eine undemokratische Entwicklung, in der die Türkei mittlerweile feststeckt.

Die AKP avanciert rasch zur erfolgreichsten Parteineugründung der türkischen Gegenwartsgeschichte, was im Jahr 2012 ähnlich für die Gründung der HDP (Halkların Demokratik Partisi) gilt. Denn es gelingt der AKP, einen Kontrastpunkt zu setzen: Sie ist nah am Wähler – sowohl inhaltlich, als auch räumlich in ihren Büros und Wahlkampfveranstaltungen. Schon ein Jahr nach der Parteigründung sitzt die junge Partei bereits als stärkste Kraft in der »Großen Türkischen Nationalversammlung«, dem Parlament des Landes. Die Partei holt 34,3 Prozent der Stimmen. Das türkische Wahlgesetz, das eine Zehn-Prozent-Hürde vorsieht, sorgt dafür, dass die AKP mit diesem Ergebnis nur knapp an einer parlamentarischen Zweidrittel-Mehrheit vorbeischrammt. Eine Position, die es den Newcomern ermöglicht hätte, die Verfassung zu ändern. Denn: keine der bisherigen Regierungsparteien schafft den Sprung ins Parlament. Nur die CHP erreicht 19,4 Prozent und nimmt die Zehn-Prozent-Hürde. Entsprechend werden die Parlamentssitze zwischen AKP und Sozialdemokraten aufgeteilt.

Erdoğans Mentor Erbakan selbst darf wegen seines Politikverbots nicht antreten, seine Glückseligkeitspartei holt schlappe 2,5 Prozent, die bis dahin regierende Demokratische Linkspartei DSP von Ecevit unterbietet dieses Ergebnis noch mit gerade einmal 1,2 Prozent. Wegen der Sperrklausel ist immerhin rund die Hälfte der Stimmen nicht im Parlament vertreten.

Das Wahlergebnis räumt auf mit den kurzlebigen politischen Zweckbündnissen. Auf einen Schlag gibt es wieder Schwergewichte in der Parteienlandschaft. Eine zerstrittene Politclique, die jeden Bezug zum Volk und jegliche Bodenhaftung verloren hat, weicht einer volksnahen Partei, die fast schon einer Massenbewegung gleicht und anfangs durchaus demokratische Vorstöße unternimmt. Als am Wahlabend eine Gruppe freudiger AKP-Anhänger vor der Parteizentrale in Ankara »Allahu Akbar« schreit, werden sie von Erdoğan zurückgerufen – alles was einen islamistischen Anschein hat und provozieren kann, soll gemieden werden. Er tritt vor die Masse auf den Balkon und verspricht, dass seine Partei nicht versuchen werde, die »Lebensformen« der Gesellschaft zu beeinflussen.

In dieser folgenreichen Parlamentswahl sind es nicht nur die Religiösen, die der AKP ihre Stimmen geben – es sind auch zahlreiche Protestwähler. Die Türken sind müde. Müde von der anhaltenden Wirtschaftskrise, müde von den unendlichen politischen Kleinkriegen. Und sie haben die Politiker satt, die vor allem mit sich selbst beschäftigt sind, während sich im Nachbarland Irak ein Krieg anbahnt.

AKP-Chef Erdoğan erscheint in dieser Lage wie der zupackende Vertreter politischer Werte, auf den alle gewartet haben. Der vorbestrafte Islamist präsentiert sich nun erstaunlicherweise als Vorkämpfer demokratischer Werte – als konservativer Demokrat bespielt er die Themen der Stunde: Statt Islam stehen Korruptionsbekämpfung und ein geplanter EU-Beitritt auf seiner Agenda. Seine Argumente kommen nicht aus dem Koran, sondern gründen sich auf wirtschaftliche Daten und Fakten.

Entsprechend hoch schlagen die Wellen, als dieser scheinbar so rationale und zukunftsgewandte Kopf so eindeutig gewinnt: Die Begeisterung reicht weit über die Grenzen seiner Anhängerschaft hinaus. Auch im westlichen Ausland nimmt man den Wahlsieg als bedeutsamen Beginn eines Wandels wahr. Europa ist zunächst verschreckt, dass der Zögling eines Islamisten nach dem 11. September die Wahlen gewonnen hat, doch Erdoğan überrascht mit einer Demokratisierungswelle und will beweisen, dass Islam und Moderne kompatibel sind. So vieles scheint möglich, die Integration der oftmals belächelten Türkei nur noch eine Frage von Zeit.

Lange schon wirkte eine türkische Regierung nicht mehr so seriös und aufgeräumt. Erdoğan redet von Marktwirtschaft, jongliert mit Zahlen, und er spricht von den Vorteilen eines säkularen Systems. Es ist ein neuer politischer Islam, der nach rationalen Maßstäben agiert – und Erdoğan beginnt nun eine Tradition der Überraschungen und der Unvorhersehbarkeiten. Das Land erlebt nach Jahren der Talfahrt einen ungebremsten Aufschwung.

Die türkische Presse bejubelt den »Staatsstreich der Zivilisten« und spricht von einem »Akt der politischen Liquidation« der neuen Konservativen gegenüber dem kemalistischen Establishment. »In Tayyip Erdoğan wurde eine dauerhafte politische Führerfigur geboren, die niemand mehr ignorieren kann«, bemerkt die liberale türkische Tageszeitung »Radikal«. Die konservative britische Zeitung »The Daily Telegraph« kommentiert die Aufbruchsstimmung hoffnungsvoll: »Die Türken haben ihre alte politische Garde in sensationeller Weise abgestraft. Aus dieser Gezeitenwelle ist nun eine Partei hervorgegangen, die gerne als moslemisches Gegenstück zu den Christdemokraten betrachtet werden will. (…) Was ihre islamische Orientierung betrifft, verdienen sie es, beim Wort genommen zu werden. Ihre Taten, ob hinsichtlich der Wirtschaft, der EU, des Irak, Zyperns oder Israels, werden bald zeigen, wes Geistes Kind sie sind.«

Auch in Frankreich misst man der jungen Partei große Bedeutung bei. Die linksliberale »Le Monde« schreibt: »Die AKP hat die historische Verantwortung, die Vereinbarkeit des Islam mit der Demokratie öffentlich sichtbar zu machen. (…) Worum es aber geht, das weist über die Türkei hinaus. Denn wenn es diese Partei versteht, den Islam mit der Modernität zu versöhnen, dann wird das doch eine lehrreiche Lektion für die arabische Welt sein können.« Skeptisch zeigt sich die ebenfalls liberale »Neue Zürcher Zeitung« aus der Schweiz: »Der überwältigende Wahlsieg der türkischen Islamisten unter Recep Tayyip Erdoğan stellt die Türkei vor eine politische Zerreißprobe. Mit der Partei für Gerechtigkeit und Entwicklung (AKP) kommen Kräfte an die Macht, welche die bis dahin herrschende Staatsideologie in einem wesentlichen Punkt ablehnen: Sie stellen die laizistische Trennung von Staat und Religion in Frage.«

Rückblickend sollten alle vier Kommentare Recht behalten. Die Türken entschieden sich gegen den blasierten republikanischen Adel und für die Verheißung der hungrig nach oben strebenden Konservativen. Atatürks parteipolitische Erben waren daran gescheitert, sich von längst überholten Altlasten zu entrümpeln, und glaubwürdig Sicherheit zu vermitteln. Ihnen stand das Polittalent Erdoğan gegenüber. Er konnte Menschen begeistern und zeigte sich als entschlossener Reformer, der aus seiner islamistischen Bewegung eine moderne konservative Volkspartei schmiedete, die breiten Rückhalt in der Bevölkerung hatte. Ein dringend benötigtes Novum in der Türkei.

Gegen alle Widerstände

Wegen seiner Vergangenheit wird der Parteichef Erdoğan anfangs noch von allen Seiten misstrauisch beobachtet. Doch das wandelt sich schnell. Vor allem die Europäer freunden sich rasch mit ihm an – steht er doch für demokratische Werte und Zuverlässigkeit. Aber der Wahlsieg der AKP bringt Erdoğan in eine schizophrene Situation. Zwar hat er als Vorsitzender die AKP zum Wahlsieg geführt, wegen seiner Verurteilung aufgrund »islamistischer Propaganda« darf er kein politisches Amt übernehmen. So kann er auch nicht Ministerpräsident werden – dieses Amt übernimmt deshalb sein Stellvertreter Abdullah Gül. Erdoğan darf nicht einmal im Parlamentsplenum sprechen, er ist kein Abgeordneter, offiziell ist er nur Berater Güls und Parteivorsitzender. Gül wird am 19. November 2002 als Ministerpräsident vereidigt und freut sich bei der Zeremonie in Ankara: »Wir erleben heute einen der schönen Augenblicke der Demokratie.«

Doch von Anfang an ist klar, dass Gül nur ein Lückenfüller für Erdoğans Weg an die Spitze ist und dass der Parteichef auch Regierungschef werden soll. Zwar entgegnet Gül denjenigen, die behaupten, er sei lediglich eine Marionette Erdoğans, dass eine Steuerung »per Fernbedienung« unmöglich sei und Erdoğan dies nicht wolle, und gibt sich direkt nach seiner Ernennung dynamisch: »Jetzt geht es an die Arbeit. Wir werden Tag und Nacht arbeiten, um die Probleme unseres Volkes zu lösen.« Doch Erdoğan ist Koch, Gül ist Kellner, und die Fassade hält nicht lange. Bereits zwei Tage nachdem Gül die Regierungsgeschäfte übernommen hat, sagt Erdoğan, dass er schon sehr bald der Regierungschef seines Landes sein werde. Die dafür erforderlichen Verfassungsänderungen seien in höchstens vier Wochen bewerkstelligt.

Es ist dann auch wie erwartet nicht der 52-jährige Gül, der loslegt, um die zahlreichen Probleme in Angriff zu nehmen. Es ist Erdoğan. Dass er noch kein politisches Amt hat, stört ihn nicht. Seine ersten Handlungen auf Landesebene sind Schritte der Demokratisierung. Das Thema Islam – so kurz nach den Anschlägen des 11. September 2001 ohnehin mit Angst besetzt – meidet er. Dass mit diesem Stichwort zu dieser Zeit keine Wahlen zu gewinnen sind, hat er gelernt. Zumal dies seine Gegner weiter in der Ansicht bestätigt hätte, er sei ein Fundamentalist. Und während seine Kritiker trotzdem noch von schleichender Islamisierung reden, kann der zupackende Politiker ohne Parlamentsmandat immer mehr Türken von sich überzeugen. Seit Atatürk hat keine Regierung so rasch so umfassende politische und gesellschaftliche Reformen durchgesetzt.

Erdoğan formuliert anfangs eine Politik, die dem Westen gefällt, und legt dabei ein solches Tempo vor, dass auch die Türken kaum Luft holen können. Bei so viel Eifer übersieht Europa gerne die islamistische Vergangenheit des neuen Ministerpräsidenten und schaut mal mit Befremden, aber auch mit Freude auf den »konservativen Modernisierer«, der einen politischen Gezeitenwechsel einläutet. Erdoğan redet von Demokratie, von Minderheitenrechten, von gleicher gesellschaftlicher Teilhabe für alle, von Pressefreiheit und Wirtschaftsaufschwung.

Er arbeitet schier unermüdlich, ist dauernd unterwegs: Er präsentiert sich als nahbarer Politiker im Dienste der Bürger. Die Politiker, die er in die Opposition verbannt hat, zeigten sich stets unterkühlt und über alles erhaben. Auch international ist er sehr bemüht: Während sein Ziehvater Erbakan noch als Ministerpräsident als erstes demonstrativ in islamische Länder reiste, besucht Erdoğan allein bis zum Jahresende 2002 vierzehn von fünfzehn EU-Ländern, und immer wieder wird er empfangen wie ein Staatschef, nicht wie ein bloßer Parteivorsitzender ohne politisches Mandat.

Es gibt keinen Mangel an Problemen, aber diese Herausforderung bietet auch Chancen. Im Gepäck hat er zwei Reformpakete, um vor dem Gipfeltreffen in Kopenhagen Ende Dezember zu überzeugen. Als erste Station auf seiner Europaroute wählt er Athen, um mit seinem Besuch bei dem ehemaligen Feind seinen Reformwillen zu unterstreichen. Bei seinem Besuch in Rom antwortet er auf die Frage, wie er sich die zukünftige Beziehung zu Europa denn vorstelle, mit einem schlagfertigen »Wie eine katholische Ehe.« Unauflöslich eben. Während Erdoğan bei seinen Visiten in Europa wegen des Ramadans fastet, wird den mitgereisten Journalisten demonstrativ Alkohol gereicht. Außerdem besucht er die USA, um vor dem Gipfeltreffen der EU in Kopenhagen um Unterstützung für die EU-Kandidatur der Türkei zu werben. Nach seiner Tour kritisiert er, dass lediglich die Bundesregierung und Frankreich gezögert hätten, die türkische Bewerbung zu unterstützen. Alle anderen Staaten seiner Rundreise hätten sich dafür ausgesprochen, Ankara in Kopenhagen einen Termin für den Beginn von Beitrittsverhandlungen zu nennen. Die Haltung beider Länder sollte sich lange Zeit nicht ändern, erst in der Flüchtlingskrise im Herbst 2015 wird Angela Merkel der Türkei viele Zugeständnisse machen.

Den deutsch-französischen Vorschlag, die EU-Beitrittsverhandlungen mit der Türkei erst im Jahr 2005 zu beginnen, lehnt Erdoğan vehement ab: »Die Türkei wartet schon seit 40 Jahren darauf, Mitglied der Europäischen Union zu werden. Uns schmerzt, dass man uns immer noch abwimmeln will«, sagt er Ende Dezember 2002 und zeigt sich insbesondere von der Bundesrepublik enttäuscht: »Wir hätten gerade von Deutschland erwartet, dass es uns beistehen würde.« Und weiter: »Wir hätten von Deutschland mehr Sensibilität erwartet. Denn unsere beiden Länder sind schon stark zusammengewachsen. Erinnern Sie sich zum Beispiel an die Fußball-Weltmeisterschaft, als die Türken in Deutschland in den Kneipen und zu Hause mit der deutschen Nationalelf mitgefiebert haben. Die Liebe der Türken zu den Deutschen ist leider eine einseitige Liebe. Das ist sehr schade.«[51] Heute ist ein solch öffentlich emotionaler Erdoğan, der die Enttäuschung über die Ablehnung der Europäer in Worte fasst, nicht mehr vorstellbar. Erdoğan ist nun Herr über das Tor für die Flüchtlinge – Europa ist nun vor allem von seinen Launen abhängig.

Zu Hause trifft Erdoğan auf Gegenwind: Die Opposition nimmt ihm die Wandlung vom religiösen Eiferer zum gemäßigten Politiker nicht ab – und fürchtet gleichzeitig seine Popularität. Staatschef Sezer legt zunächst sein Veto gegen eine Verfassungsänderung ein, die ermöglichen würde, wegen »ideologischer oder anarchistischer Taten« Vorbestrafte zu amnestieren. Auf seiner Homepage erklärt Sezer noch Mitte Dezember 2002, die Verfassung dürfe nicht zugunsten eines einzelnen Mannes geändert werden. Nach einem erneuten Parlamentsvotum gibt er aber nach.

Im Februar 2003 erlaubt die Wahlkommission schließlich eine Kandidatur Erdoğans für Nachwahlen. Nun ist sein Weg frei. Dass so bald Nachwahlen stattfinden, verdankt er einem Umstand der Parlamentswahlen: Wegen eines Verfahrensfehlers hatte die Wahlkommission das Ergebnis in der ostanatolischen Provinz Siirt für ungültig erklärt. Erdoğan hatte umgehend angekündigt, für Wahlen am 9. März als Abgeordneter zu kandidieren und sich danach als Ministerpräsident aufstellen zu lassen.

Doch auch so kurz vor dem Ziel gibt es nochmal Schwierigkeiten: Der Generalstaatsanwalt Sabih Kanadoğlu, ein strammer Kemalist, hatte bereits vor den Parlamentswahlen beim Verfassungsgericht einen erfolglosen Verbotsantrag gegen die AKP gestellt. Jetzt versucht er, Erdoğans Kandidatur in Siirt zu verhindern. Seine Argumentation lautet, in Siirt dürften nur Personen antreten, die sich schon im November beworben hätten. Doch die Wahlkommission lehnt Kanadoğlus Antrag ab. Nun blickt das ganze Land auf die Provinz Siirt, wo über den nächsten Ministerpräsidenten des Landes entschieden wird.

Diese letzten Meter ins Amt des Ministerpräsidenten stehen exemplarisch für Erdoğans Kampfgeist und seine Methode, sich einem System anzupassen und auftretende Hindernisse systematisch und Schritt für Schritt aus dem Weg zu räumen. Eine Strategie, die sich durch sein ganzes Leben zieht: Er tritt zu einer Wahl an, die er laut Verfassung nicht gewinnen darf. Aus der starken Position des Wahlsiegers geht er dann, ohne Zeit zu verlieren, seine Widersacher an, bewegt sich dabei jedoch innerhalb der Regeln des Systems, solange er diese noch nicht ändern kann. Sein Ziel hat er dabei fest im Blick und gibt sich nicht mit weniger zufrieden: Bereits als junger Mann und später als Nachwuchspolitiker wollte Erdoğan stets derjenige sein, der im Mittelpunkt der Ereignisse steht, er wollte gestalten, befehlen. Bald ist er in einer Position, in der er die Regeln selbst mitbestimmen kann.

Die Menschen in der südostanatolischen Provinz wählen Erdoğan, sie geben seiner AKP am 9. März 2003 satte 84,8 Prozent der Stimmen. »Tayyip Ministerpräsident!«, skandieren seine Anhänger am Abend in Siirt, als sich der 49-Jährige in einer aus Ankara übertragenen Dankesrede an die Wähler wendet. Das Ergebnis klinge »wie ein Gedicht« in seinen Ohren, sagt Erdoğan in Anspielung auf die Verse, die er fünf Jahre zuvor in der gleichnamigen Hauptstadt ebenjener Provinz Siirt zitiert hatte. Das Gedicht hatte ihm damals eine zehnmonatige Haftstrafe wegen religiöser Volksverhetzung eingebracht – und die Vorstrafe, die ihn um ein Haar vom Staatsamt abgehalten hätte. Nur zwei Tage später tritt Abdullah Gül brav von seinem Amt zurück. Er wird Außenminister und stellvertretender Ministerpräsident. Was folgt, ist das vierte Gesicht Erdoğans, das er als ein in die EU strebender Reformer nun annimmt.

Erdoğans Anfänge als Ministerpräsident wecken weiterhin Hoffnungen. Er gibt sich besänftigt, wohlwollend. Noch im März 2003 zieht er ohne eine Begründung seine Beschwerden vor dem Europäischen Gerichtshof für Menschenrechte zurück. Er hatte dort zwei Klagen eingereicht: Zum einen wegen seiner Verurteilung aus dem Jahr 1998, die zweite Beschwerde reichte er ein, weil ihm wegen des Politikverbots die Teilnahme an der Parlamentswahl verwehrt worden war.

Von seinem politischen Ziehvater geht keinerlei Gefahr mehr aus. Zwar darf Erbakan inzwischen nach fünfjährigem Verbot wieder aktiv werden und wird auch prompt erneut zum Vorsitzenden seiner Glückseligkeitspartei gewählt. Seine Rückkehr in die Politik währt jedoch nur kurz. Zudem befindet sich die gesamte Opposition angesichts des Erdrutschsieges der AKP in einer Art Schockstarre, während Erdoğan den Türken Selbstbewusstsein und Mut vermittelt. In dieser zuversichtlichen Stimmung scheint plötzlich vieles möglich. Das nächste Ziel, das sich der Ehrgeizige jetzt steckt, ist es, den EU-Beitritt seiner Heimat in die Wege zu leiten. Ein Vorhaben, das zum damaligen Zeitpunkt für ihn nur noch eine Frage des Wann und Wie, und nicht mehr des Ob geworden ist.

»Solange wir kooperieren, denke ich, dass 2011 bis 2012 ein extrem realistischer Termin ist«, sagt der frischgebackene Ministerpräsident vor dem Parlament. »Wir würden uns niemals dafür entscheiden, die Türkei vom sicherheits- und außenpolitischen Standpunkt in die Isolation zu treiben, indem wir der Europäischen Union nicht beitreten.« Es folgt eine Geste des guten Willens: Im Mai werden zum ersten Mal seit vierzig Jahren die Grenzen für Zypern-Griechen geöffnet. Zudem darf eine Gruppe von 300 Zyprioten in Istanbul das griechisch-orthodoxe Patriarchat besuchen. Die Lösung des Zypern-Konfliktes ist eine der Forderungen der EU für eine potenzielle Kandidatur der Türkei. Schon 2004 kürt die US-Zeitschrift »Time Magazin« wie jedes Jahr die »100 einflussreichsten Menschen des Jahres«. Kein einziger europäischer Politiker schafft es auf diese Liste, wohl aber Erdoğan. Im Dezember selben Jahres wurde er von der belgischen Wochenzeitung »European Voice« sogar zum »Europäer des Jahres« ausgezeichnet.

Der Regierungschef verlangt viel – von sich selbst und von seiner Umgebung. Er weiß, dass er mehr leisten muss als andere, und hat sich deshalb vorgenommen, viel zu arbeiten und viel zu verändern. Die traditionelle zweimonatige Sommerpause des Parlaments halbiert er kurzerhand. »Freunde, es gibt noch viel zu tun. Aus diesem Grund können wir am 1. Juli nicht in die Ferien gehen. Ich denke, es reicht aus, das Parlament einen Monat in den Urlaub zu schicken, oder etwa nicht?«, fragt er rhetorisch in die Runde seiner Fraktion.

Von nun an gelten die Spielregeln seiner neuen Existenz: Die hat zwei Seiten. Einerseits gibt er sich im Amt des Ministerpräsidenten nach außen zahm, fast schon ehrerbietig. Dem Militär und der kemalistischen Säkularisierungspolitik weicht er anfangs noch aus. Er ist fest entschlossen, den Türken und dem Rest der Welt zu zeigen, dass er diesem Amt gewachsen ist. Seine Fähigkeit, sich bestehenden Umständen wie ein Chamäleon anzupassen, lässt ihn auch jetzt nicht im Stich. Er zeigt sich bescheiden, warmherzig, freundlich, nah am Alltag derer, die ihn wählen sollen. All das sind Lehren aus seiner Vergangenheit. Er, der noch viel vorhat, kann es sich jetzt nicht leisten, dass irgendetwas oder irgendjemand seinen Erfolg gefährdet. Das bekommen seine Mitarbeiter zu spüren: Von ihnen fordert er absolute Loyalität. Er ist misstrauisch und auf Kontrolle bedacht, ehemalige Kollegen erzählen von seinen Einschüchterungen und Drohungen, wenn sie eine andere Meinung vertreten als er.

Der Ministerpräsident eilt von Termin zu Termin, eröffnet Messen, legt Grundsteine, begleitet Firmengründungen. Allein im September zählt die Tageszeitung »Zaman« zwanzig solcher Termine. Vom zweiten bis zum dritten September 2003 besucht er erstmals als Ministerpräsident Berlin. Er ruft auf seiner Deutschlandreise die dort lebenden Türken dazu auf, die deutsche Staatsbürgerschaft anzunehmen. »Integration ist nicht Assimilation«, sagt Erdoğan den Deutschtürken. Ein Thema, das er immer wieder auf seinen Deutschlandbesuchen aufgreifen wird. Sieben Jahre später, als er in deutschen Medien längst den Ruf eines Hardliners hat, erntet er heftige Kritik für eine Rede in Köln. Dort bezeichnet er die Assimilation ein »Verbrechen gegen die Menschlichkeit«. Dass er in der gleichen Rede dafür wirbt, Deutsch zu lernen, geht in den meisten Berichten unter.

Doch in jener ersten Amtszeit sind die Erwartungen ihm gegenüber durchaus positiv. Um den Staatsbankrott abzuwenden, gewährt der IWF der Türkei zwischen 2002 und 2004 insgesamt

31 Milliarden US-Dollar Finanzhilfe. Und Erdoğan führt die von Kemal Derviş eingeleiteten Wirtschaftsreformen geschickt weiter, nutzt das Geld, um die Ökonomie anzukurbeln. Gerade zwei Jahre ist die bislang schwerste Wirtschaftskrise des Landes her, als der spätere Bundespräsident Horst Köhler, damals Chef des Internationalen Währungsfonds, von einem möglichen Wirtschaftswunder in der Türkei spricht: Im Oktober 2003 lobt Köhler Ankara bei einem Treffen mit Erdoğan am Rande der Jahrestagung von IWF und Weltbank in Dubai. Er sagt, wenn sich die Türkei die Rezepte Ludwig Erhards zu eigen mache, könne der folgende Aufschwung sich mit der Entwicklung im Nachkriegs-Deutschland messen.

Die wohltuenden Worte vom IWF und die Hoffnung auf einen EU-Beitritt lassen die AKP-Regierung ihr Tempo beibehalten. In den ersten vier Regierungsjahren ergehen zahlreiche Reformgesetze und Verfassungsänderungen nach den Kopenhagener Kriterien. In fast allen Bereichen stellt Erdoğan die Weichen auf Demokratisierung.

Die Meinungsfreiheit wird festgeschrieben, das Vereins-, Versammlungs- und Presserecht werden liberalisiert. Vor allem im Bereich der Minderheitenrechte und des Stiftungsrechts kommt es nun zu freiheitlichen Auslegungen, die noch wenige Jahre zuvor undenkbar gewesen wären. Das Strafrecht wird reformiert, das Parteiengesetz liberalisiert, das Mittel des Politikverbots gegen Einzelpersonen und Parteiverboten deutlich eingeschränkt. Die Regierung ändert das Antiterrorgesetz, stellt sogenannte Ehrenmorde unter Strafe und schafft endgültig die Todesstrafe ab. Folter wird verboten, Minderheiten, Frauen und Kinder erhalten mehr Rechte, die Verfügungsgewalt von Militärgerichten über Zivilisten wird eingeschränkt. Auch ein jahrzehntelanges Tabu ist plötzlich kein Hindernis mehr: Die kurdische Identität wird anerkannt, Kurdisch ist nun offiziell zugelassen. Im Juni 2004 kommt die kurdische Abgeordnete Leyla Zana aus der Haft frei. Sie war 1994 als Parlamentariern der kurdischen Partei DEP zu fünfzehn Jahren Haft verurteilt worden, unter anderem, weil sie vor dem Parlament in Ankara Kurdisch gesprochen hatte.

Ein Land und auch der Rest der Welt wundern sich. Wie ist dieser Erdoğan zu verstehen? Steht hier ein Mann, der nach radikalen Jugendjahren im höchsten Staatsamt nun die Demokratisierung für sich entdeckt hat – oder steht hier der Verwandlungskünstler Erdoğan, der bereit ist, alles für sein Ziel namens EU-Beitritt zu tun? Skeptiker kritisieren bald, die Reformen seien von außen – also von der EU – diktiert worden. Zudem würde Erdoğan die Reformen nur dazu nutzen, um mit den unliebsamen Kemalisten und dem Militär abzurechnen und deren Rechte zu beschneiden. Der Ausbau der Demokratie sei niemals sein Anliegen gewesen – die Reformen seien nur Mittel zum Zweck und dienten der Erweiterung der eigenen Macht.

Für den langfristig denkenden Erdoğan waren die Reformen sicherlich zu einem gewissen Teil Mittel zum Zweck. Zunächst einmal brachten sie ihn seinen beiden nächsten Zielen ein Stück näher, dem EU-Beitritt und seinem Machterhalt. Sie sollten in erster Linie den Weg zur Kandidatur ebnen, die er sich bereits öffentlich auf die Fahnen geschrieben hatte. Ohne diesen Anlass hätte die AKP sicher nicht in diesem Tempo, dieser Quantität und dieser Breite angesetzt. Zudem hatten die Reformen den Nebeneffekt, dass sie die Privilegien der kemalistischen und militärischen Elite beschränkten und so Erdoğans Gewicht stützten.

Dieser praktische Nutzen bedeutet nicht automatisch, dass Erdoğan in dieser Zeit nicht hinter den Maßnahmen stand. Immerhin hatte er als Frommer jahrzehntelang unter den Schattenseiten des bestehenden Systems gelitten und dessen Unfreiheiten erfahren. Zudem galt es auch, seine Klientel zu bedienen, die Millionen Benachteiligten, die Erdoğan in der Hoffnung auf ein besseres Leben mit mehr Wohlstand, aber auch mehr Beteiligungsmöglichkeiten an der Gesellschaft gewählt hatten.

Doch spätestens nach der dritten Wiederwahl 2011 befindet er sich in einer Position, diese Rechte zu umgehen, ohne sie generell zur Disposition zu stellen. Das tut er beispielsweise dann, wenn er die Pressefreiheit beschneidet, sollte sie an seinem öffentlichen Selbstverständnis kratzen oder seine politischen Ziele gefährden.

Mit einer Mischung aus persönlichem Angriff, öffentlicher Einschüchterung und staatlicher Willkür nährt er bei seinen Bürgern zusehends die Angst davor, diese Rechte zu nutzen. Erdoğan war schon immer ein Getriebener, der nur im Gefängnis den Blick nach innen wendete, um dann eine neue Attacke zu planen. Zur Seite trat er nur, wenn er gezwungen wurde, Passivität war eine Unmöglichkeit für ihn.

Die Kemalisten jedenfalls wollen ihm seinen plötzlichen Demokratiewillen nicht glauben und sticheln, wo es nur möglich ist. Zur Feier des achtzigjährigen Bestehens der Republik etwa. In Ankara entflammt erneut der Streit um das Kopftuch. Im Ausland war das Tuch kein Problem, in der Heimat dafür umso mehr. Präsident Ahmet Necdet Sezer lädt am 29. Oktober 2003 zum Staatsempfang. Nicht eingeladen sind die kopftuchtragenden Ehefrauen der AKP-Abgeordneten. Hingegen sind die Ehefrauen der oppositionellen CHP-Abgeordneten herzlich willkommen. Die stimmen in die Kritik am Ministerpräsidenten ein: Erdoğan sei ein Islamist, das Kopftuch seiner Frau ein Zeichen für sein hinterwäldlerisches Denken, das einer säkularen Republik nicht würdig sei.

Dass ihn die alten Eliten im eigenen Land noch immer nicht für voll nehmen, hält den Macher nicht von einem mutigen außenpolitischen Vorstoß ab – auch hier stellt er die Weichen auf Aufbruch und Offenheit, statt auf stures Festhalten an alten Mustern. Im Januar 2004 besuchte mit Baschar al-Assad der erste syrische Präsident nach der Unabhängigkeit Syriens 1946 die Türkei. Die Gründe für die diplomatische Eiszeit, die seit 1990 zwischen Ankara und Damaskus herrschte, sind vielfältig. Vor allem die Unterstützung der kurdischen Arbeiterpartei PKK durch das Assad-Regime hat der ohnehin historisch belasteten Beziehung der Nachbarn den Rest gegeben. Seinen Höhepunkt erreichte der Nachbarschaftskonflikt 1998, als türkische Panzer an der Grenze zu Syrien aufzogen, um Damaskus' Abkehr von der Unterstützung der PKK zu erzwingen. Nur das rasche Einlenken Hafez al-Assads verhinderte eine weitere militärische Eskalation. PKK-Chef Abdullah Öcalan musste fluchtartig Syrien verlassen. Nun steht Hafez al-Assads Sohn und Nachfolger Baschar in Ankara und gibt sich versöhnlich: »Wir sollten den Blick auf eine regionale Ebene und vielleicht in Zukunft auf eine internationale Ebene richten«, sagt das syrische Staatsoberhaupt und kündigt an: »Ich will die türkisch-syrischen Beziehungen nicht auf die Grenzen der beiden Staaten beschränken.«

Anfang und Ende einer Männerfreundschaft

Aus diesen ersten Kontaktaufnahmen entwickelt sich eine politische Männerfreundschaft – auch wenn deren Protagonisten unterschiedlicher kaum sein konnten: Auf der einen Seite steht Baschar al-Assad, zweitältester Sohn von Hafez al-Assad, der Syrien von 1979 bis 2000 mit eiserner Faust geführt hatte. Als Vertreter der zweiten Generation einer Despotendynastie hat Baschar im Westen studiert und ist ausgebildeter Augenarzt, für das Staatsamt jedoch nur die zweite Wahl. Das war eigentlich seinem tödlich verunfallten älteren Bruder Basil zugedacht. Verheiratet ist er mit der in Großbritannien aufgewachsenen Asma, die ihr Image als moderne, gutaussehende First Lady pflegt. Ein Kopftuch trägt sie nicht. Auf der anderen Seite Erdoğan, der Kasımpaşali, der seine keusche Jugendliebe ehelichte, die niemals ihr Haar in der Öffentlichkeit zeigen würde. Trotz aller Unterschiede bezeichnet sich das ungleiche Paar sogar als Brüder.

Diese zumindest nach außen hin fröhlich gelebte Bruderschaft ist vor dem Hintergrund der konfliktreichen gemeinsamen Geschichte der Nachbarländer umso verwunderlicher. Ein historischer Streitpunkt ist die türkische Provinz Hatay, die einst zu Syrien gehörte und erst nach dem Ersten Weltkrieg auf Betreiben der Kolonialmacht Frankreich türkisch wird. Syrien erhebt bis heute offiziell auf sie Anspruch, auch wenn Assad diesen während der »Bruderjahre« nicht äußert. Zweiter Konfliktpunkt ist das Thema Wasserverteilung. Die Türkei hat durch große Staudammprojekte am Euphrat dem stromabwärts liegenden Nachbarn im Wortsinne »das Wasser abgegraben«. Dritter Konfliktpunkt ist die Kurdenfrage. Assads Vater hat die kurdische PKK über Jahre mit Geld, Waffen und Logistik versorgt. Diese Strategie ist fester Bestandteil seiner Außenpolitik, um die Nachbarn der Region auf Trab zu halten.

Für Erdoğan ist der Schritt Richtung Syrien der erste Vorstoß in den Nahen Osten und somit in ein Spielfeld, das das Potenzial bietet, sich auch bei den großen internationalen Playern wie den USA zu profilieren. Assad, ebenfalls relativ frisch im Amt, braucht Freunde – denn schon zu diesem Zeitpunkt ist er gerade dabei, sich international ins Abseits zu manövrieren. Für Erdoğan bietet sich hier eine Chance, sein Einflussgebiet deutlich zu erweitern.

Er steht auch zu Assad, als dieser zwischen Herbst 2004 und Frühjahr 2005 massiv unter Druck gerät. Vor allem die USA wollen nicht länger zuschauen, wie Damaskus sich immer mehr zum Einfallstor für internationale Dschihadisten in Richtung Irak etabliert. Als dann im Februar 2005 der libanesische Ex-Premier Rafiq al-Hariri in Beirut einer Autobombe zum Opfer fällt, gilt Assads Regime schnell als verdächtig. Neben dem demonstrativ an seiner Seite stehenden Erdoğan halten nur Iran und die Hisbollah weiterhin treu zu Assad. 2008 fahren die beiden Freunde gemeinsam in den Urlaub. Die veröffentlichten Bilder zeigen die Ehepaare Erdoğan und Assad 2008 im türkischen Badeort Bodrum. Auch die beiden First Ladys scheinen sich zu verstehen. Sie schlendern Arm in Arm, Emine in weißem Leinen und mit Kopftuch, Asma im eleganten schwarzen Sommerkleid.

Doch der Alltag holt Erdoğan ein, die Freundschaft endet relativ abrupt. Als 2011 auch in Syrien immer mehr Menschen auf die Straße gehen, berät Erdoğan anfangs seinen »Bruder« noch in Sachen demokratische Reformen. Doch der setzt diese Ratschläge nicht um. Nach anfänglichen winzigen Zugeständnissen in Sachen Zivilgesellschaft hat er schnell seine Form der Antwort auf die Proteste gefunden: Gewalt. Es dauert nur wenige Monate, bis ihn selbst die in Menschenrechtsfragen eher zurückhaltenden Länder der Arabischen Liga offen kritisieren. Und Erdoğan dreht den Kurs um 180 Grad: Er kritisiert Assad nicht nur – er fordert seinen Rücktritt. Im November 2011 steht er vor dem Parlament in Ankara und wettert gegen den ehemaligen Bruder: »Baschar al-Assad sagt, er werde bis zum Tod kämpfen. Gegen das eigene Volk zu kämpfen ist nicht Heldentum, sondern Feigheit.« Um weiteres Blutvergießen zu verhindern, müsse Assad die Macht abgeben. Ein gutes halbes Jahr später, im Juni 2012, droht er dem einstigen Duzfreund vor AKP-Abgeordneten: »Die Freundschaft der Türkei ist wertvoll, aber jeder sollte wissen, dass der Zorn der Türkei gewaltig sein kann.«

Warum Erdoğan sich jetzt so schlagartig von seinem ehemaligen Freund distanziert? Er selbst rechtfertigt sein Verhalten vor allem moralisch – man habe die Entwicklungen nicht mehr mit ansehen können. Der Hintergrund, dass der Autokrat Erdoğan einerseits mit seinen Gegnern selbst nicht zimperlich umgeht und andererseits in Sachen internationale Bedeutsamkeit noch viel vorhat, lässt dieses altruistische Motiv unglaubwürdig erscheinen. Vielmehr ist der Bruch ein Spielzug seines Machtpokers: Nachdem bereits in anderen arabischen Ländern die Diktatorenthrone wackelten, setzt er darauf, dass Assad der nächste sei – und stellt die Weichen, um sich eine einflussreiche Startposition im Umfeld einer künftigen Regierung zu sichern. Allerdings unterschätzt er dabei die Zähigkeit seines einstigen Bruders. Der denkt nicht daran, zurückzutreten. Erdoğans vermeintlicher Einfluss erweist sich als nichtig, die selbsternannte Rolle als Gestalter und Berater der Region löst sich über Nacht in Bedeutungslosigkeit auf. Zur Fehleinschätzung kommt also wohl auch noch ein großes Stück persönliche Kränkung. Seit 2012 beherbergt Erdoğan den »syrischen Nationalrat«, der unterschiedliche oppositionelle Gruppen von Exilsyrern an einen Tisch bringt. Er hat sie nach Istanbul eingeladen, und setzt damit seinem »Bruder« eine Oppositionsgruppe direkt vor die Haustür.

»Ein großer Reformer« (Gerhard Schröder)

In jenem Jahr 2004 jedoch ahnt sicher keiner der Beteiligten, wie sich die Beziehungen der beiden Länder entwickeln, dass das Geschehen in Syrien auch die Türkei ins Chaos stürzen und dass Syrien für Erdoğan vom größten außenpolitischen Problem zu einem massiven innenpolitischen Problem werden wird.

Am 28. März 2004 finden erstmals seit dem Regierungsantritt der AKP sechzehn Monate zuvor Kommunalwahlen statt – entsprechend ist der Urnengang auch ein erster landesweiter Akzeptanztest, den die AKP mit 41,7 Prozent der Stimmen besteht. Die CHP liegt mit achtzehn Prozent weiterhin weit hinter Erdoğans Partei. »Die Türkei hat abermals für Stabilität und Entwicklung gestimmt«, freut sich Erdoğan am Abend. In Anspielung auf Republikgründer Atatürk sagt der AKP-Chef, seine Partei werde dessen Weg folgen. »Der Sieg wird uns nicht den Kopf verdrehen.«

Die Umsetzung der IWF-Reformen und der EU-Beitrittsprozess lassen die Wirtschaft rasch wachsen. Im Juni ist die Inflationsrate zum ersten Mal seit 32 Jahren wieder einstellig. Zwischenzeitlich hatte der Wertverlust der Währung Spitzenwerte von 120 Prozent erreicht. 2004 lag das Wirtschaftswachstum bei 8,9 Prozent, 2005 immerhin noch bei 5,1 Prozent. Zwar muss zu diesem Zeitpunkt immer noch jeder vierte Türke mit weniger als zwei US-Dollar täglich auskommen. Doch Erdoğan gibt ihnen etwas, was es in der Türkei lange nicht mehr gegeben hat: Hoffnung auf Besserung.

Obwohl die Zahlen stimmen – und seine Akzeptanz somit wächst –, vergisst Erdoğan nie, seine muslimisch-konservative Klientel zu bedienen. Bestimmte Themen und klare Einteilungen in Gut und Böse funktionieren hier immer: Dazu gehören Forderungen im Sinne der religiösen Moral, also die Einschränkung vermeintlich sündigen Verhaltens, das Beschwören der Einheit der (sunnitischen) Muslime und verbale Angriffe gegen Israel. So nennt Erdoğan im Juni Israels Umgang mit den Palästinensern »Staatsterrorismus«, die israelische Regierung verstärke den Antisemitismus in der Welt: »Wir haben keinerlei Probleme mit dem israelischen Volk«, sagte Erdoğan vor AKP-Abgeordneten. »Aber was die israelische Führung zurzeit macht, festigt leider den Antisemitismus in der Welt.« Früher seien die Juden unterdrückt worden, heute werde das palästinensische Volk unterdrückt. »Wir sind Freunde«, sagte Erdoğan an die Adresse Israels und schiebt hinterher: »Freunde sagen die Wahrheit, auch wenn sie bitter ist.« Der palästinensischen Hamas gegenüber – von der EU als Terrororganisation eingestuft – positioniert er sich später demonstrativ positiv. Im Februar 2006 fordert er, die Hamas als Gesprächspartner zu akzeptieren. »Hamas hat die Wahlen als politische Partei gewonnen«, so Erdoğan. »Demokratische Wahlen« müsse »die ganze Welt respektieren.«[52]

Zu Beginn seiner Amtszeit gelingt es Erdoğan relativ lange, seine »islamistische Seite« zurückzuhalten. Er beherrscht sich, gibt sich weltoffen und zeigt keinerlei religiöse Impulse, es gibt keine Gesetzesinitiativen, die die Frommen stärken. Auch die Temperamentsausbrüche und verbalen Entgleisungen, die später im In- und Ausland zu seinem Markenzeichen werden, sind in dieser Zeit selten. Öffentlich präsentiert er sich als Reformer: »Demokratie ist der Name eines Systems, das verschiedene Ansichten gemeinsam leben lässt, das mehrheitlich und freiheitlich ist. Wir als AKP legen großen Wert darauf, Bürgern alle ihre Rechte und Freiheitsbedürfnisse zu gewährleisten – egal welche Identität, Herkunft oder Lebensgewohnheiten diese haben«, lobt er, eine Hand aufs Herz gelegt.

Am 3. Oktober 2004 wird Erdoğan in Berlin in der Kategorie »Brücken des Respekts« zum »Europäer des Jahres« gekürt. Er erhält den Quadriga-Preis des Vereins »Werkstatt Deutschland«, in dessen Vorstand hochrangige deutsche Politiker vertreten sind. Der Preis soll »Persönlichkeiten des politischen, wirtschaftlichen, gesellschaftlichen und kulturellen Lebens, die durch ihr Engagement ein Zeichen für Aufbruch setzen«, ehren. Die Laudatio hält der damalige Bundeskanzler Gerhard Schröder (SPD), der auch schon den russischen Präsidenten Wladimir Putin als »lupenreinen Demokraten« empfahl. Erdoğan lobt er als »großen Reformpolitiker«.

Wie Schröder heute diese Einschätzung sieht? »Aufgrund seiner zahlreichen ehrenamtlichen und beruflichen Verpflichtungen fehlt ihm die Zeit für weitere Aufgaben und Termine. Deshalb wird er Ihnen leider nicht für ein Interview zur Verfügung stehen können«, lautet die Antwort aus dem Büro des Bundeskanzlers a.D. im Juli 2015.

Der einstige Straßenkämpfer Erdoğan scheint mit dem Amt vernünftig und gemäßigt geworden zu sein. Für erste Zweifel an dieser Wahrnehmung sorgt er mit einem überraschenden Entwurf für einen Ehebruch-Paragrafen, der Teil des – für die EU-Verhandlungen – reformierten Strafgesetzbuches werden soll. Der Paragraf sieht vor, Fremdgehen in der Ehe mit Haftstrafen bis zu drei Jahren zu ahnden. Auch die EU reagiert pikiert und warnt vor »islamischen Elementen im Rechtssystem«. Schließlich wird der Vorstoß zurückgezogen.

Von dieser Idee abgesehen, beginnt er auch das Jahr 2005 im Sinne seines neuen Demokratiekurses. Er wagt sich dabei an zwei historische und hochemotional besetzte Konfliktfelder: die Kurdenfrage und die Beziehung zu Griechenland. Bei beiden Themen drängt auch die EU auf eine Lösung. Das »Kurdenproblem«, langjähriges Menschenrechtsgrab aller türkischen Regierungen, will Erdoğan »mit mehr Demokratie, mehr Bürgerrechten und mehr Wohlstand«[53] lösen. Die Kurden ordnet er nicht als Volk mit Separationsbestrebungen ein, sondern als bereichernde regionale Nuance der Türkei. Jede Region des Landes habe »einen anderen Geruch, eine andere Farbe, eine andere Stimme«, sagt er. Das solle beibehalten werden, und damit gewinnt er langsam das Vertrauen der Kurden.

Erdoğan hat nie einen Zweifel daran gelassen, dass er als Politiker auch ein Schauspieler sein muss: In der ihm eigenen Anpassungsfähigkeit spielt er jetzt einen Darsteller, der den Frieden herbeisehnt, den im Übrigen auch die EU fordert. Wie viel Interesse er daran hat, die regionale Nuance »kurdisch« zu bewahren, sobald deren Vertreter sich demokratische Mittel zunutze machen und sich gegen ihn stellen, wird erst später deutlich. Nach dem überraschenden

Wahlerfolg der kurdenfreundlichen HDP im Spätsommer 2015 beendet Erdoğan den Friedensprozess, als hätte es das demokratische Intermezzo nie gegeben.

Statt des islamistischen Grundsatzes »der Islam ist die Lösung« oder der ewigen Forderungen nach einem militärischen Eingreifen durch die Generäle, ist Erdoğans Losung zu Beginn seiner Regierungszeit: »Die Demokratie ist die Lösung.« Es ist möglich, dass dies seiner Überzeugung entsprach. Es gibt jedoch Aspekte, die dafür sprechen, dass die Rolle als 150-prozentiger Demokrat auch taktischen Erwägungen folgte. Erdoğan plant grundsätzlich strategisch und langfristig und geht schrittweise vor. Sein Ziel war es, das Land nach seinen Vorstellungen zu gestalten. Je länger er an der Macht war, desto mehr wich die Rolle des Kämpfers für die Demokratie jener des »starken Mannes« mit Führungsanspruch für die ganze Region.

Auch gegenüber dem »Erbfeind« Griechenland gibt er sich versöhnlich: Sein Vorstoß baut auf einer ersten vorsichtigen Kontaktanbahnung im Rahmen der sogenannten »Erdbeben-Diplomatie« auf. Die beiden zerstrittenen Staaten hatten gegenseitige Hilfe nach Erdbeben geleistet. Jetzt geht Erdoğan allerdings deutlich weiter, er lädt den griechischen Premier Kostas Karamanlis nach Ankara ein. Er selbst war zwar bereits im Vorjahr in Athen, doch der Termin in Ankara ist die erste offizielle Visite eines griechischen Regierungschefs in der Türkei seit 1959. Erdoğan nutzt den Termin, um den Bau einer gemeinsamen Pipeline zu verkünden. Sie soll über den Grenzfluss der einstigen Erzfeinde führen, den die Türken Meriç und die Griechen Evros nennen.

Am 3. Oktober 2005 kann Erdoğan eine weitere Trophäe vorzeigen. Nach der fünfeinhalbjährigen Kandidaturphase werden nun endlich die EU-Beitrittsverhandlungen eröffnet. Für Erdoğan ist es ein persönlicher Triumph. Seit Jahrzehnten arbeiten türkische Politiker auf dieses Ziel hin – der einst Unterprivilegierte hat das Land soweit gebracht. Hinter ihm liegen dreieinhalb Jahre rastlosen Hinarbeitens: Er hat Reformen durchgepeitscht, von denen nicht alle den konservativen Vorstellungen seiner politischen Heimat entsprechen. Er hat mit den Kurden verhandelt, sogar mit den Griechen, und im In- und Ausland sein Image als Verfechter der Demokratie gegen alle Zweifler verteidigt. Das alles wird nun scheinbar endlich anerkannt – jedoch längst nicht von allen: Mit den Beitrittsverhandlungen beginnt auch eine heftige, teilweise emotional und unsachlich geführte Debatte. Es geht vordergründig darum, ob die frisch reformierte türkische Demokratie ausreicht für die Standards der EU. Befürworter sehen die Chance auf kulturelle Impulse für Europa und weitere demokratische Impulse für die Türkei und betrachten zudem die geostrategische Lage des Landes als Vorteil für die EU. Kritiker bezeichnen die türkische Demokratie misstrauisch als defekt. Ebenfalls verdächtig ist die Nähe zu Krisenregionen und die Tatsache, dass das Land mehrheitlich muslimisch ist – und somit nicht zur überwiegend christlichen EU passe. Schließlich kommt im deutschen Wahlkampf von der Union der Vorschlag einer »privilegierten Partnerschaft« statt des Beitritts auf – für Erdoğan eine öffentliche Demütigung.

Zwar meidet Erdoğan das Thema »Religion« noch weitgehend, doch holt es ihn spätestens im Jahr 2006 auf unschöne Art und Weise ein – zu tief ist die Kluft zwischen säkularem Anspruch und frommer Realität, wie der Anschlag eines Islamisten wieder verdeutlicht. Ausgangspunkt ist der Streit um eine zwangsversetzte Lehrerin aus Ankara. Die hatte vorschriftsmäßig ohne Kopftuch unterrichtet, in ihrer Freizeit jedoch den »Türban«, also das islamische Kopftuch, angelegt. Nachbarn hatten dies gemeldet. In einem umstrittenen Urteil im Februar 2006 hatte das oberste Verwaltungsgericht dieses Verhalten als Verstoß gegen die »Prinzipien der Rechtsordnung« gewertet. Die Entscheidung stößt in konservativen Kreisen, also in Erdoğans Wählerschaft, auf Unmut. Auch Erdoğan kritisiert das Urteil – wählt dafür jedoch keineswegs eine religiöse Argumentation, sondern argumentiert mit dessen Demokratiefeindlichkeit. Über die Richter sagt er: »Die Kerle mischen sich demnächst in die eigenen vier Wände der Menschen ein.« Doch die weiteren Ereignisse zwingen ihn aus seiner religionsbefreiten Deckung.

Die tiefen gesellschaftlichen Gräben, die Erdoğan mit seinem progressiven Demokratiekurs nur scheinbar überwand, sind auf einen Schlag wieder präsent. Als kurz zuvor Ex-Präsident Demirel sagt, Frauen mit Kopftuch könnten ja in Saudi-Arabien studieren, positioniert sich Erdoğan bei seiner politischen Heimat. Er giftet Demirel an, dieser solle selbst nach Saudi-Arabien gehen.

Am 17. Mai stürmt schließlich der Istanbuler Rechtsanwalt Alparslan Arslan den Justizsaal in Ankara, in dem sich zu diesem Zeitpunkt sechs Richter zu Beratungen zusammengesetzt haben. Arslan schreit »Ich bin ein Soldat Allahs« und schießt in den Raum. Ein Richter stirbt. Als Grund für die Tat nennt der Attentäter, der schon 2006 an zwei versuchten Anschlägen auf die kemalistische Tageszeitung »Cumhuriyet« in Istanbul beteiligt war, das Kopftuchurteil. In seinem Auto wird ein Ausschnitt aus einer islamistischen Zeitung gefunden. Dieser zeigt ein Bild der Richter unter dem Titel: »Das sind sie!« Die Tageszeitung »Milliyet« titelt »Elf Schüsse auf den Laizismus«. Auch Erdoğan gerät jetzt in die Kritik – sein Kurs, religiöse Themen zu umschiffen, hat ihm nichts gebracht, die gesellschaftliche Kluft, die er zu ignorieren versucht hat, holt ihn ein. Anstatt auf der Trauerfeier für den Richter Präsenz zu zeigen, eröffnet er ein neues Verkehrskreuz in Antalya.

Nun muss sich Erdoğan zum Thema Religion positionieren. Und das tut er in dieser Situation auch durch Vermeidung. Er befindet sich in einer Zwickmühle – das Amt des Ministerpräsidenten eines laizistischen EU-Beitrittskandidaten fordert von ihm eigentlich eine klare Positionierung an der Seite des Richters – und damit für das Urteil und gegen das Kopftuch. Für seine Klientel – und im kommenden Jahr stehen in der Türkei Wahlen an – ist das Kopftuch jedoch Inbegriff der eigenen Lebenseinstellung.

Jetzt steht Erdoğan unter Kritik, landesweit kommt es zu Demonstrationen, die einem Misstrauensvotum gleichen. »Die Türkei ist laizistisch und wird es bleiben«, skandieren sie. In Ankara marschieren über 15 000 Menschen demonstrativ zum Mausoleum von Republikgründer Atatürk.

Machtprobe mit den Generälen

Erdoğan lässt sich von dem kurzen Beben nicht beirren. Er konzentriert sich auf seinen nächsten Schachzug. Denn noch befindet sich ein beträchtlicher Teil der Staatsmacht in den Händen der Generäle. Sie sehen sich selbstbewusst als Hüter der Republik, die jederzeit in die politischen Geschicke des Landes eingreifen dürfen – das wird Erdoğan ändern.

Schon im Juni 2003 hatte die AKP-Regierung ein Reformpaket vorgelegt, das den Einfluss der Armee auf Politik und Gesellschaft eindämmen sollte, doch noch ist das nicht so einfach: Am 30. August 2006 wird nun Generalstabschef Hilmi Özkök pensioniert. Für Erdoğan eher ein Verlust, denn wenn der Militär sich mal in das politische Tagesgeschäft einmischte, dann wesentlich diplomatischer als viele seiner Vorgänger. Ihm folgt mit Mehmet Yaşar Büyükanıt ein ausgesprochener Gegner Erdoğans. Immer wieder warnt der vor einer »irtica«, der »religiösen Reaktion«. Schon vor seinem Amtsantritt und mit dem Hinweis auf die bevorstehenden Präsidentschaftswahlen zeigt Büyükanıt regelrecht mit dem Finger auf die AKP und warnt, der neue Staatspräsident müsse die Republik »in Wort und Tat« verteidigen. Für Erdoğan ist klar, dass sich hier eine Gefahr auftut. Noch ist er nicht mächtig genug, um diese zu bannen. Und er will Präsident werden – aber mit Büyükanıt als Generalstabschef ist dies nicht möglich. So wird er sich später mit den sogenannten Ergenekon-Verfahren der lästigen Militärs entledigen.

Neben dem neuen Widersacher zu Hause bekommt Erdoğan auch international Schwierigkeiten: Das Jahr 2006 neigt sich dem Ende zu, und die EU-Beitrittsgespräche, auf die Erdoğan seine Politik so umfassend ausgerichtet hat, stocken. Zum Jahresende ist erst eines von insgesamt 35 Verhandlungskapiteln abgeschlossen, das Kapitel »Forschung und Wirtschaft«. Das Problem ist mal wieder Zypern. In Frankreich ist zudem Wahlkampf und der mögliche EU-Beitritt der Türkei ein dankbares Thema. Wegen des ungelösten Konflikts fordert der französische Präsidentschaftsanwärter Nicolas Sarkozy eine komplette Aussetzung der Verhandlungen. Stattdessen plädiert er für die in Deutschland von Unionspolitikern vorgeschlagene »privilegierte Partnerschaft«.

2007 stehen die nächsten Parlamentswahlen an, Zypern ist ein wichtiges Thema im Kampf um die Stimmen der Nationalisten, und sein Prestigeprojekt – der EU-Beitritt – wird zu einer Belastung. Erdoğan reagiert, indem er beginnt, sich den Nachbarstaaten zuzuwenden. Ein weiterer Kritikpunkt der Europäer ist der türkische Strafrechtsparagraf 301, der die »Verunglimpfung des Türkentums« unter Strafe stellt. Die AKP-Regierung ziert sich, diesen zu reformieren, obwohl dieser Paragraf einst den Parteichef hinter Gitter brachte. In einem Interview verteidigt Erdoğan den Paragrafen dennoch: »Die Türkei hat kein Problem mit dem Paragrafen 301. (…) Der Paragraf 301 unterscheidet sich nicht so sehr von Paragrafen in manchen EU-Ländern. Wir haben ihn damals bei der Reform unserer Strafgesetze der EU-Kommission vorgelegt, niemand hat uns gesagt: Das ist ein Fehler, nehmt das raus. Ein Großteil der Medien ist nicht ehrlich in der Sache. Ich bin einmal ins Gefängnis gekommen, weil ich ein Gedicht vorgelesen habe. Weder die türkischen noch die westlichen Medien haben mich verteidigt. Dabei stand das Gedicht in Büchern des Erziehungsministeriums. Wo waren all diese Freiheitskämpfer?«[54] Aber natürlich will er diesen Paragrafen nicht streichen – warum sollte er auch? Denn dass die Meinungsfreiheit in der Türkei ihre Grenzen hat, ist ihm mehr als recht. So eine gesetzliche Regelung macht es der Regierung leichter, unliebsame Kritiker an den Pranger zu stellen.

Militär contra Regierung

Ohne den aggressiven Militärstab wäre Erdoğan nicht so erfolgreich geworden. Schon im Mai 2003 räumt Generalstabschef Özkök vor Journalisten ein, dass sich die ganze Armee über die Besetzung der Staats- und Regierungsstellen mit frommen Muslimen »beunruhige«. Einen Putsch weist er aber von sich. »Ich weigere mich, zuzulassen, dass auch nur das Wort Putsch in diesem Raum erwähnt wird«, sagt Özkök. Auch Erdoğan nennt solche Gerüchte ein »Manöver«, um das »harmonische« Verhältnis zwischen Regierung und Armee zu stören.

Am 16. Mai 2007 endet die nicht verlängerbare siebenjährige Amtszeit des Staatsoberhauptes Sezer – für Erdoğan bedeutet das: ein Gegner weniger. Denn Sezer, zuletzt Vorsitzender des Verfassungsgerichts und eigentlich zur Neutralität verpflichtet, macht wenig Hehl daraus, dass sein Herz für die CHP schlägt. Der überzeugte Kemalist blockierte die Ernennung zahlreicher konservativer Muslime in politische Ämter und bremste durch sein Veto viele Gesetzesvorhaben der AKP aus, wofür er von der Opposition viel Beifall erhielt. Er war ein hartnäckiger Gegner für Erdoğan, schreckte auch nicht vor politischen Kleinkriegen zurück und begründete seinen Einspruch auch schon mal mit Tippfehlern im Gesetzestext. Erdoğan kritisierte Sezer einmal, dass auch Muslime ein Recht darauf hätten, Politik zu machen.

In das Präsidentenamt schafften es bis dahin meist nur Vertreter der alten Elite, sechs der insgesamt zehn Präsidenten waren Generäle. Menderes wurde 1960 von den Generälen gehängt, Demirel 1971 und 1980 von der Junta gestürzt, Erbakan 1997 vom Militär zum Rücktritt gezwungen. Die Konfrontation von Kemalisten und Frommen mündete auch 2007 in einer Machtprobe. Jetzt nehmen die Generäle Erdoğan ins Visier – doch dieser leistet Widerstand. Er hat sich nicht aus den Straßen von Kasımpaşa nach oben gearbeitet, um dann wie sein politischer Ziehvater in vorauseilendem Gehorsam denen zu weichen, denen er es von Anfang an zeigen wollte.

Schon in der Zeit dieser Staatskrise deutet sich an, dass Erdoğan selbst mit dem Präsidentenamt liebäugelt – dem symbolträchtigen Amt, das als Erbe Atatürks gilt. Die Regierungsgeschäfte führt zwar der Ministerpräsident, doch der Präsident hat das Recht, sein Veto gegen Gesetze ebenso wie gegen Einsprüche vor dem Verfassungsgericht einzulegen. Er ernennt Universitätsdirektoren, ranghohe Richter und ist zudem Oberbefehlshaber der Streitkräfte. Genau diese Bastionen, die Gerichte, das Militär und die Universitäten, sind die Horte des von Staatsgründer Atatürk festgeschriebenen

Säkularismus – und gleichzeitig die Einflusszentren der »weißen Türken«.

Dass ein verurteilter Islamist über diese Bastionen herrscht, ist zu diesem Zeitpunkt absolut unvorstellbar. Erdoğan ist klar, dass seine Zeit für dieses Ziel noch nicht gekommen ist. Noch haben die Militärs zu viel Macht, noch würden auf einen entsprechenden Wahlgang vermutlich Massenproteste folgen. Rein formal wäre der Weg ins Präsidentenamt für Erdoğan damals schon realistisch gewesen. Der Staatspräsident wird vom Parlament gewählt, in dem seine AKP die absolute Mehrheit hielt, zumal im dritten Wahlgang schon eine einfache Mehrheit genügt hätte. Jedoch ist ein Einschreiten des Militärs gegen einen Präsidenten Erdoğan 2007 noch wahrscheinlich. Deshalb ist es wieder Gül, der den Platzhalter spielt. Am 24. April präsentiert die AKP den Kandidaten mit dem gütigen Blick, der nun der elfte Präsident der Republik werden soll. Erdoğan erklärt, die AKP habe sich für »unseren lieben Freund« Gül entschieden und nennt ihn »meinen Bruder«, während die AKP-Parlamentsfraktion begeistert mit Standing Ovations, Sprechchören und Jubel reagiert.

Die Entscheidung erweist sich als geschickter Schachzug. Zum einen hat die Partei für die im November anstehenden Parlamentswahlen außer Erdoğan keinen anderen Spitzenmann, der einen Wahlsieg holen könnte. Zum anderen genießt Gül über Parteigrenzen hinaus hohes Ansehen, weil er als erfolgreicher Außenminister über allen innenpolitischen Turbulenzen gestanden hat. Gül war der dezenteste AKP-Kandidat für das höchste Amt – und vor allem war er für Erdoğan eine willige Marionette.

Doch die Nominierung löst eine Krise aus. Denn auch Gül – dessen Nachname übersetzt Rose heißt – hat eine islamistische Vergangenheit, vor allem aber trägt seine Frau Hayrünissa ein Kopftuch. Hayrünissa Gül verkörpert alles, was die Kemalisten verachten: Sie trägt ihr Tuch streng gebunden, ihren Mann heiratet sie mit fünfzehn Jahren, er ist doppelt so alt. Beide kommen aus dem stockkonservativen Kayseri. Einen Schulabschluss holt sie erst später nach – zunächst zieht sie die drei Kinder groß. Sie klagte sogar 2003 vor dem Europäischen Gerichtshof, weil sie 1998 wegen ihres Kopftuchs nicht studieren durfte. Zwar zog sie wenig später ihre Klage aus Rücksicht auf die Karriere ihres Mannes zurück, aber diese fromme »Hinterwäldlerin« soll nun die First Lady werden. Noch nie war eine Kopftuchträgerin in den Präsidentenpalast von Çankaya eingezogen.

Zwar meint Abdullah Gül, das Tuch sei eine rein persönliche Angelegenheit – die Kemalisten sehen dies bei der Frau des künftigen Präsidenten jedoch völlig anders. Das Kopftuch ist ein Bekenntnis gegen den Laizismus, zudem gilt es ihnen als Symbol der Peripherie, die sie nicht an ihrem Bildungsbürgertum teilhaben lassen wollen. In seiner Zeit als Sprecher der Regierung Erbakan und als Minister vermied Gül es, seine Frau zu protokollarischen Empfängen mitzunehmen, als Staatspräsident wäre dies nicht mehr möglich.

In dieser ersten Legislaturperiode argumentiert Erdoğan pro Tuch – alles andere wäre auch eine Ohrfeige für seine Anhänger und die Werte der Partei. Dabei leitet er das Recht auf das Kopftuch jedoch stets als persönliches Recht der religiösen und persönlichen Freiheit her. Religiöse Begründungen meidet er tunlichst. Niemand solle wegen seines verhüllten Kopfes von der Gesellschaft ausgeschlossen werden, sagt Erdoğan, und so steht es auch im Parteiprogramm: Jegliche Bildungshindernisse für Mädchen und Frauen seien abzuschaffen. Verboten ist das Tuch in allen öffentlichen staatlichen Einrichtungen, also auch Schulen und Universitäten. Beamtinnen und Angestellte des öffentlichen Dienstes dürfen nur mit unbedecktem Haar arbeiten. Die verhüllte Emine Erdoğan darf ihren Mann zwar auf Auslandsreisen begleiten und dort auch öffentlich auftreten – nicht jedoch in türkischen Staatsräumen.

Im Juni 2004 erklärt der Europäische Gerichtshof für Menschenrechte das Kopftuchverbot rund um die Hochschulen für rechtens. Es verstoße nicht gegen das Grundrecht auf Religionsfreiheit. »An Universitäten lassen sich Maßnahmen rechtfertigen, die bestimmte fundamentalistische religiöse Bewegungen davon abhalten, Druck auf Studenten auszuüben, die diese Religion nicht praktizieren oder einer anderen Religion angehören«, heißt es im einstimmigen Urteil der sieben Straßburger Richter. Geklagt hatte eine Istanbuler Medizinstudentin, die wegen des Tuchs von der Uni geflogen war. Damals empört sich Erdoğan öffentlich gegen das Urteil, das für viele seiner Wählerinnen weiterhin den Ausschluss von der höheren Bildung an staatlichen Einrichtungen bedeutet. Er mischt nun religiöse und Menschenrechtsargumentation: Statt von staatlichen Gerichten müsse die Kopftuchfrage von einem islamischen Religionsgelehrten entschieden werden – zudem sei das Tragen eines Kopftuchs ein »Menschenrecht«. Zu diesem Zeitpunkt bleibt es beim Poltern im Sinne seiner Wähler – noch reicht seine Macht nicht aus, um selbst in der Kopftuchfrage Tatsachen zu schaffen und das Parteiprogramm umzusetzen.

Doch noch immer sitzen die Kemalisten in allen gesellschaftlichen Schlüsselpositionen: in Bildung, Kultur, Militär und Verwaltung. Jeder noch so kleine Vorstoß der AKP im Sinne der Religion hat sofortige Abwehrreflexe zur Folge. Einmal Islamist, immer Islamist – auf diese Formel werfen sie Erdoğan immer wieder zurück. Erdoğan kennt die Arroganz der alten Eliten von klein auf – und lässt sich davon nicht einschüchtern. »Sie sagen, die Türkei ist säkular und wird auch säkular bleiben – wir sagen genau dasselbe«, entgegnet er seinen Gegnern. Die glauben ihm das natürlich nicht und misstrauen weiterhin jedem seiner Schritte. Doch die Suche nach seiner angeblichen »geheimen Agenda« bleibt ohne Erfolg.

Als die Regierung im Mai ankündigt, 10 000 Kindern armer Familien eine Ausbildung zu finanzieren, werfen Kritiker der AKP sofort vor, die Kinder sollten an Imam-Hatip-Schulen zu religiösen Fundamentalisten ausgebildet werden. Als die AKP den freien Tag der Woche von Sonntag auf den islamischen Freitag verlegen will, tobt die Opposition. Ebenso als im August 2003 Erdoğans Sohn Bilal (22) eine siebzehnjährige Schülerin heiratet, wofür eine Sondergenehmigung eingeholt werden muss, weil die Braut noch zu jung ist. Und als ein AKP-Minister im Juni 2003 vorschlägt, die Feiern zum Atatürk-Gedenktag am 19. Mai doch moderner zu gestalten, heißt es umgehend, die Regierung habe zu wenig Respekt vor dem »Vater der Türken«.

Abb. 6: Hochzeit des Sohnes Necmettin Bilal

Immer wieder wird der Vorwurf laut, Erdoğan setze die zahlreichen Reformen vor allem deshalb um, weil sie ein wirksames Mittel gegen die Macht der Militärs seien. Die Kandidatur Güls nährt diese Kritik und weckt die Angst, Erdoğan werde nun nach und nach alle wichtigen Staatsämter mit AKP-Leuten besetzen. CHP-Chef Deniz Baykal erklärt, er werde Gül nicht als Präsidenten akzeptieren, da dieser den Laizismus als Stütze der Republik nicht respektiere. »Mit der Verhinderung von Erdoğans Kandidatur haben wir einen Etappensieg errungen«, sagte Baykal.

Die CHP kündigt an, die erste Abstimmungsrunde zu boykottieren, was den Weg vor das Verfassungsgericht und für einen Antrag auf Annullierung der Wahl ebnen könnte. Auch die Militärs begeben sich in Position gegen Erdoğans Kandidaten. Vize-Armeeechef General Ergin Saygun mahnt: »Der nächste Präsident sollte an die Hauptprinzipien der türkischen Republik gebunden sein, die in der Verfassung definiert sind: Trennung von Staat und Religion, Sozialstaat und Demokratie. Er sollte dies in seinen Handlungen zeigen.« Auch die Medien stellen Gül – und damit Erdoğan – in

Frage. Die »Hürriyet« befindet, Gül sei nicht die richtige Wahl, um westlichen Türken die Furcht vor einer Islamisierung zu nehmen. Denn »Erdoğan und Gül sind nicht verschieden, sondern eineiige Zwillinge«. So tritt das ein, was die Opposition angekündigt hatte. Gül scheitert am 27. April im ersten Wahlgang. Nur 357 Abgeordnete stimmen für ihn, für die nötige Zweidrittelmehrheit fehlen zehn Stimmen. Wenige Stunden danach beginnt der Druck des Militärs. Man betrachte die Lage »mit Sorge«, erklärt Büyükanıt auf der Website des Generalstabschefs. Niemand solle vergessen, dass die Streitkräfte »entschieden für die Verteidigung des Laizismus« einträten. Notfalls werde die Armee »ihre Haltung und ihr Vorgehen deutlich machen«. Wer sich gegen den Ausspruch des Staatsgründers Atatürk »Glücklich, wer von sich sagen kann, ein Türke zu sein« stelle, sei »ein Feind der Republik«. Dieses in Anspielung auf das historische Vorbild »E-Memorandum« genannte Dokument wird sofort als Putschwarnung verstanden.

Doch die Zeiten haben sich geändert, anders als beim letzten Putsch 1997 gibt es nun eine stabile Regierung einer starken Partei, die breite Sympathien genießt und deren Wähler ihr einen ökonomischen Aufstieg verdanken. Und: mit Erdoğan hat die AKP einen Parteichef, der genau weiß, wann er sich ducken muss – und wann nicht. Er setzt darauf, dass sein Rückhalt ausreicht, er duckt sich nicht – sondern geht direkt in die Offensive. Der Generalstab untersteh »der Befehlsgewalt des Ministerpräsidenten«, heißt es in einer Regierungserklärung. Weitere Rückendeckung kommt von der EU: »Die Streitkräfte sollten in ihren Kasernen bleiben und sich nicht in die Politik einmischen«, sagt Terry Davis, Generalsekretär des Europarats. Der Weg der Opposition vor das Verfassungsgericht hat zunächst Erfolg, der erste Wahlgang wird am 1. Mai annulliert, weil nicht genügend Abgeordnete anwesend waren. Jetzt zieht Gül seine Kandidatur zurück, Erdoğan ruft Neuwahlen aus.

Die Präsidentin des Verfassungsgerichts, Tülay Tuğcu, ist stramme Kemalistin. Sie stimmt gegen das von der AKP geplante Gesetz zur Abschaffung der Todesstrafe in Friedenszeiten und trägt auch die Gesetze nicht mit, die den christlichen Minderheiten den Kauf von Immobilien erlaubt hätten oder den Kurden das Recht zum Lernen ihrer Sprache geben sollen. Tuğcu kündigt zudem an, das Verfassungsgericht werde den Regierungschef verklagen. Erdoğan hatte es zuvor als »Schande« bezeichnet, dass die obersten Richter die Präsidentenwahl für ungültig erklärt hatten.

Der »Baba« gewinnt erneut

In den Wahlkampf geht Erdoğan mit besten Startbedingungen: Die Bürger haben genug von den ewigen Einmischungen der Generäle. Erdoğan hingegen konnte sich im Politzirkus mit klarer Strategie profilieren. Er pflegt eine direkte Sprache, ohne sich hinter Attitüden zu verstecken. Hinzu kommt, dass er mit seiner Partei in der vergangenen Legislaturperiode schlichtweg erfolgreich war: Aus dem Land kurz vor dem wirtschaftlichen Kollaps ist eine demokratischere, innenpolitisch stabile, außenpolitisch starke Republik geworden. Die Wirtschaft wächst, Auslandsinvestments liegen auf Rekordniveau, die Türkei hat große Schritte in Richtung EU gemacht und sich sozioökonomisch gewandelt. Selbst im abgelegenen Anatolien geht es wirtschaftlich bergauf. »Schwarze Türken« rücken in die breiter werdende Mittelschicht auf. Das Land ist offener geworden. Zwar meist auf Druck der EU, wird plötzlich mit dem Erzfeind Zypern verhandelt und über den Genozid an den Armeniern diskutiert – auch wenn dieser nicht als solcher bezeichnet werden darf. Die Kurden finden Gehör – immerhin bringen auch sie Wählerstimmen. Eine neue Verfassung ist bereits in Auftrag gegeben – sie soll die 1982 von Generälen verfasste Vorversion ablösen.

Erdoğan verspricht, den EU-Beitritt weiter voranzutreiben, mit »Null Toleranz« gegen Menschenrechtsverletzungen vorzugehen, und pflegt sein Image als Vorzeigedemokrat. Und er setzt sich für die Rechte der Religiösen ein – der christlichen Minderheit. Natürlich würde eine freie Religionsausübung auch den Weg für das Kopftuch ebnen. Er macht Zusagen an die Minderheiten und nähert sich weiter den Nachbarstaaten an. Er vermeidet vorerst radikale und islamistische Rhetorik, er ist ein Hoffnungsträger.

Die Stärke der AKP ist zu diesem Zeitpunkt auch ein Resultat der Schwäche von Opposition und Militär. Die hilflose Opposition wusste sich bislang nicht anders zu helfen, als rund hundert Gesetze, die mit der AKP-Mehrheit beschlossen wurden, dem Verfassungsgericht vorzulegen. Den Kemalisten gelang es auch nicht, sich von innen zu reformieren. So erhält die AKP regen Zulauf von Liberalen, die dem religiösen Erdoğan plötzlich mehr zutrauen als den giftenden CHP-Sozialdemokraten und MHP-Nationalisten. Auch nationalgesinnte Konservative, Sozialdemokraten und Kurden wählen plötzlich die neue Partei der Mitte, weil sie für den möglichen Aufstieg in die wachsende Mittelschicht steht – und gegen die alten Eliten, die die bestehende Gesellschaftsordnung verteidigen. Nur die Aleviten bleiben von Anfang an misstrauisch, sie fürchten die sunnitische Dominanz. Erdoğan erstaunt sein Heimatland mit Tabubrüchen und schrägen Positionen – und hat damit Erfolg.

Man kann Erdoğans Wirkung nicht verstehen, ohne sich seine Rhetorik anzuschauen. Diese Kraftnatur würzt ihre Sätze mit Spott und deftigen Passagen. Mal sind sie drohend, es liegt Aggression darin, aber wenn es um »seine Wähler« geht, dann wird er auch schmeichelnd, mit einem leichten Lächeln im rechten Mundwinkel und Pathos ausstrahlend, um im nächsten Moment mit verbissener Mimik undefinierbaren Schreckgespenstern zu unterstellen, die starke Nation zerreiben zu wollen. Als Redner ist er ein Ereignis, und die Menschen hören ihm gebannt zu, wenn er seine Sätze mit einem »Ey« beginnt. Auch wenn er mit nüchternen Zahlen über die Wirtschaft und die Innenpolitik referiert, bringt er bei den Zuhören eine Saite zum Schwingen, die sie so Jahrzehnte vorher nicht kannten: Stolz. Es ist die Art seines schneidigen Vortrags, mit dröhnender, tiefer, mal langsamer, dann aber aufbrausender Stimme. Weil die türkische Gesellschaft stark auf den »Baba«, den »Vater« fixiert ist, Hierarchien eine enorm große Rolle in der Gesellschaft spielen, wird er zusätzlich verklärt. Auf Schildern begrüßen ihn seine Anhänger mit »Sultan Recep Tayyip Erdoğan I.«.

Im Wahlkampf zeigt sich wieder die Ratlosigkeit der Opposition. Der Ministerpräsident kann nicht nur als politischer, sondern auch als moralischer Sieger triumphieren. Den politischen Erfolgen Erdoğans kann die Opposition keine Inhalte entgegensetzen, außer gebetsmühlenartig vor dessen »islamischen Fundamentalismus« zu warnen. Waren die Kemalisten einst fortschrittlich, sind sie jetzt nur noch rückschrittlich. Während die neuen Konservativen zu positiven Schrittmachern wurden, wandelten sich die Kemalisten zu rückwärtsgewandten Reaktionären. Die Nationalisten versuchen mit scharfen Angriffen und ohne Angebote Erdoğan aufzuhalten. MHP-Chef Bahçeli wünscht PKK-Chef Öcalan den Tod, während Erdoğan schon die ersten Schritte auf die Kurden zu macht. CHP-Chef Baykal schreit überall »Die AKP will die Scharia«, ohne dass irgendein AKP-Vorstoß in diese Richtung erfolgt wäre. Baykal beschimpft die EU als »imperialistisch«, die Opposition fürchtet sowohl Erdoğan als auch die EU. Die AKP erwähnt das Wort »Islam« weder im Parteiprogramm, noch im Wahlkampf. Sie fokussiert sich auf Arbeitsplätze, Gesundheitswesen, die Umwelt, vor allem aber auf das Erfolgsthema finanz- und wirtschaftspolitische Reformen. Überall sieht Erdoğan nur Nieten am Futtertrog des Staates, die zwar große Reden schwingen, aber von Zahlen keine Ahnung haben. So macht er sich über seine Gegner lustig, über Baykal, der bei diesem Thema schwach aufgestellt ist und ständig Auslandsverschuldung und Staatsschulden verwechselt, und über Bahçeli, der nur über »Hass, Rache und Blut« rede.

Sogar armenische Christen rufen zur Wiederwahl der AKP auf, weil diese sich als einzige Partei um die Gleichstellung der Minderheiten kümmere. Und wie immer vor den Wahlen geht Erdoğan aufs Ganze – er will alles oder nichts. Er kündigt an, sich im Falle einer Niederlage »aus der Politik zurückziehen«. Ziel seiner AKP sei es, »erneut allein die Regierung zu stellen«. Die kurdische Partei DTP schickt 65 unabhängige Kandidaten ins Rennen, in der Hoffnung, die Zehn-Prozent-Hürde zu nehmen. Die kemalistische Tageszeitung »Cumhuriyet« ist sich sicher: »Unser Volk wird sie in der Urne begraben.« Sie irrt sich. Denn die Zeiten haben sich geändert, die Bürger werfen ihre Wut in die Wahlurnen.

Das neue Selbstbewusstsein

Erdoğan hat seine Lehrjahre hinter sich. Mit dem starken Stimmenzuwachs hätte er nun eine neue, demokratische Phase lostreten können, aber stattdessen begibt er sich auf den Weg, die Errungenschaft
seiner ersten Amtszeit zunichte zu machen, und startet in einem
atemberaubenden Tempo eine Entdemokratisierungskampagne. In
seiner zweiten Amtszeit handelt Erdoğan deutlich aggressiver als in
der ersten: Sein zahmes, teilweise demütiges Auftreten gegenüber
dem Militär und sein Bemühen um Anerkennung vor allem gegenüber der EU gehören der Vergangenheit an. Ebenso wie die Aus-
richtung seiner Innenpolitik an den Vorgaben der Europäer – dieses
Wahlversprechen rückt in den Hintergrund. Stattdessen zeigt sich
jetzt ein zunehmend selbstbewusster Erdoğan, der sich als Heilsbringer aller Türken – auch in Deutschland – inszeniert, gallig über
Kritiker spottet, und sein Profil nun bewusster auf die Wünsche
seiner Wählerschaft zuschneidet, indem er häufiger religiöse Themen auf die Agenda setzt – stets mit teurer Armbanduhr am linken
Handgelenk und seiner Gattin an seiner Seite.

Nach Außen wendet er sich immer mehr von der EU ab – und
orientiert sich Richtung Nahost – mit klarem Führungsanspruch,
denn auf dem nahöstlichen Schachbrett will Erdoğan der König
sein. Die außenpolitischen Koordinaten werden neu aufgestellt, der
Applaus auf den arabischen Straßen wird wichtiger als die roten
Teppiche in Europa, und mit seinem Auftritt in Davos bringt er die
versammelte westliche Welt gegen sich auf.

Wie immer absolviert der Vollblutpolitiker ein immenses Wahl-
kampfpensum, reist herum, hält wieder unentwegt Reden, stellt
sich den Wählern. Nachdem er in Istanbul seine eigene Stimme
abgegeben hat, fährt er zum Beten in die symbolträchtige Eyüp-

Sultan-Moschee: Das prächtige Gotteshaus auf der europäischen Seite Istanbuls wurde einst von jedem neuen Sultan direkt nach der Thronbesteigung aufgesucht, um sich dort das Schwert Osmans, des Gründers der osmanischen Dynastie, um die Hüfte zu gurten. Wie immer an Wahlkampftagen darf nirgends Alkohol verkauft werden. In den Geschäften werden die Regale mit Hochprozentigem durch Plastikplanen verhängt. Denn wenn die Menschen an die Urnen gehen, dann sollen sie nüchtern sein. Zudem dürfen die Türken an diesem Tag keine Schusswaffen tragen. Der Verkauf von Alkohol ist außerdem verboten, um das Risiko von Gewalt zu minimieren. Ganz so, als seien die Türken von morgens bis abends betrunken und als würden sie alle mit gezückten Waffen umherlaufen.

Das Ergebnis gibt Erdoğan recht: Um satte zwölf Prozentpunkte steigert seine AKP in den vorgezogenen Neuwahlen an diesem 22. Juli 2007 ihr Ergebnis von 2002. 46,6 Prozent der Türken sprechen sich für Erdoğans Partei aus. Spätestens jetzt ist klar, dass die AKP eine echte Volkspartei ist, auch die Kemalisten müssen das zur Kenntnis nehmen: Die »schwarzen Türken« wollen studieren, Fremdsprachen beherrschen und mitgestalten. Und sie haben eine Mehrheit im Volk. Der fulminante Stimmenzuwachs ist ein endgültiges Ja zu einem Epochenwechsel. Vierzig Jahre lag es zurück, dass eine Partei solch einen deutlichen Regierungsauftrag erhalten hatte. Es war Demirels AP, die 1965 mit 53 Prozent gewann.

Die sozialdemokratische CHP holt 20,9 Prozent, die MHP nimmt mit 14,3 Prozent die Parlamentshürde. Nicht nur die Nationalisten schaffen es ins Parlament, sondern auch deren Feinde, die Kurden. Bemerkenswert ist, dass im neuen Parlament erstmals wieder Abgeordnete einer prokurdischen Partei vertreten sind. Die »Partei für eine Demokratische Gesellschaft« (Demokratik Toplum Partisi, DTP) holt zwanzig der 550 Sitze im Parlament.

Angesichts des phänomenalen Erfolgs gibt Erdoğan sich trotz der Angriffe im Vorfeld als betont fairer Wahlsieger, als er auf den Balkon der Parteizentrale tritt und unter ihm der Jubel seiner Anhänger tost. Er selbst scheint den Sieg noch gar nicht richtig fassen zu können. »Zeigt mir eure Fahnen. Das Blut, das an ihnen klebt, macht sie zu Fahnen. Rufen wir von hier aus in die ganze Türkei: ein Volk, eine Fahne, eine Heimat, ein Staat!«, ruft er in die Menge und sagt, an die Nicht-AKP-Wähler gerichtet: »Auch sie sind Farben unseres Landes.« Als seine Fans gegen die Opposition ätzen, reagiert der Polarisierer ungewohnt staatsmännisch und mahnt: »Unser Glück soll nicht das Unglück anderer sein.« Seinen Gegnern verspricht er: »Als Wahlsieger empfinden wir es als Pflicht, die Pluralität in unserem Lande zu beschützen.« Er werde das Land in die »zeitgenössische Zivilisation« führen. Nun zeigt er sein fünftes Gesicht: Es beginnt der Bruch mit der Demokratie, er entmachtet die inneren Feinde – das Militär und das Verfassungsgericht. Das Wahlergebnis ist ein Freifahrtschein, um das kemalistische Aufbäumen niederzuschlagen.

Trotz der Rückschläge in Sachen EU setzt Erdoğan auch in der neuen Amtszeit dieses Ziel ganz oben auf die Agenda. Noch in der Wahlnacht verspricht er, den eingeschlagenen Reformkurs fortzusetzen: »Wir werden den wirtschaftlichen Aufschwung und die demokratischen Reformen mit Entschlossenheit vorantreiben, um die Lebensstandards unseres Volkes anzuheben.«

Mit seiner Rede scheint er vor allem auch all jene direkt anzusprechen, die immer wieder an ihm und seiner demokratischen Grundhaltung zweifeln und in ihm und seiner Partei einen mehr oder minder gut getarnten Haufen Islamisten sehen, die nur darauf warten, ihre wahren Ziele umsetzen zu können. Erdoğan macht deutlich, dass er die Spielregeln der Demokratie anerkennt. Warum sollte er auch etwas anderes tun? Von ihnen hat er bislang ja immer deutlich profitiert. Mit der Wahl, so sagt er, habe die türkische Demokratie eine »wichtige Prüfung mit Erfolg« abgelegt, die »der Welt als Vorbild« dienen könne. »Bei den Werten unseres Volkes und den Grundprinzipien unserer Republik werden wir keine Zugeständnisse machen. Das ist unser Versprechen«, erklärt der neue alte Ministerpräsident. In Deutschland lobt die Grünen-Chefin Claudia Roth den AKP-Wahlsieg als »klaren Sieg der Vernunft und der Demokratie«. Dies sei ein »unmissverständliches Nein zum Nationalismus und Chauvinismus, zur Dominanz des Militärs, zu den alten Kräften und einer politischen Kaste, die die Türkei ausgebeutet hat«.[55]

Bei diesem Auftakt zur zweiten Amtszeit trägt Erdoğan in seiner typischen überschwänglichen Rhetorik wieder einmal vor, dass er sich selbst eine zentrale Bedeutung für das Schicksal des Landes beimisst – und zwar über die Landesgrenzen hinaus. Was großspurig klingt, ist jedoch nicht die Einzelmeinung eines größenwahnsinnigen Narzissten. Im In- und Ausland diskutiert die Presse über die Bedeutung dieses Reformers, der sich so der Demokratisierung und Modernisierung der Türkei zu verschreiben scheint.

Der italienische »Corriere della Sera« lobt: »Recep Tayyip Erdoğan (…) hat ein natürliches, fast unwiderstehliches Charisma. Er ist einer dieser Menschen, die ›einen Raum füllen‹ können. Dies ist eine sehr seltene Gabe in einem Land wie der modernen Türkei, das viele Anführer, aber nur wenige politische Giganten hatte. Mustafa Kemal Atatürk, der Gründer der Republik, gilt als unerreichbar. (…) Erdoğan, der als Privatmensch nicht gerade als Beispiel ansteckender Sympathie beschrieben wird, strahlt in der Öffentlichkeit eine unglaubliche Anziehungskraft aus.«

Das »Luxemburger Wort« kommentiert: »In der Tat hat die Türkei in den vier Jahren der Regierung Erdoğan einen deutlichen Sprung nach vorn gemacht. (…) Natürlich geschahen die meisten Reformen auf Druck der Europäischen Union. Doch dieses Alibi gab der Regierung politische Rückendeckung gegenüber widerstrebender Opposition und misstrauischem Militär. Nach Atatürk steht Erdoğan mit seiner AKP für die zweite Modernisierung der Türkei.«

Bemerkenswert ist, dass auch der »Finanzminister« des Vatikan, Kardinal Sergio Sebastiani, Erdoğan zu dem Wahlergebnis gratuliert, da es ihm weitere Reformen ermögliche und zugleich verhindere, dass er die laizistische Grundlage des türkischen Staates verändere. »Als geschickter Verhandlungsführer wird er seine bipolare Politik zwischen Europa und der arabischen Welt fortsetzen«, so der Geistliche, der auch für die Aufnahme der Türkei in die EU plädiert. Diese solle sich Ankara gegenüber weiter öffnen und dabei auf Fortschritte bei rechtsstaatlichen Reformen drängen, ohne die Sensibilität ihrer Gesprächspartner zu verletzen, rät Sebastiani, der einst Botschafter des Heiligen Stuhls in Ankara war. Er fürchtet, ohne EU-Perspektive werde die Türkei möglicherweise aus der NATO austreten und sich dem islamischen Fundamentalismus annähern. Eine Aussage, mit der er sich öffentlich gegen seinen Chef, Papst Benedikt XVI., stellt, der einem EU-Beitritt der Türkei kritisch gegenübersteht.

Glückwünsche sendet auch die radikalislamische Palästinenserbewegung Hamas – sie sieht in Erdoğan eher einen Gleichgesinnten in Sachen Islamisierung. Mit dem Sieg der AKP zeige sich, dass die Menschen der Region sich wieder dem Islam anschlössen, sagte Hamas-Sprecher Sami Abu Zuhri in Gaza. Und das, obwohl Erdoğan das Thema Religion im Wahlkampf noch weitgehend ausgeklammert hat. Die »islamische Nation« sei überzeugt, dass sie keine Zukunft habe, wenn sie sich nicht für den Weg des Islam entscheide.

Zum damaligen Zeitpunkt standen Erdoğans Chancen tatsächlich sehr gut, als der große Demokratisierer und Erneuerer in die Geschichte des Landes einzugehen können. Die Voraussetzungen, den autoritären Zentralstaat endlich hinter sich zu lassen, waren besser denn je: Das Militär hatte bereits erste Macht eingebüßt, das Land erlebte einen Aufschwung, die Regierungspartei hatte einen breiten Rückhalt in der Bevölkerung und schaffte es, auch marginalisierte Bevölkerungsgruppen einzubinden. Der EU-Beitritt, den so viele Türken sehnlich herbeiwünschten, lieferte eine Legitimierung mit hoher Akzeptanz, um alle möglichen Reformen durchzusetzen – gesellschaftlich und politisch. Doch: In dieser Legislaturperiode begann Erdoğans Reformeifer plötzlich abzunehmen. Zwar wurde wirtschaftlich und politisch noch vieles in die Wege geleitet, aber gesellschaftliche Liberalisierungen wurden kaum noch umgesetzt. Ganz im Gegenteil: In dieser Amtszeit begann Erdoğan damit, demokratische Freiheiten einzuschränken. Immer öfter kamen die ideologischen Impulse nur noch von ihm, die von Parteifunktionären, aufgegriffen und umgesetzt werden. Es geschah, was er wollte, dazu musste er nicht mehr permanent auffordern.

Aber was ist er denn nun? Charismatischer Gewandelter, begeisterter EU-Interessent oder Islamist? Die Wahrheit liegt in der Mitte: Der Machtmensch Erdoğan in seiner Zielstrebigkeit weiß, wie er sich geben muss, um seine Ziele zu erreichen. Die Wahrnehmung eines Landes durch das Ausland geschieht immer durch einen Filter, der durch die eigenen Interessen definiert ist. So wie ein westorientierter Reformer, der noch die Wirtschaft ankurbelte, an der Grenze zum Nahen Osten für die EU interessant war, so sah die Hamas in ihm einen selbstbewussten Verbündeten, der frommer Sunnit war, außenpolitisch ambitioniert und es wagte, Israel verbal anzugreifen.

Einen definitiv weniger hoffnungsvollen Blick auf Erdoğan haben die türkischen Militärs. Sein massiver Stimmenzuwachs verpasste nicht nur der Opposition, sondern auch den Generälen und ihrem Selbstverständnis als Hüter der Werte der Republik einen Tritt in die Magengrube. Jetzt triumphiert der konservative Muslim, der 1999 wegen seines Fundamentalismus noch in Haft gesessen hatte, nicht nur beim Urnengang, sondern bringt dem Land auch die lange ersehnte Stabilität und den ökonomischen Aufschwung.

Ihre bewährten Machtinstrumente haben bei ihm nicht funktioniert: Weder der deutliche Online-Warnbrief, die organisierten Anti-AKP-Demonstrationen, die düsteren Szenarien, von den politischen Gegnern panisch ausgemalt, die Verhinderungspolitik des Verfassungsgerichts und der Opposition gegenüber Gül halfen. Schlimmer noch, all diese Maßnahmen scheinen Erdoğan politisch sogar noch aufgewertet zu haben. Er sitzt nach der Wahl solider denn je im Sattel: Im Parlament verfügt er über eine absolute Mehrheit – und jeder zweite Stimmberechtigte hat ihn gewählt. Die Parlamentsmehrheit war nun nicht aufgrund der Zehn-Prozent-Hürde entstanden. Niemand kann ihm jetzt noch die demokratische Legitimität absprechen.

Immer öfter spricht Erdoğan von seiner »neuen Türkei«. Was er damit meint? »Mit diesem Begriff grenzt sich Erdoğan von der alten Republik ab, die er 2003 übernommen hat. Er will damit suggerieren, nun die ›bessere Türkei‹ zu sein«, sagt Rainer Hermann. Der FAZ-Journalist war von 1998 bis 2008 Türkeikorrespondent der Tageszeitung mit Sitz in Istanbul.

Hermann hat Erdoğan seit den Neunzigerjahren beruflich begleitet und mehrfach interviewt. Anfangs habe er einen demütigen Erdoğan erlebt, der sich mit klugen Beratern umgeben habe, denen er auch zuhörte. Als Bürgermeister und zunächst auch als Ministerpräsident sei er zugänglich gewesen, habe sich Ratschläge eingeholt. Wenn Erdoğan die Orte seiner Kindheit in Kasımpaşa besucht habe, sei er noch bürgernah und sprichwörtlich »einer von ihnen« gewesen. Ganz anders heute, wo er sich nur noch mit Jasagern umgebe und den Bezug zur Lebensrealität der Türken verloren habe, sagt Hermann. »Heute sieht sich Erdoğan wie ein ›osmanischer Sultan‹. Er gebärdet sich wie ein Unantastbarer, will eine Ordnungsmacht in der Region sein und eine neue Kultur hervorbringen«, urteilt der Journalist. Eine Ideologie sieht er hinter Erdoğans Verhalten nicht. »Erdoğan ist ein bedingungsloser Machtmensch, der die Chancen, die sich ihm bieten, ausschöpft. Er folgt keiner Vision, er macht Politik aus dem Bauch heraus. Er greift aktuelle Themen auf, und peitscht die Leute ein, bis er sein Ziel erreicht hat.«

Dass er in dieser starken Position beginnt, Rechte wieder einzuschränken und das zuvor sorgsam gepflegte Image des demokratischen Reformers ablegt, stellt wieder die Frage in den Raum, inwiefern seine vorherige Selbstdarstellung als demokratischer Reformer Mittel zum Zweck war, um an diesen Punkt zu kommen. Kommt nun, da ihm immer weniger Menschen gefährlich werden können, der »echte« Erdoğan zum Vorschein, der nun endlich tun kann, wozu er sich berufen fühlt? Eines lässt sich zumindest mit Sicherheit sagen: Rasch weicht der gerührte, frischgewählte Ministerpräsident vom Balkon in Ankara einem Erdoğan, der sich wieder wie ein Messias feiern lässt und in immer weiteren Kreisen seinen Einfluss geltend machen will. War er anfangs angetreten, um aus der defekten Demokratie, in der das Militär die Strippen zog, einen aussichtsreichen EU-Kandidaten zu machen, so will er bald nicht nur als Erneuerer die Türkei umformen, sondern als Primus der ganzen Region vorstehen. Hätte er auf seinem Weg nicht eine so große Anzahl von Opfern hinterlassen, könnte man von einer tragischen Figur sprechen, die aufgebrochen war, um das Land zum Besten zu erneuern, und der nur noch seine eigene Person auf der Agenda hat.

Deswegen, so sagt Abdüllatif Şener, sei er aus der AKP ausgetreten. Er lernte Erdoğan 1991 kennen, beide waren sie Mitglieder der Refah-Partei. Der Kontakt sei aber eher lose gewesen, beschreibt Şener diese Bekanntschaft. Er lebte in Ankara, Erdoğan in Istanbul. Doch nach dem Verbot der Refah habe man gemeinsam die Idee entwickelt, eine neue Partei zu gründen: die AKP. »Erdoğan war sehr respektvoll, er hörte zu und war höflich«, beschreibt Şener diese ersten Jahre der Zusammenarbeit. Doch er sagt auch, dass sein ehemaliger Parteifreund ein wahnsinnig gerissener Politiker sei, der den EU-Beitritt anfangs deswegen so stark fokussiert habe, weil er Europa brauchte. »Denn die Gefängnisstrafe hatte ihm eindrucksvoll gezeigt, dass er vom Militär und der Opposition aufgehalten werden konnte«, so Şener. Zwar war dies auch Teil des AKP-Parteiprogramms und breiter Konsens in der Partei, doch insgesamt hätten die Reformen vor allem Erdoğan genutzt.

Şener war AKP-Finanzminister und sogar Stellvertreter von Erdoğan. Doch 2007 dann das Zerwürfnis, er trat aus und lehnte nach eigenen Angaben alle Angebote der Partei für eine weitere Zusammenarbeit ab. Denn Erdoğan sei immer autoritärer geworden, habe keinerlei Debatten mehr zugelassen. »Momentan gibt es niemanden in der Partei, der ihm etwas entgegensetzen kann«, sagt Şener. »Er bestimmt alles, er kontrolliert alles, er ist der oberste Richter des Landes, und es sieht nicht so aus, als wenn sich daran etwas ändern wird.«

Der Mann an seiner Seite

Dass der gestärkte Erdoğan jetzt rascher voranschreitet, hat auch gesellschaftliche Auswirkungen. Seit fünf Jahren wird das Land nun schon von der AKP geprägt. Die fromme, anatolische Gegenelite will nun ihren Anteil. Die Kemalisten sind jedoch absolut nicht gewillt, das Feld kampflos zu räumen. Erster Schauplatz dieses Konflikts in der neuen Amtsperiode ist die Frage der Nachfolge von Präsident Sezer. Zwar hat Erdoğan die absolute Mehrheit im Parlament, für diese Personalie benötigt er als Ministerpräsident jedoch auch die Stimmen der Opposition. Zudem muss die AKP sich immer noch vor den einflussreichen Strippenziehern – Militärs und kemalistisch geprägten Richtern – fürchten. Die können ein erneutes Scheitern der Präsidentenernennung jederzeit zu einer weiteren Staatskrise ausufern lassen. Erdoğan reagiert wie immer in solchen strategisch wichtigen Situationen: Er fokussiert sich ganz auf das Ziel und ist in diesem »Machtmodus« in der Lage, auch heftigstem Gegenwind stoisch zu trotzen. Jetzt scheut er diesen Kampf nicht mehr, der bis zu den Anfängen der Republik reicht, legt die anfangs demonstrierte Zurückhaltung ab und erhebt sich aus der Deckung.

Direkt nach dem Wahlsieg bekundet Erdoğans Kandidat Gül seinen Wunsch, erneut anzutreten. »Dass ich nicht Kandidat sein kann, davon kann keine Rede sein«, sagt Gül. Man könne den »Willen des Volkes« schließlich nicht einfach ignorieren. Allerdings bestehe kein Grund, »überstürzt zu handeln«. Erdoğan steht immer noch voll hinter ihm. Zum einen hätte man ihm einen Kandidatenwechsel als Schwäche ausgelegt, zum anderen hat sich Gül bereits im Amt des Ministerpräsidenten als Austauschobjekt bewährt. Erdoğan betont nun zunächst den Wunsch nach einem harmonischen Ablauf: »Wir werden diese Sache lösen, ohne Spannungen zu verursachen.« Die folgen jedoch auf dem Fuß: CHP-Chef Baykal beharrte darauf, dass die säkulare Einstellung des künftigen Präsidenten entscheidend sei – weshalb Gül nicht in Frage komme und ein Kompromisskandidat her müsse. Auch die Armee drängt das Parlament zur Wahl eines überzeugten Laizisten. Die Streitkräfte wollten ein Staatsoberhaupt, das den säkularen Grundwerten der Republik verpflichtet sei, erklärt Armeechef Büyükanıt.

Die Ablehnung, die Erdoğans Kandidat von Opposition und Militär entgegenschlägt, spiegelt nicht die Einstellung der Mehrheit der Bevölkerung wider. Umfragen zeigen, dass sich die meisten

Türken nicht am Kopftuch von Güls Gattin stören und dass sie den stets zurückhaltend höflichen Gül durchaus im Präsidentenpalast sehen. Gül gilt als »Kind der Republik« – und das nicht nur, weil er am Nationalfeiertag, dem 29. Oktober, geboren ist. Auch Gül stammt aus einfachen Verhältnissen, auch er erarbeitete sich den Weg aus der Provinz heraus. Er ist fromm, stets freundlich mit seinem Schnauzbart und ein wenig rundlich und wirkt, anders als Erdoğan, sanftmütig. Der promovierte Wirtschaftswissenschaftler mit internationaler Erfahrung, der sowohl Englisch als auch Arabisch spricht, verkörpert einen Lebensstil, den sich viele »schwarze Türken« wünschen. Mit seinem beruflichen Aufstieg, seiner Intellektualität und seiner verhüllten Ehefrau verkörpert er den »türkischen Traum« viel stärker, als die sechs der zehn vorherigen Präsidenten, die Generäle waren und somit schon vor dem Amtsantritt ein Leben voller Privilegien genossen. Der 56-jährige Gül musste für seine Privilegien hart arbeiten.

Allen Protesten der säkularen Opposition zum Trotz nominiert die AKP Gül tatsächlich erneut. Nach der offiziellen Ankündigung seiner Kandidatur im Parlament bemüht Gül sich um die Unterstützung der Oppositionsparteien. »Niemand braucht irgendwelche Bedenken zu haben«, erklärt er. Er werde den Säkularismus verteidigen, politische Objektivität wahren und sich die Belange aller Türken zu Herzen nehmen. Daran solle niemand zweifeln. Zudem verspricht Gül, die Bemühungen der Regierung um einen EU-Beitritt zu unterstützen. Die Beteuerungen fruchten nicht: In der ersten Abstimmungsrunde am 20. August 2007 scheitert Gül an der geforderten Zweidrittelmehrheit. Zwar stellt sich die MHP hinter Gül, jedoch boykottiert die CHP die Wahl erneut. Eine kritische Situation – in die Generäle jederzeit eingreifen könnten. Erdoğan wendet sich direkt an die Armee – und weist sie in die Schranken: Die Militärs »sollten auf ihrem Platz bleiben. Alle Institutionen sollten entsprechend ihres verfassungsmäßigen Mandats handeln«, sagt der Ministerpräsident. »Wenn wir an die Demokratie glauben, sollten wir die türkischen Streitkräfte nicht in die Politik einbeziehen«, erklärt er. Das Militär sei »heilig«, aber es habe einen eigenen, ihm zugewiesenen Platz. Kritikern von Gül empfiehlt er gleichzeitig, sie sollten das Land verlassen.

Ende einer Achterbahnfahrt

Auch im zweiten Wahlgang ist eine Zweidrittelmehrheit erforderlich, Gül scheitert erneut. Allerdings genügt in der dritten Runde eine einfache Mehrheit, die bekommt Gül am 28. August. Zum ersten Mal in der Geschichte der Türkei haben sowohl der Staats- wie auch der Ministerpräsident einen religiös-konservativen Hintergrund. Als das Ergebnis verkündet wird, brechen die Abgeordneten der AKP in Applaus aus. Hämische AKP-Sympathisanten, die den Fall der laizistischen Bastion feiern, weist Erdoğan allerdings zurecht. Dieses Amt gehöre keiner bestimmten Bevölkerungsschicht, sondern stehe allen offen. Eine kluge Strategie, denn die Reaktion des Militärs steht noch aus. Noch wenige Stunden vor der Wahl hatte die Militärführung auf ihrer Website vor politischen Angriffen auf den Säkularismus gewarnt und erklärt, die Streitkräfte seien entschlossen, die Demokratie und die Trennung von Staat und Religion zu verteidigen. Denn: Separatisten und »Zentren des Bösen« versuchten systematisch, die säkulare Grundlage der Türkischen Republik zu zersetzen. Doch aus der Warnung wird kein Putsch. Und von einem Online-Memorandum lässt sich Erdoğan längst nicht mehr aufhalten.

Also lassen die Generäle die Wahl zähneknirschend geschehen – um dem neuen Staatspräsidenten Gül einen Tag nach seiner Vereidigung beim ersten offiziellen Aufeinandertreffen bei einer Zeremonie der Armee einen frostigen Empfang zu bereiten. Die Episode zeigt, wie arrogant die Militärs zu Anfang von Erdoğans zweiter Amtszeit den AKP-Amtsträgern noch gegenübertreten – völlig frei von der Angst vor Konsequenzen. Armeechef Büyükanıt und andere hochrangige Generäle verweigern Gül bei der Abschlussfeier einer Militärakademie den üblichen militärischen Gruß. Das ist mehr als eine enorme persönliche Demütigung: Immerhin ist Gül in seinem neuen Amt auch der oberste Befehlshaber der türkischen

Streitkräfte und somit Büyükanıts oberster Dienstherr. Güls verhüllte Frau darf nicht an der Feier teilnehmen. Erdoğan setzt trotz
dieses Affronts auf Beschwichtigung. Er ruft in einer an das Militär
gerichteten Fernsehansprache zur Einigkeit auf: »Ich möchte erneut
betonen, dass es mehr als jemals zuvor nötig ist, dass wir unsere
Differenzen beiseitelassen und uns um die Werte unserer Nation
versammeln.« Keine Spur vom öffentlich polternden Erdoğan,
der seine Kasımpaşa-Mentalität in Szene setzt. Noch muss er gute
Miene zum bösen Spiel machen. Die Situation ist zu heikel, ein
Putsch noch nicht vom Tisch. Später wird er Privilegien, Einfluss
und Macht des Militärs beschneiden. Ein derartiges Auftreten der
Generalität gegenüber einem AKP-Regierungsvertreter ist heute
undenkbar. Beobachter mutmaßen von Anfang an, diese Personalie sei von Erdoğan nicht mehr als ein taktischer Schachzug, wie
schon 2002. Vermutungen werden laut, Gül würde irgendwann –
etwa aus gesundheitlichen Gründen – zurücktreten und Erdoğan
den Weg ins höchste Staatsamt freimachen. Schrittweise besetzt Erdoğan nun den gesamten Staatsapparat mit AKP-Sympathisanten.
Die folgende Entmachtung von Justiz und Militär begründet die
Regierung mit der Demokratisierung und den für den EU-Kurs
nötigen Reformen. Die Opposition ist nur noch ein Schatten ihrer
selbst.

Dennoch »herrscht« Erdoğan im Rahmen von Gesetz und demokratischen Spielregeln. Allerdings nutzt er diese konsequent, um
die eigene Macht strategisch auszubauen. Am 21. Oktober beginnt
ein Referendum über zentrale Verfassungsänderungen. Die betreffen auch die Amtszeit des Staatschefs, der künftig alle fünf statt alle
sieben Jahre und direkt vom Volk gewählt werden soll. Eine Regelung, die sich später für Erdoğan als entscheidender Vorteil erweisen
wird. Die AKP hatte die Verfassungsänderungen, über die das Referendum entscheiden sollte, direkt nach Güls erstem, gescheitertem
Anlauf auf das Präsidentenamt auf den Weg gebracht. Dieser wurde
noch vom Parlament für sieben Jahre gewählt.

Das Referendum verläuft zugunsten Erdoğans: Rund siebzig Prozent der Wähler stimmen der künftigen Direktwahl des Präsidenten

alle fünf Jahre zu. Die Menschen hätten mit dem Urnengang eine Lösung für die Probleme gebracht, die in der Vergangenheit Spannungen und Krisen ausgelöst hätten. Das Referendum sei ein historischer Beitrag zur Stabilität im Land, erklärt der Ministerpräsident. Historisch war der Schritt wohl vor allem für ihn selbst, rückte er doch seinen Traum, die allgegenwärtigen Bilder Atatürks durch sein Porträt zu ersetzen, einen Schritt näher.

Hatte Erdoğan vor den Wahlen die Kurden noch regelrecht umworben, änderte sich das im Herbst des Jahres 2007. Am 16. November nimmt das Verfassungsgericht Anlauf, die prokurdische DTP zu verbieten. Das Verfassungsgericht hat in der Vergangenheit bereits vier Mal prokurdische Parteien verboten, nun beantragt Generalstaatsanwalt Abdurrahman Yalçınkaya, auch ein Gralshüter der kemalistischen Ideologie, ein Verbot der DTP, weil diese seiner Ansicht nach Autonomie für die Kurden gefordert habe und für ihn damit ein klarer Verstoß gegen die Unteilbarkeit der Republik vorliege. Zudem, so der Generalstaatsanwalt, habe die DTP teilweise auf Befehl der PKK gehandelt. Der DTP-Abgeordnete Selahattin Demirtaş warnt davor, dass solch ein Verbot die Spannungen noch anheizen würden. Demirtaş wird rund sechs Jahre später der erste Politiker seit über einem Jahrzehnt sein, der Erdoğan die Stirn bieten kann.

Im Dezember kommt es zu einer Krise internationalen Ausmaßes. Am 3. Dezember 2007 dringen erstmals seit den Neunzigerjahren wieder türkische Truppen in den Nordirak ein, um die PKK anzugreifen. Mit der Operation »Sonne« startet die 25. Bodenoffensive der türkischen Streitkräfte gegen die PKK im Nordirak, doch dauerhaft lässt sich der Konflikt trotzdem nicht beruhigen, alle politischen Lösungsversuche scheitern.

Wahlkampfauftritt in Deutschland

Von dem deutschen Philosophen Friedrich Nietzsche stammt die These, dass sich politische Verführer den Glauben an sich von ih-

173

rem Publikum bestätigen lassen müssen. Auch Erdoğan mit seinem geradezu machiavellistischen Machtbedürfnis erwartet unaufhörliche Bewunderung, und dieser narzisstische Zug drängt ihn überall dahin, wo ein großes applaudierendes Publikum auf ihn wartet. Am 10. Februar 2008 hält er vor rund 16 000 überwiegend türkischstämmigen Menschen eine Rede in der Köln-Arena. Schon zuvor ist er in der Rheinmetropole allgegenwärtig. Den Arm zum Gruß erhoben oder aber dynamisch voranschreitend, blickt er von mehr als zweihundert Plakaten in der gesamten Stadt. Seine Themenschwerpunkte sind jedoch nicht die Demokratisierung und die Bemühungen Richtung EU, die ihm internationales Lob einbrachten. Bei einer Diskussionsrunde mit Schülern im Beisein von Bundeskanzlerin Merkel schlägt er vor, mehr türkischsprachige Schulen und Universitäten in Deutschland zu fördern. Eine Anregung, die mal wieder zu einer heftigen Integrationsdebatte in Deutschland führt. Auch in der Köln-Arena macht er Klientelpolitik, aber die Wechselwirkung zwischen ihm und seinem Publikum ist beeindruckend, und er schlägt in seinem durchinszenierten Auftritt nationalistische, ja sogar panislamische Töne an.

Er appelliert an die jubelnden Massen, sie sollten doch nicht ihr Herkunftsland vergessen. »Unsere Sehnsüchte, Ziele, Schicksale sind eines. Wir sind alle Geschwister. Wir sind Kinder desselben Stammes. Wenn die Nase eines einzigen Bruders in Solingen blutet, fühlen wir den Schmerz in fünf Kontinenten in unseren Herzen. Wenn die Träne eines Unschuldigen in Sarajevo auf den Boden fällt, brennt es in allen unseren Herzen gleichzeitig«, sagte Erdoğan. Und um all die Stimmen, die ihn irgendwann einmal auf den Präsidententhron heben sollen, für sich zu gewinnen, verspricht Erdoğan seinen Fans: »All unsere Arbeit zielt darauf, euch dabei zu helfen, als würdevolle Bürger zu leben. Mit unserem Kampf wollen wir sicherstellen, dass ihr eure Köpfe aufrecht halten könnt als Bürger, als Kinder der türkischen Republik. Je mächtiger die Türkei ist, desto mächtiger werdet ihr dort sein.« Gegen Ende seiner Rede verspricht er noch: »Meine Brüder und Schwestern! Die Türkei wird immer mit euch sein.«

Juristischer Schlagabtausch mit den alten Eliten

Während er im Rheinland von tausenden Türken umjubelt wird, wird ihm Zuhause das Kopftuch mal wieder fast zum Verhängnis. Das Kopftuchverbot wird von den Kemalisten nach wie vor vehement verteidigt – ganz egal, ob sich die Mehrheit der Wähler für eine islamisch-konservative Partei entschieden hatte. Am 9. Februar 2008 hebt das AKP-dominierte Parlament das Kopftuchverbot an den Universitäten auf. Staatspräsident Gül unterzeichnet das historische Gesetz. Es betrifft nur Studierende – Lehrerinnen, Abgeordnete und Professorinnen müssen weiterhin im Amt auf das Tuch verzichten. Die Kemalisten sind alarmiert, jetzt gehen sie juristisch gegen Erdoğan vor. Die CHP ruft das Verfassungsgericht an, das am 9. Juni das neue Kopftuchgesetz einkassiert. Gläubige Studentinnen müssen nun also wieder mit Perücke studieren oder dem Campus fernbleiben.

Die Ereignisse rund um das AKP-Verbotsverfahren zeigen erneut, welch zwei Gruppen sich gegenüberstanden: die alten Eliten gegen die jungen Frommen. Das Verbot einer demokratisch gewählten Partei, die über eine breite Mehrheit verfügt, ist aus europäischer Perspektive absurd. Es wäre etwa vergleichbar mit einem Verbot der SPD, die damals mit den Grünen in Deutschland regierte. Doch in der Türkei war die Hemmschwelle für ein Parteiverbot niedrig. Seit die türkische Verfassung 1961 diese Möglichkeit einräumte, waren insgesamt 26 linke, kurdische und islamische Parteien zur Auflösung gezwungen worden. Reichte ein Parteiverbot nicht aus, drohte oder putschte das Militär. Die AKP soll nun also als die 27. Partei zu Grabe getragen werden.

Am 14. März reicht Generalstaatsanwalt Yalçınkaya beim Verfassungsgericht den Verbotsantrag gegen die AKP ein, hinzu kommt der Antrag auf ein fünfjähriges Politikverbot gegen 71 AKP-Politiker, darunter auch Ministerpräsident Erdoğan und Staatspräsident Gül. Yalçınkaya wirft der AKP vor, mit der Aufhebung des Kopftuchverbotes auf dem Campus gegen den in der Verfassung verankerten Laizismus zu verstoßen. Er argumentiert mit markigen

Worten, die AKP strebe die Errichtung einer islamistischen Republik auf der Grundlage der Scharia ein, und sei ein »Kristallisationspunkt antisäkularer Aktivitäten«.

Um den Vorwurf zu untermauern, hat er in insgesamt siebzehn Ordnern »Beweismaterial« zusammengestellt – das an Banalität teils nicht zu überbieten ist. So soll die Verteuerung von Alkohol durch die AKP als Hinweis darauf dienen, dass Erdoğan die Türkei in ein zweites Iran formen wolle. Die »Beweise« bestehen vor allem aus Zitaten Erdoğans, manche von ihnen aus den Neunzigerjahren. Hinzu kommen Zitate anderer AKPler, etwa des stellvertretenden Parteivorsitzenden Dengir Mir Fırat (der in diesem Buch noch später vorkommen wird). Der hatte gesagt, die Revolution Atatürks habe »in der türkischen Gesellschaft ein Trauma« erzeugt. Oder das AKP-Gründungsmitglied Ayşe Böhürler, die in einer Fernsehsendung befand, dass auch Richterinnen ein Kopftuch tragen könnten.

Das Verfassungsgericht gibt dem 161 Seiten umfassenden Antrag statt, was wenig erstaunt. Acht der elf Richter sind vom einstigen Staatspräsidenten Sezer ernannt worden, insgesamt gelten neun der Verfassungsrichter als eingefleischte Nationalisten und Kemalisten. Dieses Gericht ist – wie die Armee – eine feste Instanz gegen den Einfluss der aufstrebenden Frommen. Für ein Verbot sind sieben von elf Stimmen nötig. Erdoğan macht, was er immer wiederholt, wenn er mit dem Rücken zur Wand steht – er beginnt zu kämpfen.

Der Ministerpräsident macht deutlich, dass er sich durch ein Verbot nicht aufhalten lasse. Die AKP spricht von einem »juristischen Putsch« – das ist allerdings nicht zutreffend, denn das Vorgehen ist gesetzlich verankert und somit legitim. Im Falle eines Verbots wären die Parlamentswahlen vorgezogen worden, mit ungewissem Ausgang. Erdoğan zeigt seinen Gegnern klar, dass sie ihn selbst bei einem juristischen Erfolg nicht loswürden. Er kündigt an, in diesem Fall rasch eine Nachfolgepartei mit AKP-Abgeordneten zu gründen und direkt bei den Neuwahlen wieder anzutreten. Einen Namen hat er auch schon: »Yeni Partisi« – »Neue Partei«. Ein Vorgehen, das sein Ex-Mentor Erbakan etabliert hatte. Bei einem Politikverbot, so sagt er, würde er eine Nichtregierungsorganisation gründen, um so Einfluss auf die Politik zu nehmen.

Da selbst die AKP mit einem Verbot rechnet, schöpft die Partei die ihr zur Verfügung stehenden rechtlichen Mittel kaum aus. Es ist klar, dass es hier nicht um sachliche juristische Argumente geht, sondern um ideologische Fragestellungen. Entsprechend ist die schriftliche Verteidigung der AKP auch mehr eine Gegenanklage als eine Rechtfertigung in Bezug auf die Vorwürfe. Parallel versucht Erdoğan die öffentliche Meinung zu seinen Gunsten zu beeinflussen: »Es gibt eine Menge Leute, die schon jetzt, vor einer Entscheidung des Verfassungsgerichts, ihr Urteil sprechen. Damit heizen sie das politische Klima an. So ein Verhalten ist unverantwortlich und kann vor dem Volk nicht bestehen. Was glauben die denn? Das sind doch diejenigen, die vom Volk die rote Karte gezeigt bekommen haben und an den Spielfeldrand geschickt worden sind! Denen sage ich: Wer dieses Land regiert, wird immer noch vom Volk entschieden!«, wendet er sich an die Wähler.

Als nach viereinhalb Monaten der Beratung Haşim Kılıç, der oberste türkische Richter, die Entscheidung verliest, ist ihm die Last dieses Urteils anzusehen. Er blickt angestrengt in Richtung der im Saal anwesenden Journalisten, Politiker und Verfahrensbeobachter, atmete hörbar tief durch. Er weiß, dass die ganze Nation ihren Blick auf ihn gerichtet hat, und er fragt: »Sind wir soweit?« Dann sagt er knapp: »Meine Damen und Herren, das Ergebnis des Verbotsprozesses gegen die AK-Partei ist, dass die Partei nicht verboten wird.« Um ihn herum Blitzlichtgewitter. Er spricht rasch weiter, atmet hörbar ein und aus, erklärt, dass Erdoğans Partei dem Verbot nur sehr knapp entkommen sei: Sechs der elf Richter hätten für deren Auflösung gestimmt. »Ich hoffe«, schiebt Kılıç nach, »dass die betreffende Partei diese Entscheidung sorgfältig liest und analysiert und die notwendigen Lehren daraus zieht.«

Ganz schuldfrei wird die Partei indes nicht gesprochen: Weil die höchsten Richter des Landes die AKP als »Zentrum antilaizistischer Bestrebungen« ansehen, wird ihr die Hälfte der Gelder der staatlichen Parteifinanzierung gestrichen. Eine gescheites Urteil, das zumindest eine Zeitlang die fortschreitende Polarisierung der türkischen Gesellschaft aufhält. Denn ein Parteiverbot hätte nicht ein einziges Problem des Landes gelöst, die Konfrontationen wären weiter verschärft worden.

Doch Erdoğans Kampfmodus ist noch nicht beendet. Seine juristische Abrechnung mit den alten Eliten folgt in Form eines Mammutprozesses, der in der jüngeren türkischen Geschichte seinesgleichen sucht: Ab dem 20. Oktober 2008 stehen in Silivri nahe Istanbul die mutmaßlichen Ergenekon-Verschwörer vor Gericht: 86 Angeklagten – darunter viele Militärs – wird vorgeworfen, Attentate auf Prominente und Politiker geplant zu haben, um ein Klima der Angst zu schaffen und damit die Grundlage für einen Militärputsch zu schaffen.

Reformen, die den Weg in die EU ebnen könnten, finden immer weniger Platz auf der Agenda. Als Erdoğan am 19. Januar 2009 erstmals seit vier Jahren wieder nach Brüssel fährt, ist das Interesse an einem Beitritt auf beiden Seiten deutlich geschwunden. Ein Durchbruch ist nicht absehbar. Innenpolitisch schwelen der Kopftuchstreit und der Kurdenkonflikt sowie die Auswirkungen des Mammutprozesses um die Ergenekon-Verschwörung.

Nach dem Geschmack der EU ist das türkische Militär noch immer zu stark, die Einschränkungen der Pressefreiheit werden kritisiert, und der Begriff »Genozid« für die Massaker an den Armeniern führt weiterhin zu diplomatischen Verwerfungen, auch der Zypernkonflikt ist längst nicht gelöst. Die Online-Videoplattform YouTube wird von der Regierung gesperrt, über die Terrorgruppe Hamas spricht die AKP wie über eine harmlose Widerstandsgruppe, Erdoğan schürt mit seinen verbalen Ausfällen Antisemitismus und macht Stimmung gegen Minderheiten. Auch die Militärverfassung von 1980 ist noch in Kraft. Das einzig Positive, das Erdoğan im Gepäck hat, ist die Wirtschaft. Die blüht – während Europa unter der Wirtschaftskrise ächzt.

Der Eklat von Davos

Für Erdoğan ist der Stillstand der Verhandlungen ein Problem: Er hat den EU-Beitritt in seiner ersten Amtszeit zum politischen Ziel schlechthin erklärt – nun scheint er von diesem Wahlversprechen so weit entfernt wie in den Jahrzehnten zuvor. Um seine Wähler nicht zu enttäuschen, muss er in anderer Form »liefern«. Das solide Wirtschaftswachstum ist da nur ein Teilaspekt. Er tut es, indem er immer mehr religiöse Themen in seine Politik integriert – und auch außenpolitisch die Haltung vertritt, die seine Wähler zu wollen scheinen. Auch wenn er dadurch die außenpolitische Isolation vom Westen riskiert – und den EU-Beitritt aufs Spiel setzt.

Die EU-Schlappe bewegt den Ministerpräsidenten keineswegs dazu, sanfte Töne anzuschlagen und den Reformkurs wiederzubeleben. Stattdessen setzt er außenpolitisch weiter auf Eskalation – mit einem Thema, das bei den frommen Wählern zu Hause besonders gut ankommt: Er instrumentalisiert den Nahostkonflikt. Es ist nicht das erste Mal, dass Erdoğan hier seiner Klientel die erwünschte »harte Linie an der Seite der Palästinenser« gibt. In mehreren öffentlichen Auftritten hat er sich als der Mutige inszeniert, der sich traut, Israel die Meinung zu sagen. Allerdings hat er das zuvor nie so brüsk und direkt getan wie auf dem 39. Weltwirtschaftsforum, das am 29. und 30. Januar 2009 im schweizerischen Davos stattfindet.

Auf einem Podium sprechen der israelische Präsident Shimon Peres, der UN-Generalsekretär Ban Ki Moon und der Chef der Arabischen Liga, Amr Mussa, über den Nahen Osten. Auch Erdoğan ist dabei. Peres hält ein emotionales Plädoyer für den Krieg Israels im Gazastreifen. Da verliert sich Erdoğan. An die Zuschauer gerichtet, die bei Peres' Redebeitrag klatschen, sagt er: »Dem Mord an Kindern zu applaudieren ist ein Vergehen gegen die Menschlichkeit!« Und weiter: »Ihr wisst sehr gut, wie man tötet! Und ich weiß sehr wohl, wie ihr die Kinder am Strand von Gaza getötet habt! Heißt es nicht im 5. Gebot: Du sollst nicht töten? Sie lassen mich nicht ausreden! Ich werde nie wieder nach Davos kommen!«

Unvorbereitet ist der Ausbruch nicht, denn er liest von einem Papier ab, das er aus der Tasche holt. Peres fragt zurück, wie Erdoğan auf ständige Raketenangriffe auf die Türkei reagieren würde. »Dass Sie Ihre Stimme erheben«, entgegnet der Türke, »zeigt, dass Sie sich schuldig fühlen.« Dann stürmte er mit leicht rotem Kopf von der Bühne.

Der Auftritt schlägt international hohe Wellen. Erdoğan wird scharf kritisiert und versucht sich rasch in Schadensbegrenzung, auf seine Art. Noch vor dem Rückflug erklärt er, seine Worte hätten sich nicht gegen Peres gerichtet, sondern gegen den Moderator. David Ignatius von der »Washington Post« hatte Peres 25 Minuten Redezeit, Erdoğan jedoch nur zwölf Minuten eingeräumt. »Ich kann niemandem erlauben, dem Ruf und der Würde meines Landes zu schaden«, erklärt Erdoğan. Zudem richte sich der Vorwurf ausschließlich gegen die israelische Regierung, nicht gegen die Juden oder die israelische Bevölkerung. »Wir üben keine Pauschalkritik«, sagt der Ministerpräsident. Ob der Auftritt von Davos ein spontaner Temperamentsausbruch war, wie Erdoğans Anhänger sagen? Immerhin fügt er sich in den Paradigmenwechsel der türkischen Außenpolitik – weg von der EU, hin zu den arabischen Nachbarn. Zudem bringt er ihm bei seinen Anhängern zu Hause deutliche Sympathiepunkte.

Auf dem Istanbuler Flughafen wird Erdoğan von einer jubelnden Menge empfangen, die türkische und palästinensische Flaggen schwenkt. Zu sehen sind auch Spruchbänder mit der Aufschrift »Die Türkei ist stolz auf dich« ebenso wie Bilder von toten Kindern, die im Gaza-Krieg von der israelischen Armee getötet wurden. Anti-israelische Sprechchöre ertönen. Erdoğan beherrscht das eindringliche Reden. Während er wortreich von seiner Reise spricht, hebt er die Hand und ballt sie langsam zur Faust wie ein Musiker, der zu einer leidenschaftlichen Songstelle kommt. In seinem Weltverständnis hören alle ihm, dem patriarchalen Erweckungsprediger, zu, dem eine untrügliche Heilsbotschaft gegeben ist. »Ich bin nicht das Oberhaupt eines Stammes, sondern der Ministerpräsident der Türkischen Republik«, erklärte Erdoğan den Massen.

Doch außerhalb seiner Anhängerschaft gibt es auch in der Türkei harsche Bemerkungen an dem Auftritt von Davos. Seine Kritiker höhnen, er benehme sich wie ein »Delikanli«, was »verrücktes Blut« heißt, so werden junge Männer in der Türkei genannt. Sie schimpfen ihn einen »Maganda«, einen Macho aus einem Gecekondu, der sich am Schritt kratzt. »One minute!« hatte Erdoğan auf dem Podium gefordert – seitdem wird dieser Satz von Erdoğan-Kritikern wiederholt, um ihn zu karikieren. Applaus gibt es hingegen von jenen, die international ebenfalls wenig Ansehen genießen: Die arabische Straße sieht in dem Seemannssohn den »Held von Davos« oder gar den »Eroberer von Davos«. Irans Präsident Mahmud Ahmadinedschad lobt: »Er hat das ausgesprochen, was die Türken, die Menschen in der Region und in aller Welt denken. Ich danke Herrn Erdoğan für diesen Schritt.« Die Stadt Teheran ernennt ihn zum Ehrenbürger.

Auch die palästinensische Hamas applaudiert: Man halte »die mutige Haltung von Ministerpräsident Erdoğan bei der Verteidigung der Opfer des kriminellen zionistischen Krieges gegen die Kinder, Frauen und Menschen von Gaza hoch in Ehren«, sagt Hamas-Sprecher Fausi Barhum. Die saudi-arabische Zeitung »Dar al Hayat« fordert gar, »Erdoğan sollte zum Kalifen und Sultan werden«. Das Misstrauen gegenüber der Türkei, die lange Zeit sehr gute Kontakte zu Israel pflegte, scheint vergessen. Erdoğan nimmt nun über die Türkei hinaus eine Rolle ein, die sich vor allem die Benachteiligten von ihren Staatsoberhäuptern wünschen: Er verteidigt ihre Glaubensbrüder gegen den jüdischen Feind und wünscht gar, dass Israel vom »Fluch Gottes« eines Tages heimgesucht werde – zuvor solle die internationale Gemeinschaft diesen Staat allerdings noch aus den Vereinten Nationen ausschließen. Erdoğan fährt also zweigleisig: Für die Anhänger zu Hause und in der Region bleibt er in der Rolle, des »Mutigen, der sich Israel entgegenstellt«. Für die schockierten westlichen Länder hält er Relativierungen und Erklärungen bereit. Zunächst stellt er öffentlich klar, dass er Antisemitismus verurteilt.

Tatsächlich hatte Erdoğan am 10. Juni 2005 bei der Preisverleihung der jüdischen Anti-Defamation-League (ADL)gesagt, dass

Antisemitismus »das größte Verbrechen gegen die Menschlichkeit« sei. Erdoğan nahm an diesem Tag den Preis für Zivilcourage (Profile of Courage Award) stellvertretend für die türkischen Diplomaten entgegen, die während des Holocausts Juden die Ausreise in die Türkei ermöglichten. Neun Jahre später, nach erneuter scharfer Kritik Erdoğans an Israels Gaza-Offensive, forderte der Amerikanisch-Jüdische Kongress (AJC) den Preis zurück. Erdoğan zeigte sich typisch unbeeindruckt und antwortete gewohnt gallig, er werde den Preis »gern« zurückgeben.

Go East – außenpolitischer Kurswechsel

Sich Sympathien in der arabischen Welt zu schaffen, ist für Erdoğan auch wichtig, weil sich seine außenpolitischen Ambitionen immer mehr in Richtung Vormachtstellung in der Region richten. Seine Chancen stehen nicht schlecht: In den arabischen Ländern ist nun immer öfter anerkennend vom »türkischen Modell« die Rede, das für wirtschaftliche Stärke und die Vereinbarkeit von Religion, Demokratie und außenpolitischem Selbstbewusstsein steht, das imponiert vor allem in vielen arabischen Ländern. Es zeige, wie ein geschmeidiges Zusammenspiel von Demokratie und Islam möglich sei, finden wohlwollende Beobachter. Eine These, die angesichts der Nachbarstaaten ziemlich gewagt ist. »Neo-Osmanismus« nennen Kritiker Erdoğans neue Orientierung in Richtung Osten. Im Mai tritt zudem ein neuer Außenminister sein Amt an, Ahmet Davutoğlu, ein willfähriger Parteisoldat. Auf dessen Agenda scheint der EU-Beitritt nicht gerade oberste Priorität zu besitzen. Von Seiten vieler europäischer Länder schlägt der Türkei mittlerweile Ablehnung entgegen, zudem sind beide Seiten müde von den stockenden Verhandlungen. Alternativen bieten sich für die Türkei im Süden und Osten. Zwar betont Davutoğlu noch immer, die Türkei sei »keine Last, sondern ein Gewinn für Europa«. Aber die Prioritäten liegen nun anderswo. Der Vorwurf, die Türkei habe sich vom Westen entfremdet, kommt immer wieder auf. Dabei geht es längst nicht mehr nur um das politische Ego, sondern auch um ökonomische Interessen und Milliardenaufträge. Denn diese Außenpolitik ist auch Handelspolitik. So suchte Ankara wegen einer wachsenden Energienachfrage neue Märkte und dehnte die Zusammenarbeit etwa mit den »Bruderstaaten« aus.

Der neue Chefdiplomat sieht die künftige Rolle seines Landes als »Stimme der armen und unterdrückten Nationen des Südens gegen die reichen Länder des Nordens«, als ein »Gewissen der Welt«, als »Gravitationszentrum«. »Wir wollen null Probleme und maximale Kooperation mit unseren Nachbarn«, fasst Davutoğlu den neuen, regional-fokussierten Kurs zusammen, der komplett scheitern wird.

Nun werden die arabischen Länder, zu denen eine historische Rivalität bestand, zu Brüdern. Die Freundschaft zu Syriens Machthaber Baschar al-Assad erreicht in diesem Jahr mit dem gemeinsamen Urlaub in Bodrum einen symbolischen Höhepunkt. Erdoğan betont, man lasse sich von niemandem in die Außenpolitik hineinreden. »Wir werden von manchen Leuten kritisiert, wenn wir von Bagdad, Kabul, Gaza, Jerusalem und Palästina sprechen. (…) Die Araber sind unsere Brüder und Schwestern«, erklärt er in einer Rede in Kuwait.

Davutoğlu war jahrelang der Chefberater Erdoğans. Er ist Professor der Politologie und gilt als Architekt der türkischen Ostorientierung. In seinem Buch »Strategische Tiefe« schreibt er über »multidimensionale Tiefe«. Er wird von seinen Fans auch schmeichelhaft »Kissinger der Türkei« genannt. Gebetsmühlenhaft betont er, die Türkei sei wegen ihrer geografischen Lage »kein eindimensionales Land« und orientiere sich an »mehrdimensionalen Identitäten«. Praktisch stellt er sich das so vor: »Wenn wir mit den Irakern reden, reden wir wie ein Iraker, nicht wie ein Türke. Wenn wir mit den Syrern reden, reden wir wie ein Syrer. Wenn wir mit Israel reden, reden wir als ein Freund Israels, als jemand aus dieser Region. Würden wir mit den Irakern reden wie jemand aus Europa, mit derselben Rhetorik, dann hätten wir überhaupt keinen Einfluss.« Bei anderer Gelegenheit erklärt Davutoğlu: »Wir sind ein europäisches Land, wir sind ein asiatisches Land, wir sind ein Balkanland, wir sind ein Land des Nahen Ostens, wir sind ein Kaukasusland, wir sind ein Land des Mittelmeers und ein Land des Kaspischen Meeres. Wie kann ein türkischer Außenminister oder ein anderer Entscheidungsträger auch nur eine dieser vielen Seiten vergessen?«

Es geht darum, den Einflussbereich der Türkei deutlich über die Landesgrenzen auszuweiten. Er sagt: »Früher betrachteten manche die Türkei als einen Akteur mit starken Muskeln, schwachem Magen, Herzproblemen und einem mittelmäßigen Gehirn. Will sagen: starke Armee, schwache Wirtschaft, mangelndes Selbstbewusstsein und ein Defizit an strategischem Denken.« Dieses Image will er ändern. »Heute wissen wir: Nur wer durch Soft-Power über die Landesgrenzen hinaus Einfluss ausübt, kann sich wirklich schützen.«

Zwar hält der neue Chefdiplomat grundsätzlich an Atatürks Kurs »Frieden daheim und in der Welt« fest, doch er hat vor, die »Scharnierfunktion« des Landes zwischen Ost und West strategisch zu nutzen. Seine »dynamische Diplomatie« ignoriert allerdings, dass das Land fast ausschließlich von autokratisch regierten Staaten umgeben ist.

Doch noch ist es nicht soweit. Die anfängliche Aufbruchsstimmung sorgt für einen gewissen Enthusiasmus in der Region. Das Wohlwollen in den Nachbarländern steht einem historischen Misstrauen gegen die Erben der Osmanen gegenüber. In der Türkei wächst immer stärker der Wunsch des Aufstiegs zur Regionalmacht – ein das Nationalbewusstsein schmeichelndes Vorhaben. Überhaupt schaut man in der Türkei neuerdings nicht nur nach vorne und nach nebenan, sondern auch in die osmanische Vergangenheit – nun darf man auf diese Epoche wieder stolz sein.

Die Ostorientierung trägt Früchte: Die historischen Dauerfehden mit Syrien und dem Irak sind beendet, Russland ist wichtigster Energie- und Handelspartner. Mit den Assads ist Familie Erdoğan per Du, und es sind türkische Diplomaten, die die im Jahr 2000 abgebrochenen Friedensgespräche zwischen Damaskus und Jerusalem wieder anschieben. Zwar werden diese noch im selben Jahr wegen der israelischen Gaza-Offensive wieder eingestellt – aber es ist ein erster Achtungserfolg als Mittler in regionalen Fragen. Ankara rühmt sich weiterer Verhandlungserfolge im Nahostkonflikt. So habe die Hamas nur auf türkischen Druck hin das Waffenstillstandsangebot Israels angenommen. Erdoğan liebt es, sich selbst im Mittelpunkt als friedensstiftenden Moderator zu sehen – der selbstverständlich zugleich seine eigenen Interessen verfolgt.

In seinem Eifer stürzt sich Erdoğan auf alle Felder der Region, auf denen er irgendwie Einfluss nehmen kann. Das sorgt auch für Probleme und Konflikte – zumal er sich um westliche Tabus wenig schert. Rückschläge finden in Erdoğans Selbstdarstellung kaum statt: Die Einladung des Hamas-Chefs Chalid Maschal in die Türkei bringt ihm internationale Kritik ein. Eiszeit herrscht auch gegenüber Nachbar Armenien – die gemeinsame Grenze ist seit 1993 geschlossen, eine Annäherung gelingt Erdoğan nicht. Als der dänische Ministerpräsident Anders Fogh Rasmussen im März 2009 zum Nato-Generalsekretär gewählt werden soll, interveniert Erdoğan. Wegen der Mohammed-Karikaturen, die in der dänischen Zeitung »Jyllands-Posten« 2005 erschienen waren, wurde der Däne von der Türkei abgelehnt. Zudem war Erdoğan verärgert darüber, dass Rasmussen den kurdischen Sender Roj TV von Dänemark aus senden ließ, der als Sprachrohr der PKK galt. Erdoğan behauptete, er habe wegen dieser Personalie Anrufe von Führern islamischer Länder erhalten, die ihn gebeten hätten, Rasmussen zu verhindern. Doch sein Einspruch bleibt ohne Erfolg, sein Ruf im Westen leidet weiter. Bei einer Stippvisite in Teheran unterstützt er Irans Wunsch nach eigener Nukleartechnik, den iranischen Präsidenten Ahmadinedschad nennt er demonstrativ seinen »Freund« – ein klarer Affront gegenüber Europa, den USA und dem damaligen Kurs der Atomenergie-Agentur in Wien, die eine nukleare Aufrüstung Irans ablehnt, der ihm in der Türkei aber zum nächsten Wahlerfolg verhilft.

Am 29. März 2009 stehen erstmals wieder Wahlen an – Kommunalwahlen zwar, aber in der Türkei ist es üblich, auch diese vor allem über nationale Themen zu bestreiten. Der Rückhalt der AKP ist indessen ungebrochen. Und Erdoğan wendet wieder sein Erfolgsrezept an: Rastlos tourt er durch die Republik und betont seine Identität als »schwarzer Türke«, der unermüdlich im Dienste der Türken steht. Seine Israelkritik und religiös gefärbte Politik haben ihm zusätzliche Popularität eingebracht. Denn Solidarität mit den Palästinensern und sein fortwährendes Anprangern Israels, das verspricht Stimmen aus allen Lagern. Der Kontakt zu Israel wird aber natürlich nicht ganz abgebrochen. Nach einer fünfjährigen Eiszeit gibt es im Dezember 2015 Anzeichen für eine Normalisierung der Beziehungen. Es wird beschlossen, dass die Gespräche über den Bau einer Gas-Pipeline im Mittelmeer von Israel in die Türkei weitergehen sollen – vor allem für Ankara eine Notwendigkeit. Denn bis dahin deckte das Land den größten Teil seines Gasbedarfes mit Lieferungen aus Russland. Nachdem aber die türkische Luftwaffe am 24. November 2015 einen russischen Jet im syrisch-türkischen Grenzgebiet abgeschossen hatte, drohte Putin mit der Drosselung der Energielieferungen.

Wo er hinkommt, warten ekstatisch jubelnde Menschenmassen. Wie immer ist es in erster Linie eine Wahl Erdoğans, nicht der Partei. Trotzdem muss die AKP bei den Wahlen erstmals Verluste hinnehmen. Hatte die AKP bei den Parlamentswahlen 2007 noch im Südosten, also im Kurdengebiet, gegenüber 2002 stark zugelegt, kassiert sie jetzt die Quittung für ihre ambivalente Kurdenpolitik. Die öffentlichkeitswirksame Einrichtung eines kurdischsprachigen Fernsehkanals, bei deren Eröffnung Erdoğan sogar ein paar Worte auf Kurdisch sagt, genügt nicht, um dauerhaft die Stimmen der Minderheit zu sichern.

Zwar bleibt die Regierungspartei mit 38,3 Prozent auch weiterhin stärkste Kraft, doch die CHP-Festung Izmir und die kurdische Metropole Diyarbakır kann die Partei nicht gewinnen. Dort holt der DTP-Bürgermeister sogar doppelt so viele Stimmen wie der AKP-Kandidat. Und das, obwohl Erdoğan Diyarbakır mit großem Eifer umworben hatte – und gleichzeitig gegen die prokurdische DTP ein Verbotsverfahren lief.

Im Oktober 2009 erreicht die Beziehung zu Israel einen neuen Tiefpunkt. Statt sich weiterhin mit verbalen Attacken zu begnügen, schreitet Erdoğan zur Tat: In der Türkei ist eine gemeinsame Nato-Militärübung geplant – nun lädt Erdoğan Israel aus. Daraufhin sagen die USA und Italien ihre Teilnahme ab. Schließlich entfällt der gesamte internationale Teil der Übung. Bis dahin galt die Türkei – trotz Erdoğans Verbaloffensiven – als wichtiger Verbündeter Israels und der USA, schon aufgrund der Nachbarschaft zum Irak, wo die USA zu dieser Zeit militärisch involviert sind.

Auch das Jahr 2010 beginnt alles andere als erfolgreich für Erdoğan. Der Gaza-Krieg entzweit die einst freundschaftlich verbundenen Staaten vollends, nachdem die bilateralen Beziehungen zu Israel schon seit Monaten frostig unterkühlt sind. Das liegt nicht zuletzt daran, dass Erdoğan wiederholt Seite an Seite mit erklärten Gegnern Israels auftritt. Etwa mit dem libanesischen Premier Saad al-Hariri, Syriens Präsidenten al-Assad und dem iranischen Regierungschef Ahmadinedschad.

Das Treffen zwischen dem stellvertretenden israelischen Außenminister Daniel Ajalon und dem türkischen Botschafter Ahmet Oğuz Çelikkol im Jerusalemer Außenministerium endet in einem Eklat. Der Israeli sitzt auf einem Stuhl und schaut auf den Türken herunter, der in einem Sofa versinkt. Dann sagt der Vize-Außenminister für alle im Raum hörbar: »Achtet darauf, dass er niedriger sitzt, dass auf dem Tisch nur eine israelische Flagge steht und dass wir nicht lächeln.« Nach dieser Demütigung ruft Ankara seinen Botschafter aus Israel zurück, und das israelische Außenministerium veröffentlicht eine Stellungnahme, die an Deutlichkeit unmissverständlich ist: »Die Türken sind die Letzten, die Israel Moral predigen können«, heißt es in dieser.

Demokratisierung nach EU-Geschmack

Innenpolitisch sieht Erdoğan die Zeit gekommen, sich die Verfassung vorzunehmen. Sie war 1982 unter der Ägide des Militärregimes entstanden und gehört zu den Punkten, die die EU gelegentlich kritisiert. Wieder agiert Erdoğan so geschickt, dass sich aus den

Änderungen Vorteile für ihn ergeben, sich jedoch wieder mit einer Demokratisierung für die Bevölkerung rechtfertigen lassen, die darüber entscheiden soll. Insgesamt werden 26 Änderungen zur Abstimmung gebracht, wovon die meisten unumstritten sind, etwa die Stärkung der Frauen-, Kinder- und Behindertenrechte. Zudem soll den Militärs künftig vor zivilen Gerichten der Prozess gemacht werden können. Die Reformen beinhalten jedoch auch Aspekte, die die kemalistische Festungen weiter aushöhlen. So hat Erdoğan noch mit dem Verfassungsgericht mehrere persönliche Rechnungen offen: die Blockade der Lockerung des Kopftuchverbotes, die Querelen um Güls Weg in den Präsidentenpalast und nicht zuletzt das angelaufene AKP-Verbot. Erdoğans Justizreform sieht nun vor, das Verfassungsgericht sowie das Aufsichtsgremium, den »Hohen Rat der Richter und Staatsanwälte« (Hâkimler ve Savcılar Yüksek Kurulu, HSYK), neu zusammenzusetzen: Dem Verfassungsgericht sollen künftig nicht mehr elf, sondern siebzehn Richter angehören. Der »Hohe Rat« soll von sieben auf 22 Mitglieder erweitert werden. Vierzehn der Verfassungsrichter sollen direkt durch den Staatspräsidenten gewählt, die anderen drei vom Parlament mit einfacher Mehrheit berufen werden.

Für Erdoğan würde dies einen massiven Gewinn an Einfluss bedeuten – immerhin stellt das Verfassungsgericht mit seiner Möglichkeit, Parteien zu verbieten, eine permanente Bedrohung dar. Die Reformpläne sind ein Frontalangriff gegen die sich über Jahrzehnte unantastbar wähnende Kaste. »Mit diesen Änderungen rechnen wir endlich mit den Putschisten von 1980 ab. Und auch mit ihren Anhängern, die es bis heute gibt«, erklärt Erdoğan erfrischend offen die Zielsetzung der Reformen.

Über die Annahme der Verfassungsänderung müssen die Wahlberechtigten per Referendum abstimmen. Erdoğan rührt in seinem gewohnt jovialen Bruder-Tayyip-Ton kräftig die Werbetrommel: »Jede Ja-Stimme, die ihr gebt, geht nicht an die AKP, sondern an euch! An eure Zukunft und an eure Kinder!«, wirbt er. »Dieses Reformpaket ändert die Verfassung so, dass der Weg für die Türkei in Richtung EU, in Richtung moderne Welt erheblich vereinfacht wird.«

Dass sich die Macht durch die Reformen stark zugunsten Erdoğans verschieben würde, ist klar. Es geht nicht um die Stärkung der Demokratie, sondern um eine Stärkung Erdoğans. CHP-Oppositionsführer Kemal Kılıçdaroğlu warnt davor, dass diese Verfassungsänderungen die Gewaltenteilung aushebeln würde und der »letzte Schritt« in Richtung Einparteienstaat seien. Rückendeckung kommt indessen von der EU. Die lobt die geplanten Änderungen als Schritt in die richtige Richtung und übersieht, dass die geforderte Schwächung des Militärs auch eine immense Machtkonzentration in den Händen Erdoğans bedeutet und das Verfassungspaket ein weiterer Teil eines politischen Verteilungskampfes ist. Soweit ist die von der EU geforderte »Demokratisierung« also ganz nach seinem Geschmack – bislang nutzt sie ihm in allen Punkten.

Die kleine prokurdische BDP (Barış ve Demokrasi Partisi) mit Selahattin Demirtaş als Vorsitzenden ruft zum Boykott des Referendums auf, weil keine Herabsetzung der Zehn-Prozent-Hürde vorgesehen ist. Zudem gibt es keinen Gesetzesvorschlag, der die Rechte der Kurden festschreibt – generell fehlt ihnen ein Passus, der die Minderheitenrechte verbessert. Das Referendum findet symbolträchtig am 12. September 2010, dem dreißigsten Jahrestag des Militärputsches von 1980 statt. Die Türken entscheiden deutlich mit 57,9 Prozent für die folgenreichste Verfassungsänderung seit dem Putsch von 1980.

Türkische Medien schreiben am Tag darauf von einem »geteilten Land«. Das Referendum gilt auch als Testlauf für die nächsten Parlamentswahlen 2011. »Das Datum des 12. September wurde bisher durch die Putschisten-Verfassung beschmutzt, mit dieser Volksabstimmung beginnt nun eine neue Zeitrechnung für die Demokratie. Wir schlagen damit eine neue Seite auf und beseitigen den Schmutz«, erklärt Erdoğan staatstragend.

Selbstbewusst gibt sich Erdoğan auch gegenüber denjenigen, bei denen er noch in seiner ersten Amtszeit um die Aufnahme in der EU freundlich warb: Als Bundeskanzlerin Merkel nun nach Ankara reist, begrüßt sie ihr Gastgeber mit einer Forderung, die eine gereizte Debatte auslöst. Erdoğan wünscht, dass türkischstämmige

Kinder in Deutschland türkische Gymnasien besuchen. Hauptthema des Staatsbesuchs sind eigentlich die EU-Verhandlungen. Merkels Besuchsintention ist, die »privilegierte Partnerschaft« weiter zu forcieren.

Überraschenden Beistand erhält Erdoğan von Altkanzler Schröder. Der kritisiert in der »Bild«-Zeitung seine Nachfolgerin. Der Sozialdemokrat bekräftigt seine Haltung, die Türkei solle EU-Vollmitglied werden. Er sieht vor allem im rasanten Wirtschaftswachstum des Landes eine Chance und lobt zudem Erdoğans »mutigen Reformweg«. Auch Erdoğans Idee der deutsch-türkischen Gymnasien unterstützt Schröder: »Wir brauchen in unserem Land mehr deutsch-türkische Schulen, denn das hilft nicht nur bei der Integration, sondern es bringt unserem Land auch ein Stück mehr Internationalität.«

Abb. 7: Erdoğan und Gerhard Schröder während Schröders 65. Geburtstag

Derartige Forderungen in Richtung Bundesregierung werden zu einem von Erdoğans Lieblingsstilmitteln bei Staatsbesuchen, um den in Deutschland lebenden Wählern zu zeigen, dass er sich erhobenen Hauptes für deren Belange einsetzt – unabhängig davon, ob diese von Erfolg gekrönt sind, was in der Regel nicht der Fall ist. Je fordernder er dabei auftritt, desto heftiger ist die folgende Debatte in den deutschen Medien und desto mehr potenzielle Erdoğan-Wähler werden erreicht.

Indessen verändert sich auch die Opposition: Einer seiner – wenn auch wenig erfolgreichen – Gegenspieler, CHP-Chef Baykal, erklärt am 10. Mai seinen Rücktritt. Kurz zuvor war auf YouTube ein Video aufgetaucht, das den verheirateten Vater und Großvater Baykal in intimer Zweisamkeit mit einer Parlamentsabgeordneten zeigen soll. Der Politikveteran bestreitet die Echtheit des Streifens nicht – macht jedoch die AKP für dessen Veröffentlichung verantwortlich. »Die Verschwörung richtet sich nicht gegen eine Person, sondern gegen den Kampf der CHP für Demokratie«, sagt der verknöcherte Apparatschik Baykal mit Fingerzeig auf Erdoğan. Sein Nachfolger wird Kemal Kılıçdaroğlu, der in allem das absolute Gegenmodell zu Baykal ist: Wegen seines Äußeren und seiner ruhigen Art wird der damals 61-jährige neue Oppositionsführer auch der »türkische Gandhi« genannt. Dass er alevitischer Kurde ist, gleicht einer kleinen Revolution, auch wenn er das Thema nie prominent aufhängt. Mit Kılıçdaroğlu kehrt die CHP wieder etwas zurück zu ihrem sozialdemokratischen Ursprung, die Volkspartei rutscht leicht Richtung Mitte links. Zwar gelingt die Revitalisierung unter Kılıçdaroğlu, mit sozialen Themen werden bei den Wahlen nun mehr Stimmen geholt, doch eine neue Ära der CHP gelingt auch ihm nicht.

Trotz der Umstände ist der personelle Wechsel für die Opposition dringend nötig – die älteste Partei des Landes hat Erdoğan noch immer nichts entgegenzusetzen. In ihrer Hilflosigkeit beschränkt sich die Oppositionsarbeit zeitweise darauf, den Ministerpräsidenten abwechselnd mit Hitler oder Stalin zu vergleichen. Unter Baykal hatte sich die Partei immer mehr von ihren sozialdemokratischen Inhalten entfernt und sich zunehmend gegen eine

Demokratisierung gewehrt. Eine Desorientierung, für die sie von den Wählern abgestraft wurde. Erdoğans neuer Kontrahent Kılıçdaroğlu ist seit 2002 im Parlament und hat sich bereits als Beamter in der Korruptionsbekämpfung einen Namen gemacht. Als Leiter der staatlichen Sozialversicherung war er 1994 zum »Bürokraten des Jahres« gewählt worden. 2009 scheiterte er mit seiner Kandidatur für das Amt des Istanbuler Bürgermeisters. Und gegen den Hitzkopf Erdoğan erweist sich die Gandhi-Attitüde Kılıçdaroğlus als wirkungslos. »Mit Kemal kann man nicht mal einen richtigen Streit haben«, sagt seine Ehefrau in einem Interview. Zwar tourt auch Kılıçdaroğlu unermüdlich durch das Land, um sich die Sorgen der Bürger anzuhören, doch neben dem charismatischen Staatschef bleibt er farblos.

Während innenpolitisch nach dem abgeschmetterten Parteiverbot, dem Sieg im Referendum und der ruhigen Opposition wenig Kontra zu erwarten ist, bekommt Erdoğan nun Gegenwind von außen. Grund ist erneut seine Israel-Politik: Am 31. Mai 2010 eskaliert die Situation zwischen den beiden Ländern endgültig. Israelische Sicherheitskräfte stoppen gewaltsam die »Mavi Marmara« (Blaue Marmara), ein Fährschiff, das der unter anderem wegen ihrer antiisraelischen Rhetorik umstrittenen türkischen Organisation »Stiftung für Menschenrechte, Freiheiten und Humanitäre Hilfe« (İnsan Hak ve Hürriyetleri ve İnsani Yardım Vakfı, IHH) gehört. Es fährt seit dem 1. Mai unter komorischer Flagge und ist eines von sechs Schiffen unterschiedlicher Organisationen, das die israelische Seeblockade des Gazastreifens durchbrechen soll. Insgesamt sind 581 Passagiere an Bord, die meisten von ihnen Türken. Auch drei Politiker der deutschen Linken sind auf dem Schiff.

Bei der Erstürmung des Schiffes in internationalen Gewässern kommen neun Aktivisten ums Leben, acht Türken und ein türkischstämmiger US-Bürger. Erdoğan bezeichnet den israelischen Militäreinsatz als »blutiges Massaker« und als einen »Angriff auf das Gewissen der Menschheit«. Wieder einmal wird der türkische Botschafter aus Israel zurückgerufen, Militärabkommen mit Israel werden für ungültig erklärt. »Niemand sollte die Geduld der Türkei auf die Probe stellen. Die Feindschaft der Türkei ist so stark, wie ihre Freundschaft wertvoll ist«, sagt Erdoğan bei einer Rede in Ankara und fordert die internationale Gemeinschaft dazu auf, Israel zu bestrafen.

Jetzt wird durchregiert

Indessen werden Erdoğans innere Gegner immer blasser: Am 8. August 2010 gibt es einen Wechsel an der Armeespitze. Hatte die Generalität Erdoğans Präsidenten Gül zu dessen Amtsantritt noch düpiert, so haben sich auch hier die Zeichen gewandelt. Während zuvor die Generäle ihre Führung stets unter sich ausgemacht hatten, redet die AKP-Regierung bei der Wahl des neuen Armeechefs, Işık Koşaner, mit – noch wenige Jahre zuvor wäre das undenkbar gewesen. Koşaner gilt im Gegensatz zu seinem Amtsvorgänger Ilker Başbuğ als »diplomatischer« General.

Am 11. Oktober fällt eine weitere kemalistische Bastion. Jetzt sind Kopftücher auf dem Campus kein Tabu mehr. Der Hochschulrat YÖK gibt die Anweisung heraus, fortan verhüllte Studentinnen an der Lehre teilhaben zu lassen. Anders als 2008, als genau ein solches Gesetzesvorhaben zum Verbotsverfahren gegen die AKP geführt hat, bleibt es diesmal still im Land. Nach Jahrzehnten des Kampfes um dieses Stück Stoff haben die Türken genug von dem Thema. Zudem ist nach den Personalwechseln in Opposition und Militär und der Schlappe der Erdoğan-Gegner beim Verbotsverfahren keine allzu heftige politische oder juristische Gegenwehr zu erwarten. Dennoch geht Erdoğan wieder Schritt für Schritt vor: Das Kopftuchverbot fällt nur auf dem Campus. Erst später dürfen auch Staatsbedienstete (2013) und Schülerinnen ab der fünften Klasse (2014) mit verhülltem Kopf in Ämter und Schulen.

Angriffe kommen vor allem von außen. Im Dezember werden mit den Wikileaks-Veröffentlichungen auch tausende Dokumente von US-Botschaftern aus Ankara publik. Darin wird selbstverständlich auch der Premier beurteilt – und zwar vernichtend: Erdoğan sei ein »ignoranter Islamist«, der sich als »Volkstribun von Anatolien« sehe und Bankkonten in der Schweiz habe. Aus Furcht vor einem Machtverlust umgebe er sich mit unfähigen Ministern und einem »eisernen Ring von unterwürfigen und hochnäsigen Beratern«. In einer Depesche heißt es bildlich, Erdoğan habe »Ambitionen wie Rolls-Royce, jedoch nur die Mittel von Rover«. Von Regierungsmitgliedern wird das Gerücht gestreut, hinter den Wikileaks-Veröffentlichungen sitze eine jüdische Lobby.

Während Kritiker in der Türkei und im Westen über Erdoğan lachen oder die Nase rümpfen, erschüttern Erdoğan selbst die Enthüllungen nicht. Er findet anderswo Bewunderer. Im November 2010 erhält er in Libyen den »Al-Gaddafi-Preis«. In seiner Dankesrede sagt Erdoğan, diese Auszeichnung werde ihn in seinem Einsatz für die Demokratie weiter ermutigen: »Was wir für uns wollen, wollen wir auch für andere« – und das ist kein Witz.

Wahnsinnsprojekte für das Volk

Zu Anfang des Wahljahres 2011 ist es für Erdoğan an der Zeit, sich des Rückhalts der türkischstämmigen potenziellen Wähler in Deutschland zu versichern und für sich zu werben. Er greift auf sein bewährtes Mittel »Öffentlichkeit durch Provokation« zurück. Am 1. März warnt er vor 10 000 Menschen in Düsseldorf vor der Assimilation: »Ich sage Ja zur Integration«, ruft er, »aber niemand wird in der Lage sein, uns von unseren Traditionen zu trennen.« Denn Minderheitenschutz sei ein Menschenrecht.

Das Thema war bereits erprobt: Drei Jahre zuvor hatte er in Köln mit der Aussage »Assimilation ist ein Verbrechen gegen die Menschlichkeit«, für hitzige Debatten gesorgt. Auch jetzt ziehen die Aussagen. »Die Türkei ist stolz auf dich!«, jubeln die Anhänger und schwenken türkische Flaggen. Bei der türkischen Nationalhymne stehen alle auf und singen mit. Bei der ebenfalls gespielten deutschen Hymne bleiben die Zehntausend meist stumm. »Bruder Tayyip« ist in seinem Element: »Sie sind meine

Staatsbürger, sie sind meine Mitbürger. Sie sind meine Freunde, meine Brüder und Schwestern. Ihr Leid ist unser Leid, ihre Freude ist unsere Freude«, sagt er, er umarmt Menschen und nennt sie liebevoll »Kardeşler« – Geschwister. Dann folgt ein gemeinsames Gedenken an Erdoğans Mentor Erbakan, der am 28.Februar an Herzversagen verstorben ist. »Er hat in unseren Herzen Platz gefunden und war ein Vorbild für die Jugend«, kommentierte Erdoğan die Todesnachricht knapp.

Drei Monate vor den Parlamentswahlen beginnen im Nachbarland Syrien die ersten Unruhen. Es ist nach Tunesien, Ägypten, Libyen und dem Jemen das fünfte arabische Land, in dem sich die Menschen gegen langjährige Despoten auflehnen. In Syrien gehen die Bürger zunächst für Reformen, bald gegen das Assad-Regime auf die Straßen. Erdoğan tritt zunächst als Berater seines Duzfreundes in Sachen Reformen auf. Immerhin hat er in den vergangenen Jahren darauf hingearbeitet, eine gewisse Vorrangstellung zu beanspruchen. Als dieser jedoch nicht daran denkt, den Ratschlägen seines Freundes zu folgen, schlägt die Bruderschaft jäh in erbitterte Feindschaft um: Erdoğan ist einer der ersten führenden Politiker der Region, der offen den Sturz Assads fordert – und auch aktiv daran arbeitet.

Während in einem Land der Region nach dem anderen die Despotenstühle wackeln, werden Erdoğans Pläne für ein Präsidialsystem immer konkreter. Dafür braucht er bei den anstehenden Wahlen eine Zweidrittelmehrheit im Parlament, um die Verfassung im AKP-Alleingang zu ändern. An einem dritten Sieg in Folge zweifelt niemand ernsthaft. Die Opposition hat es auch in der zweiten AKP-Regierungszeit nicht geschafft, sich zu konsolidieren, das Militär muss er nicht mehr fürchten. Kritiker – vor allem Journalisten – lässt er immer öfter verhaften oder schüchtert sie durch gezielte Drohungen ein. Zudem hat er eine zufriedene Mittelschicht erschaffen, die den neuen Wohlstand zu schätzen weiß und erhalten möchte. Die AKP trägt mehr zu der sozialen Gerechtigkeit bei als alle anderen Parteien. Erdoğan scheint darauf zu setzen, dass er sich viel erlauben kann, solange die Zahlen stimmen.

Der Türkei geht es immer noch blendend, während viele Länder unter der Weltfinanzkrise ächzen. Der britische *Economist* nennt die Republik »Europas China«. Seit Erdoğans Amtsantritt hat sich das Pro-Kopf-Einkommen verdreifacht. »Die Wachstums-Story kann weitergehen«, schreibt das *Wall Street Journal*. War das Land 2002 noch am Rande des Ruins, steht die Türkei nun auf Platz 17 der international wichtigsten Volkswirtschaften. Die Türkei ist nicht mehr krank, es ist auf dem besten Weg zur Heilung. Islam gepaart mit Kapitalismus ist plötzlich schick. Die US-Investmentbank Goldmann Sachs prognostiziert bis 2050 einen Aufstieg in die Top-Ten der größten Wirtschaftsmächte der Welt. Erdoğan peilt dieses Ziel bereits für sein selbstgewähltes symbolträchtiges Schicksalsjahr 2023 an, seine Frau Emine steht ihm immer lächelnd zur Seite.

So baut Erdoğan auf diesen Erfolg seinen Wahlkampf auf: Er wirft mit positiven Bilanzzahlen um sich und verspricht neue Wahnsinnsprojekte, etwa einen neuen Bosporuskanal. »Träume sind Samen, die in der Wirklichkeit aufgehen«, sagt er über die zweite Wasserstraße, die das Schwarze und das Marmarameer verbinden soll. Ihre Eröffnung sieht er für 2023 vor, zum 100. Geburtstag der Republik. Den Istanbulern schildert er blumig: »Wir haben für diese Stadt, deren Nächte nach Hyazinthen duften, die Ärmel hochgekrempelt. Wir schenken ihr einen neuen Kanal.« Dieser Mann denkt in Jahrzehnten. »Was ihr seht, ist nicht der Politiker Erdoğan«, sagte er noch im Wahlkampf 2011. »Was ihr seht, ist nicht der Ministerpräsident Erdoğan, was ihr seht, ist nicht der Parteichef Erdoğan, vor euch steht einer von euch!« Zu diesem Zeitpunkt war der Präsidentenpalast Ak-Saray schon längst in Planung.

Auf den Wahlplakaten blickt er in einen fernen Horizont – darüber steht »Die Türkei ist bereit, das Ziel ist 2023«. Seine Vision, Atatürks Platz in den Geschichtsbüchern durch seine eigene Erfolgsgeschichte zu verdrängen, wird immer offensichtlicher. Erdoğan ist überall: Er hält mit dröhnender Stimme flammende Reden, umarmt, spendet, winkt und tröstet die Leute.

Und er macht Versprechungen: Wer die AKP wählt, so heißt es landauf, landab, bekommt neue Straßen, Flughäfen, Autos, Atomkraftwerke, Brücken, Städte, Moscheen. Die EU ist überhaupt kein Thema mehr. AKP-Vize Ali Babacan sagt herablassend: »Die Europäer sollten ruhig wieder etwas selbstbewusster werden, bevor sie uns aufnehmen.«

In diesem Wahlkampf wirbt Erdoğan erstmals auch verstärkt um die Stimmen der Nationalisten. Er feiert sich selbst dafür, das »Kurdenproblem gelöst zu haben«, und wirft der Opposition vor, nicht genügend »Türkentum« zu verkörpern. Um die eben noch mit Zugeständnissen umworbenen Kurden schert er sich nicht mehr. Im Gegenteil: Der MHP wirft er vor, daran schuld zu sein, dass PKK-Chef Öcalan nicht am Galgen endete.

Lange Zeit hatte er dem Land gut getan: Die Wirtschaft wuchs, es wurde modernisiert und demokratisiert. Immer mehr Türken konnten in schicken Einkaufszentren shoppen und in modernen Siedlungen nahe der Metropolen leben. Es gab eine Krankenversicherung und selbst in der Provinz waren die positiven Entwicklungen spürbar. Doch mit zunehmender Macht wächst auch Erdoğans demonstratives Selbstbewusstsein, immer an der Grenze zur Selbstüberschätzung. Sein Ton wird rauer, die Agenda mit islamischen Themen gefüllt, nationalistische Volten sind immer öfter zu hören. Er wird immer selbstherrlicher, gefällt sich immer stärker in der Rolle des internationalen Diplomaten, der durch die Krisengebiete im Nahen Osten jettet. Als Vater aller Auslandstürken sieht er sich ohnehin schon, als Vater der Muslime weltweit sowieso. Bei seiner Wiederwahl im Juni 2011 sagte er: »Sarajevo hat heute ebenso sehr gewonnen wie Istanbul, Damaskus und Ankara.« Die Türkei soll nicht nur Fernsehserien und Waschmaschinen exportieren, sondern auch seine Werte.

Doch obwohl auch nach außen erkennbar immer öfter die eigenen Interessen sein politisches Handeln leiten, ist seine Anziehungskraft ungebrochen. Niemand kann dieses »Ich bin einer von euch«-Gefühl so perfekt vermitteln wie der Premier. Immer noch profitiert er von der Schwäche seiner Gegner. Denn alle Einrichtungen, die einem Ministerpräsidenten gefährlich werden konnten, wurden durch Erdoğan gedemütigt und ins Abseits gestellt. Zwar meutern innerhalb der AKP einige Matrosen, doch die Front der Jasager bildet die absolute Mehrheit.

Die Zielgerade zur Präsidentschaft

Am 12. Juni 2011 wählen die Türken, und dass die AKP wieder gewinnt, überrascht niemanden. Aber mit diesem Sieg schafft der Triumphator Erdoğan, was seit Abschaffung des Einparteienstaates 1945 keiner Partei gelungen ist: drei Wahlsiege in Folge – jeweils mit steigendem Stimmenanteil. Die Türken entscheiden sich für den Mann, dem sie zutrauen, die jüngere Erfolgsgeschichte weiterzuführen.

Die AKP holt mit 49,8 Prozent fast jede zweite Stimme. Das Ergebnis der Partei liegt somit um fast drei Prozentpunkte höher als das von 2007. Damit hat Erdoğan eine weitere Etappe genommen. Auch die MHP schafft mit dreizehn Prozent den Einzug ins Parlament, die CHP, erstmals mit Kılıçdaroğlu an der Spitze, erreicht 25,9 Prozent, gegenüber 20,8 Prozent 2007. In den Kurdengebieten hingegen geht die Unterstützung für die AKP deutlich zurück – auch wenn in diesem Wahlkampf erstmals auch Kurdisch gesprochen werden durfte. Denn es gibt einen weiteren »Wahlsieger«, wenn auch ohne spätere Regierungsverantwortung: die prokurdische BDP, Nachfolger der 2009 verbotenen DTP. Die Partei hatte die Zehn-Prozent-Hürde umgangen, indem sie nicht als Partei antrat. Stattdessen schickte sie ihre Kandidaten als Unabhängige ins Rennen, was ihr 36 Parlamentssitze sicherte.

Trotz des berauschenden Wahlerfolges erhält die AKP nicht genug Sitze, um Erdoğan den Blankoscheck für sein Präsidialsystem auszustellen. Die komplizierte Neuberechnung der Parlamentssitze durch die jetzt vertretenen Parteien und Unabhängigen sorgt dafür, dass die Regierungspartei nun statt 341 nur noch 326 von 550 Sitzen erhält. Die für eine Verfassungsänderung nötige Zweidrittelmehrheit verpasst Erdoğan knapp:

Um die Verfassung zu ändern, muss dies von mindestens einem Drittel der Parlamentarier schriftlich vorgeschlagen werden. Bei einer Plenumsabstimmung muss die »Große Nationalversammlung« in geheimer Abstimmung mit drei Fünfteln der Stimmen zustimmen. Wird eine Zweidrittelmehrheit erreicht, kommt es zur Volksabstimmung.

Wie nach jedem Wahlsieg tritt Erdoğan auf den Balkon der AKP-Zentrale in Ankara – und wie immer, wenn er überwältigt ist vor Freude, zeigt er sich milde, geradezu versöhnlich. Er wird als »großer Meister« angekündigt, und verspricht Harmonie: »Wir werden zusammensitzen und reden, und wir werden einen Dialog führen mit den politischen Parteien außerhalb des Parlaments, mit Nichtregierungsorganisationen und Verbänden.« In diesem Moment scheinen alle noch wenige Tage zuvor geäußerten scharfen Töne vergessen. Erdoğan sagt auch: »Wir werden einen Konsens mit der Opposition suchen, mit nicht im Parlament vertretenen Parteien, mit den Medien, Nichtregierungsorganisationen, mit Akademikern, mit jedem, der etwas zu sagen hat.« Dabei nennt er auch explizit die Kurden und die muslimische Minderheit der Aleviten.

Wenn er irgendjemanden beleidigt haben sollte, dann tue ihm das leid, erklärt er plötzlich mild, nachdem er einen monatelangen Wahlkampf voller Polarisierung hinter sich hat. Und er erinnert an das politische Durcheinander der Vergangenheit, das er beendet hat: »Die Türkei, die von den Banden bestimmt wurde, ist eine Sache der Vergangenheit.« Auch den regionalen Führungsanspruch bekräftigt er bereits auf dem Balkon: Bosnier, Libanesen, Syrer und Palästinenser würden von seinem Wahlsieg genauso profitieren wie die Türken.

Die Sorge vor Erdoğans Machtbesessenheit hat indessen auch im Westen die Furcht vor seinen islamistischen Tendenzen abgelöst. Die spanische Zeitung »El Periódico de Catalunya« kommentiert: »Von dem Regierungschef ist keine Islamisierung der türkischen Gesellschaft zu befürchten, wohl aber die Errichtung eines autoritären Regimes. Es wäre schade, wenn die Türkei, die die arabischen

Protestbewegungen inspiriert hatte, in eine Scheindemokratie überführt würde.»Die rechtsnationale ungarische Tageszeitung»Magyar Nemzet« erkennt an,»dass eine schlechte Presse keinen Zusammenbruch bringt«.

Es formt sich Erdoğans sechstes Gesicht. In dieser neuen Zeitrechnung – vor und nach Gezi – ruft er seinen Kritikern immer öfter ein»Sie können die Türkei ja verlassen« zu. Hatte er 2001 ein neues, liberaleres und freieres Gesellschaftsmodell versprochen, legt er nun rasant den Rückwärtsgang ein, und entmachtet die letzten kemalistischen Festungen. Befehlsgewalt und Kaderkontrolle sind fortan Kernelemente seines Führungsstils. Während in einer Demokratie Politik aus dem Dissens heraus entsteht und sich in Kompromissen bündelt, will Erdoğan seine eigenen Vorstellungen komplett alleine durchsetzen. Er wird seine neue Machtfülle nun benutzen, um weitere Gegner auszuschalten.

Doch zunächst geht er in seiner dritten Amtszeit die Lösung des Zypernkonflikts an – auf seine Art, ganz im Gestus der regionalen Vormacht, die eher anschafft als verhandelt: Er kommt weder als Bittsteller noch als Diplomat. Mitte Juli 2011 besucht er den türkischen Norden der Insel. Im türkischen Teil der geteilten Hauptstadt Nikosia erklärt er, er strebe eine Lösung bis zum Jahresende an. Schließlich könnten die seit 2008 unter UN-Vermittlung geführten Verhandlungen zwischen griechischem und türkischem Inselteil»nicht ewig« dauern. Im selben Atemzug droht er, die Beziehungen zur EU während der griechisch-zyprischen Ratspräsidentschaft 2012 für ein halbes Jahr einzufrieren.»Sechs Monate lang wird es keine Beziehungen zwischen der Türkei und der EU geben«, sagt Erdoğan. Mit den Vertretern der griechischen Inselrepublik werde die Türkei während der Ratspräsidentschaft»auf keinen Fall reden«.

Wenig diplomatisch zeigt er sich auch im schwelenden Konflikt mit Israel, der im September einen weiteren Höhepunkt erreicht. Ankara weist den israelischen Botschafter aus und legt nach dem Militärabkommen auch die Handelsbeziehungen mit Israel auf Eis. Auslöser ist ein UN-Untersuchungsbericht über die Erstürmung der

Mavi Marmara im Mai 2010, in dem Israels Position weitreichend gerechtfertigt wird. »Immer spielt Israel die Rolle des verzogenen Sohnes«, verlautbart Erdoğan vor laufenden Kameras. Die Türkei stehe entschlossen gegen das Land, dessen Vorgehen den »Geruch von Staatsterrorismus« trage. »Niemand kann mit der Türkei oder der türkischen Ehre spielen«, sagt Erdoğan.

Der Sultan aus Ankara

Gleichzeitig sucht er eine Annäherung an die arabischen Länder, die sich im Umbruch befinden. Eine mehrtägige Reise führt ihn nach Ägypten, Tunesien und Libyen: eine Art internationale Werbetour für das System Erdoğan – und Bruder Tayyip. Dort wirbt er überraschenderweise für den Laizismus. In einem ägyptischen TV-Sender erklärt er: »Macht euch keine Gedanken wegen des Laizismus. Ich hoffe auf einen laizistischen Staat in Ägypten.« Die Trennung von Staat und Religion bedeute nicht, dass die Religion keine Rolle spiele. Sie bedeute, dass der Staat die Religion achte und zu allen Religionen dieselbe Distanz halte. Er stehe einem säkularen Staat vor, sei aber Muslim. Diese Außenpolitik betreibt er mit innenpolitischem Kalkül. Der außenpolitische Galopp als Berater der sich wandelnden Nationen macht ihn daheim, in den Augen der Konservativen, zum Sultan der Region.

In Kairo wird Erdoğan von Tausenden jubelnd empfangen, die lauthals seinen Namen rufen. Bei einer Rede vor der Arabischen Liga schwärmt er von den ägyptisch-türkischen Beziehungen, beide Völker seien wie eine große Familie. Und natürlich profiliert er sich wieder damit, die Palästinenserfrage anzusprechen – er fordert eine UN-Anerkennung Palästinas. In Libyen punktet er, indem er in der Hauptstadt Tripolis mit Mitgliedern des Übergangsrates auf dem Märtyrerplatz öffentlich betet, und der Freitagspredigt des Imams Salim al-Scheich lauscht.

Während Erdoğan international auf vielen Parketten erscheint, ereilt ihn ein privater Schicksalsschlag: Am 7. Oktober 2011 stirbt seine 83-jährige Mutter Tenzile nach einer Operation – ein Schock für Erdoğan, der immer wieder betont, seine Mutter sei ihm heilig. Zwar entspricht diese Selbstdarstellung des respektvollen Sohnes auch dem Rollenbild, das ein Großteil seiner Wähler favorisiert, doch tatsächlich verehrte Erdoğan die zierliche Frau mit dem Kopftuch, nach der in der Türkei Gebäude benannt werden. Nun wird sie im Familiengrab in Üsküdar beigesetzt, einem Istanbuler Stadtteil auf der asiatischen Seite. Präsident Gül steht die ganze Zeit neben Erdoğan, tausende Menschen nehmen an dem Begräbnis teil. Die Beisetzung ist eine der wenigen Gelegenheiten, bei denen sich Erdoğan öffentlich emotional zeigt. Er wischt sich die Tränen mit einem Taschentuch weg, und ist sichtlich tieftraurig über diesen Verlust.

Wiederaufflammen des Kurdenkonflikts

Obwohl Erdoğan im Wahlkampf Kurdenchef Öcalan öffentlich noch den Tod gewünscht hat, hatte es bis zu den Wahlen Verhandlungen zwischen dem Geheimdienst MIT und ranghohen PKK-Funktionären gegeben. Neben politischen Zugeständnissen wie Unterricht auf Kurdisch oder mehr Freiheiten in der lokalen Verwaltung wurde dabei parallel auch über Hafterleichterungen Öcalans diskutiert. Die Regierung bestätigt diese zunächst geheim gehaltenen Gespräche, nachdem Tonbandaufnahmen von ihnen im Internet aufgetaucht waren. Mit den Wahlen und der Veröffentlichung der Bänder ist die Annäherung allerdings auch schon zu Ende: Die Regierung wirft der PKK vor, die Aufnahmen verbreitet zu haben. Man habe das Vertrauen verloren.

Bereits vor den Parlamentswahlen hatte Erdoğan den Konflikt mit den Kurden im Osten des Landes für beigelegt erklärt – und im Stillen verhandeln lassen. Doch die harte Wahrheit holt ihn in der zweiten Hälfte des Jahres wieder ein. Der höchstsensible Friedensprozess ist wieder einmal in Gefahr, als sich über Monate hinweg der Konflikt zwischen Ankara und der PKK zuspitzt. Auslöser ist ein Gefecht zwischen kurdischen Rebellen und türkischen Sicherheitskräften in der ersten Juliwoche 2011, das insgesamt achtzehn Tote forderte. In der südöstlichen Provinz Hakkari kommt es zu einer Anschlagsserie, die viele türkische Soldaten das Leben kostet. Insgesamt sterben auf beiden Seiten in den folgenden Auseinandersetzungen Hunderte. Erdoğan macht das Thema zur Chefsache, sagt Auslandsreisen ab und spricht von den »heiligen Seelen der gefallenen Märtyrer«, schwört »gewaltige Rache«. Zuletzt waren Anfang 2008 tausende türkische Soldaten in den Nordirak einmarschiert, jetzt, im Oktober rücken türkische Panzer erneut kurzzeitig in den Norden des Nachbarlandes ein, um PKK-Kämpfer auf dem Rückzug zu verfolgen.

Einen Monat später mehren sich die Gerüchte, der Premier sei krank. Er muss sich einer Darmoperation unterziehen, Details über seinen Zustand werden nicht bekannt. Für Wochen ist Erdoğan in der Öffentlichkeit nicht zu sehen. Mal heißt es, er habe Krebs, mal, er habe Magenprobleme, mal sind es Schwierigkeiten mit dem Darm.[56] Doch Erdoğan zeigt keine Schwäche – auf sein Image, kraftstrotzend den Türken zu dienen, lässt er nichts kommen.

Zum Jahresende erreicht die Gewalt zwischen Kurden und Regierung einen traurigen Höhepunkt. Türkische Kampfflugzeuge beschießen am 28. Dezember kurz nach halb zehn Uhr abends im Grenzgebiet zum Irak eine Gruppe von Menschen, vermeintliche PKK-Kämpfer. Sie kommen aus dem Irak und überqueren die Grenze. 34 junge Männer sterben. Doch es handelt sich um keine PKK-Kämpfer, sondern um kurdische Zivilisten aus den umliegenden Dörfern der Provinz Şırnak. Offenbar waren sie dabei, Zigaretten und Diesel auf Eseln in die Türkei zu schmuggeln. Eine amerikanische Drohne hatte die Gruppe aufgespürt und den türkischen Behörden gemeldet, die ohne weitere Verifizierung das Feuer eröffneten. Diese blutige Episode wird später nach dem kurdischen Namen eines der Heimatdörfer der Opfer Roboski-Massaker genannt. Die türkische Regierung spricht von getöteten »Schmugglern«. Die 34 Opfer werden unter der Begleitung von über zehntausend Menschen beigesetzt, ihre Särge sind in PKK-Flaggen gewickelt. Vor allem in den Kurdengebieten kommt es zu Protesten, die immer wieder in Gewalt eskalieren. Bis heute warten die Hinterbliebenen auf eine Aufklärung oder gar Entschuldigung seitens der Regierung. Doch Erdoğan wird später das Töten dieser Zivilisten mit Abtreibungen von Ungeborenen vergleichen.

Anlauf mit mageren Bilanzen

Im Jahr 2012 intensiviert Erdoğan die Vorbereitungen für seine Zukunft nach seiner Zeit als Premier, als Präsident einer Präsidialrepublik. Konkurrenten müssen deswegen aus dem Weg geräumt werden.»Es war ein Traum, und nun ist er wahr«, lautet ein Parteislogan, wobei es in erster Linie um Erdoğans Traum geht. Mittlerweile ist AKP eine Erdoğan-AG. Im Oktober zeigen sich erstmals Risse in der Beziehung zwischen ihm und Amtsinhaber Gül. Stoisch hatte der ruhige Gül jahrelang Erdoğans Launen ertragen. Sollte ihn etwas aufgeregt haben, lässt er sich das jedenfalls nicht anmerken. Gelegentlich, wenn Erdoğan mal wieder zu autokratisch auftritt, korrigiert der Weggefährte das Bild von der Alleinherrschaft und widerspricht. Und zwar nicht nur bei Kleinigkeiten. Bei einer Rede zur Eröffnung der Sitzungsperiode des Parlaments nach der Sommerpause fordert Gül die Freilassung von Abgeordneten, die in Untersuchungshaft sitzen. Einige waren wegen des Verdachts der Vorbereitung eines Putsches gegen die AKP angeklagt worden, andere wegen Unterstützung der PKK-Kämpfer. Die Politiker seien vom Volk gewählt worden, sagt Gül. Es gelte die Unschuldsvermutung, deswegen müssten sie bis zu einer rechtskräftigen Verurteilung das Recht zur Ausübung ihres Mandats haben. Natürlich sieht Erdoğan das anders, doch hält er sich für seine Verhältnisse diplomatisch zurück. Noch ist es zu früh, den langjährigen politischen Weggefährten öffentlich bloßzustellen – doch nur einer kann das Alphatier sein.

Am 3. November 2012 feiert die AKP ihr zehnjähriges Regierungsjubiläum. Erdoğans Bilanzen zu diesem symbolträchtigen Tag könnten besser sein: Viele seiner einst mit viel Trubel verkündeten Ziele haben sich zu Trümmerhaufen entwickelt. Der Ruf, er sei ein Islamist im demokratischen Gewand, ist wieder lauter geworden, auch weil er mit Kritikern immer gnadenloser umgeht. Zehn Jahre nach seinem ersten Wahlsieg bombt die PKK wieder – und der demonstrativ von Davutoğlu ausgerufene Schmusekurs mit den Nachbarn ist teilweise in offenen Hass umgeschlagen. Auch eine glaubhafte Vorbildrolle für die Region kann Erdoğans Türkei zu diesem Jubiläum nicht mehr vermitteln. Die EU-Krise macht sich in der stark von ausländischen Kapitalzuflüssen abhängigen Wirtschaft bemerkbar. Hatte die Ökonomie in den Jahren zuvor noch einen echten Boom erlebt, wächst sie nun deutlich langsamer, auch die Binnennachfrage lässt nach. Journalisten und überhaupt alle Kritiker müssen mittlerweile um ihre Freiheit, teilweise auch um ihr Leben fürchten, die Minderheitenfrage ist alles andere als gelöst, die AKP hat durch ihr Hin und Her an Glaubwürdigkeit eingebüßt.

Dennoch läuft sich Erdoğan unbeirrt warm für den nächsten Karrieresprung und stellt im November seine Pläne für die Einführung eines Präsidialsystems vor. Nach AKP-Statuten darf er nur dreimal das Amt des Ministerpräsidenten bekleiden, und nicht zum vierten Mal als Regierungschef antreten. Zudem endet Güls Amtszeit 2014. Deswegen macht er rechtzeitig klar, dass er überhaupt nicht an einen politischen Ruhestand denke. »Solange meine Seele in meinem Körper bleibt, werden wir beisammen sein – wahrscheinlich in verschiedenen Ämtern, mit unterschiedlichen Titeln.«

Nach seinem erfolgreichen ersten Schritt, dem Referendum 2007, bei dem die Türken für die Direktwahl des Staatspräsidenten stimmten, folgt nun sein zweiter: Das politische Amt, das er anstrebt, ist bislang eher repräsentativ aufgehängt, er aber will ein Präsidialsystem mit erweiterten Machtbefugnissen.

Der Schritt kommt nicht überraschend, er hat dieses Ziel bereits seit Jahren zumindest angedeutet. Nun wird der Wunsch konkret.

Nach AKP-Vorstellungen lesen sich die neuen Aufgaben und Befugnisse des Präsidenten so: Der direkt vom Volk gewählte Präsident soll künftig allein über das Kabinett bestimmen. Das bisher für die Auswahl der Regierungsmitglieder nötige Vertrauensvotum des Parlaments soll entfallen. Ähnlich wie in den USA sollen Gesetzesinitiativen künftig stets aus dem Parlament kommen; die Regierung soll dem Parlament keine eigenen Gesetzentwürfe zuleiten. Diese Pläne laufen auf eine Abschaffung des derzeitigen parlamentarischen Systems der Türkei hinaus, in dem der Präsident vorwiegend zeremonielle Funktionen hat. Denn nur lächelnd Gebäude eröffnen und Gesetze unterzeichnen will Erdoğan nicht.

Erdoğan argumentiert, ein Präsidialsystem sorge für Kontinuität, weil es die Macht in die Hände eines direkt gewählten Staatsoberhauptes lege. Dadurch würden die in der Türkei früher sehr häufigen wackeligen Koalitionsregierungen unmöglich. In einer Zeit, in der im Nahen Osten ein System nach dem anderen kollabiert und der IS sich zusammensetzt, ist Stabilität ohnehin das Wort der Stunde. Selbst sein inzwischen international als grausamer Diktator renommierter ehemaliger Freund Assad in Syrien hält sich mit dem Stabilitätsargument lange wacker. Dienen soll die geplante Verfassungsänderung freilich weniger dem künftigen Wohl der Republik als vielmehr Erdoğans persönlicher Macht. Das von Erdoğan angestrebte System mag in anderen Staaten durchaus im Rahmen einer Demokratie funktionieren – in Erdoğans Türkei soll es ihm den Weg zur Unantastbarkeit ebnen.

Im Lauf des Jahres zeichnet sich ab, dass die von Davutoğlu ausgerufene »Null Probleme mit den Nachbarn«-Politik zusammenbricht. Nach und nach gerät Erdoğans Regierung mit den Nachbarstaaten in Streit. Besonders aufgeheizt ist der Konflikt mit Syrien. Bereits im Juli hatte Erdoğan nach einem Gespräch mit seinem britischen Amtskollegen David Cameron ein Einschreiten in Syrien gefordert. Die Arabische Liga und die Organisation für Islamische Zusammenarbeit müssten gemeinsam gegen diese »entsetzliche Lage« vorgehen. Zum Jahresende droht nun Ankara damit, selbst in Syrien einzumarschieren, was sich als Schaumschlägerei entpuppt, denn nichts geschieht. Es ist vielmehr Erdoğans Zorn auf den einstigen Freund, der sich erst seinen Ratschlägen verweigerte und nun partout nicht weichen will.

Die unsichere Lage im Nachbarland bedeutet für Erdoğan jedoch nicht nur persönlichen Gram über Assad: Es zeichnet sich ab, dass die syrischen Kurden das Machtvakuum nutzen werden, auch wenn Erdoğan in diesem Stadium der Entwicklungen noch nicht einschätzen kann, welche Bedrohung die größere ist: das Assad-Regime, die erstarkenden Dschihadisten des »Islamischen Staates« oder die nach Unabhängigkeit strebenden syrischen Kurden. Deren Traum vom eigenen Staat ist Erdoğans Albtraum – und je länger der Krieg andauert, desto größer wird der Druck auf die Türkei, die zwischen Europa und dem Kriegsgebiet steht und schon allein wegen dieser räumlichen Nähe immer weiter in den Strudel der Ereignisse hineingezogen wird.

Assad gehorcht nicht, Russland hält zu dem Syrer, mit den Europäern ist Erdoğan ohnehin nie wirklich warm geworden – auch wenn der Westen ihn jetzt mehr denn je als Verbündeten braucht. Zwischen der Türkei und Israel herrscht Eiszeit, vom mit Syrien verbundenen Iran ganz zu schweigen, der Nachbar Irak liegt in Trümmern, und Erdoğans Missionseifer in Libyen und Ägypten war so schnell beendet, wie er begonnen hatte. Der selbsternannte Sultan, der der ganzen Region vorauseilen wollte, findet sich nun in einer Lage wieder, in der Andere bestimmen, was passiert.

Die Generation Erdoğan

Nach der Wirtschaftsflaute im Vorjahr geschehen im Mai 2013 zwei völlig unerwartete Dinge. Einmal überrascht Erdoğan, und einmal ist er der Unvorbereitete. Zunächst begleicht die Türkei mit einer letzten Zahlung von 422 Millionen US-Dollar ihre gesamten Schulden beim Internationalen Währungsfond. Damit steht das Land erstmals seit neunzehn Jahren nicht mehr bei den internationalen Geldgebern in der Kreide – eine historische Wende, die Erdoğan selbstverständlich auf sein Konto verbucht und für die er sich feiern lässt. Aber nicht alle schwelgen mit ihm in diesem Erfolg. Im März 2013 ist er seit zehn Jahren im Amt, kein Herausforderer ist in Sicht, die wirtschaftlichen Bilanzen sind zufriedenstellend. Dennoch meldet sich das Volk ungefragt zu Wort. Im Herzen Istanbuls tun sich zunächst ein paar Umweltschützer zusammen. Aus ihrem Protest soll eine landesweite Bewegung werden, eine Gegenwehr, wie es sie seit Erdoğans Regierungsantritt nicht gegeben hat.

Ein Teil des Volkes liebt ihn, sogar seine Gegner müssen einräumen, dass er Menschen für sich einnehmen kann. Erdoğan aber will sein Land nicht nur verwalten und repräsentieren – er will sein Erzieher sein. Doch genau das wollen sehr viele nicht. Erdoğan selbst bekommt durch den Gezi-Aufstand urplötzlich gezeigt, dass er längst nicht mehr »nah dran« ist an den Bürgern – wie er sich stets wähnte. Die Ereignisse treffen ihn, der sich so gerne in den jubelnden Massen sonnt, völlig unvorbereitet – und werden zum langen Drama. Alles hat Erdoğan überstanden: die Verhinderungsversuche Erbakans, den langwierigen Kampf gegen das Militär und die Schlagabtausche mit der Opposition hat er gemeistert – mit Ausdauer, Mut und der Instrumentalisierung der Justiz. Er hat so viele Hürden übersprungen, aber nun droht er ausgerechnet an unzufriedenen Bürgern zu scheitern. Jetzt beginnt er, wie blind drauflos zu schlagen – im wahrsten Sinne des Wortes. Der Gezi-Sommer ist für Erdoğan der schon längst überfällige Dämpfer. Er kennt überhaupt kein Pardon mehr und lässt alle Masken fallen. Seine Reaktion zeigt auch, wie sehr er sich vor einem Absturz fürchtet. Denn nur wer Angst hat, schlägt so gnadenlos um sich. Nur wer sich fürchtet, wird so reaktionär.

Zwar hat er immer noch eine riesige Anhängerschaft in den etwas ärmeren, den religiöseren und weniger westlichen Teilen der Gesellschaft, zwar hat er die Medien weitgehend gleichgeschaltet und starke Unterstützer aus der Wirtschaft – aber zu einem sehr großen Teil der Gesellschaft fehlt ihm jeglicher Bezug: zu den Jüngeren, den Gebildeten, der moderneren Türkei, die sich für Menschenrechte und den Umweltschutz einsetzt, die sexuelle Vielfalt lebt, ethisch und religiös plural ist, die nicht mehr gehorchen will. Während er also die eine Hälfte eingefangen hat, hat er die andere ignoriert. Er hätte mit der harmlosen Demonstration einiger Umweltschützer problemlos fertig werden können, doch berauscht von der eigenen Macht und den Erfolgen hat er jedes Gespür für die Stimmung der Gesellschaft verloren.

Im Nachhinein heißt es immer wieder, die Gezi-Proteste hätten wegen rund zweihundert Bäumen begonnen – doch diese Bäume waren nur der Anlass, ein kleiner Funke, der den schwelenden Konflikt zwischen dem alles diktierenden Übervater und vor allem der jungen Generation des Landes schlagartig zum Flächenbrand machte. Denn einer gleichbleibenden Begeisterung von Millionen Türken steht die zunehmende Ablehnung durch Millionen anderer Türken entgegen. Einer Generation, die in weitgehend politischer und wirtschaftlicher Stabilität groß geworden ist, in deren Gedächtnis keine bellende, einen Putsch verkündende Generalsstimme mehr hallt. Während ihre Eltern in Angst vor der Junta aufgewachsen und noch von all den Militärputschen traumatisiert waren, erlebte diese Generation eine noch nie dagewesenen Freiheit – und will sich nichts mehr von dem röhrenden Erdoğan diktieren lassen.

Ihr Regierungschef, den viele schon seit der Kindheit kennen, macht ihnen Angst. Laut zu denken wird immer schwieriger. Mehr und mehr will Erdoğan ihnen vorschreiben, wie sie zu leben, zu lieben haben, verurteilt sie dafür, wie frei sie sind. Denn er tadelt auf inflationäre Art und Weise, immer noch mit den Instinkten eines Straßenkämpfers, und immer noch sich volkstümlich gebend. Immer noch ist da auch der Klassenkampf dabei. Ironischerweise ist es vor allem die unter der AKP erstarkte Mittelschicht, die sich nun gegen die Bevormundung und Erdoğans One-Man-Show auflehnt. Erwartungen haben sie keine mehr an Erdoğan. Er teilte die Gesellschaft in »die« und »wir« – also »wir, die es richtig machen« und die Anderen. Das Gesellschaftsbild der AKP beschränkt sich nicht auf deren Parteiprogramm oder –veranstaltungen, sondern wird immer mehr im Alltag spürbar: Frauen sollen am Herd bleiben – oder sich zumindest »anständig« benehmen. Als sich unmittelbar vor den Gezi-Protesten ein Paar in der U-Bahn in Ankara küsste, ertönte aus dem Lautsprecher die Aufforderung, sich moralisch zu verhalten. Als daraufhin junge Leute eine Protestaktion organisierten, werden sie von einem Haufen religiöser Fanatiker angegriffen. Es waren Bilder, die ihre Wirkung nicht verfehlten – die Säkularen fürchteten sich.

Dann wird angekündigt, dass das Alkoholgesetz verschärft wird. Künftig soll es den Verkauf zwischen 22 Uhr abends und sechs Uhr morgens verbieten, ebenso wie Werbung für Spirituosen. Anstatt rational zu argumentieren – immerhin unterliegt Alkoholwerbung auch in der EU strengen Auflagen – macht Erdoğan wieder seine Einteilung in Gut und Böse auf und geht diesmal auch indirekt auf Republikgründer Atatürk los, den er offenbar nicht in der Kategorie »wir« sieht. Er poltert, er wolle nicht länger, dass die Gesetze eines Trinkers Gültigkeit besäßen. Damit ist die Schmerzgrenze überschritten. Die Opposition schreit »Scharia! Scharia!«, viele Türken sind alarmiert und fürchten weitere Eingriffe in ihr Privatleben. »Das alte Alkoholgesetz«, sagte Erdoğan im Parlament, »wurde von zwei Säufern durchgesetzt, sollen wir da nicht lieber das Gesetz Gottes vorziehen?« Er habe das Gesetz auf den Weg gebracht, »um eine gesunde Generation heranzuziehen«, erklärt er. Außerdem sei es besser, die Regeln Gottes vorzuziehen. Mit »Säufern« spielt Erdoğan auf Atatürk und Inönü an. Der noch immer hochverehrte Republikgründer war für seinen Rakikonsum bekannt.

Diejenigen, die jetzt auf die Straßen ziehen, mussten in den vergangenen Jahren miterleben, wie mit Hilfe des Inlandsgeheimdienstes MIT neue Schattengewalten entstanden, die AKP-Kritiker einschüchterten. Mühte sich Erdoğan in seinen ersten zwei Amtszeiten noch, die Balance zwischen Härte und Reformkurs zu halten, gibt er in seiner dritten Amtszeit den Kurs des Ausgleichs komplett auf – jetzt ist er die höchste Instanz der Republik.

Abb. 8: Gezi-Park-Proteste Juni 2013

Der Gezi-Park ist eine kleine Grünfläche, die direkt an den Istanbuler Taksim-Platz grenzt. Vom Taksim geht die quirlige İstiklâl Caddesi ab, eine Straße führt in den Bezirk Cihangir, der von den Menschen aus dem ebenfalls vom Taksim-Platz in Fußweg erreichbare Kasımpaşa als der Stadtteil der »Champagner trinkenden Intellektuellen« verachtet wird. Jetzt soll der kleine Grünstreifen nach Wunsch der Stadtverwaltung einem Einkaufszentrum und der Replik einer historischen osmanischen Kaserne weichen. Unterschriftenlisten gegen diese Bebauungspläne werden bereits seit Monaten gefüllt. Erdoğan hat auch einen weiteren Bezug zu dem Park: Bereits als Bürgermeister Istanbuls hatte er angestrebt, eine Moschee an die Stelle des Parks zu setzen – konnte diesen Wunsch jedoch nie umsetzen.

Der Taksim-Platz auf der europäischen Seite Istanbuls ist nicht erst seit den Gezi-Protesten der bekannteste Platz des Landes und verfügt über eine hohe Symbolkraft. Für viele Türken er das Wahrzeichen der modernen Türkei, das zentrale Denkmal erinnert an die Republikgründung durch Atatürk. Direkt gegenüber dem Gezi-Park steht das leerstehende Atatürk-Kulturzentrum, Gerüchten zufolge soll es ebenfalls abgerissen werden. Spätestens seit den bis heute ungeklärten tödlichen Schüssen auf eine Demonstration am 1. Mai 1977 hat der Platz auch für Gewerkschaften und die gesamte Linke des Landes eine besondere Bedeutung.

Jetzt scheint es von einem Tag auf den anderen so, als werde sich Erdoğans bis dahin steile Karriere an wenigen hundert Quadratmetern trockenen Rasens entscheiden. Die Gefährdung ist dabei recht diffus und schwer zu greifen – seine Mehrheit bei den Wählern, ist schließlich noch immer vorhanden – doch seine Souveränität ist dahin.

Den Faktor Volk hatte er nicht einberechnet – ausgerechnet er, der im Wahlkampf immer auch mit seiner Volksnähe punktete. Keiner kann Politik besser als er, so glaubt er. Nun bekommt er die Quittung für die Arroganz und Ignoranz der vergangenen Jahre, in denen der Premier sich zusehends mit Jasagern umgab, die ihm wie nickend folgen. Und während er sich für seine wirtschaftlichen Erfolge feiert, geht es längst nicht allen Türken unter Erdoğan gut: Noch immer leben knapp siebzehn Prozent der Türken unter dem Existenzminimum. Vor allem die steigende Arbeitslosigkeit unter Akademikern führt zu Frustration.

Rückblickend wird der Beginn der Unruhen auf den 31. Mai 2013 datiert. An diesem Tag geht die Polizei gewaltsam gegen Umweltschützer vor, die mit einem mehrtägigen Sitzstreik die Bebauung der Grünfläche im Stadtzentrum verhindern wollen. Verärgert über das Vorgehen der Beamten strömen danach Zehntausende in den Park und besetzen den nahen Taksim-Platz.

Aus der lokalpolitischen Episode werden Monate der Gewalt: Demonstranten und Polizisten liefern sich erbitterte Straßenschlachten, die Sicherheitskräfte gehen landesweit mit Tränengas, Gummiknüppeln und Wasserwerfern massiv gegen friedliche Demonstranten vor. Sie zünden sogar die Zelte an, in denen die Widerständler campieren. Am Ende werden mindestens zwölf Menschen ums Leben gekommen sein, Tausende werden verletzt. Noch nie in der Geschichte des Landes hatte es so eine langanhaltende Protestwelle gegeben. Alleine in den ersten drei Juni-Wochen beteiligen sich landesweit rund 3,5 Millionen Menschen an Demonstrationen. Die richten sich längst nicht mehr gegen ein Bauprojekt, sondern gegen den Premierminister.

Die Proteste zeigen, dass sich vieles in der Türkei verändert hat. Eine breite Zivilgesellschaft setzt sich für ihre Rechte ein: türkische Nationalisten neben Kurden, Aleviten neben Sunniten, verschleierte Frauen neben Frauen mit kurzen Röcken, Heterosexuelle neben Homosexuellen, Akademiker neben Arbeitern, Alte neben Jungen, Kommunisten neben Kemalisten, Fußballfans verfeindeter Clubs. Noch vor wenigen Wochen undenkbar, doch jetzt sind alle hier, friedlich, gemeinsam. Im Park campieren tausende Menschen, zum Teil herrscht Jahrmarktatmosphäre: Bücher werden ausgetauscht, Yoga-Gruppen meditieren, Kochstände bieten Essen an. Zeitweise sind bis zu hunderttausend Menschen auf dem Platz, der an manchen Tagen an einen Bürgerkriegsschauplatz erinnert: ausgebrannte Autos, Wasserwerfer stehen herum. Überall liegen Glasscherben, Müll, Patronenhülsen und Zitronenschalen. Die Zitrusfrucht hilft gegen Tränengas. Die Wände rundherum zieren Graffiti mit Sätzen wie »Tayyip, du Hurensohn«, »Selbst wenn wir unterliegen, den Geschmack von Aufstand haben wir auf der Zunge«, oder »Taksim gehört uns«.

Der so Beleidigte bleibt stur, nahezu besessen. »Ihr wollt Bäume haben? Gut, ihr könnt Bäume haben, wir bringen sie euch vorbei. Die könnt ihr euch dann in den Vorgarten stellen«, ätzt er, während Hunderttausende gegen ihn auf die Straßen ziehen. Kein anderer türkischer Ministerpräsident vor ihm entwickelte solch einen Größenwahn, der mit einem gewissen Verfolgungswahn einhergeht. Überall wittert Erdoğan Feinde. »Wir« gegen »die« heißt es einmal mehr. Seinen Unterstützern trichtert er ein: »Sie wollen uns und unseren Glauben zerstören.« Sein Ton wird immer aggressiver, die Demonstranten beschimpft er wahlweise als »Stümper«, »Marodeure«, »Lumpen«, »Plünderer«, »Terroristen«, oder »erbärmliche

Nagetiere«, die »das Schiff, in dem sich 77 Millionen türkische Bürger befinden«, zum Sinken bringen wollen. Er droht: »Wenn die mit einhundert Leuten kommen, dann sammele ich hunderttausend!« Er brüllt bei einer Brückenbaueröffnung: »Die können schreien, aber wir haben Arbeit zu erledigen. Wir schaffen keine Worte, wir schaffen nämlich Arbeit!«

Während Erdoğan tobt, wütet und jedes Gefühl für eine angemesse Reaktion verloren hat, mahnt Präsident Gül mit ruhiger Stimme: »Demokratie ist nicht nur am Wahltag.« Erdoğan widerspricht ihm prompt: »Volkes Wille drückt sich nur am Wahltag aus.«

Wurde Gül nun mutig und traute sich, gegen Erdoğan aufzustehen oder spielten die beiden Staatsmänner hier »good cop, bad cop«? Gül stand wohl tatsächlich gegen Erdoğan auf, er ahnte, dass er sich kurz vor dem politischen Abstellgleis befand. Die Kritik an seinem Parteichef glich also eher »letzten Zuckungen«, bevor er das politische Parkett verlassen musste.

Anstatt sich inhaltlich mit den Protestierenden auseinanderzusetzen, pflegt der Premier indessen sein eigenes Milieu und bevorzugt die Komfortzone: Nach seiner Rückkehr von einer fünftägigen Nordafrikareise hält er um drei Uhr morgens vor tausenden Anhängern auf dem Istanbuler Atatürk-Flughafen eine Rede. Eine kostenlose Fahrt mit der Metro und extra Shuttlebusse karren seine Anhänger dorthin. An der Seite seiner Ehefrau Emine erklärt er: »Keine Macht außer Allah kann den Aufstieg der Türkei aufhalten.« Er peitscht die Masse mit ständigen »Gott ist groß«-Rufen an. »Wir alle sind Tayyips Soldaten«, rufen seine Anhänger.

Im Istanbuler Stadtteil Zeytinburnu spricht er am 16. Juni vor geschätzten 250 000 Menschen von einer Bühne herab. Die ihm hörige Tageszeitung »Yeni Şafak« schreibt von zwei Millionen Fans. Doch diese AKP-Propaganda wird von Wissenschaftlern der Bosporus-Universität entlarvt. Sie berechnen, dass sich dann sechzehn Menschen einen Quadratmeter hätten teilen müssen. Aber er und all seine ihm zu Füßen liegenden Organe lassen nichts unversucht, um Stärke zu inszenieren. Seine Botschaften mögen sich größtenteils aus Banalitäten zusammensetzen, doch Erdoğan trägt sie mit einem erheblichen Sendungsbewusstsein und beißender Stimme vor und verleiht ihnen dadurch vor allem bei jenen Überzeugungskraft, die die Gezi-Demonstranten ebenfalls als Störenfriede verachten. Die Worte des Inszenators mit Sonnenbrille hallen an diesem Tag dabei mit mehrfachem Echo über die Massen hinweg. Und es funktioniert immer wieder: Die Menschen jubeln – er muss sich nur die richtigen aussuchen. Die Massen rufen ihm mit Adrenalin in den Adern, Wut und Liebe im Herzen zu: »Wir würden für dich sterben!« Erdoğan antwortet immer wieder mit: »Gott ist groß!« Aus solch messianischer Verehrung bezieht er die Stärke, um weiterzumachen. Und es ist seine altbewährte Strategie: Anhänger aufheizen, Verschwörungstheorien verbreiten, mit dem Finger anklagend auf andere zeigen – seine aggressive Politik des »divide et impera« wird meist live übertragen von seiner Verkündungsmaschine, dem Staatssender TRT.

Sein Verhalten gegenüber den Protestlern schwankt zwischen Beleidigungen und roher Gewalt – sogar der Einsatz des Militärs gegen die eigenen Bürger zieht er in Erwägung. Selbst wenn er es mit versöhnlichen Tönen versucht, landet er schnell bei Anschuldigungen und abstrusen Erklärungsversuchen: »Liebe Jugend, wir haben die Türkei in schrecklichen Umständen übernommen. Die Freiheit und die demokratischen Standards, die die jungen Leute heute haben, wären vor zehn Jahren nicht zu erträumen gewesen«, sagt er in einer Ansprache vor der AKP-Fraktion. Und weiter: »Die türkische Wirtschaft war das Ziel dieser Ereignisse. Die Anstrengungen, die unternommen wurden, um dem Ruf der Türkei zu schaden, sind Teil eines systematischen Plans.« Dann aber behauptet er, die Zinslobby habe jahrelang das Volk ausgebeutet, aber dies sei nun vorbei: »Ihr habt diesen Kampf gegen uns begonnen und dafür werdet ihr schwer bezahlen.« Dann wiederum spricht er von einem »Sieg« über die Demonstranten. Erkennt einen »Komplott« von »Verrätern«.

Auch das Thema Religion ist Teil seines »Wir gegen die«-Schemas. Immer wieder wettert er über Jugendliche, die angeblich mit

Schuhen in einer Moschee Alkohol getrunken haben. Obwohl der Imam Erdoğans Geschichte öffentlich widerspricht, wird dieser nicht müde, diese zu wiederholen. Neben verbaler Hetze versucht Erdoğan mit allen Mitteln, die Proteste zu unterbinden. In Istanbul etwa wird der Fährbetrieb zwischen asiatischem und europäischem Ufer eingestellt. Zivilpolizisten provozieren die Demonstranten. Vergleiche mit Paris und Berlin 1968 werden angestellt. Nichts scheint ihm zu absurd:»Ich warne zum letzten Mal: Mütter, Väter, bitte holt eure Jugendlichen ab.« Doch die Menschen strömen weiterhin auf die Straßen.

Mitte Juni droht die AKP erstmals mit dem Einsatz der Armee. Nach einer erneuten gewaltsamen Demo-Auflösung lobt Erdoğan im Parlament:»Unsere Demokratie stand wieder einmal auf dem Prüfstand, und sie hat gesiegt.« Die AKP habe das »Komplott« aufgedeckt, das von »Verrätern« zusammen mit »ausländischen Komplizen« geplant worden sei. Indessen mahnt das Innenministerium die Polizei, sparsamer mit Tränengas umzugehen. Die Beamten sollten aus mindestens vierzig Metern Abstand auf die Demonstranten zielen und nicht, wie oft geschehen, aus nächster Nähe schießen.

Was diese Menschen denken, interessiert Erdoğan nicht. Der erfolgsverwöhnte Politiker hat einen unerschütterlichen Glauben an die eigene Überlegenheit und mag sich überhaupt nicht mit seinen Gegnern verständigen. Erdoğan kann Dinge, die andere nicht können, er kann seine politische Agenda anderen hemmungslos überstülpen, sodass sie ihm glauben – ob wahr oder nicht.

Während sich der größte Volksaufstand der türkischen Geschichte abspielt, zeigen das staatliche und private Fernsehen Dokumentationen über Adolf Hitler und Pinguine, Kochsendungen, in einer Talkshow diskutiert man über Schizophrenie. Folgt man den meisten türkischen Medien, dann gibt es weder prügelnde Polizisten noch Tote oder überhaupt Demonstranten. Auch die meisten Tageszeitungen beteiligen sich an der unausgesprochenen Nachrichtensperre – und der entsprechenden Hofberichterstattung. Diese Informationslücke schließen die Türken selbst, per Twitter. Mit Millionen Kurznachrichten tauschen sich die Menschen über die

Sicherheitslage aus, warnen sich gegenseitig vor anrückenden Polizisten, geben Tipps bei Verletzungen und sprechen sich Mut zu. Kein Wunder, dass Erdoğan bald in einem TV-Interview feststellt: »Für mich ist Twitter der größte Unruhestifter für heutige Gesellschaften.« Dass es das eigene Volk ist, das ihn ablehnt, kann er sich zu diesem Zeitpunkt noch immer nicht vorstellen.

Für Europa sind die Beobachtungen verwirrend bis schockierend. Die Hoffnungen auf eine liberale Demokratie sind fürs Erste vom Tisch. Kritik aus Deutschland weist Europaminister Egemen Bagiş wie folgt zurück: »Wenn Frau Merkel sich die Sache anschaut, wird sie sehen, dass diejenigen, die sich in die Angelegenheiten der Türkei einmischen, kein glückliches Ende nehmen.«

Und während die Menschen in Istanbul und anderen türkischen Städten »Tayyip istifah« – »Tayyip, tritt zurück« rufen, beendet im Juli der Sturz des ägyptischen Präsidenten Mohammed Mursi Erdoğans osmanische Träume endgültig. Jetzt erlebt Erdoğan, wie ein vom Volk gewähltes Staatsoberhaupt weggeputscht wird, und er selbst bekommt regelmäßig Tobsuchtsanfälle, wenn es um den Ägypter geht.

Denn das weckt Erinnerungen an die eigene Geschichte, an Menderes, der am Galgen endete, und an den Erdoğan so oft denken muss. Mursi ist zudem für Erdoğan nicht irgendein demokratisch gewähltes Staatsoberhaupt – er ist Vertreter der gemäßigten Islamisten, der ägyptischen Muslimbrüder, und vertritt entsprechend religiös konservative Positionen. Auch wenn er zum Amtsantritt seine demokratischen Absichten betont. Im Gegensatz zu Erdoğan unterliegt er im Machtkampf mit dem Militär und beim Versuch, die alten Strukturen umzukrempeln. Im September 2012 – Mursi war gerade frisch im Amt – hatte ihn Erdoğan noch zu einem AKP-Kongress empfangen. Jetzt fordert Erdoğan die Ägypter auf, Mursi wieder einzusetzen. »Nein zur Unterdrückung einer Mehrheit durch die Minderheit« – »Ja zur Herrschaft der Mehrheit über die Minderheit«, lauten seine Parolen. Sie verhallen ungehört, zeigen seine tiefsitzende Angst vor einem Machtverlust und seine eigene Paranoia: Erdoğan wittert überall Verrat und Verschwörung. Der einstige Präsident Mursi sitzt heute in Ägypten in der Todeszelle. Erdoğan wirft dem Westen gerne Scheinheiligkeit vor, weil dieser sich mit Präsident Abdelfatah al-Sisi arrangiere. Wann genau die Proteste in der Türkei enden, lässt sich auf den Tag nicht sagen. Noch im September gehen Tausende auf die Straßen – die Abrechnung der Regierung beginnt parallel: Wegen »Teilnahme an verbotenen Demonstrationen« oder wegen »Bildung einer terroristischen Vereinigung« werden tausende Demonstranten vor Gericht gezerrt. Die Architektenkammer, von Anfang an heftiger Kritiker Erdoğans, wird von stadtplanerischen Projekten ausgeschlossen. Während der Proteste werden laut Angaben der türkischen Journalistengewerkschaft 22 Journalisten entlassen, 37 sehen sich wegen des starken Drucks dazu genötigt, selbst zu kündigen. Dutzende Facebook- und Twitternutzer werden wegen »irreführender und beleidigender Informationen« festgenommen – noch im Herbst 2015 werden 244 Gezi-Demonstranten verurteilt. Ein Istanbuler Gericht verhängt gegen die Angeklagten Haftstrafen von bis zu vierzehn Monaten, die Staatsanwaltschaft hatte bis zu zwölf Jahre Haft gefordert. Unter den Verurteilten sind nicht nur Demonstranten, sondern auch Ärzte, die medizinische Hilfe geleistet hatten.[57]

Berkin Elvan, 14

Die Proteste kosten mindestens acht Menschen das Leben. Das jüngste Opfer, Berkin Elvan, erliegt am 11. März 2014 seinen Verletzungen. Jeder in der Türkei kennt das Bild von Berkins Mutter, Gülsüm Elvan, aufgenommen in dem Moment, als sie vom Tod ihres Jungen erfährt. Diese Aufnahme der schreienden Mutter, die in ihrem Schmerz von Verwandten gestützt werden muss, ist zu einem Sinnbild für das Unrecht in der Türkei geworden. Berkin war vierzehn Jahre alt, als er am 16. Juni 2013 in Okmeydanı während der Gezi-Proteste bei einer Straßenschlacht von Polizei und Regierungsgegnern zwischen die Fronten geriet. In dem als linksradikal geltenden Viertel, in dem die Familie bis heute lebt, wurde während der Proteste massiv gegen die islamische AKP-Regierung demonstriert. Die Elvans sind kurdische Aleviten, wie die meisten Zugehörigen dieser Minderheit forderten auch sie auf den Straßen den Rücktritt Erdoğans. An jenem verhängnisvollen Sonntag, so sagen seine Eltern, habe ihr Sohn lediglich zum Bäcker gehen wollen. Unterwegs geriet er in eine Demonstration, es traf ihn eine Tränengasgranate an Hinterkopf, abgefeuert von der Polizei. Der Junge fiel ins Koma, nach 269 Tagen, mittlerweile fünfzehn Jahre alt und auf sechzehn Kilogramm abgemagert, starb er. Für eine Mutter gibt es nichts Schlimmeres, als das eigene Kind zu Überleben – und genau das ist Gülsüm Elvan passiert.

Ein Jahr nach seinem Tod sitzt sie, still auf den Boden starrend, auf der Trauerfeier für ihr Kind in einem schmucklosen Raum in Okmeydanı neben einem Cemevi, so werden die Glaubenshäuser der alevitischen Minderheit genannt. Der kurdische Politiker Demirtaş ist gekommen, um an der Trauerfeier teilzunehmen. Draußen rufen Hunderte Demonstranten »Nieder mit der AKP«. Ein Dutzend Polizisten steht daneben, ganz in Schwarz gekleidet, dahinter zwei Wasserwerfer. Hubschrauber kreisen in der Luft.

In diesem Moment kommen der Mutter all die Erinnerungen hoch: Berkin als Baby, das mit seinen zwei älteren Schwestern spielte. Berkin, wie er heranwuchs und sich für Fußball begeisterte, Berkin als Jugendlicher, der ein fauler Schüler war. Und dann der Junge im Krankenhaus, leblos. Besonders quälend seien die Nächte, erzählt Gülsüm Elvan später in ihrer Küche, da sieht sie ihren Sohn im weißen Leichentuch. »Ich habe am Grab meines Sohnes geschworen, seinen Tod zu rächen. Nur deswegen bin ich noch hier«, sagt die 39-Jährige. Neben ihr sitzt ihr Mann, Sami Elvan. Die Trauer und Fassungslosigkeit über das, was war und was ist, füllen den kleinen Raum mit einer schwer erträglichen Schwere.

Berkin sei Mitglied einer extremistischen Organisation gewesen, sagte damals Erdoğan nach dessen Ermordung. »Dieser Junge mit Stahlkugeln in seiner Tasche, mit einer Schleuder in seiner Hand, sein Gesicht von einem Schal verdeckt, der in Terrororganisationen aufgenommen worden war, wurde unglücklicherweise Pfefferspray ausgesetzt«, so der Premier auf einer Veranstaltung im Südosten. Wegen der Vermummung hätten die Polizisten sein Alter nicht einschätzen können. Bis heute wurde niemand für die Tat zur Verantwortung gezogen, dabei gibt es Augenzeugen, die sagen, es sei gezielt auf das Kind geschossen worden. »Jeden Tag warte ich auf die Rückkehr meines Sohnes«, sagt der Vater. Jeder Tag sei ein Drama. Die Mutter atmet schwer, während sie erzählt. Sie weint immer wieder zwischendurch, ihr Gesicht ist aschfahl, sie klagt mit harter Stimme an. Sie raucht eine Zigarette nach der anderen, stützt den Kopf in ihre Hände, fasst sich immer wieder an die Namenskette um ihren Hals, auf der groß in goldenen Buchstaben »Berkin Elvan« steht. »Mama, lass mich Brot kaufen gehen«, seien die letzten Worte ihres Sohnes gewesen, danach habe sie nie wieder seine Stimme gehört. »Unser Sohn ist dahingeschmolzen wie eine Kerze«, sagt der Vater.

Vergessen oder verzeihen wollen und können die Elvans das Geschehene nicht. Sie klagen lautstark an, sie mobilisieren Regierungsgegner und Menschenrechtler, fragen nach der Schuld und Verantwortung eines Staates, der seine Kinder nicht schützt. Für die Familie steht der Mörder ihres Sohnes fest: Recep Tayyip Erdoğan. Ob sie keine Angst haben, wegen ihrer Worte eines Tages ins Gefängnis zu kommen? »Wir haben niemandem etwas geklaut, wir haben niemanden getötet«, antwortet der Vater, um Fassung bemüht. Erdoğan selbst habe ja die Polizei dazu angehalten, viel Tränengas zu verwenden.

Sie haben in ihrer neuen Wohnung ein eigenes Zimmer für den verlorenen Sohn eingerichtet, in dem sie seine Sachen aufbewahren. Im Kleiderschrank hängt seine neue Schuluniform, die er eigentlich nach den Ferien hätte tragen sollen. Es liegen die Fußballtrikots neben den Sporthosen, der Vater streicht behutsam über Berkins Bücher, blättert durch dessen Schulhefte.

Überall im Zimmer stehen die Geschenke, welche Menschen aus aller Welt der Familie geschickt haben. Eine Berkin-Büste aus Ton, der Junge mit den zusammengewachsenen Augenbrauen auf

Öl gemalt, sein Porträt auf allerlei Kitschgegenständen. In einer Kiste bewahren sie alle Artikel auf, die über Berkin geschrieben werden. In einem Regal liegen die Geschenke, die ihnen Fremde zugeschickt haben. Der Vater ist sich sicher: »Die verantwortlichen Politiker werden eines Tages für all das bezahlen, was sie uns angetan haben.«

Der Feind im Exil

In den folgenden Monaten verschlechtert sich das politische Klima drastisch, das einzig Beständige an Erdoğan ist nun die Skrupellosigkeit, mit der er gegen seine Kritiker vorgeht. Ein weiteres politisches Erdbeben folgt zum Jahresende. Ausgelöst durch eine Kriegserklärung aus dem religiös-konservativen Lager an den Ministerpräsidenten.

Erdoğan muss mitansehen, wie im eigenen Hofstaat ein Kampf entbrennt, in dessen Verlauf sogar einer seiner eigenen Minister den Rücktritt des Premiers fordert. Und es sind diesmal nicht die Schlechtredner aus den Medien oder die frechen Bürger, die Angriffe kommen aus dem direkten Umfeld. Ein Korruptionsskandal erschüttert das Land – und zwar so heftig, dass es ein Rätsel bleibt, wie Erdoğan diesen politisch überleben konnte. Während Erdoğan sein Volk niederknüppeln lässt, bläst ein neuer Gegner zum Angriff. Einer, der Erdoğan gut kennt, ein ehemaliger Weggefährte, der seit Jahren im US-amerikanischen Exil sitzt. Diese Distanz bedeutet jedoch keineswegs, dass er keinen Einfluss in der Türkei hat – im Gegenteil: Seine Anhänger haben dort seit Jahren Justiz und Polizei infiltriert, und Erdoğan droht die Sache zu entgleiten. Hatten sich in den Neunzigerjahren etliche Parteien durch Korruptionsaffären selbst diskreditiert, drohte der AKP nun das gleiche Schicksal.

Fethullah Gülen gilt als der mächtigste Feind Erdoğans – jetzt, als die Region sich so drastisch wandelt und das Volk auf die Straßen geht, sieht er seine Stunde gekommen. Zudem steht 2014 in der Türkei ein »Superwahljahr« mit Kommunal- und Präsidentschaftswahlen an. Über Jahrzehnte waren Erdoğan und Gülen politische

Weggefährten gewesen. Sie einte der Kampf gegen die »weißen Türken«, beide mussten mühsam durch die Institutionen marschieren, bevor sie etwas bewegen konnten. Zudem teilten sie ihre Träume von der er osmanischen Vergangenheit – und beiden gelang es, ihren meist benachteiligten Anhängern Stolz zu vermitteln, anstatt sich für die eigene Herkunft zu schämen. Zwar hatte es nie eine offizielle Zusammenarbeit der beiden Frommen gegeben, doch es gibt genügend Bildmaterial, das sie zeigt, wie sie ihre Köpfe zusammenstecken. Sie hätten sicher ein großartiges Team ergeben und sich gut ergänzt: Gülen, der Sanfte, Erdoğan, der Tatkräftige. Der eine wurde der mächtigste türkische Prediger, der andere der einflussreichste Premierminister. Doch dann wurde der Hass aufeinander stärker als die gemeinsamen Ziele und die Abscheu vor den gemeinsamen Gegnern. Gülen musste erkennen, dass Erdoğan die Beute nicht teilen wollte.

Gülen, der mit seinem weißen Haar und den weißen Augenbrauen wie ein sanfter Großvater wirkt, gilt seinen Kritikern als gefährlicher Fundamentalist, seinen Anhängern hingegen als progressiver Muslim. Für die AKP ist der damals 73-Jährige 2013 die größte Bedrohung. Seit 1999 lebt er im selbstgewählten Exil im US-Bundesstaat Pennsylvania. Denn bereits den Kemalisten war der immer mächtiger werdende Prediger wegen seiner »antisäkularen Aktivitäten« ein Dorn im Auge. Kurz nach seiner Ausreise zeigt das türkische Fernsehen eine Rede, in der er seine Anhänger auffordert, »geduldig zu arbeiten und sich in die Institutionen einzuschleichen, um die Macht im Staat zu übernehmen«. Zuvor stand der Imam lange im Dienst der staatlichen Religionsbehörde Diyanet. Zu Beginn der Achtzigerjahre verließ er diesen Arbeitgeber, um seine eigene Bewegung aufzubauen. Der Sunnit ist nach eigenen Angaben ein Autodidakt, er hat über sechzig Bücher verfasst, die meisten zu religiösen Themen. Er ist aber auch ein strenger Verfechter der Bildung und predigt Sätze wie: »Das Studium der Physik, der Mathematik und der Chemie ist Gottesverehrung.«

Seiner Hizmet-Bewegung (Hizmet: der Dienst) schlossen sich Millionen Muslime an, die meisten in der Türkei. Sie sehen in dem alten Mann den »islamischen Gandhi«. Gülen-Anhänger gründeten in über 140 Ländern Internate und Nachhilfeschulen, wo neben allgemeinbildenden Fächern auch der Koran gelehrt wird. Auch in Deutschland gibt es entsprechende Institute. Von den sogenannten »Fethullahçılar« wird lebenslange Loyalität gefordert – das scheint zu funktionieren: In den 2010 von Wikileaks veröffentlichten Depeschen heißt es über Hizmet: »Sie kontrolliert Handel und Wirtschaft und hat die politische Szene tief unterwandert.« Auch im AKP-Kabinett, heißt es, gebe es Gülen-Sympathisanten wie AKP-Vize Bülent Arınç.

Die Gülen-Bewegung ist ebenso mächtig wie schwer zu fassen: Es gibt keine Postanschrift, kein Organigramm – weder Aufbau noch Finanzierung sind transparent. Blicke hinter die Kulissen sind unerwünscht. Nach außen hin geben sich die Gülen-Anhänger religionsübergreifend dialogbereit. Aussteiger hingegen berichten von sektenartigen Strukturen und Hetze gegen Minderheiten und Nichtmuslime. Die Predigten seien keineswegs friedlich, sondern erzkonservativ und reaktionär. Wer sich von der Bewegung abwende, müsse mit Druck rechnen.

Zum Gülen-Imperium gehören neben den theologischen Bildungseinrichtungen auch Versicherungen, Banken, Krankenhäuser und Medien. Mit der Tageszeitung »Zaman«, die die zweitstärkste Auflage in der Türkei hat, besitzt der Prediger ein mächtiges Sprachrohr. Lange schrieben die Gülen-Medien Erdoğan hoch, bejubelten ihn und duldeten keine Kritik an ihm. Eine hilfreiche Unterstützung, denn Gülen hat eine enorme Mobilisierungskraft. Das britische »Time Magazin« nahm ihn im April 2013 in seine Liste der 100 einflussreichsten Menschen der Welt auf und lobte: »Als mächtigster Verfechter der Besonnenheit der islamischen Welt führt Gülen eine dringend notwendige Kampagne.« Das Blatt übersieht großzügig Gülens einstige minderheitenfeindlichen Hetzschriften und – reden – zugunsten des schönen Bildes vom einflussreichen islamischen Prediger, der von Gleichberechtigung, Bildung und Frieden spricht. Das tut er öffentlich konsequent – wie Erdoğan hat er früh verstanden, dass er mit seiner einst islamistischen Agenda scheitern würde.[58]

Gülen ist einer der ersten islamischen Intellektuellen, der die Anschläge vom 11. September verurteilt. Er schaltet sogar eine Anzeige in der »Washington Post«. »Baut Schulen, nicht Moscheen«, lautet seine Botschaft. Er sucht den Dialog mit anderen Religionen, trifft sich mit dem Jerusalemer Oberrabbiner Eliyahu Bakshi-Doron ebenso wie mit Papst Johannes Paul II.

Erste Risse im Verhältnis zu Erdoğan zeigen sich, als Sonderstaatsanwälte ein Verfahren gegen Geheimdienstchef Hakan Fidan einleiten, der 2012 Geheimgespräche mit der PKK beginnen wollte. Fidan ist ein enger Vertrauter Erdoğans, der ihm kurzerhand Immunität verschafft. Die Ermittler, die Gülen angeblich nahe stehen, werden zwangsversetzt. Gülen beginnt, den einst Hochgelobten zu kritisieren: wegen seiner Ausfälle gegenüber Israel, seiner Haltung während der Gezi-Proteste und schließlich wegen seiner Syrienpolitik: »Jene, die den Dieb nicht sehen, aber denen nachsetzen, die den Dieb verfolgen, jene, die den Mörder nicht sehen, und stattdessen Unschuldige diffamieren – Gott bringe Feuer über ihre Häuser und zerstöre ihre Heime«, sagte er in einer Predigt. Im November 2013 kündigt Erdoğan an, die türkischen Hizmet-Institute zu schließen – damit entfällt Gülen eine wichtige Einnahmequelle.

Am 17. Dezember 2013 führen Polizisten im Morgengrauen in Istanbul und Ankara Großrazzien durch. Den Durchsuchungen waren über ein Jahr lang währende Ermittlungen vorausgegangen – ohne Kenntnis der Regierung. Jetzt werden Dutzende Menschen festgenommen, darunter auch drei Ministersöhne und ein AKP-Bürgermeister.

Bei den Razzien werden Millionenbeträge gefunden – verstaut in Schuhkartons. Den Verdächtigen werden unter anderem aktive Bestechung, Betrug, Geldwäsche sowie illegale Goldgeschäfte mit dem sanktionsbelegten Iran vorgeworfen. Am 25. Dezember treten die Minister für Inneres, Stadtentwicklung und Wirtschaft zurück, zuvor sind ihre Söhne verhaftet worden.

Für Erdoğan, aber auch für sehr viele andere Türken, ist schnell klar, dass die Verhaftungswelle nicht das Werk dienstbeflissener, wahrheitsgetriebener Ermittler ist, sondern ein von langer Hand geplanter Schlag Gülens gegen Erdoğan. Es gibt auch Gerüchte, Erdoğans Sohn Bilal sei in den Skandal verwickelt. »Sollte eines meiner Kinder korrupt sein, würde ich keine Sekunde zögern und es verstoßen«, erwidert Erdoğan.

Doch auch dies würde nicht sein letzter Kampf werden – weil ein Erdoğan niemals aufgibt, und wie immer kennt er die Schuldigen. Er spricht von ausländischen Mächten, er verbreitet Verschwörungstheorien. Wie schon viel zu oft lässt die AKP-Regierung zu, dass in diesem nationalistisch-pervertierten Klima Menschen öffentlich an den Pranger gestellt werden, es kommt zu regelrechten Hetzjagden: Regierungsnahe Medien veröffentlichen Bilder des US-Botschafters in der Türkei. »Verschwinde. Verlass dieses Land«, ist auf einem Titel zu lesen. Doch damit nicht genug, Erdoğan legt nach, erklärt in Samsun am Schwarzen Meer, er müsse den Diplomaten nicht in der Türkei behalten. Statt zur Aufklärung des Sachverhalts beizutragen, entschließt er sich für eine Strategie, die ihm einen weiteren niederschmetternden Imageverlust beschert. Er kündigt eine »Säuberungswelle« an – und führt sie durch: Erdoğan bildet zunächst sein Kabinett um, zehn der 26 Ministerposten werden neu besetzt. Hunderte Polizeibeamte werden zwangsversetzt. Der Istanbuler Polizeichef muss gehen. Sonderstaatsanwalt Zekeriya Öz, der die Razzien angeordnet hatte und als Gülen-Anhänger gilt, wird in die Provinz verbannt. Ironischerweise war es einige Jahre zuvor auch Öz, der unter Erdoğan als wichtigster Strafverfolger gegen das Ergenekon-Netzwerk vorging. Öz flieht im August 2015 wegen eines Haftbefehls vor Erdoğan angeblich nach Deutschland.

Die Ereignisse überschlagen sich, werden immer verworrener. Ende Februar, wenige Tage vor den Kommunalwahlen, tauchen im Internet Tonbänder auf, die ein amüsantes Minidrama wiedergeben. Darauf zu hören sind angeblich Erdoğan und sein Sohn Bilal, die am 17. und 18. Dezember miteinander telefonieren. Der Vater weist seinen Sohn an, Bestechungsgelder in Millionenhöhe vor den herannahenden Staatsanwälten zu verstecken. Der Sohn fragt zurück, wie er denn so rasch so viel Geld verstecken solle. »Bist du zu Hause, Sohn?«, fragt eine männliche Stimme, die Erdoğan sein soll. Die andere Stimme, angeblich Bilal, bestätigt, daheim zu sein. »Gut. Heute Morgen haben sie eine Operation gemacht«, so der angebliche Ministerpräsident. »Was ich sage, dass du alles rausbringst, was du im Haus hast. Okay?«

Später taucht ein Mitschnitt aus dem Außenministerium auf, dessen Echtheit die Regierung in Teilen bestätigt. Außenminister Davutoğlu ist darauf zu hören, er fragt Geheimdienstchef Fidan, wie sich ein Krieg in Syrien inszenieren ließe. Die Antwort: »Wir werden Panzer hineinschicken. Ab diesem Moment müssen wir eine Kriegssituation berücksichtigen, wir treten in den Krieg, wir machen eine Operation.« Spätestens an diesem Punkt, ist das Verständnis der meisten Türken aufgebraucht – vom Ausland ganz zu schweigen.

Der Wahlkampf zur Präsidentschaft

Erdoğan redet von »niederträchtigen Angriffen«, Montagen und Fälschungen. Inmitten dieses ganzen Wahnsinns macht er sich auf, um in Deutschland für die anstehenden Wahlen um Stimmen zu werben. Zwar hat er bislang seine geplante Präsidentschaftskandidatur noch nicht öffentlich gemacht, nun beginnt er jedoch, die Türken im Ausland schon einmal darauf einzustimmen. Diese dürfen jetzt – gemeinsam mit den anderen Türken – erstmals dank Erdoğans Verfassungsreform den Staatspräsidenten direkt wählen. Deswegen tritt er unter dem alles andere als bescheidenen Motto »Berlin trifft den großen Meister« am 4. Februar 2014 vor etwa 4000 überwiegend türkischstämmigen Zuhörern im Berliner Tempodrom auf.

Als wäre nichts passiert, wiederholt sich das, was Erdoğan bei seinen Wahlkampfauftritten gewohnt ist: Die Massen jubeln ihm zu. Zwar marschieren draußen Gegendemonstranten – aber drinnen ist alles beim Alten. Den Erdoğan-Fans scheinen die schwerwiegenden Korruptionsvorwürfe völlig egal, vielleicht glauben sie auch Erdoğans Erklärungsansätzen, den Verschwörungstheorien und seiner

Beteuerung, die AKP sei »weiß wie Milch«. Die Losung »Wir gegen die Anderen« zieht noch immer. »Sie werfen mit Schmutz. Doch die Sonne kann man nicht mit Schlamm verdecken«, ruft Erdoğan zornesrot an seine Kritiker gerichtet.

Auch zu Hause ist der Kommunalwahlkampf streckenweise an Absurdität nicht zu überbieten: Twitter und YouTube werden zeitweise gesperrt. Wieder zieht Erdoğan durch die Lande, wieder hetzt er gegen alles und jeden, der ihm widerspricht. Die Türkei sei keine Bananenrepublik, deswegen habe er Twitter sperren lassen, erklärt er. Denn: auf Twitter würden Hausfrauen beleidigt. Wieder beschimpft er seine Kritiker als »Blutsauger« und »Terroristen«. Wenn der Regierungschef spricht, erinnert sein Tonfall an den Erzähler einer Horrorgeschichte, Fakten sind flexibel. Er behauptet, die Türkei habe die freieste Presse der Welt – gleichzeitig sitzt ein Dutzend Journalisten in Haft. In vielen anderen Ländern würden solch ein Verhalten und all die Korruptionsvorwürfe einen Politiker sein Amt kosten – nicht in der Türkei.

Trotz der katastrophalen Reaktion auf die Gezi-Proteste, der Schmiergeldaffäre und der Kritik an Erdoğans immer autoritärer werdenden Regierungsstil gewinnt die AKP die Kommunalwahlen am 30. März 2014 und holt 42,8 Prozent der Stimmen – bei seiner Balkonrede in Ankara steht Erdoğan demonstrativ sein Sohn Bilal zur Seite, aus den Lautsprechern schallt es »Allahu Akbar«, seine Fans schwenken orange-weiße AKP-Fähnchen. Seine Gegner, so verspricht Erdoğan, würden »einen Preis zahlen«.

In dieser Wahl gibt es ein Novum: Erstmals tritt die prokurdische HDP an. Sie schafft zwar nur 1,9 Prozent der Stimmen. Doch die erst 2012 gegründete Partei, ein Zusammenschluss gemäßigter linker, überwiegend kurdischer Gruppen, wird innerhalb kurzer Zeit zu einer Bedrohung für Erdoğan.

Der nutzt den Wahlerfolg, um sich weiter für den Sprung in den Präsidentenpalast warmzulaufen. Doch zwischen ihm und den Wahlen zum Staatspräsidenten im August steht noch sein Freund und Noch-Präsident Gül. Und es passiert etwas, was angesichts der nicht vorhandenen Rechte und Sicherheiten für Arbeitnehmer irgendwann eintreten musste: Beim größten Grubenunglück des Landes sterben 301 Kumpel – der Ministerpräsident reagiert mit unfassbarer Kälte.

Am 13. Mai 2014 brennt in der Mine Eynez im westtürkischen Soma in der Provinz Manisa ein Kondensator, der schließlich explodiert. Dabei tritt Kohlenmonoxid aus – ein tückisches, farb- und geruchsloses Gas, das tödlich ist. Überlebende berichten später, sie hätten im Stollen die Hitze des Feuers gespürt, ihre Vorgesetzten hätten ihre Warnungen jedoch einfach ignoriert. Bis heute ist nicht klar, wie genau es zu der Katastrophe kam, die den größten Arbeitgeber der Region traf, für den rund 6500 Kumpel arbeiteten.

Zum Zeitpunkt der Katastrophe ist gerade Schichtwechsel, weshalb durch das Unglück mehrere hundert Kumpel bis zu zweitausend Meter tief unter der Erdoberfläche und vier Kilometer vom Grubeneingang entfernt gefangen sind. Die meisten Opfer ersticken. Später wird bekannt, dass es nur eine einzige Rettungskammer gab. Zurück bleiben 432 Kinder, die ihren Vater verloren haben, eine fassungslose Nation und eine entsetzte Weltöffentlichkeit. Die erlebt jetzt mit, wie ernst das Thema »Arbeitssicherheit« in der Türkei genommen wird: nämlich überhaupt nicht. Während die Bilanzen glänzen, schert sich kaum einer darum, ob die Arbeitsschutzmaßnahmen mit der ökonomischen Entwicklung mithalten können.

In Soma wird Leiche um Leiche aus dem Schacht geholt, die Rettungs- und Bergungsmannschaften arbeiten bis zur Erschöpfung. Die Oppositionspartei CHP hatte kurz zuvor erfolglos versucht, Unregelmäßigkeiten in der Grube von Soma untersuchen zu lassen. Erdoğans AKP hatte den Antrag im Parlament abgeschmettert. Regierung und Betreibergesellschaft weisen nun jede Verantwortung von sich, landesweite Proteste gegen Erdoğan werden wieder mit Wasserwerfern und Tränengas zerschlagen.

Zwei Bilder werden zum Symbol dieser Tragödie: Ein Video zeigt einen soeben geretteten Bergarbeiter, der in einen Krankenwagen steigt. Der Mann ist über und über schmutzig. Angesichts des blitzsauberen Krankenwagens fragt er, ob er sich die Schuhe ausziehen soll. Das zweite Bild zeigt einen Berater Erdoğans – er tritt mit voller Wucht auf einen auf dem Boden liegenden Demonstranten in Soma ein. Anschließend lässt sich der Regierungsmitarbeiter krankschreiben. Ein Arzt hatte eine Schwellung und Abschürfungen festgestellt. Wenig später wird der Berater entlassen.

Und wie reagiert der Ministerpräsident? Er erklärt nach einem Besuch an der Zeche den trauernden, geschockten Menschen in einer Pressekonferenz lapidar: »Solche Unfälle passieren ständig.« Ein Beispiel hat er auch parat: »Ich schaue zurück in die englische Vergangenheit, wo 1862 in einem Bergwerk 204 Menschen starben.« Dann zählt er weitere Grubenunglücke aus der tiefsten Vergangenheit in England, den USA und weiteren Ländern auf. »Meine lieben Freunde, in China sind 1960 bei einer Methangasexplosion 684 Menschen gestorben.«

Die Wut ist groß, grenzt vielerorts an Hass – doch Erdoğans Präsidentschaftsambitionen tun das Unglück und seinen Folgen keinen Abbruch. Er wird auch dieses Drama ohne sichtbaren Schaden überstehen. Nun bricht er erneut nach Deutschland auf, schließlich sind bald Präsidentenwahlen, und hier leben knapp 2,8 Millionen Menschen mit türkischen Wurzeln, rund die Hälfte davon ist bei der Parlamentswahl in der Türkei wahlberechtigt. Jetzt stehen die Urnen in Messehallen und Stadien in der ganzen Bundesrepublik verteilt – zuvor mussten sie dafür immer in die Türkei reisen.

Am 24. Mai 2014 setzt er vor 15 000 Anhängern in der Kölner Lanxess-Arena wieder voll auf die Themen Aufschwung und wirtschaftliche Stärke, die natürlich nur er ins Land brachte. Es ist alles beim Alten: Er wird marktschreierisch angekündigt, die Anhänger jubeln, und Erdoğan verspricht mal wieder einen Aufbruch, eine neue Türkei. Zwar sind in der Halle mehrheitlich Deutschtürken, viele schon in der zweiten oder dritten Generation. Aber für Erdoğan sind sie seine »Türken«. Wieder präsentiert er sich als Beschützer der Schwachen, Diener seines Volkes, der nur dessen Wohl im Sinn hat. Nur Erdoğan, so seine Botschaft, könne die Türkei vorantreiben. Der Provokationsprofi, der er ist, kann es nicht lassen, die nationalistische Karte zu zücken. Integration ja, aber keine

Assimilation: »Bei unserer Sprache und unserer Kultur können wir keine Kompromisse machen.«

Die türkische Realität hat bei diesem Auftritt keinen Platz. Die Türkei, in der ein Erdoğan-Berater einen wehrlosen Demonstranten tritt, in der tausende Gezi-Demonstranten vor Gericht stehen, in der Kinder von Polizisten ermordet werden – all das findet hier nicht statt. Hier braucht er nicht gegen Journalisten zu hetzen. Hier braucht er keine Rachepläne. Hier drinnen gibt es keine Ratingagenturen, die damit drohen, die Türkei wegen der anhaltenden inneren Unruhen herabzustufen. All diese lästigen Hässlichkeiten werden hier als Putschpläne verkauft. Er macht einen ungenierten Wahlkampf, getarnt als normaler Auftritt eines Vaters seinen Schützlingen gegenüber.

Während draußen rund 30 000 Demonstranten »Stoppt den Diktator Erdoğan« fordern, ist drinnen die Türkei ein Paradies, die Wirtschaft blüht, die Demokratie funktioniert. Dass die Begeisterung an den Hallentüren endet und ihn deutsche Medien regelrecht auseinandernehmen, legt Erdoğan als Neid gegenüber seiner »neuen Türkei« aus. Der Verführer präsentiert sich den Menschen als eine Art Geschenk. Einer, der sein Land vor dem Niedergang bewahren würde. Er wechselt sein Sprechtempo, aber bleibt immer klar, dicht und hochkonzentriert – redet ganz entschieden und sicher.

Doch warum wird er in Deutschland so frenetisch gefeiert? Anders als in der Türkei gibt es hier unabhängige Medien, die Deutschtürken können Erdoğans Verachtung gegenüber der Demokratie unzensiert folgen. »Es geht hier nicht um objektive Berichterstattung«, sagt Lale Akgün. Die ehemalige SPD-Bundestagsabgeordnete und Deutschtürkin ist eine klare Kritikerin Erdoğans, weswegen sie von seinen Anhängern regelmäßig Hassbriefe und Mails bekommt. Die Inhalte sind brutal anstößig und drohend. Sie reichen von sexuellen Beleidigungen bis zu der Aufforderung, »doch bitte in die Türkei zu kommen, wo man mit mir abrechnen werde«.

»Die sexuellen Obszönitäten zeigen, wes Geistes Kind diese Leute sind«, sagt sie. »Als Anhänger einer konservativ-islamischen Partei, die die Sexualität einer Frau als die Ehre der gesamten Gesellschaft definiert, beschreiben sie in widerlichen Details, welchen Spaß es machen würde, mich zu vergewaltigen. Andererseits wundert mich diese Art der Beleidigung nicht, ihre Welt ist von einem Schwarz-Weiß- und Freund-Feind-Denken geprägt, alle Oppositionellen sind Feinde, und alle oppositionellen Frauen sind Huren.« Solche Schmähpost erhalte sie aber nicht nur von den Bildungsfernen, wie oft kolportiert werde, sondern auch von Akademikern. »Diese Menschen sind nicht in Deutschland und nicht in der Moderne angekommen, zudem gibt Erdoğan ihnen in dieser unüberschaubaren Welt, in der sie sich von Feinden ihrer national-islamistischen Kultur umzingelt fühlen, das Gefühl von Sicherheit. Wobei man der Vollständigkeit halber sagen muss, dass es gerade die Institutionen des Erdoğan-Systems in Deutschland sind, wie die Ditib,[59] wie die UETD,[60] die diese Haltung propagieren, um eine Wagenburgmentalität zu forcieren. ›Wir muslimischen Türken gegen den Rest der bösen Welt.‹«

Erdoğan-Anhänger seien so sehr von ihrem »Führer« fasziniert, dass sie diesem alles glauben würden. »Selbst wenn er seine Ehefrau mit Tayyip erwischen würde, dann würde er es nicht glauben, sagte kürzlich ein AKP-Politiker«, so Akgün. »Sie beten ihn nicht an, weil seine Politik überzeugend ist. Sie beten ihn an, weil er ihre Weltanschauung und Identität teilt.« Dies sei ein islamisch verklärtes, höchst konservatives Gesellschaftsbild der meist Landflüchtigen, die durch die Wirtschaftspolitik Erdoğans zu einem bescheidenen Wohlstand gekommen seien. Nicht zuletzt deswegen werde Erdoğan von ihnen wie ein Gott angebetet. »Und Gott macht keine Fehler«, so die Diplompsychologin. Für diese stehe Erdoğan über dem Gesetz, er sei jetzt der Übervater für alle. Seine »Protzerei«, etwa mit seinem 1000-Zimmer-Palast, sei ein Teil dieser patriarchalen Denkart und soll seinen Wählerschichten imponieren. »Erdoğan ist der Größte, also steht ihm auch das größte Haus des Landes zu. Die Wähler sind Teil dieses überkommenen und gefährlichen Systems, des politischen Patriarchats, das Diktaturen Tür und Tor öffnet.«

Wenn Erdoğan in Deutschland in den Arenen die Massen begeistere, dann habe das bei den meist verschleierten Frauen auch eine sexuelle Komponente. »Die Frauen müssen in dieser Gesellschaft ihre Sexualität unterdrücken. Deswegen werden erotische Wünsche auf ihren starken Führer Erdoğan projiziert.« Akgün hat Erdoğan 2006 persönlich in Ankara getroffen, er sei freundlich und jovial gewesen, aber letztlich auch nur ein gewöhnlicher Politiker. »Erdoğan ist nichts Besonderes, er ist ein guter Prediger und eine Projektionsfläche, ein Produkt der Massen, letztlich ist er austauschbar.« Er werde sich bei der nächsten sich bietenden Gelegenheit als Präsident auf Lebenszeit ausrufen lassen, ist sich die Sozialdemokratin sicher.

Wieder zu Hause geht Erdoğan zunächst die letzten Hindernisse an, die ihn noch formal vom Präsidentenamt trennen. Dazu gehört sein alter Weggefährte Gül. Einst bildeten Erdoğan und der liberalere Gül ein effektives Doppel an der Spitze der Republik. Im Herbst 2014 wird Gül nun zur tragischen Figur – ihm fehlt die Härte, gegen Erdoğan anzukommen. Es ist das Duell eines gnadenlosen Politikers gegen seinen scheinbar anständigen Kameraden. Aber auch nur scheinbar. Zwar kritisierte Gül in seiner Neujahrsansprache, die Exekutive solle die »Unabhängigkeit und Überparteilichkeit der Justiz« respektieren und nicht die Ermittlungen zu dem Korruptionsskandal behindern. Aber Gül hat all die fragwürdigen Entscheidungen mitgetragen, die etwa die Meinungsfreiheit einschränkten, er hat alle Gesetze, die von der AKP durchgeboxt wurden, unterzeichnet. Zuletzt unterschrieb er Anfang des Jahres ein Gesetz, das die Internetzensur ausweitete. Es gibt der Regierung unter anderem das Recht, Internetseiten ohne vorherigen Gerichtsbeschluss zu sperren. Auch bei den Gezi-Protesten setzte Gül kein deutliches Signal gegen Erdoğans harten Kurs. Gelegentlich murrend, aber am Ende immer mittragend. Deswegen ist sein Ärger über Erdoğan am Ende so groß. Aber auch wenn Gül gewollt hätte, hätte er keinen Aufstand gegen Erdoğan anzetteln können. Eigentlich ist er als Staatspräsident unabhängig, doch tatsächlich ist auch er Erdoğans Untertan, und er fand nie ein Mittel, sich ihm zu entziehen. Denn Erdoğan braucht nur den Daumen senken, um eine Idee oder einen Menschen zu Fall zu bringen.

Zudem weigert sich Gül fast schon mit aufreizender Ruhe, in die Niederungen herabzusteigen. Er zeigt sich immer abwägend, nachdenklich. Kritiker nennen ihn zu anständig, zu weich, zu loyal und zu leise. Er nutzt seine Bühne kaum, ihm fehlt das Empfinden dafür, wie sehr Emotionen bewegen und Ellbogen voranbringen können. Mit dieser Aufrichtigkeit kommt niemand politisch weit – schon gar nicht in der Türkei. Zumal in Erdoğans Hofstaat keine Konkurrenten willkommen sind – auch kein Freund, den er sogar »Bruder« nennt. Familie Erdoğan und Familie Gül sind befreundet. »Meine Kinder sind für ihn seine eigenen, seine Kinder wie meine eigenen«, sagt Gül.

Als sich Güls Amtszeit als Staatspräsident dem Ende zuneigt, erklärt er noch, die AKP sei seine politische Heimat – und lässt offen, in welcher politischen Funktion er seine Zukunft sieht. Da versetzt ihm sein jahrzehntelanger Freund mit einer Formalie den wuchtigsten Schlag seiner Karriere, wie immer dreist und eiskalt. Erdoğan legt den AKP-Parteitag einfach auf den letzten Tag von Güls Amtszeit als Präsident. Als Amtsträger kann der sich somit nicht um eine neue Position in der Partei bewerben. Etwas Schlimmeres kann einem Mann, dessen politisches Kapital auf Abhängigkeit beruht, nicht passieren. Während sich Gül erst einmal aus der Öffentlichkeit zurückzieht, äußert seine Frau Kritik. Ihrem Mann sei wenig Respekt entgegengebracht worden, sagt sie. Nach einem kurzen Rückzug gibt Gül dann bekannt, eine Stiftung zur Stabilisierung des Rechtsstaates gründen zu wollen. Seit Erdoğans Stimmeneinbruch bei den Wahlen im Juni 2015 äußert Gül sich immer öfter zu politischen Fragen. So wünscht er beispielsweise Demirtaş, dem erklärten Erdoğan-Gegner und Co-Vorsitzenden der HDP, alles Gute. Demirtaş ist zu diesem Zeitpunkt gerade dabei, internationale Beachtung zu erlangen, obwohl er schon seit Jahren in der Türkei als Politiker aktiv ist. Der kurdische Präsidentschaftskandidat der HDP wird nur ein Jahr später eine nie für möglich gehaltene Revolution lostreten und Erdoğans Allmachtsfantasien zumindest bremsen. Doch noch scheint der Ministerpräsident unaufhaltsam.

Aber wenn die Lichter der Kameraleute ausgestellt, die Mikrofone abgebaut und die Stifte weggelegt sind, kann, wer ihn beobachtet, in den verhärmten Gesichtszügen des Politikers die ungeheure Anstrengung erkennen, die er da vollbringt. Dennoch macht er weiter, immer weiter. Zwar ist die Zahl der Korruptionsvorwürfe gegen ihn zu diesem Zeitpunkt schon nicht mehr zu durchschauen oder zu überblicken. Die Maßstäbe an ihn scheinen meilenweit von demokratischen Grundansprüchen abzuweichen. Korruption scheint einfach zu verbreitet – nur weil man beim Handaufhalten erwischt wird, zieht das nicht zwangsläufig ernste Bedrängnis nach sich. Korruption ist zwar ein Schimpfwort, aber auch eine nüchterne Beschreibung des Ist-Zustandes. Viele Türken halten zudem ohnehin alle ihre Politiker für käuflich.

Erdoğan ist jetzt sechzig Jahre alt und nach Atatürk der populärste Türke im In- und Ausland. Obwohl er längst reich ist und ganz oben steht, tritt er noch immer als rauer, hemdsärmeliger Kasımpaşali auf, der es denen »da oben« zeigen will. Eine Woche vor den Präsidentschaftswahlen tritt er in seinem Geburtsort auf. »Bis zum letzten Atemzug« werde er der einfache Mann aus dem Istanbuler Armenviertel bleiben, sagt er, und fügt ein »im Namen Gottes« hinzu. Die Menschenmenge antwortet mit einem »Amen«. Mit Allah und Erdoğan, einer für alles – sein Erfolgsrezept ist so schlicht, so einfach, so durchschlagend.

Er verteilt unerbittlich Ohrfeigen an alle Welt. Als Bundespräsident Joachim Gauck im April 2014 in einer Rede vor Studenten in Ankara die Demokratiedefizite des Landes kritisiert und anmerkt: »Diese Entwicklung erschreckt mich«, um noch zu betonen, dass er sich keinesfalls in die innere Angelegenheiten der Türkei einmischen wolle, folgt Erdoğans Reaktion prompt. Gaucks Verhalten sei »einem Staatsmann nicht angemessen« und »hässlich«. Gauck stehe in Deutschland im Dienste »atheistischer Aleviten« , ereifert er sich. Lob gibt es nur für die eigene Arbeit. Er ist dauernd auf allen Kanälen präsent, hat sich mit allen angelegt und alle geschlagen. Doch noch immer hat sein Problem zehn Buchstaben: Demokratie. Denn wenn Erdoğan Präsident wird, braucht er auch ein Präsidialsystem –

auf eine repräsentativ ausgerichtete Präsidentenrolle kann, will und wird er sich nicht beschränken lassen. Niemand zweifelt an seinem Sieg. Im März hat die AKP die Kommunalwahlen gewonnen, und für die Präsidentschaftswahlen sagen ihm alle Umfragen einen Sieg voraus. Unklar ist nur, ob Erdoğan es schon im ersten Wahlgang über die 50-Prozent-Marke schaffen wird. »Wenn Gott will, wird morgen eine neue Türkei gegründet«, sagte der Ministerpräsident bei seinem letzten Auftritt vor dem Urnengang im zentralanatolischen Konya, und sein Körper strafft sich.

Der Allmächtige

Und er schafft es, alles läuft nach Plan. Zum neunten Mal in Folge entscheiden sich die Türken für Erdoğan. Denn Worte und Tote reichen nicht aus, um einen wie Erdoğan aus dem Amt zu jagen. Mehr als elf Jahre war er Ministerpräsident, nun steigt er in das höchste Staatsamt auf und wird zum zwölften Staatspräsidenten gewählt. Mit 51,96 Prozent erobert er am 10. August 2014 bereits im ersten Wahlgang mit absoluter Mehrheit den Präsidententhron. Der Gemeinschaftskandidat der beiden größten Oppositionsparteien CHP und MHP, Ekmeleddin İhsanoğlu, schafft 38,33 Prozent. Demirtaş, der Kandidat der HDP, erreicht mit 9,71 Prozent einen Achtungserfolg.

Erdoğan, der sich wie gewöhnlich nach jedem Wahlsieg zum Gebet in die historische Eyüp-Sultan-Moschee in Istanbul begibt, zeigt sich versöhnlich. Vergessen all die ätzende Rhetorik der vergangenen Monate. Anders als bei seiner Balkonrede bei der Kommunalwahl Ende März, als Erdoğan seinen Gegnern noch drohte, sie bis »in ihre Höhlen« zu verfolgen, verspricht er nun, er werde »die Demokratie stärken«, den Friedensprozess mit den Kurden fortsetzen, den »Streit der Vergangenheit« beilegen. Bei seiner Balkonrede in Ankara, bei der auch Feuerwerke gezündet werden, verspricht er wieder einmal eine »neue Ära«. Tatsächlich wird er nun eine neue Ära einleiten, aber nicht als Versöhner, sondern als Spalter. Seine Gegner nennen ihn nun »tek adam« – »Alleinherrscher«.

»Willkommen, neue Türkei«, titelt die regierungstreue Zeitung »Yeni Şafak«. »Die Atmosphäre der Angst, die im vergangenen Jahrzehnt im Land etabliert wurde, wird gefestigt werden«, warnt hingegen ein Kolumnist in der »Hürriyet Daily News«. Und die »Die Presse« aus Wien schreibt zu der Präsidentenwahl: »In der Türkei droht keine Diktatur. Aber wenn Erdoğan den Weg der vergangenen Jahre weitergeht und seine autoritären Anwandlungen in seiner ›neuen Türkei‹ noch stärker kultiviert, dann ist er, der sich doch so gern als Auserwählter präsentiert, auf dem Weg, ein ganz gewöhnlicher nahöstlicher Potentat zu werden.«

Es gibt Politiker, die lassen sich gerade durch das antreiben, was ihnen fehlt oder was sie zu viel haben – Respekt, Bewunderung, Selbstzweifel – bei Erdoğan ist es die Gier nach Macht, die er nicht mehr in den Griff bekommt. Diesen Dämon wird er nicht bezwingen können. Zwar ist Erbakans Erbe ganz oben angekommen – aber für ihn ist auch dies noch nicht hoch genug. Aus Erdoğans Perspektive steht er noch nicht auf dem Zenit seiner Karriere. In seiner zweiten Amtszeit am 100. Geburtstag der Republik 2023 will er den Türken von seinem Balkon des Palastes aus zuwinken. Atatürks Republik soll durch Erdoğans Republik ersetzt werden.

Abb. 9: Erdoğan und Gül bei der Übergabe des Präsidentschaftsamtes im August 2014

Um Erdoğans Weg zu einer uneingeschränkten Herrschaft nicht zu gefährden, wird der 55-jährige Davutoğlu zu seinem Nachfolger als Ministerpräsident bestimmt. Einen Tag vor Erdoğans Amtsantritt wird der ehemalige Außenminister am 28. August auf einem Sonderparteitag in Ankara als einziger Kandidat mit 100 Prozent der gültigen Delegiertenstimmen zum neuen Regierungschef gewählt. Anders als von Gül, den er eiskalt abserviert hatte, muss Erdoğan von Davutoğlu keinen »Vatermord« fürchten, schon gar nicht, dass dieser es mit ihm würde aufnehmen können. Denn anders als Gül erlaubt sich der Neue keine öffentliche Kritik, hat keinerlei Ausstrahlungskraft und ist weit weniger jovial als der ehemalige Staatspräsident. Er nuschelt, ist im Erscheinen blass und keine große Begabung, seine außenpolitische Bilanz ist bescheiden, und als treuer Gefolgsmann stellt er auch umgehend klar: »Wir reden nicht über eine Änderung der Mission. Das ist nur die Änderung eines Namens und keineswegs ein Abschied«, um sich dann an Erdoğan zu wenden: »Herr Präsident, das ist kein Abschiedskongress.« Erdoğan nennt er dann auch noch »Anführer«. Die Ein-Mann-Show kann ungestört weitergehen, und auch als Staatspräsident ist Erdoğan, wie man es von ihm erwartet: dünnhäutig, laut, rücksichtslos.

Theoretisch kann er als Präsident bis 2024 regieren. Die Gegner werden immer weniger. Die Gezi-Protestbewegung ist heute erstickt, frustriert, gespalten. In den Schwaden von Tränengas und dem kalten Wasser der Wasserwerfer ernüchtert. Sie wenden sich ab, versuchen, das Land zu verlassen. Mit dem Aufstand, der so abrupt endete, haben sich die Fronten aber weiter verhärtet – denn bei den Menschen bleibt das Gefühl, dass sie machtlos sind gegen Erdoğan. Aber ihm reicht es nicht, als oberster Flughafeneinweiher, Redenhalter oder Preisverleiher die Bühnen zu schmücken. Er habe sich ja nicht in den Präsidentenpalast wählen lassen, um sich dann dort um die Innendekoration zu kümmern, sagt er. Der eigene Nutzen steht über Wertesystemen und Ideologien. Als nächstes macht er sich an den Staatsumbau. Zwar hat er es ins Allerheiligste geschafft – in den Çankaya-Palast. Der

Sitz jedes türkischen Präsidenten – auch Atatürks – auf den Hügeln in Ankara ist aber für Erdoğan nicht mehr standesgemäß. Unmittelbar nach seinem Amtsantritt präsentiert er seinen neuen Dienstsitz.

Die Größe des Bauwerks ist an Irrsinn schwer zu überbieten. In einem Land ohne funktionierendes Sozialsystem demonstriert der neue Präsident seine Macht mit diesem gigantischen Bau namens »Ak-Saray« – weißer, reiner Palast, der umgerechnet fast eine halbe Milliarde Euro gekostet hat. Gerüchte, dass der Neubau tausend Zimmer habe, dementiert Erdoğan umgehend: »Lassen Sie mich Ihnen sagen, er beherbergt mindestens 1150 Zimmer, nicht nur tausend«, stellt er vor Geschäftsleuten in Istanbul klar. »Man spart nicht, wenn es ums Prestige einer Nation geht«, so Erdoğan. »Wir wollten ein Bauwerk schaffen, damit die künftigen Generationen sagen: ›Von dort aus wurde die neue Türkei regiert.‹« Der neue Amtssitz »ist nicht mein Palast«, sondern gehöre dem türkischen Volk. Architektonisch sei es notwendig gewesen, die »Botschaft Ankaras als ›seldschukische Hauptstadt‹ zu vermitteln.« Dass Ankara niemals seldschukische Hauptstadt gewesen ist, dass Seldschuken eher Koranschulen bauten und auch die Osmanen im Palastbau zurückhaltender waren, wird von Erdoğan ausgeklammert. Zum Palast gehört auch eine gigantische Moschee mit einer Grundfläche von rund 5175 Quadratmetern.

Später rechtfertigt er sich in einem Fernsehinterview für die immense Summe, die der Bau verschlingt, damit, dass die alte Ministerpräsidentenresidenz so schmuddelig gewesen sei und man Kakerlaken in den Toiletten gefunden habe. Deswegen habe er umziehen müssen: »Ist eine solche Residenz angemessen für den Ministerpräsidenten der Türkei? Wenn es um Repräsentation geht, kann es keine Verschwendung geben.« Er sieht sich immer noch als einen Mann des Volkes, der mit der übrigen abgehobenen politischen Kaste eigentlich nichts zu tun hat.

Abb. 10: Besuch von Papst Franziskus im November 2014

Neben der fragwürdigen Größe gibt es noch einen weiteren Makel: Erdoğans Amtssitz ist gesetzeswidrig. Der Ak-Saray mit einer Grundfläche von 200 000 Quadratmetern steht mitten in einem Waldgrundstück, das Atatürk selbst zu einem Naturschutzgebiet erklärt hatte. Die Arbeiten am Bau begannen bereits 2011, was zeigt, dass Erdoğan seinen Weg schon lange geplant hatte. Mehrere Gerichtsbeschlüsse und die damit einhergehenden Forderungen nach einem sofortigen Baustopp, all das ficht Erdoğan nicht an, er lässt einfach weiterbauen. Noch im Mai 2015 erklärt das oberste Verwaltungsgericht den Bau für illegal und hebt die Baugenehmigung nachträglich auf – eine Gerichtsentscheidung, die keine Konsequenzen hat. Die regierungskritische Architektenkammer in Ankara nennt den Palast einen Schwarzbau. Im Internet werden Witze verbreitet, die aus dem »Ak Saray« einen »Kaç-Ak Saray« – einen »illegalen Palast« machen. Erster offizieller Gast des neuen Hauses ist am 28. November 2014 Papst Franziskus. Als zweites Staatsoberhaupt lässt sich Erdoğans russischer Amtskollege Wladimir Putin am 1. Dezember durch die goldenen Türen führen. Und eines der ersten Gesetze, die Erdoğan als Staatspräsident unterzeichnet, ist die weitere Verschärfung der Internetzensur.

Der Kampf um Kobanê

Währenddessen haben die Dschihadisten des »Islamischen Staates« die Grenzregion in Nordsyrien gewonnen und rücken damit direkt an die türkische Grenze heran. Am 18. September erobert der IS vor allem von Kurden bewohnte Dörfer rund um Kobanê an der türkischen Grenze, es entbrennt ein erbitterter Kampf. Kannte zuvor fast niemand die Stadt, die im Arabischen Ain al-Arab heißt, schaut nun die ganze Welt auf diesen 70 000-Einwohner-Ort. Die schwarzen IS-Fahnen sind von türkischer Seite problemlos zu erkennen.

Erdoğan verhält sich seltsam einsilbig im Kampf gegen die Terroristen. Ausgerechnet der am meisten gefährdete Nachbarstaat schließt sich nicht der Anti-Terror-Koalition von US-Präsident Barack Obama an. Der Türke begründet die Zurückhaltung Ankaras damit, dass man nicht die Leben der türkischen Geiseln in Mossul gefährden wolle. Am 11. Juni 2014 hatten IS-Kämpfer im nordirakischen Mossul das türkische Konsulat gestürmt und 49 Geiseln in ihre Gewalt gebracht. Schon zu diesem Zeitpunkt wurde Erdoğan dafür kritisiert, dass er, in der Hoffnung, Assad zu stürzen, erst die Freie Syrische Armee und dann, in der zusätzlichen Hoffnung, sich der lästigen Kurden gleich mit zu entledigen, die Islamisten indirekt oder indirekt unterstützt habe. Ankara habe durch seine offenen Grenzen zum IS-Erstarken beigetragen, ausländische Kämpfer seien ungehindert durch das Land nach Syrien gereist, zudem würden Dschihadisten in der Türkei Unterschlupf finden oder gar rekrutiert werden. Erdoğan weist Berichte zurück, sein Land sei ein Absatzmarkt für geschmuggeltes Öl aus IS-Gebieten, liefere Waffen dorthin oder man behandle gar verwundete IS-Kämpfer auf türkischem Boden. Nach mehr als drei Monaten, am 20. September, befreit der türkische Geheimdienst MIT die Geiseln in Mossul, berichten türkische Medien. Sie seien im Austausch gegen IS-Kämpfer freigelassen worden. Als sie in Sicherheit sind, gerät Erdoğan in Erklärungsnot, und seine perfide Doppelstrategie auf Kosten von Menschenleben wird sichtbar – denn noch immer verweigert Ankara Hilfestellungen für Kobanê.

In Nordsyrien hatte die »Partei der Demokratischen Union« (Partiya Yekitîya Demokrat, PYD), der syrische Ableger der PKK, einen Ministaat namens »Kanton Kobanê« aufgebaut, der von den syrischen Kurden verwaltet wurde. Die Stadt Kobanê ist das Zentrum von »Rojava« (Westkurdistan). Anders als im restlichen Syrien blieb es in diesen Gebieten friedlicher, weswegen Menschen aus dem Land hierhin flohen. Zuviel Autonomie, die kein türkischer Nationalist vertragen kann. Denn mehr als den IS fürchtet Erdoğan die Unabhängigkeitsbestrebungen der Kurden. Eine Schwächung des IS hätte die Kurden gestärkt.

Als dann der IS in Kobanê mordet, zögern die Türken erst damit, ihre Grenzen für die Flüchtlinge zu öffnen, und erlauben nicht, dass türkische Kurden passieren können, um in dem Kurdengebiet zu helfen: »Ich kann keinen Unterschied zwischen PKK und IS erkennen«, sagt Erdoğan über die Kurden, die zu den erfolgreichsten Kämpfern gegen den IS in Syrien und im Irak gehören, und er betont nach Angaben der türkischen Nachrichtenagentur Anadolu: »Wir werden die Gründung eines Staates im Norden Syriens, im Süden von uns, niemals erlauben. Bei diesem Thema werden wir unseren Kampf um jeden Preis fortsetzen.«

Erdoğan schlägt eine militärisch geschützte Pufferzone im syrischen Teil der Grenzregion vor. Ein Vorhaben, das von Kurden misstrauisch beäugt wird, da sie vermuten, dass dann die türkischen Soldaten über sie bestimmen. Es ist ein gefährliches Spiel, das er da treibt. Denn während der IS in Syrien wütet, demonstrieren Tausende Kurden in der Türkei gegen Erdoğan. Mindestens vierzig Menschen sterben dabei.

Nach zu langem Warten lässt Erdoğan Ende Oktober irakisch-kurdische Peschmerga-Kämpfer durch die Türkei nach Kobanê ziehen, damit sie ihren Brüdern und Schwestern im Kampf gegen den IS helfen können. Sein Kehrtwechsel verwirrt, warum macht er das? Die Kurden werfen Erdoğan vor, der drohenden Eroberung Kobanês durch die Terrormiliz tatenlos zuzusehen. Zum einen will er jetzt noch nicht den Friedensprozess gefährden. Denn er hat die Parlamentswahlen 2015 im Blick, sein stärkster Konkurrent ist der Kurde Demirtaş. Er braucht die Stimmen der Minderheit, um die Verfassung zu ändern und ein Präsidialsystem einzuführen. Zum anderen hat er erkannt, dass die Islamisten nun auch zu einer Gefahr in der Türkei werden. Immer öfter werden bestialische Propagandavideos von den Dschihadisten veröffentlicht, es ist nur noch eine Frage der Zeit, bis die Situation im Land explodieren wird. Er handelt erst, als es keine andere Möglichkeit mehr gibt. Inmitten dieses schwierigen Herbstes überrascht er Mitte November bei einem Gipfeltreffen mit lateinamerikanischen Muslimen in Istanbul dann auch noch mit der wirren These, nicht Christoph Kolumbus habe Lateinamerika entdeckt, sondern Muslime.

Und Erdoğan wäre nicht Erdoğan, wenn er nicht noch nachlegen würde. Den meisten Geschichtsbüchern zufolge entdeckte der Seefahrer 1492 den amerikanischen Kontinent. Erdoğan hingegen behauptet, dass muslimische Seeleute Amerika schon 1178 entdeckt hätten. »Nur weil ich ein durch wissenschaftliche Forschung belegtes Faktum wiederholt habe, werde ich angegriffen von westlichen Medien und Fremden unter uns, die an einem Ego-Komplex leiden«, verteidigt er seine nicht belegbare These. Als Beweis dafür führt er einmal mehr an, dass Kolumbus, der allgemein als Entdecker des amerikanischen Kontinents betrachtet wird, in seinem Reisetagebuch von einer Moschee an der Küste des heutigen Kuba berichtet habe.

Der kurdische Bezwinger

2015 ist ein wichtiges Jahr auf Erdoğans Weg zur umfassenden Macht, das Land steht vor einer Richtungsentscheidung. Denn am 7. Juni stehen Parlamentswahlen an. Am vierten aufeinander-folgenden Sieg einer Parlamentswahl der AKP zweifelt niemand. Doch diesmal geht es um das Präsidialsystem, und somit um die künftige politische Rolle Erdoğans – und das macht den Wahl-kampf so speziell. Nachdem Demirtaş bei den Präsidentschafts-wahlen schon einen beachtlichen Sieg eingefahren hat, umwirbt Erdoğan weiterhin die kurdischen Wähler. So hält er nach den töd-lichen Ausschreitungen rund um Kobanê im Oktober immer noch in seiner Neujahrsansprache an dem Friedensprozess mit den Kur-den fest, und bezeichnet dies als »größtes gesellschaftliches Projekt der Türkei«.

Vieles deutet darauf hin, dass nach rund dreißig Jahren Aufstand mit zehntausenden Toten der Durchbruch gelingen könnte. Die PKK könnte die Waffen niederlegen, und die Kurden könnten im Gegenzug endlich mehr Rechte und Autonomie erhalten. Im März wird beim kurdischen Neujahrsfest in Diyarbakır, der symbolischen Hauptstadt der türkischen Kurden im Südosten, eine Erklärung des inhaftierten Kurdenführers Öcalan vor Hunderttausenden seiner Anhänger vorgelesen. In dieser ruft er dazu auf, den bewaffneten Kampf einzustellen und sich um eine demokratische Lösung zu bemühen.

Mittendrin ändert Erdoğan plötzlich seinen Kurs. Aus wahltak-tischen Gründen entscheidet er sich dafür, Spannungen zu erzeu-gen. Ein Plan, der bei ihm schon oft sehr gut funktioniert hat. Mit dem Rückenwind der 9,8 Prozent der Präsidentschaftswahlen tritt die HDP erstmals bei einer Parlamentswahl an und bewegt sich un-ter dem charismatischen HDP-Spitzenkandidaten Demirtaş auf die Zehn-Prozent-Hürde zu. Sollte sie diese Grenze übertreffen, wird es für die von Erdoğan benötigte klare Mehrheit nicht ausreichen.

Es ist ein Kampf David gegen Goliath, und Demirtaş macht von Anfang an klar, was er von Erdoğans Idee einer Verfassungs-änderung hält: »Herr Recep Tayyip Erdoğan, so lange die HDP existiert, so lange die HDP weiter auf diesem Land atmet, werden Sie niemals der Führer (eines präsidialen Systems) sein«, kündigt er an. Die kleine Partei spricht neben kurdischen Wählern auch

Nichtwähler an, die sich eine pluralere Gesellschaft wünschen und Angst vor Erdoğan haben. So gelingt es Demirtaş, die HDP als eine linksliberale Reformpartei aufzustellen, die ein Sammelbecken für alle Unzufriedenen wird. »Wir machen dich nicht zum Präsidenten. Wir machen dich nicht zum Herrscher«, lautet das an Erdoğan gerichtete Mantra der Kurden, mit dem die HDP einen rasanten Aufschwung erlebt. Es gelingt der Partei, auch einige erfolgversprechende Altpolitiker für sich zu gewinnen. Dazu gehört der Kurde Dengir Mir Fırat, AKP-Gründungsmitglied, der die Partei aus Verärgerung über Erdoğans Kurdenpolitik verließ.

Doch ein Erdoğan lässt sich nicht stoppen, vor allem nicht von einem Kurden. Obwohl das Amt des Präsidenten laut Verfassung unparteiisch ist und zur Neutralität verpflichtet, ruft er immer und immer wieder indirekt zur Wahl der AKP auf. »Als der erste vom Volk der Türkei gewählte Präsident kann man von mir mit Sicherheit nicht erwarten, dass ich während dieses Prozesses abseits stehe und abwarte«, sagte er. »Auch während des Wahlkampfs teile ich bei jeder Gelegenheit meine Ansichten mit, die mein Land und die Zukunft meines Volkes betreffen. Das werde ich auch in Zukunft tun«, so der 61-Jährige. »Ich habe den gleichen Abstand zu allen Parteien«, entgegnet er in einer Rede auf den Vorwurf, gegen das Neutralitätsgebot zu verstoßen. Zugleich räumt er aber ein: »Aber natürlich gibt es eine Partei, die meinem Herzen näher steht.« Demirtaş nennt er als denjenigen, »der hinter der Terrororganisation steht«, also hinter der PKK, und schmäht seinen Rivalen als »hübschen Jungen«. Weil Demirtaş sich gegen einen verpflichtenden Religionsunterricht ausspricht, unterstellt Erdoğan ihm, er sei kein guter Muslim. Der Menschenrechtsanwalt Demirtaş bleibt bei den meisten Attacken betont gelassen, was für den giftenden Erdoğan eine noch größere Provokation ist.

Er verstößt nahezu täglich gegen die Verfassung, indem er durch das Land zieht, beschwört, schimpft, attackiert, und Großveranstaltungen wie Eröffnungsfeiern etwa für Pferderennbahnen dazu nutzt, Propaganda für die AKP zu betreiben. Einige Einrichtungen, bei denen Erdoğan ein rotes Band durchschneidet, sind schon längst eröffnet oder noch gar nicht fertiggestellt worden. Der Staatssender TRT wird seinem Bildungsauftrag gerecht, indem er dafür sorgt, dass auch wirklich jede Szene landesweit, möglichst live übertragen wird. Als Erdoğan sich in der Stadt Tekirdağ, westlich von Istanbul, für einige Minuten zum Gebet vom Volk verabschiedet, zeigt der Sender einfach die leere Bühne. Damit für die Fernsehbilder auch wirklich genug Bürger anwesend sind, werden zuvor Schuldirektoren und Lehrer mit bereitgestellten Fahrzeugen herangekarrt. Die Oppositionszeitung »Sözcü« zählt, dass Erdoğan in dreizehn Tagen 99 TV-Auftritte hat.

Türkische Karikaturisten machen sich über den rasenden Präsidenten lustig. Demirtaş spottet: »Ihr wollt zu Hause eine Konserve öffnen? Dann ruft den Präsidenten. Um Wahlpropaganda für die AKP zu betreiben, lässt er keine Gelegenheit aus.« Alle Beschwerden der Oppositionsparteien bei der Wahlkommission und eine Verfassungsklage bringen überhaupt nichts. Staatsbedienstete werden mancherorts dazu gezwungen, an Erdoğan-Veranstaltungen teilzunehmen. So veröffentlicht das Gouverneursamt in der südosttürkischen Provinz Hakkari eine Verordnung, die dazu aufruft, bei einer Flughafeneröffnung im Bezirk Yüksekova mit dem Staatspräsidenten dabei zu sein. Wer fernbleibe, müsse mit »rechtlichen Schritten« rechnen, heißt es in dem Schreiben.

Damit auch die Türken in Deutschland die Gelegenheit haben, Erdoğan im Nichtwahlkampf zu sehen, reist er knapp einen Monat vor der Parlamentswahl für einen inoffiziellen Wahlkampfauftritt am 10. Mai nach Karlsruhe, um sich Unterstützung aus Almanya zu holen. Mehr als 14 000 Menschen begrüßen ihn mit einem Fahnenmeer, und Erdoğan umarmt sie mit einem emotionalen »Ihr seid für uns nicht Gastarbeiter, sondern unsere Stärke im Ausland«. Die Deutschtürken seien »die Stimme der Nation«. Auf seine Aufforderung hin skandiert die Menge »Eine Nation – eine Fahne – ein Vaterland – ein Staat«, und draußen demonstrieren mehrere tausend Demonstranten mit Pfiffen Buhrufen gegen Erdoğan.

Tage des Terrors

Als am 16. Mai 2015, zwei Jahre nach seiner Absetzung, Ägyptens erster demokratisch gewählter früherer Präsident Mohammed Mursi zum Tode verurteilt wird, erinnert sich Erdoğan wieder an den hingerichteten Ministerpräsidenten Menderes und an die eigene Hilflosigkeit, die er beim Anblick des gehängten Regierungschefs empfand. Schon unmittelbar nach Mursis Absetzung stellt er die steile These auf, der Westen und Israel seien schuld an dessen Fall. Das Todesurteil beschimpft er als eine Rückkehr in das »antike Ägypten«. Als die regierungskritische Tageszeitung »Hürriyet« daraufhin titelt: »Die Welt ist geschockt: Todesurteil für einen mit 52 Prozent gewählten Präsidenten«, bezieht Erdoğan die Schlagzeile auf sich. Immerhin ist er im Jahr zuvor auch mit 52 Prozent zum Staatsoberhaupt gewählt worden. »Bei der Wahl am 7. Juni wird das Volk euch zeigen, dass ihr schrecklich danebengelegen habt«, keilt er gegen das Blatt.

Was nun folgt, ist ein Schritt zurück in die blutige Vergangenheit des Landes, die Erdoğan doch eigentlich beenden wollte. Er heizt unentwegt ein antikurdisches Klima an, um die Stimmen der Nationalisten für sich zu gewinnen. So wird schon der Wahlkampfendspurt von einem tödlichen Anschlag überschattet. Bei einer Wahlkundgebung der HDP in Diyarbakır kommt es zwei Tage vor Abgabe der Stimmzettel zu zwei Explosionen. Es sterben fünf Menschen, mehr als 200 werden verletzt. Demirtaş beklagt, dass seine Partei während des Wahlkampfs mehr als siebzig Mal Ziel gewaltsamer Übergriffe gewesen sei. Und das ist erst der Anfang.

Der Mann mit dem Faible für autoritäre Potentaten bremst sich selbst aus. Die AKP schafft es nur auf 40,9 Prozent der Stimmen, womit die Wähler Erdoğans Präsidialsystem eine Absage erteilen. Die CHP gewinnt 25 Prozent, die MHP 16,3 Prozent. Sensationell ist das Abschneiden der HDP, die mit 13,1 Prozent alle Erwartungen übertrifft und mit dem Sprung über die Zehn-Prozent-Hürde den Einzug ins Parlament schafft. Dieses Ergebnis ist für Erdoğan eine herbe Niederlage. Dass in Deutschland sich die Türken mehrheitlich, nämlich mit rund 53 Prozent der Stimmen, für die AKP entscheiden, bringt ihm nichts. Nach dreizehn Jahren ist die AKP-Alleinherrschaft vorläufig beendet.

Es sind schwere Zeiten für Erdoğan. Diese Niederung ist nicht seine Welt. Seine Welt sind die Siege, die von Wahl zu Wahl höher ausfallen. Für den Ego-Shooter, der jedem Bürger der Republik einen Platz zuweist, der seine Leute von Sieg zu Sieg dirigiert, eine nicht hinnehmbare Tatsache. All die Versprechungen wirken plötzlich wie aus einer anderen Zeit. Dass die Diyanet noch kurz zuvor den ersten Koran auf Kurdisch herausbrachte, brachte ihm auch nichts mehr. Der sonst nie um klare Worte verlegene Erdoğan tritt erstmals nach einer Wahl nicht vor seinen Anhängern auf. Auf seinem Terminkalender stehen am Montag keine öffentlichen Verpflichtungen – zum ersten Mal seit sechs Wochen. Lediglich eine dünne Erklärung wird vom Staatschef am Tag danach herausgegeben, in der er die Parteien zu »verantwortungsvollem Handeln« und »Feingefühl« auffordert, um die demokratischen Errungenschaften zu bewahren. Eine Besonnenheit, die täuschen sollte. Weil Erdoğan plötzlich verstummt, macht sich das Volk Gedanken darüber, was er denn nun wohl so in seiner Freizeit treibt. Im Internet zählt eine Stoppuhr seine Abwesenheit, es werden Fotomontagen veröffentlicht: Erdoğan in Paradeuniform neben Nordkoreas Machthaber Kim Jong Un, beim Einkaufen mit einer Damenhandtasche unterwegs oder nachdenklich auf einer Fensterbank sitzend, kurz vor dem Sprung nach unten. Doch wer Erdoğans Biografie anschaut, weiß, mit ihm ist auch nach seiner Niederlage zu rechnen. Die Alltagserfahrungen seiner Kindheit passen wieder ohne Abstriche in diese Situation – weiter, immer weitermachen.

Die linksliberale Zeitung »El País« aus Madrid kommentiert das Wahlergebnis: »Erdoğan verliert, die Türkei gewinnt. Die türkischen Wähler torpedierten das Vorhaben von Präsident Recep Tayyip Erdoğan, dem Land ein autoritäres System aufzuzwingen. Sie verwiesen einen Politiker in die Schranken, der anfangs fast alles richtig und später fast alles falsch gemacht hatte.« Die niederländisch Zeitung »de Volkskrant« freut sich, dass eine Diktatur nun abgewendet worden sei: »Das ist ein Zeichen der Vitalität der säkularen Tradition. Bei einer starken Minderheit ruft allein schon der religiöse Charakter der islamistischen Erdoğan-Partei AKP Widerstand hervor. Noch größer ist offenbar der Widerstand gegen einen Staatsstreich durch den Präsidenten. Von einem türkischen Putin halten die Türken nichts.«

Wie schon während der Gezi-Proteste hat Erdoğan nun die Chance, einer liberaleren Gesellschaft zuzuhören, den Wahlerfolg der HDP auch als Chance zu begreifen und Vielfalt zuzulassen. Er hätte seine Hand nur ausstrecken müssen – es ist eine Gelegenheit, den verbliebenen unabhängigen Journalisten, der Opposition, den Kurden, Aleviten, Linken, Säkularen, Liberalen, sexuellen Minderheiten und auch mittlerweile besorgten Konservativen zuzuhören. Aber Erdoğan drängt die Türken in einen nächsten unnötigen Wahlkampf. So sind die Koalitionsgespräche von Anfang an eine Farce, Erdoğan will eine Verfassungsänderung, und dazu braucht er Neuwahlen, die er als Chance für die Bevölkerung auslegt, um »den Fehler zu korrigieren«. Die nächsten fünf Monate sind eine Phase der Stagnation, des Mordens und des Hasses. Die Wirtschaft lahmt, der Staatspräsident macht nichts, um das Klima zu befrieden. Er distanziert sich von der am 28. Februar verabschiedeten »Erklärung von Dolmabahçe«, einem Zehn-Punkte-Plan für eine Lösung der Kurdenfrage. Um Syriens Diktator al-Assad zu stürzen und einen De-facto-Kurdenstaat in Nordsyrien zu verhindern, duldete er die Extremisten auf der anderen Seite. Sein Wegschauen, was den »Islamischen Staat« betrifft, wird viele Türken das Leben kosten. Der Terror wird von Erdoğan instrumentalisiert, um die HDP zu dämonisieren.

Nach dem Attentat in Diyarbakır erschüttert am 20. Juli ein Selbstmordanschlag in Suruç das Land, bei dem 34 junge, meist kurdische Aktivisten von einem Selbstmordattentäter mit in den Tod gerissen werden. Der Mörder, so heißt es, habe sich für Niederlage des IS in Kobanê rächen wollen. Die meisten der Opfer sind Studenten, die nach Kobanê wollten, um dort beim Aufbau zu helfen.

Es ist ein Wendepunkt in der ohnehin schon angespannten Atmosphäre. In einem rasenden Tempo rutscht die Türkei in eine Spirale von Gewalt und Gegengewalt. In einem riskanten Zweifrontenkrieg bekämpft Ankara fortan den IS und die Kurden. Neben weiterem Terror durch die Islamisten droht nun weitere Instabilität durch Unruhen mit den Kurden. Wegen der türkischen Syrienpolitik erschießen zwei Tage nach dem Bombenanschlag PKK-Kämpfer zwei türkische Polizisten in der Stadt Şanlıurfa nahe der syrischen Grenze im Schlaf in ihren Betten, Ankara antwortet mit Luftangriffen auf PKK-Stellungen im Nordirak, den ersten Attacken seit 2013, als ein Friedensabkommen zwischen der Regierung und der Terrororganisation bekanntgegeben wurde.

Die kurdischen Rebellen wiederum reagieren mit Gewalt, womit sie Erdoğan einen Riesengefallen tun. Denn jeder Anschlag der Rebellen trägt dazu bei, dass viele Türken eine Rückkehr in die blutigen Neunzigerjahre befürchten. Zwar appelliert HDP-Chef Demirtaş an alle Konfliktparteien, die Waffen niederzulegen, doch niemand hört auf ihn. Proteste gegen die PKK oder gegen die Regierung enden immer öfter tödlich, Nationalisten zerstören Gebäude der HDP und Geschäfte von Kurden und setzten sie in Brand, Kritiker vergleichen die Ausschreitungen mit der »Reichskristallnacht«. »Unser einziges Verbrechen ist, dreizehn Prozent der Stimmen erhalten zu haben«, urteilt Demirtaş. Erdoğan fordert die Aufhebung der parlamentarischen Immunität von kurdischen Politikern, die Verbindungen zu Terrorgruppen unterhalten würden – eine klare Anspielung auf die HDP.

In etlichen Verschwörungstheorien wird behauptet, die Regierung selbst habe das Chaos inszeniert, damit Erdoğan sich als starker Macher präsentieren kann, der Sicherheit und Stabilität garantiert, die Türken rettet, sich zusätzlich die Stimmen der Nationalisten sichert, um so bei Neuwahlen endlich sein Ziel zu erreichen. Viele Menschen trauen ihm zu, dass er einen Bürgerkrieg vom Zaun brechen könne, nur um der Herrscher zu werden, der er sein will. Und dann passiert etwas, womit niemand gerechnet hat.

Inmitten all des Chaos und der Atmosphäre nationalistischer Aufwallungen beendet Erdoğan am 24. Juli den Friedensprozess mit den Kurden, und sagt auf einer AKP-Veranstaltung: »Wählt 400 Abgeordnete, und diese Angelegenheit wird friedlich gelöst!« Denn dann kann die AKP die Verfassung ändern, und ihm endlich das Präsidialsystem schenken. PKK-Chef Öcalan, dem eine Vermittlung zwischen den verfeindeten Parteien zugetraut wird, wird stummgeschaltet. Erdoğan nimmt die Menschen nicht an die Hand, er nimmt ihnen nicht ihre Ängste oder sucht den Kompromiss – Erdoğan schürt stattdessen Hass, und zerstört damit sein wichtigstes politisches Projekt – die Aussöhnung zwischen Türken und Kurden. Ein Vorgehen, das zeigt, wie besessen er von seinen Allmachtsfantasien ist. Noch kein Politiker hat sich zuvor so rasch demontiert, wie er. So wundert es auch niemanden mehr, als Anfang August neun Wochen nach der Parlamentswahl die Koalitionsgespräche für gescheitert erklärt werden. Bis zu den Neuwahlen am 1. November regiert ein Übergangskabinett, bestehend aus Abgeordneten der AKP, der HDP und Unabhängigen. Die CHP und die MHP verweigern eine Beteiligung. Die zwei HDP-Minister werden aus Protest gegen Erdoğan Wochen später zurücktreten.

Und während es landesweit täglich zu Terrorwarnungen kommt, die PKK und Ankara weiter bomben, ganze kurdische Städte von der türkischen Armee tagelang abgesperrt werden und sich dort bürgerkriegsähnliche Zustände abspielen, sterben auch immer mehr Zivilisten bei Angriffen oder Anschlägen. Am 10. Oktober, drei Wochen vor den Neuwahlen, sprengen sich zwei Selbstmordattentäter in Ankara bei einer regierungskritischen Friedensdemonstration in die Luft. Unter dem Motto »Dem Krieg zum Trotz, Frieden jetzt sofort!« wollen an diesem sonnigen Samstag tausende Türken für ein Ende der Gewalt demonstrieren, am Ende sterben bei dem verheerendsten Anschlag in der Geschichte der türkischen Republik rund hundert Menschen. Das jüngste Opfer ist ein neunjähriger Junge, der gemeinsam mit seinem Vater Hand in Hand stirbt.

Die politischen Lager reagieren mit gegenseitigen Schuldzuweisungen. Ankara vermutet hinter all den drei Anschlägen den IS, doch der bekennt sich zu keinem der Attentate. Erdoğan verurteilt den Anschlag als »abscheulichen Angriff«, der den Frieden gefährde, er verspricht die Aufklärung. Eine Ansage, die Demirtaş bei einer Pressekonferenz infrage stellt: »Wir fragen uns, ist es überhaupt möglich, dass der Staat, dessen Nachrichtendienst so effizient arbeitet und uns Tag und Nacht abhört und verfolgt, keinerlei Hinweise auf diesen Anschlag hatte? Wir stehen einer mafiösen, für alle ersichtlich serienmordenden Staatsgesinnung gegenüber.« Und Demirtaş beschuldigt die AKP: »Ihr seid Mörder, an euren Händen klebt Blut.« Daraufhin wirft Ministerpräsident Davutoğlu der HDP vor, das Volk gegen den Staat aufzuhetzen: »Er vergisst die Soldaten und die Zivilisten, die in den vergangenen drei Monaten getötet wurden.« Und als er sagt, zwischen dem Islam-Verständnis des IS und dem der Regierung gebe es »einen Unterschied nicht von 180 Grad, sondern von 360 Grad« und damit versehentlich eine ideologische Nähe zu den Dschihadisten impliziert, kann schon niemand mehr in der Türkei lachen.

Nirgends fühlt man sich mehr sicher. Medien veröffentlichen Bilder von mutmaßlichen IS-Selbstmordattentätern, die im Land seien und Anschläge planen würden. Wie schon so oft unter Erdoğan wird die Berichterstattung über heikle Themen verboten, auch diesmal versucht der RTÜK, der oberste Radio- und Fernsehrat der Türkei, mittels einer Anweisung, Berichte über das Attentat zu unterbinden. Doch diesmal geht die Rechnung der Regierung nicht auf. Regierungskritische Medien veröffentlichen fast ausnahmslos Berichte über den Terror, zeigen die Bilder der Opfer, und erzählen ihre Geschichten. Das Land steht unter Schock. Im Januar, nach dem Tod des saudischen Königs Abdullah ibn Abd al-Aziz, verkündet Erdoğan eilends die Staatstrauer. Nach der Explosion in Ankara wird ihm vorgeworfen, nur widerwillig eine dreitägige Staatstrauer zu verordnen. Nationalistische Mobs ziehen landesweit durch die Straßen, regierungskritische Journalisten werden von AKP-Anhängern zusammengeschlagen. Das Internationale Presse-

Institut (IPI) mit Sitz in Wien schlägt Alarm, weil immer mehr Journalisten ins Gefängnis geworfen werden. Wegen der Terrorgefahr wird die Umstellung auf die Winterzeit um zwei Wochen verschoben, die Wahllokale sollen im Hellen schließen.

Abb. 11: Besuch Angela Merkels im Oktober 2015

Wahlkampfhilfe bekommt Erdoğan ausgerechnet von Bundeskanzlerin Merkel. Deren Umfragewerte schwanken gefährlich nach unten, weil sie für ihre Verhältnisse eine liberale Flüchtlingspolitik gefahren hat. So fliegt Merkel überraschend am 18. Oktober nach Istanbul, um Erdoğan zu treffen und ihre eigenen Interessen zu schützen – trotz des Bewusstseins, von der AKP-Presse für Propagandazwecke ausgeschlachtet zu werden. Merkel, sonst Erdoğan gegenüber eher distanziert, sitzt seltsam verloren in einem großen, mit Blattgold und Halbmond verzierten Sessel. »Merkel verneigte sich mit verklammerten Händen«, schreibt ein regierungsnahes Blatt.

Ein Wahlkampf der Angst

Die HDP sagt wegen der erhöhten Anschlagsgefahr alle Großveranstaltungen ab, auch die CHP und die MHP sind ungewohnt still. Ministerpräsident Davutoğlu warnt bei einem Auftritt in der kurdischen Stadt Van damit, dass die weißen Toros zurückkehren werden, sollte die AKP wieder keine absolute Mehrheit gewinnen. Ein furchtbarer Satz. Denn die weißen Toros waren in den düsteren Neunzigerjahren die Autos, die vom Geheimdienst genutzt wurden, um Kurden aus den Dörfern abzuholen. Die meisten ihrer Opfer verschwanden für immer oder wurden in einem Massengrab wiedergefunden. Erdoğan und Davutoğlu ziehen durchs Land, drohen und schimpfen, sollte die AKP nicht haushoch gewinnen, komme noch Schlimmes auf die Türken zu – doch all das scheint nichts zu nutzen. Ausnahmslos alle seriösen Umfrageergebnisse zeigen, dass es bei dieser Neuwahl wieder zu einem ähnlichen Ergebnis kommen wird wie bei dem Urnengang im Juni.

Aber all die Voraussagen irren. Zwar durchschauen viele Erdoğans Kalkül, doch sie möchten keine weiteren Menschen beerdigen, sie sehnen sich nach Ruhe und Sicherheit, sie sind erschöpft. So geht im zweiten Anlauf das Kalkül des »Sultans« auf. Die AKP erhält sagenhafte 49,5 Prozent und kann nun wieder ohne Partner regieren. Zweitstärkste Kraft wird erneut die CHP mit 25,3, gefolgt von der MHP mit 11,9 Prozent. Die HDP schafft es erneut ins Parlament, verliert aber mit 10,8 Prozent an Stimmen.

Auch in Deutschland entscheidet sich die Mehrheit erneut für Erdoğan, knapp sechzig Prozent der Stimmen bekommt hier wieder die AKP. Ein Ergebnis, das in keinem anderen europäischen Land so hoch ausfällt und das zeigt, wie mehrheitlich islamisch-konservativ die stimmberechtigten Deutschtürken sind.

Es ist ein verstörendes Ergebnis, weil Erdoğan nicht wegen seiner Erfolge gewonnen hat, sondern wegen der Bomben, die hochgegangen sind, und weil sein Gewinn dazu führt, dass er immer weiter die Demokratie abbauen wird. In einer in der Nacht verbreiteten Erklärung betont er, die Wähler hätten ihren »deutlichen Wunsch nach

Einheit und Integrität« zum Ausdruck gebracht. »Unser Volk hat bei den Wahlen klar gezeigt, dass es Taten und Entwicklung dem Streit vorzieht«, erklärt er weiter. Bittere Worte angesichts all der Toten der letzten Monate. Erdoğan hat alle unabhängigen Institutionen mit AKP-Anhängern infiltriert, Journalisten fürchten um ihre Leben, er hat gegen die Verfassung verstoßen, und die Türkei steckt wieder in einem Krieg, von dem sie dachte, er sei vorbei. So liegt eine aggressive Stimmung über den Sieg dieses Mannes, der einige Zeit Aufbruch und Zuversicht verkörperte und jetzt die Furcht.

Er zeigt sich nach seinem Morgengebet wieder einmal in der Eyüp-Moschee dem Volke, und sucht erst gar nicht die Versöhnung. Die Türken hätten die »großen Intrigen« durchschaut und sich für Stabilität entschieden, die Medien – insbesondere die Auslandspresse – müssten den Wählerwillen nun respektieren. »Obwohl Erdoğan mit 52 Prozent gewählt wurde, haben sie ihm niemals Respekt entgegengebracht«, kritisiert er die Korrespondenten, und spricht über sich in der dritten Person. Recep Tayyip Erdoğan ist zurück, er ist so stark wie nie zuvor.

Doch die von ihm versprochene Stabilität ist nur von sehr kurzer Dauer. Als Davutoğlu am 24. November feierlich sein neues Kabinett vorstellt, spricht er davon, dass es die Mission der Regierung sei, eine »neue Türkei« aufzubauen, »die den jetzigen Zivilisationsgrad noch übertrifft«. In den ersten fünf Tagen der neuen türkischen Regierung wird ein russischer Jet abgeschossen, zwei prominente regierungskritische Journalisten werden inhaftiert, der bekannte kurdisch-türkische Menschenrechtsanwalt Tahir Elçi bei einer Pressekonferenz in Diyarbakır erschossen. Wenige Minuten vor seinem Tod appellierte Elçi noch für den Frieden in der Region: »Wir sagen, der Krieg, die Kämpfe, die Waffen, die Einsätze sollen fern bleiben von hier.« Dann trifft Elçi eine Kugel.

Minderheiten und historische Konflikte

Erdoğans Amtszeiten begleiteten diverse politische Altlasten, die zum festen Inventar der Republik gehören und deren Wurzeln viele Jahrzehnte zurückliegen. Einige davon bergen erhebliches Potenzial für Konflikte und inneren Unfrieden. Dazu gehört der Umgang des Staates mit seinen religiösen und ethnischen Minderheiten wie Kurden, Armeniern und Aleviten – ebenso wie historische außenpolitische Konflikte, etwa mit Griechenland beziehungsweise Zypern oder Armenien. Ihnen muss er sich als Ministerpräsident schon allein wegen der EU-Forderungen für einen möglichen Beitritt stellen – was er zunächst voller Energie auch macht, und wofür er im Westen Anerkennung findet. Doch auch hier gerät der Reformeifer ins Stocken, und die Minoritäten selbst erinnern Erdoğan immer wieder daran, dass in seinem »demokratischen Musterstaat« vieles undemokratisch ist. Das betrifft vor allem die Kurden, die größte ethnische Minderheit des Landes.

Die ewige Angst vor den Kurden

Die Ermordung des Menschenrechtsanwalts Elçi ist nur ein weiterer trauriger Höhepunkt Ende 2015, als der Friedensprozess längst nur noch ein hohles Wort ist. Dabei gab es noch wenige Jahre zuvor Bilder, die Hoffnung machten. Am November 2013 reichte Erdoğan dem kurdischen Sänger Şivan Perwer in Diyarbakır die Hand. Die Geste hatte hohe Symbolkraft: Der Ministerpräsident steht für eine Staatsmacht, die jahrelang gewaltsam gegen die Minderheit vorging. Perwer für den kurdischen Widerstand: Seine politischen Texte bringen ihm die Verehrung von Kurden auf der ganzen Welt ein – und die Notwendigkeit, ins Exil zu gehen. Nun betritt er nach 37 Jahren erstmals türkischen Boden, er trägt einen khakifarbigen Overall, wie die Peschmerga, die kurdischen Freiheitskämpfer ihn tragen. Erdoğan lächelt, der Frieden scheint greifbar. Der Ministerpräsident deutet eine Generalamnestie für kurdische Rebellen an und sagt, die Region erlebe eine »neue Ära, ein neues Klima, eine neue Frühlingsatmosphäre«. Erdoğans Charmeoffensive findet ein jähes Ende. Die Wirkung des Moments der Eintracht ist spätestens im Oktober 2015 verflogen, als die Leiche eines Kurden durch das südostanatolische Şırnak an einem Polizeifahrzeug durch die Stadt geschleift wird. Der Mann kam bei Gefechten zwischen kurdischen Terroristen und staatlichen Sicherheitskräften ums Leben. Niemand solle das Foto vergessen, schreibt der HDP-Co-Vorsitzende Demirtaş auf Twitter, »weil wir es nicht vergessen werden«. Zwischen der Handreichung in Diyarbakır und der Leichenschändung in Şırnak liegt ein Ereignis, das Erdoğans Pläne, Staatspräsident mit umfassenden Machtbefugnissen zu werden, durchkreuzt hat. Denn die relative neue prokurdische Oppositionspartei HDP fuhr bei den Parlamentswahlen im Juni 2015 ein überraschend hohes Ergebnis ein, zog ins Parlament ein und stoppte so vorerst Erdoğans Durchmarsch. Erstmals hatten die Bürger zweiter Klasse ein starkes politisches Mitspracherecht. Doch kurze Zeit später bricht der bewaffnete Kampf zwischen Ankara und der PKK mit voller Wucht wieder aus – die Menschen fühlen sich wieder an die düstersten Zeiten des Kurdenkonflikts in den Neunzigerjahren erinnert. Die Politik des verordneten Türkentums scheiterte, der kurdische Hochseilakt auch.

Den Kurdenkonflikt hat Erdoğan übernommen – die Auseinandersetzung zwischen der Minderheit und dem türkischem Staat bestehen seit Jahrzehnten und sind immer wieder Ursache blutiger Kämpfe. Zwar sind Türken und Kurden de jure gleichgestellt, aber in der Realität gibt es eine ethnische Diskriminierung. Die Kurden sind eine eigene ethnische Gruppe mit eigener Sprache und eigener Tradition. Die etwa 25 bis 30 Millionen Menschen leben in der Türkei, im Irak, Iran und in Syrien und gelten als das weltweit größte Volk ohne eigenen Staat. Der Traum vom kurdischen Staat begleitet bereits die Verhandlungen nach dem Ende des Ersten Weltkriegs. Mit der Autonomen Region Kurdistan im Nordirak mit Erbil als Zentrum entsteht 2003 erstmals eine kurdisch verwaltete Region. Erdoğan beäugt dieses Novum, in dem die irakischen Kurden bereits viel von dem leben, was ihre in der Türkei lebenden Brüder seit Jahren fordern, anfangs extrem skeptisch, dann siegt aber seine pragmatische Seite. Die erdölreiche Provinz ist ein wichtiger Rohstofflieferant, die neue Boomregion – als einzig stabiler Teil des Nachkriegsirak – ein interessanter Absatzmarkt für die türkische Wirtschaft. Also baut er gute Geschäftsbeziehungen zu Regionalpräsident Masud Barzani auf.

In der Türkei hingegen werden jegliche Rufe nach Autonomie, aber auch nach grundlegenden Rechten lange Zeit blutig niedergeschlagen – der kurdische Widerstand ist so alt wie der Staat. Atatürk, der vor Gründung der Republik Kurden in seinen Reihen hatte, will von den Wünschen der einstigen Verbündeten nach seinem Amtsantritt nichts wissen und setzt auch bald Gewalt gegen deren Rebellion ein. Immer wieder wird das sogenannte Sèvres-Syndrom genannt, eine von Nationalisten geschürte Angst vor der Teilung der Türkei, wie sie am Ende des Ersten Weltkriegs von den westlichen Siegermächten durchgeführt worden war. Seine Nachfolger halten es ähnlich.

Erdoğan ändert das. Während seinen Amtszeiten keimt immer wieder die Hoffnung auf ein Ende der Gewaltspirale auf. Etwa als er sich 2011 zu einem Armeemassaker im heutigen Tunceli im Jahr 1937/38 vor AKP-Mitgliedern mit den Worten äußert: »Wenn es notwendig ist, sich im Namen des Staats zu entschuldigen, würde ich mich entschuldigen – und ich entschuldige mich.« Er ruft auch die Sozialdemokraten zu dieser Geste auf – die bleiben jedoch stumm.

Die vierzehn Millionen Kurden machen in der Türkei rund achtzehn Prozent der Bevölkerung aus – lange war es üblich, sie bösartig als »Bergtürken« zu bezeichnen. Ihre Autonomiebestrebungen passen nicht in Atatürks »ein Staat, eine Nation, eine Flagge«.

In den Achtzigerjahren bildete immer mehr die 1978 gegründete kurdische Arbeiterpartei PKK unter dem Führer Öcalan den Kontrahenten zum türkischen Staat. Ab 1984 wechselten sich Terroranschläge mit staatlichen Gewalttaten ab. Über 40 000 Menschen verloren bislang in diesem Konflikt ihr Leben. Inzwischen hat die PKK die Forderung nach einem eigenen Staat offiziell aufgeben.

Erdoğan ist nicht der erste Ministerpräsident, der die Lösung des Kurdenkonflikts angeht. Doch ist er der erste, der mit seiner Politik so weit gekommen ist. Er erreichte mehr, als alle vorherigen Regierungen. Ministerpräsident Demirel hatte vom Militär verlangt, endlich die kurdische Identität anzuerkennen, allerdings bleibt die Forderung ein einmaliges Lippenbekenntnis, dem keine Taten folgen. In den Achtzigerjahren hatte Ministerpräsident Özal gar laut über eine kulturelle Unabhängigkeit der Kurden nachgedacht und begonnen, mit vielen Tabus zu brechen – er muss sich allerdings der Realität des Golfkriegs Anfang der Neunzigerjahre fügen, ebenso wie der Macht des türkischen Militärs. Kurdische Rebellen nutzen das Vakuum, um aufzurüsten. Özals Vermittlungsversuche führen zwar dazu, dass PKK-Chef Öcalan erklärt, ein eigener Staat sei nicht mehr die Hauptforderung. Seine Vorstöße macht die Armee jedoch jäh zunichte, sie intensiviert ihre Angriffe auf die PKK und kurdische Zivilisten: In den Neunzigerjahren prägen Folter und weitere Menschenrechtsverletzungen den staatlichen Umgang mit der Minderheit. Schließlich wird unter Ministerpräsident Yılmaz Öcalan im Ausland aufgespürt, verhaftet, öffentlich gedemütigt und auf die Gefängnisinsel Imrali bei Istanbul gebracht, wo er eine lebenslange Haft verbüßt. Dennoch ist und bleibt er einer der einflussreichsten Männer des Landes.

Erdoğan will die Kurdenfrage zunächst politisch lösen und beginnt mit einer behutsamen Öffnung, mit Diplomatie, dann mit großen Gesten. Er schüttelt kurdischen Politikern die Hand, eröffnet offiziell Verhandlungen, hebt Sprachverbote auf. Das türkische Wirtschaftsministerium rechnet aus, dass der Kurdenkonflikt in den Jahren 1986 bis 2012 das Wirtschaftswachstum um 0,5 Prozent pro Jahr gebremst und Einbußen von 1200 Milliarden Dollar verursacht hat. Er will Wählerstimmen, Frieden, aber ganz sicher keinen Kurdenstaat.

Schon am 30. November 2002, also noch vor Erdoğans Amtsantritt als Ministerpräsident, hebt die AKP den Ausnahmezustand in den kurdischen Gebieten vollständig auf. Ab 2004 gibt es erstmals Sendungen in den beiden kurdischen Dialekten Zaza und Kurmandschi. Mit TRT 6 entsteht am 1. Januar 2009 sogar ein kurdischsprachiger Kanal des türkischen Staatsfernsehens. Als dieser auf Sendung geht, gratuliert Erdoğan auf Kurdisch:»TRT ses bi xer be« –»Ich wünsche dem Kanal 6 alles Gute« – eine kleine Sensation, nicht nur, weil ein türkischer Ministerpräsident öffentlich Kurdisch spricht. Der Satz enthält auch den kurdischen Buchstaben »X« (gesprochen wie das deutsche »ch« in Bach) – der war seit 1928 in der Türkei verboten, ebenso wie »W« und »Q«.

Erdoğan strebte definitiv eine Lösung des Kurdenkonflikts an – das muss man ihm zugestehen, auch wenn inzwischen die staatliche Gewalt wieder in die kurdischen Gebiete eingezogen ist. Die größte Minderheit des Landes verfügt heute nicht nur über mehr Rechte, sondern durchschnittlich auch über mehr Wohlstand. Mittlerweile gibt es Universitätsfakultäten, an denen auf Kurdisch unterrichtet wird, kurdische Angeklagte dürfen sich vor Gericht auf Kurdisch verteidigen. Von der Opposition erfährt Erdoğan bei diesem Kurs keinen Rückhalt – ganz im Gegenteil: So besteht eine CHP-Abgeordnete in einer Parlamentsdebatte darauf, dass Türken und Kurden vor Gericht nicht gleichgestellt werden könnten. Baykal schimpft Erdoğan wegen dessen Kurdenpolitik einen »Verräter«, Bahceli droht, der Ministerpräsident werde ewig »den Atem des grauen Wolfs im Nacken spüren«. Doch Erdoğan bleibt seiner Linie treu: Sondergerichte werden abgeschafft, kulturelle Rechte zugesprochen. Die CHP und MHP werfen der AKP schließlich sogar eine Zusammenarbeit mit der PKK vor.

Auch ökonomisch geht es für die Kurden bergauf. Galten Ost- und Südostanatolien lange als das Armenhaus des Landes, wird hier nun investiert. Die Kurdenmetropole Diyarbakır am Tigris wird zum touristischen Reiseziel. Erdoğan fährt seinen Versöhnungskurs öffentlichkeitswirksam – und sagt bei einer Rede im August 2005 Sätze, wie:»Die Kurdenfrage ist nicht das Problem einiger weniger. Sie betrifft uns alle. Sie betrifft auch mich!« Oder:»Kurden können stolz sein, dass sie Kurden sind; Türken können stolz sein, dass sie Türken sind; und Lazen können stolz sein, dass sie Lazen sind. Ich spreche dabei über die ethnischen Identitäten. Die Supra-Identität jedoch, die uns miteinander verbindet, ist die Staatsbürgerschaft der Türkischen Republik. Dies ist der gemeinsame Nenner.«

Kurz vor den Kommunalwahlen 2009 in Diyarbakır lobt er die kulturelle Vielfalt der Türkei »mit all ihren Türken, Kurden, Abchasen, Bosniern und Albanern« – wieder spricht er ein paar Sätze auf Kurdisch. Bei einer anderen Gelegenheit im selben Jahr sagt er, jede Mutter, ob von einem türkischen Soldaten oder einem PKK-Kämpfer, fühle den gleichen Schmerz, wenn ihr Sohn bei diesem Konflikt umkomme. Er hat sich vorgenommen, diesen historischen Konflikt zu lösen:»Wo stünde die Türkei heute, hätte sie nicht 25 Jahre verschwendet mit Konflikten, ungelösten Morden und zwangsgeräumten Dörfern?«, fragt er seine Parlamentarier. Uneigennützig sind seine Zugeständnisse zu keiner Zeit, der demonstrative Enthusiasmus hat ein Ziel: Immerhin konkurriert er mit prokurdischen Parteien um Wählerstimmen. Und wie immer folgt er dieser Linie nur so lange, wie er davon profitiert. Sein Entspannungskurs hält genau so lange, bis die Kurden beginnen, Forderungen zu stellen.

Erdoğans Kurdenpolitik: ergebnisorientierte Ambivalenz

Zwischen 2006 und 2009 flammt der gewaltsame Konflikt wieder auf: Die PKK begeht Anschläge, Ankara übt Gewalt aus. Auf Basis von Erdoğans schwammig formuliertem – und deshalb breit einsetzbarem – Antiterrorgesetz werden zahlreiche Kurden verhaftet. Als 2009 Erdoğans Interesse an kurdischen Wählern wieder wächst, entspannt sich die Lage. Immerhin hatte die AKP bei den Kommunalwahlen im Frühjahr Wahlkreise im Südosten an die DTP verloren. Gleichzeitig zwingt Öcalan Erdoğan durch die Ankündigung eines Friedensplans zur Reaktion. Die ist ambivalent. Auf eine emotionale, versöhnliche Rede im Parlament folgt 2011 die Eskalation. Erdoğan spricht von »gewaltiger Rache«, den »heiligen Seelen der gefallenen Märtyrer« und schickt türkische Soldaten über die Grenze in den Nordirak.

Insgesamt hat Erdoğan den Kurden viel in Aussicht gestellt und wenig eingehalten. Das Ziel einer endgültigen Lösung des Konflikts opfert er seinem Machtwillen. Je nach tagespolitischer Lage werden die Kurden bei Erdoğan schnell von den Guten zu den Bösen – und umgekehrt. Entsprechend gerät Erdoğans Kurdenpolitik zu einem ständigen Auf und Ab. Das zeigt etwa seine »Demokratische Initiative« aus dem Jahr 2009. Kurz darauf verbietet das Verfassungsgericht einstimmig die prokurdische Demokratische »Partei der demokratischen Gesellschaft« Demokratik Toplum Partisi, DTP), die 2007 ins Parlament einzog, als »Brennpunkt von Aktivitäten gegen die unteilbare Einheit von Staat, Land und Nation«.

Generell haben es kurdische Parteien in der Türkei schwer – daran ändert auch Erdoğan nichts: Parteiverbote sind fast schon ihr Standardschicksal. Die meisten werden verboten, weil sie angeblich oder tatsächlich mit der PKK sympathisieren. 1993 wird die »Arbeiterpartei des Volkes« (Halkın Emek Partisi, HEP) verboten, 1994 ihre Nachfolgepartei »Demokratiepartei« (Demokrasi Partisi, DEP), deren Nachfolger, die »Partei der Demokratie des Volkes« (Halkın Demokrasi Partisi, HADEP) wiederum 2003, die DTP 2009. Auch deren Nachfolgeparteien, die »Partei des Friedens und der Demokratie« (Barış ve Demokrasi Partisi, BDP) und die HDP werden von der AKP immer weiter in Terrornähe gerückt. Hinzu kommen Angriffe der nationalistischen Presse und nationalistischer Mobs. Von Ankara kontrollierte Zugeständnisse? Ja. Echte politische Teilhabe? Nein. So lautet der Kurs.

Zur ambivalenten Situation trägt bei, dass all diese Parteien der PKK tatsächlich nahestehen. Über die HDP heißt es gar, sie sei auf Imrali geplant worden, aus ihren engen Verbindungen zur

PKK hat die HDP nie ein Geheimnis gemacht. HDP-Delegationen haben mehrmals PKK-Chef Öcalan sowie andere Mitglieder der PKK-Führung im Nordirak besucht, was lange Zeit kaum aufregte. So werden einerseits enthusiastisch Friedensgespräche geführt – Erdoğan bezeichnet im Dezember 2012 den Frieden mit den Kurden als größtes Projekt der Türkei. An anderer Stelle erklärt er die Frage der Kurden dann wieder für bereits gelöst. Doch werden die Kurden wegen der enttäuschten Erwartungen und gebrochenen Versprechen immer unzufriedener. Bei der Verfassungsänderung 2010 gehen sie vollkommen leer aus, kein einziger der Paragrafen, die ihre Rechte beschneiden, wird geändert. Selbst der öffentlichkeitswirksam eröffnete staatliche TV-Kanal in kurdischer Sprache erweist sich als Etikettenschwindel. Die populäre kurdische Sängerin Rojin gibt ihre Talkshow auf TRT 6 auf und begründet das mit der üblichen massiven Zensur.

Kurden stellen nach wie vor die Mehrheit der Angeklagten in politischen Prozessen. Unter dem Vorwurf der Zusammenarbeit mit der PKK werden Politiker, Regierungskritiker und vor allem Journalisten inhaftiert. Die Mehrzahl der festgenommen Journalisten ist kurdischer Herkunft oder hatte über kurdische Themen berichtet. Erdoğans 2012 formuliertes Versprechen, an staatlichen Schulen Kurdisch als Unterrichtsfach einzuführen, ist bis heute nicht umgesetzt. Vor allem viele jüngere Kurden beherrschen die Sprache ihrer Eltern nicht und sprechen nur Türkisch.

Auf der anderen Seite ist Erdoğan derjenige, der die totale Isolation Öcalans durchbricht, wenn auch mit wechselhaftem Kurs, der sich stark an der Stimmung seiner Wähler ausrichtet: Die Verhandlungen des Geheimdienstes mit der PKK werden 2011 abgebrochen, als geheime Tonbandmitschnitte öffentlich werden und er fürchten muss, seine Wählerschaft zu spalten. Trotzdem folgt im Januar 2013 dann die Sensation, Ankara spricht nun ganz offiziell und direkt mit dem Staatsfeind Nummer eins.

Kurz darauf dürfen die Kurden zum ersten Mal seit Gründung der Republik 1923 ihr Neujahrsfest Newroz offen feiern. Bei den Feierlichkeiten in Diyarbakır wird ein Grußwort Öcalans vorgelesen: »Vor Millionen Zeugen sage ich: Endlich beginnt eine neue Ära, in der statt Waffen die Politik im Vordergrund steht!« Und obwohl Ankara im Herbst 2014 dem Überfall des »Islamischen Staates« auf kurdische Kämpfer im nordsyrischen Kobanê tatenlos zusieht und es daraufhin zu tödlichen Ausschreitungen zwischen Kurden und türkischen Sicherheitskräften in der Türkei kommt, wird der brüchige Friedensprozess weitergeführt. Am 28. Februar 2015 präsentieren der Regierungsvize Yalçın Akdoğan und der HDP-Politiker Sırrı Süreyya Önder die sogenannte »Erklärung von Dolmabahçe«, in welcher Öcalan zehn Punkte als Grundlage für weitere Verhandlungen nennt und die PKK dazu auffordert, sich zu entwaffnen – der erfolgreiche Abschluss des Friedensprozesses, so scheint es in diesem Moment, steht unmittelbar bevor.

Der Hassausbruch

Doch dann schafft die prokurdische HDP bei den Parlamentswahlen am 7. Juni den Sprung ins Parlament und macht damit – zumindest kurzfristig – Erdoğans Traum von einem Präsidialsystem zunichte. 82 neue HDP-Abgeordnete ziehen ins Parlament ein, darunter auch eine Nichte Öcalans, Dilek Öcalan. Erdoğans absolute Macht ist in Gefahr. Der Staatspräsident erklärt den Friedensprozess für beendet und lässt Stellungen der PKK bombardieren. Die Friedensverhandlungen enden in einer neuen Spirale der Gewalt. Wieder werden landesweite Anti-Erdoğan-Demonstrationen mit Tränengas, Wasserwerfern und Gummigeschossen aufgelöst.

Wegen dieser wechselhaften Haltung hat Dengir Mir Mehmet Fırat die AKP verlassen. Der Politgreis, Jahrgang 1943, raucht die ganze Zeit in seinem Büro in Ankara, manchmal lässt er die Asche seiner Zigaretten während des Gesprächs einfach auf den Boden fallen. Der Kurde Fırat war von 2002 bis 2008 AKP-Vizechef und damit Erdoğans rechte Hand. Man sei nicht befreundet gewesen, habe aber über Jahre hinweg eng zusammengearbeitet, Erdoğan sei niemals respektlos ihm gegenüber gewesen.

Seit Beginn seiner Politiklaufbahn setzt er sich für eine Lösung der Kurdenfrage ein. »Ich bin Kurde«, sagt er in einer Zeit, in welcher dieses Bekennen den Tod bedeuten kann. Fırat kennt Erdoğan seit Jahrzehnten, noch aus gemeinsamen Zeiten in der Fazilet Partisi. Er besuchte Erdoğan auch im Gefängnis, weil er es nicht für richtig hielt, dass dieser wegen eines Gedichtes inhaftiert wurde.

Fırat ist ein AKP-Mitglied der ersten Stunde. Zum ersten Mal, blickt er zurück, habe eine Partei die Lösung des Kurdenkonflikts in ihr Parteiprogramm aufgenommen. Die AKP sei damals eine angenehme Mischung aus Konservativen, Liberalen und Sozialdemokraten gewesen. Edoğans Verdienste, die Reformen, so sagt er, »lassen sich nicht leugnen«. Für ihn war der AKP-Chef bis 2007 ein Demokrat, der die Beziehungen zu den USA, zu Europa und den Nachbarstaaten verbessert habe. Die Türkei sei zu dieser Zeit der »Stern« in der Region gewesen. Danach habe es aber innerhalb der Partei kein »wir« mehr gegeben, sondern nur noch ein »ich«.

Aber wer ein emotionales Herumgiften, tiefe Enttäuschung erwartet, wird diese bei Fırat nicht finden. Der Anwalt mit dem grauen, akkuraten Kurzhaarschnitt ist ein nüchterner Realpolitiker. Bis 2008, so erzählt er rauchend, habe es bei der Kurdenfrage auch keine Meinungsverschiedenheit gegeben. Doch dann sei ihm nach einer Diskussion mit Erdoğan klar geworden, dass der keine Gleichberechtigung anstrebe. »Von diesem Moment an gab es nichts mehr zu machen«, sagt er trocken. Deswegen legte er sein Ämter nieder und verließ die Partei. Jetzt sitzt er für die HDP im Parlament. Trotz der Eskalation meint er: »Eines Tages wird es ganz sicher eine Lösung geben«, und er warnt davor, die ganze türkische Gesellschaft für die Ausschreitungen zu verurteilen.

Auch Ziya Pir kennt sich mit den Gefechten der Vergangenheit und der Gegenwart aus. Als Neunjähriger zog er mit seiner Familie aus der türkischen Kleinstadt Torul an der Schwarzmeerküste nach Biberach in Baden-Württemberg, heute sitzt er für die HDP im türkischen Parlament. Aber Pir ist nicht irgendein Politiker, er ist der Neffe von Kemal Pir, einem der Mitbegründer der PKK, der auch bewaffnet die »kurdische Sache« verteidigte. Für die Türkei ist er ein Feind – die

Kurden hingegen verehren ihn bis heute als Märtyrer. Denn der starb 1982 im Gefängnis an den Folgen eines Todesfastens. »Wir lieben das Leben so sehr, dass wir bereit sind, dafür zu sterben«, lautet eine seiner bis heute weitergereichten Aussagen aus dem Gefängnis heraus.

Natürlich gebe es eine Erwartungshaltung an ihn, weil jeder ein Bild seines Onkels habe, dieser Symbolfigur, und natürlich habe ihn dieser geprägt. »Ich bin ich, ich bin Ziya Pir.« Der Neffe sagt von sich, er habe seinen Onkel nicht als Ideologen erlebt, sondern als jungen, warmherzigen Mann – zwar hätten sich die Ideologien von Neffe und Onkel nie zu hundert Prozent gedeckt, »als Kind hatte ich damals sowieso noch nicht verstanden, was er politisch macht«, sagt er knapp dazu – aber menschlich sei ihm der Erwachsene ein Vorbild gewesen. »Denn er hat sich ja für jemanden eingesetzt, der unterdrückt wurde«, um dann den Verstorbenen zu zitieren: »Die Freiheit der Türken geht über die Freiheit der Kurden.« Aber er möchte nicht in dessen Schatten stehen, »dass würde mich zermürben«, sagt er. Als er dann als Jugendlicher einem deutschen Anwalt in Biberach geholfen habe, bei kurdischen Flüchtlingen aus der Türkei zu übersetzen, »habe ich die jüngere Geschichte der kurdischen Bewegung in der Türkei miterlebt«.

Trotzdem führte er ein beschauliches deutsches Leben, studierte Betriebswirtschaft, trat 1999 dem Deutsch-Türkischen Forum der CDU bei, und war eines der ersten Mitglieder der UETD, einer Lobbyorganisation der Deutschtürken für die AKP. Bei seinem Engagement für diese Interessenvertretung traf er Erdoğan mehrfach. 2003, so sagt Pir, habe er den damaligen Ministerpräsidenten in Istanbul direkt darauf angesprochen, wie denn die Kurdenfrage zu lösen sei. Der habe mit leiser Stimme geantwortet, dass er einiges an Gleichberechtigung anstrebe, »aber die Militärs lassen vieles nicht zu«. Eine Aussage, die Pir dem damaligen Erdoğan auch heute noch glaubt. Denn er habe ja anfangs »viel versprochen, und auch einiges umgesetzt«, so der Deutschtürke, und er schiebt hinterher: »Er hätte den Friedensnobelpreis bekommen können.« Doch dann sei Erdoğan immer despotischer geworden. Wegen der Macht, die ihm über alles gehe, habe er alles über Bord geworfen.

Pir lebte in Deutschland zuletzt in der Ruhrgebietsstadt Duisburg. Bei der UETD stieg er 2005 wegen Differenzen bezüglich der politischen Linie und der zunehmenden Bindung an die AKP aus, machte sich mit einer Firma im Gesundheitsbereich selbstständig. 2015 sei dann die HDP an ihn herangetreten, und er habe sich nach längerer Bedenkzeit dazu überreden lassen, nun aktiv in der Türkei die Kurdenpolitik verändern zu wollen. Er hat sein Leben in Deutschland hinter sich gelassen, und anders als sein Onkel versucht er nun mit Worten die Gleichberechtigung zu erstreiten. Durch seinen Namen habe er zu beiden Seiten einen Kanal, zu Ankara und zu der PKK. »Aber jeder Kurde ist für die Regierung ein potenzieller Terrorist«, sagt er auch resigniert angesichts all der Toten, die es jetzt wieder im Südosten gibt. Für Pir nimmt die AKP all die Leichen in Kauf, um die Wählerstimmen der Nationalisten zu erhalten. Trotzdem hat er immer noch Hoffnung: »Der Friedensprozess wird weitergehen«, ist er sich sicher, »über kurz oder lang.« Immer wieder habe sich die Gesellschaft dazu aufgerafft, zur Normalität zurückzukehren. »Denn der Kriegszustand ist nicht normal.«

Erdoğans Albtraum »Staat im Staat«

Den Kurden bieten der Arabische Frühling und auch der syrische Bürgerkrieg die historische Chance auf ein unabhängiges Territorium unter eigener Verwaltung mit kurdischem Staatswesen. In Nordsyrien entstand bereits eine autonome kurdische Region, die von den Kurden Rojava (Westen) genannt wird. Sie erstreckt sich im Dreiländereck zwischen Syrien, dem Irak und der Türkei über fast 600 Kilometer entlang der syrisch-türkischen Grenze – und grenzt im Osten an den autonomen kurdischen Teil des Irak. In Rojava war die Situation im Bürgerkrieg relativ lange ruhig. Die Sehnsucht nach einem eigenen Staat schien vielen Kurden greifbar nahe – ein Albtraum für Erdoğan, der ganz konkrete Folgen für die Türkei fürchtet. Er stellt sofort klar, dass er einen Staat Kurdistan niemals dulden werde – eine Position, die sein Handeln im Syrienkonflikt ganz entscheidend bestimmen wird. Dahinter steht die tiefsitzende Angst vor einer territorialen Amputation, die kein türkischer Nationalist beilegen kann. Nicht auszudenken wäre auch die Schmach für Erdoğan, der so besessen ist von der eigenen Bedeutung, wenn ausgerechnet unter seiner Herrschaft Provinzen verloren gingen. Ganz konkret fürchtet Ankara ein länderübergreifendes Bündnis zwischen der PKK und den vor allem in Syrien aktiven kurdischen »Volksverteidigungseinheiten« (kurdisch *Yekîneyên Parastina Gel, YPG)* und deren Schwesterorganisation, der »Partei der Demokratischen Union« (kurdisch *Partiya Yekitîya Demokrat, PYD).*

Als im Spätsommer 2014 der IS die nordsyrische Stadt Kobanê überrennt, fliehen Tausende syrische Kurden in die Türkei. Die Dschihadisten stehen vor der Tür der Nato. Noch im Oktober 2015 erklärt Erdoğan bei einem gemeinsamen Auftritt mit EU-Ratspräsident Donald Tusk, dass es für ihn keinen Unterschied zwischen den kurdischen Kämpfern und dem IS gebe. Den Nato-Verbündeten erklärt die Türkei, man werde sich im Hintergrund halten und die eigenen Soldaten aus Kämpfen heraushalten. Erdoğan erlaubt der Nato auch nicht, türkische Stützpunkte für Luftangriffe zu nutzen.

Dahinter steht die Hoffnung, die Islamisten würden das Kurdenproblem lösen. Erdoğan wirkt wie ein Billardspieler, der die Kugel anstößt und dann seelenruhig die Zusammenstöße betrachtet. Denn: anders als die autonomen Kurden in Nordirak, mit denen die Türkei Geschäfte macht, sind die syrischen Kurden ein Sicherheitsrisiko. Durch ihre zentrale Position und internationale Unterstützung könnten sie zum Nukleus eines grenzübergreifenden Kurdenstaates werden und so zur Abspaltung der türkischen Kurdengebiete führen. Für ein paar Tage wird Kobanê zum Zentrum der Weltöffentlichkeit: Internationale Medien berichten von der nahen Grenze aus rund um die Uhr über den erbitterten Kampf der kurdischen Kämpfer gegen den IS. Die Kurden erhalten wieder Aufmerksamkeit – dank ihres Widerstands gegen die Dschihadisten schwimmen sie nun auf einer Welle der Sympathie. Forderungen nach internationaler Unterstützung werden lauter. Auch in der deutschsprachigen Presse wird die PKK an mancher Stelle zur romantischen Guerilla verklärt, deren »Amazonen« tapfer gegen die rückständigen Islamisten kämpfen.

In der Türkei demonstrieren tausende Kurden gegen die Haltung der Regierung. Viele Kurden – aber auch Erdoğan-Kritiker im Ausland – sehen in seinem Verhalten die Bestätigung dafür, dass er nicht den IS, sondern die Kurden bekämpfe. Der internationale Druck wächst. Einige Gegner stellen angesichts der abwartenden Haltung Ankaras gar die Bündnisfähigkeit des Nato-Partners in Frage.

Auf den Triumph der HDP folgt eine Welle der Gewalt. Nach einem Selbstmordanschlag in der türkisch-syrischen Grenzstadt Suruç am 20. Juli 2015 sterben 34 prokurdische Aktivisten. In den Folgemonaten wird Chaos gesät, Erdoğan schürt eine nationalistische Stimmung und hetzt gegen die HDP, die er als verlängerten Arm der PKK darstellt und so kriminalisiert.

Hatte die Regierung noch im Frühjahr mit Öcalan verhandelt, erklärt Erdoğan den Friedensprozess mit der PKK im Juni für beendet: »Es ist nicht möglich, einen Lösungsprozess fortzuführen mit denjenigen, die die Einheit und Integrität der Türkei untergraben«, sagt er. Die Armee bombardiert mutmaßliche PKK-Stellungen im Südosten des Landes sowie im Nordirak. Bei drei prokurdischen Veranstaltungen – Suruç eingeschlossen – sterben innerhalb von fünf Monaten über 130 Menschen durch Anschläge. Kurdische Kämpfer greifen im Gegenzug türkische Soldaten und Polizisten an. Auf beiden Seiten wachsen täglich die Opferzahlen.

Zudem beginnen im Juli 2015 die Bombardierungen des radikalislamischen IS in Syrien und gleichzeitig gegen Stellungen der PKK im Nordirak. Nach dem Motto »Der Feind meines Feindes ist mein Verbündeter« hatte Ankara dem Wüten des IS lange Zeit zugesehen, hatte seine Grenzen nicht ausreichend für passierende Kämpfer und Kriegslogistik abgeriegelt. Immerhin kämpft der IS nicht nur gegen die Kurden, sondern auch gegen die syrischen Regierungstruppen von Präsident Assad, einen weiteren Feind. Nun findet sich Erdoğan in einem Zweifrontenkrieg wieder – gegen den IS und die Kurden. Ab August verhängen die Behörden immer wieder Ausgangssperren im kurdischen Südosten des Landes, wo sie mit Panzern gegen Terroristen der PKK-Jugendorganisation YDG-H vorgeht, die bewaffneten Widerstand leisten. Nahezu jeden Tag melden türkische Medien neue umgekommene Soldaten, die als »Märtyrer« gefallen seien, hunderte Zivilisten kommen um. Erdoğan sagt, es gebe gar kein Kurdenproblem in der Türkei, sondern nur kurdischen Terror. Vergleichbares hatte das Militär in den 1990er-Jahren gesagt. Und die HDP tappt in die Falle, indem sie wieder mit der PKK liebäugelt. Demirtaş, der zuvor die AKP mit dem IS vergleicht, unterstützt in einer Rede die bisher meist von radikalen Kurden geforderte Autonomie. Damit nähert er sich der Forderungen der Terrororganisation an.

Eine echte und frühzeitige Gleichstellung der Kurden hätte der PKK den Boden entzogen. Stattdessen lässt sich Erdoğan von seiner Angst vor einem Machtverlust leiten. So ist der Friedensprozess zwischen Türken und Kurden das Schlüsselproblem des Landes geblieben, trotz anfänglicher Charmeoffensive und ernsthaften Bemühungen ist es Erdoğan in seiner machtorientierten Wechselhaftigkeit nicht gelungen, diese nationale Wunde zu schließen – ganz im Gegenteil, nun reißt er sie aufs Neue auf.

Der neue Liebling der EU

Obwohl im Südosten seines Landes die Gewalt eskaliert, wird Erdoğan am 5. Oktober 2015 in Brüssel so freundlich empfangen, wie schon seit Jahren nicht mehr. Hatte er im Frühjahr noch geschimpft, was die Europäische Union sage, gehe bei ihm zum einen Ohr rein, zum anderen Ohr raus, wird ihm nun der rote Teppich ausgerollt. Kritik an rechtsstaatlichen Mängeln muss er nicht befürchten. Schließlich ist Europa in der Flüchtlingskrise auf sein Wohlwollen angewiesen. Die Türkei ist das wichtigste Drehkreuz für Flüchtlinge auf dem Weg in die EU – nicht nur aus Syrien, sondern auch aus Afghanistan und dem Irak. Hunderttausende kommen zu diesem Zeitpunkt über das Mittelmeer oder die Balkanroute. Über zwei Millionen leben in der Türkei. Erdoğan soll nun dafür sorgen, dass sie dort auch bleiben, dafür soll es Geld und politische Zugeständnisse wie Visaerleichterungen für türkische Staatsbürger geben. Denn: noch immer müssen Türken für eine Reise in die EU umständlich ein reguläres Visum bei der jeweiligen Botschaft beantragen, das oft abgelehnt wird, wohingegen Europäer ohne Visum in die Türkei reisen können.

Lange Zeit haben ausländische Spitzenpolitiker Erdoğan gemieden – jetzt aber ist Europa der Bittsteller. Er hat große Teile der Flüchtlingsströme von Syrien weiter Richtung Europa durchgelassen – wohlwissend, welchen großen Druck er damit auf Europa ausüben wird – und das Ergebnis gibt ihm Recht. Europäische Politiker geben sich in der Türkei die Klinke in die Hand. Am 18. Oktober ist Merkel zu Gast im Yıldız-Palast, in dem einst Sultan Abdülhamid II. den orientbegeisterten Kaiser Wilhelm II. empfing. Auch sie möchte, dass die Flüchtlinge möglichst in der Türkei bleiben, und ist deswegen bepackt mit politischen Geschenken. »Es gibt gute Gründe, enger zusammenzuarbeiten«, erklärt Merkel, in einem goldschimmernden Stuhl sitzend, die immer den Standpunkt vertrat, Ankara könne eine »privilegierte Partnerschaft« erhalten, aber niemals EU-Mitglied werden. Erdoğan ist nun der Schleusenwärter über den wichtigsten Grenzposten in den Westen, er kostet diesen Moment aus und fordert Geld und politische Zugeständnisse, die ihm im Zeitraffer gemacht werden. Dabei bleibt weder Platz, weiterhin populistische Stammtischdebatten über abendländische Werte zu befeuern noch mit Menschenrechtsverteidigungen aufzuwarten. Mit der ihm eigenen Chuzpe äußert er nun seine Wünsche: eine Pufferzone in Nordsyrien und weitere Schritte zum EU-Beitritt. Auf seinen Wunsch erwägt die EU gar, die Türkei zu einem »sicheren Herkunftsstaat« zu erklären.

Türkische Journalisten wundern sich über Merkels plötzliches Entgegenkommen und vergleichen die Kehrtwende mit dem panikartigen Atomausstiegsplan nach der Reaktorkatastrophe von Fukushima. Merkel ist nicht allein: Hatte es über Jahre zum politischen Grundrauschen gehört, Ankara zu kritisieren, lobt nun EU-Außenbeauftragte Federica Mogherini den Wahlsieg der AKP bei den Neuwahlen am 1. November 2015 als »Willen der türkischen Bevölkerung zu demokratischen Prozessen«. Die Veröffentlichung des jährlichen EU-Fortschrittsberichts wird zurückhalten, Brüssel will Ankara nicht vor den Wahlen verärgern. Schließlich stellt der Bericht fest, die Versammlungs- und Meinungsfreiheit und Rechtsstaatlichkeit im Land seien auf dem Rückmarsch.

Die gemeinsame Geschichte ist ein Weg voller Zurückweisungen: nicht entwickelt genug, nicht demokratisch genug, zu islamisch, so lauteten die Vorbehalte aus Europa. Lange Zeit schwang im türkischen Beitrittswunsch auch der Wunsch nach Anerkennung durch den Westen mit. Unter Erdoğan änderte sich dies. Die demütigende Haltung passt nicht zum neuen nationalen Selbstbewusstsein, das er auch durch seine Wirtschaftspolitik prägte: Spätestens als die Wirtschaftskrise die EU lähmte, während die türkische Ökonomie blühte, ließ das die Jahrzehnte alte Sehnsucht schwinden.

Erdoğan investiert massiv in das Thema »EU-Beitritt«, und erreicht mehr als alle anderen türkischen Politiker – das Ziel ist jedoch längst nicht in Sicht. Über die Jahre musste die Türkei zusehen, wie ehemalige Ostblockstaaten an ihr in die Union vorbeiziehen, ebenso wie Finnland, Österreich und Schweden, die sich viel später beworben hatten. Erst seit 1999 ist das Land offizieller Beitrittskandidat. Durch Erdoğans souveränes, pragmatisches und weltmännisches Auftreten und sein Demokratisierungsprogramm beginnen im Oktober 2005 die Beitrittsverhandlungen.

Heute steht eine EU-Mitgliedschaft zwar nicht mehr ganz oben auf der politischen Agenda, aber für Erdoğan wäre es ein enormer Triumph, wäre er damit nicht nur zum hundertjährigen Republikjubiläum an der Staatsspitze, sondern könnte auch den Abschluss des über fünfzigjährigen Anlaufes auf die EU auf sein politisches Konto verbuchen.

Beidseitige Ermüdungserscheinungen

Ebenfalls mit dem EU-Beitritt verknüpft ist eine weitere Baustelle, die Erdoğan nach anfänglichem Enthusiasmus bislang nicht zum erfolgreichen Abschluss bringen kann: Schon 2002 räumt er der Lösung des Zypernproblems höchste Priorität ein, noch am Wahlabend gratuliert ihm der griechische Regierungschef Simitis als erster ausländischer Regierungschef. Auch die EU drängt immer wieder auf eine Lösung dieses historischen Konflikts.

Die positive Aufbruchsstimmung ist schnell verflogen, schon ein Jahr nach Beginn der EU-Beitrittsverhandlungen, im Herbst 2006, geraten die Gespräche zwischen Erdoğan und der EU in eine schweren Krise. Der Grund ist Zypern. Ankara verweigert Flugzeugen und Schiffen aus der 1960 von Großbritannien in die Unabhängigkeit entlassenen Insel den Zugang zu türkischen Flughäfen und Häfen und weigert sich zudem, den Südteil der Insel anzuerkennen, der seit 2004 EU-Mitglied ist. Die Türkei erkennt nur den türkischen Nordteil der Insel an. Nach einem gescheiterten Referendum zur Wiedervereinigung und immer grundsätzlicheren Meinungsverschiedenheiten werden 2006 acht von 35 Verhandlungskapiteln für den EU-Beitritt der Türkei auf Eis gelegt.

Und Erdoğan? Zu Beginn seiner Amtszeit als Ministerpräsident hat er dem Wunsch des EU-Beitritts einen Großteil seines politischen Schaffens untergeordnet, im Akkord wurden Gesetze verabschiedet, die Verwaltung umgekrempelt, um den Anforderungen zu genügen. Aber beim Thema Zypern gibt er sich zunehmend kompromisslos. Das Fortschreiten des Konflikts und das wachsende türkische Selbstbewusstsein schmälern zwar nicht Erdoğans Wunsch nach einer Aufnahme, doch seine Bereitschaft, dafür alles zu tun, schrumpft. Die EU steckt in der Krise, die Türkei boomt, und in der mittelbaren Nachbarschaft hat Erdoğan neue Freunde gefunden.

Anfang 2011 hat in Sachen Zypern die beidseitige Stimmung einen Tiefpunkt erreicht: Im Januar erklärt Merkel nach einem Treffen mit dem griechischen Präsidenten Dimitris Christofias, die griechischen Zyprer hätten bei den Verhandlungen zur Überwindung der Inselteilung »ein sehr hohes Maß an Kompromissbereitschaft bewiesen, das bislang leider noch nicht erwidert wurde«. Erdoğan empfiehlt ihr unterwegs auf einer Reise im Golfemirat Katar, doch mal einen Tee mit ihrem Amtsvorgänger Schröder zu trinken. Dann würde sie den Zypernkonflikt besser verstehen.«Eine solche Haltung und solche Aussagen zeugen nicht von einer weitsichtigen und vorausschauenden Führung«, schimpft er. Zu diesem Zeitpunkt ist er aufgrund seiner Wahlkampftermine in Deutschland hochumstritten. Er nutzt seine Auftritte, um sich mit provokanten Thesen in die deutsche Integrationsdebatte einzuschalten. Die Stimmung der EU-Staatschefs bewegt sich immer weiter von einer Aufnahme der Türkei weg – hin zu einer »privilegierten Partnerschaft«, was Erdoğan vehement ablehnt.

Im Sommer 2012, als Zypern die EU-Präsidentschaft innehat, boykottiert die Türkei die Sitzungen. Im Oktober beharrt Erdoğan darauf, dass die Aufnahme Südzyperns in die EU »ein Fehler« gewesen sei, der immer weiter wachse. Erdoğan lockt und droht: Sollte eine EU-Mitgliedschaft nicht bis 2023 abgenickt worden sein, könne die Türkei ihr Interesse an Europa verlieren. Im selben Atemzug bietet er an, in der Euro-Krise finanzielle Unterstützung zu leisten. Denn, so beschwört er auf einer Konferenz in Berlin: »Wenn Sie uns vor die Tür setzten, werden Sie am Ende verlieren. Wir werden von Tag zu Tag stärker.«

Dass die EU Erdoğan, aller Zahmheit, Reformen, Gesten und Mühen zum Trotz, über Jahre hinhält, bis der Beitrittsprozess auch in der Türkei nicht mehr ernstgenommen wird, bremst ihn aus. Die Nachricht lautet: Egal wie ihr euch anstrengt, ihr Türken seid nicht gut, nicht modern genug. Für Erdoğan ist das eine enorme Kränkung und persönliche Enttäuschung. Die Flüchtlingskrise führt ihn aus der EU-Sackgasse und gibt ihm Handlungsoptionen und vor allem die Position, Forderungen zu stellen. Nun wird er von den Mächtigen der EU gehätschelt – allen voran von Deutschland, das maßgeblich daran beteiligt war, sein Land auszubremsen.

Gegen den neuen EU-Schmusekurs mit der Türkei sperrt sich jetzt Zypern: »Die Gründe für das Einfrieren (der Verhandlungen) sind nicht verschwunden«, sagte Außenminister Ioannis Kasoulides. Doch angesichts der über die Westbalkanroute nach Europa wandernden Flüchtlinge wird diese Kritik von der EU schon nicht mehr wahrgenommen. Anfang Februar 2016 ist Merkel schon wieder in Ankara, um wegen der Flüchtlingskrise zu verhandeln. Die Bundeskanzlerin wird mit militärischen Ehren empfangen. Sie begrüßte die Soldaten kurz auf Türkisch.

Erdoğan und die Armenier: Öffnung und Leugnung

Im April 2003 – Erdoğan ist gerade ganz frisch im Amt, ruft sein Erziehungsminister Hüseyin Çelik die türkischen Schüler zum Aufsatzwettbewerb auf. Gerade erfährt der Völkermord der Osmanen an den Armeniern international große Aufmerksamkeit: Mehrere Bücher zum Thema erscheinen, in Frankreich wird feierlich eine Statue eingeweiht, die an die Opfer erinnert, der Nationalrat der Schweiz und andere Ländern erkennen das Verbrechen offiziell als Genozid an. In dieser Situation formuliert Çelik folgendes Thema: »Völkermordlüge an den Armeniern«. Bis heute werden in türkischen Schulbüchern Nichtmuslime als »Verräter und Spione« bezeichnet – daran ändert auch Erdoğans Ehrgeiz in Richtung EU nichts: Zwar macht er Schritte auf die Kurden zu, doch die sind zweckgebunden. Es geht um Wählerstimmen und die Gunst Europas – nicht um sein Bedürfnis, allen Bürgern seines Landes die gleichen Chancen und Rechte zu garantieren.

Vier Jahre nach dem Aufsatzwettbewerb ereignet sich in diesem Klima in Istanbul ein Verbrechen, das für einen internationalen Aufschrei sorgt: Der Mörder macht sich erst gar nicht die Mühe, sich im Dunkeln zu verstecken oder sein Gesicht vor den Überwachungskameras zu verbergen. »Die Löwen attackieren eine Herde, und dann isolieren sie ein einziges Tier und greifen an«, erklärt Hrant Dink am 18. Januar 2007. Einen Tag später wird der Journalist mit armenischen Wurzeln mit mehreren gezielten Kopfschüssen hingerichtet. Sein Mörder, ein siebzehnjähriger Nationalist, lauert dem 52-jährigen Chefredakteur der armenisch-türkischen Zeitung »Agos« vor seiner Redaktion im Stadtzentrum auf. Die rund 60 000 noch in der Türkei lebenden Armenier sind fassungslos.

Die Bilder von Dinks leblos auf der Straße liegendem Körper, notdürftig mit einem weißen Tuch bedeckt, finden sich weltweit auf den Titelseiten. Tausende Istanbuler demonstrierten mit Schildern, auf denen zu lesen ist: »Hepimiz Hrant'iz« – »Wir sind alle Hrant Dink« oder »Hepimiz Ermeniyiz« – »Wir sind alle Armenier«. »Die Kugeln auf Hrant Dink haben uns alle getroffen«, verurteilt Erdoğan die Ermordung. Einen Zusammenhang zwischen staatlicher Hetze, die sich bis in die Schulen zieht, und dem Mord sieht er nicht, er spricht von einer Tat »dunkler Kräfte«. Bis heute hat es im Fall Dink keine Verurteilung gegeben.

Dink, geboren 1954, ist eine Symbolfigur für die Auseinandersetzung mit dem Genozid. Immer wieder stand der Sohn armenisch-protestantischer Eltern für seine Aussagen vor Gericht. 2004 hatte er in einem Beitrag die Vermutung geäußert, Atatürks Adoptivtochter Sabiha Gökçen sei ein armenisches Waisenkind gewesen. Das brachte ihm sechs Monate Haft auf Bewährung wegen »Beleidigung des Türkentums« ein. Für Nationalisten war er eine ständige Provokation, wurde mit Morddrohungen überhäuft. Personenschutz gewährten ihm die türkischen Sicherheitskräfte dennoch nicht.

Nach seinem Tod gibt man sich kurzzeitig auf Harmonie bedacht: Einhellig zeigen türkische Medien ihr Mitgefühl mit dem Toten, ein eindrucksvoller Trauerzug begleitet seinen Sarg durch Istanbul. Allerdings tauchen auch Bilder auf, die den Täter mit Polizisten in Siegerpose vor der türkischen Flagge zeigen. Erdoğan gewährt einer offiziellen armenischen Delegation, zur Bestattung einzureisen. Das ist alles andere als selbstverständlich – die Grenzen zwischen den Nachbarländern sind geschlossen, diplomatische Kontakte gibt es seit 1933 nicht mehr.

Zum Vergleich: als auf Erdoğans Veranlassung 2005 die Heiligkreuzkirche auf der Insel Achtamar im Van-See restauriert wird, die jahrhundertelang Sitz des armenischen Patriarchen und Zentrum der armenischen Kultur war, dürfen zwar armenische Gäste aus aller Welt teilnehmen. Direkt aus Armenien dürfen sie jedoch nicht kommen, sondern sie müssen den Umweg über Georgien nehmen.

Für Erdoğan ist das Thema Armenien zu dieser Zeit heikel, sein Verhalten gegenüber dem Nachbarn ist auch im Hinblick auf den EU-Beitritt wichtig, er weiß, dass seine Reaktion genau beobachtet wird. Immerhin fordert das EU-Parlament zwischen 1987 und 2005, eine Anerkennung des Genozids durch die Türkei solle in die Beitrittsvoraussetzungen integriert werden. Erst eine gerichtliche Entscheidung aus Straßburg stellt klar, dass eine solche Forderung nicht Kopenhagener Kriterien entspricht.

Die Massaker zu Beginn des 20. Jahrhunderts sind nicht die einzigen Konfliktpunkte zwischen der Türkei und der deutlich kleineren Ex-Sowjetrepublik Armenien. Die streitet sich mit Nachbarland Aserbaidschan seit dem Auseinanderbrechen der Sowjetunion um das Gebiet Bergkarabach. Die Türkei, die sich als »Bruderstaat« des islamisch geprägten Aserbaidschan versteht, schlägt sich auf die Seite Bakus und schließt 1993 die Grenzen. In der Folge können Armenier nicht mehr zum auf türkischem Staatsgebiet gelegenen armenischen Wahrzeichen Berg Ararat pilgern. Die Forderung nach einer »Rückgabe« des Ararat gehört neben der Anerkennung des Genozids zu den zentralen Forderungen Yerevans an Ankara.

Es gibt auch gesellschaftlichen Druck: Denn knapp ein Jahr nach dem Mord an Dink starten im Dezember 2009 türkische Intellektuelle eine nie dagewesene Kampagne. Auf der Internetseite www.ozurdiliyoruz.com (»Wir entschuldigen uns«) rufen sie die Türken dazu auf, sich für die Massaker während des Osmanischen Reiches zu entschuldigen. Dafür sollen sie folgenden Text unterzeichnen: »Ich kann es mit meinem Gewissen nicht vereinbaren, dass die große Katastrophe, der die osmanischen Armenier 1915 ausgesetzt waren, ohne Sensibilität behandelt und geleugnet wird. Deswegen weise ich diese Ungerechtigkeit zurück. Und ich persönlich teile die Gefühle und den Schmerz meiner armenischen Brüder, und ich entschuldige mich bei ihnen.« Das Wort Völkermord kommt aber auch nicht in der Petition vor. Erdoğan reagiert vorhersehbar barsch: »Ich habe kein Verbrechen begangen, warum soll ich mich entschuldigen?« Die Kampagne sei inakzeptabel und bringe nur Ärger.

Wie schmerzhaft das Bemühen sein kann, diese Erfahrung hat auch Mehmet Aksoy gemacht. Erdoğan, der nichts von Kunst versteht, hat einfach dessen Denkmal abreißen lassen, weil ihm die Botschaft der türkisch-armenischen Völkerfreundschaft missfiel. Aksoy, Jahrgang 1939, gehört zu den bekanntesten Bildhauern der Türkei. Wegen seines politischen Engagements in linken Gruppen verließ er nach dem Militärputsch 1971 seine Heimat, und lebte bis 1989 im politischen Exil, meist in Berlin. Sein Deserteursdenkmal steht in Potsdam, seine neunteilige Skulptur »Arbeitsemigranten« findet sich in Berlin am Schlesischen Tor. Zwar hat er viele schöne Erinnerungen an Deutschland, doch die Sehnsucht nach der Türkei zog ihn zurück nach Istanbul. »Oh, das war so gut!«, erinnert er sich an seine Ankunft in der Bosporusmetropole. Er spricht leise und bedächtig. Er sinniert über Fragen, wiederholt Wörter, schmeckt ihnen nach in seinem Atelier außerhalb Istanbuls. Der Mann mit dem abstehenden grauen Haar und dem dichten Bart erinnert mit seiner braungebrannten Haut an einen Althippie, er hat sich hier eine ruhige Oase erschaffen, im großen Garten stehen seine Skulpturen, es laufen Hühner umher, der Wahnsinn der türkischen Politik ist an diesem Ort ganz weit weg – dann aber doch nicht.

Im Jahre 2006 gibt die Stadt Kars ein Denkmal zur türkisch-armenischen Versöhnung bei Aksoy in Auftrag, sie will damit ein Zeichen für den Frieden erstellen. Die triste Provinzstadt im äußersten Osten des Landes nahe an der armenischen Grenze wurde einem internationalen Publikum durch den 2005 auf Deutsch erschienenen Roman »Schnee« des Literaturnobelpreisträgers Orhan Pamuk bekannt. Der damalige Bürgermeister ist bei der AKP aber ein durchaus liberaler Mann, der die Aussöhnung mit den Nachbarn unterstützt. 2008 übernimmt ein neuer AKP-Bürgermeister das Amt, der ein kritikloser Gefolgsmann Erdoğans ist.

»Was macht Krieg mit den Menschen«, so Aksoy, sei eine der zentralen Fragen für ihn bei dem Schaffungsprozess gewesen. Er formt drei Jahre lang ein rund 300 Tonnen schweres und 35 Meter hohes Denkmal, »ein universelles Monument gegen den Krieg«, das einen Menschen zeigt, der in zwei Hälften geteilt worden ist. Dann kommt am 8. Januar 2011 Erdoğan in die Stadt, und erblickt während seiner Wahlkampftour das Friedenszeichen. »Ein Monstrum«, zürnt er, es sei »abartig« und störe den Blick auf ein nahes Sufi-Heiligtum und eine einen halben Kilometer entfernte Moschee. Erdoğan befiehlt dem Bürgermeister, das Monument abzureißen. Der folgt, und keine drei Monate später wird im Fernsehen live gezeigt, wie die Köpfe des noch unvollendeten »Denkmals der Menschlichkeit« abgesägt werden, während AKP-Anhänger »Allahu ekber!«, »Gott ist groß!«, rufen. Bis heute liegt die Plastik zersägt auf den naheliegenden Feldern herum.

Erdoğan habe die Stimmen der Nationalisten bekommen wollen, ist sich Aksoy sicher. Seine Geschichte ist symptomatisch für den wachsenden Druck der Regierung auf Künstler und Medien und exemplarisch dafür, dass Erdoğan nur mit dem Finger schnippen muss, um ein Denkmal zerstören zu lassen. Die Zerstückelung seiner Arbeit, das sei ein Gefühl gewesen, als seien seine Kinder erstochen worden – »Und du kannst nichts machen«, sagt er mit ruhiger Stimme.

Dann wagt Aksoy einen mutigen Schritt, er verklagte Erdoğan wegen Beleidigung: Dieser habe als Premierminister nicht das Recht, seine Kunst als »Monster« zu verunglimpfen. Und es passiert etwas Unglaubliches: Am 3. März 2015 wird Erdoğan von einem Gericht in Istanbul wegen Beleidigung Aksoys zu einer Geldstrafe von 10 000 Türkischen Lira (3500 Euro) verurteilt. Dem Künstler wird vom Gericht eine Kompensation für den seelischen Schmerz zugesprochen, den der Premierminister ihm zugefügt habe. »Ich war sehr überrascht«, sagt Aksoy. Doch er wusste nicht, wohin mit dem Geld, denn es sei »haram«, kritisierte er. Das Geld hat er bis heute nicht erhalten. Gegen die Verurteilung wurde Einspruch eingelegt, im Januar 2016 war das Urteil noch offen. Zusätzlich hat ihn Erdoğan persönlich verklagt, weil Aksoy sein Geld als »sündig« bezeichnet hatte. Neben der »Monster-Klage« ist nun das »Sünde-Verfahren« gegen ihn anhängig.

Sein Freund, der Aktionskünstler Bedri Baykam, schimpfte noch während der Zerstörung des Monuments: »Das ist wie bei den Nazis, die ungeliebte Kunst als entartet schmähten«, und organisierte Proteste. »Leider merken viele Türken nicht, wie sich unser Land sehr langsam aber stetig islamisiert. Erdoğan macht das Licht aus – nicht auf einmal, sondern ganz langsam: Er dimmt es runter, bis es eines Tages ganz dunkel wird.«[61]

Baykam gehört zu den bekanntesten internationalen Künstlern der Türkei, der seine Bilder auch gelegentlich in Deutschland ausstellt. Er sagt, dass er noch lebe, verdanke er einem Zufall. Denn ein Islamist versuchte 2011 ihn zu töten. Der 1957 in Ankara geborene Maler bezeichnet sich selbst als einstiges »Wunderkind«, zudem ist er strammer Kemalist, schon sein Vater war ein führender Politiker der CHP.

In seinem Atelier »Piramid Sanat« unweit vom Taksim-Platz stapelt sich über drei Etagen politische Kunst. Seine junge Assistentin reicht ihm während des Gesprächs alles, was der Exzentriker braucht: Das sind vor allem seine Dutzende islamkritischen Bücher, aus denen er im Gespräch immer wieder zitiert. Überall hängen und liegen Bilder und Malereien von sehr leichtbekleideten Frauen, gelegentlich auch gemeinsam mit Männern in sexuelle Handlungen vertieft – manches grenzt an Pornografie. Dazwischen immer wieder sein Lieblingsmotiv, der Republikgründer, den er auf riesigen Leinwänden malt. Für Erdoğan muss dieser Ort die Hölle auf Erden sein. Das ist ganz in Baykams Sinne – er ist ein lautstarker Kritiker des Staatspräsidenten.

In der heutigen Türkei offen Flagge gegen Erdoğan und konservative Religionsvorstellungen zu zeigen ist gefährlich. Am 18. April 2011 wäre Baykam beinahe für seine Überzeugung gestorben. Baykam hatte eine Pressekonferenz organisiert, eine Solidaritätsaktion für seinen Freund, den Bildhauer Aksoy – und gegen Erdoğan: Mit Aktionen, Texten und Petitionen verteidigt Baykam Aksoy gegen die Attacken des Ministerpräsidenten. »Als sei Erdoğan ein Kunstkritiker«, schimpft Baykam in seiner Galerie über dessen Einmischung in die Freiheit der Kunst. Im Anschluss geht er mit seiner Assistentin ins Parkhaus, wo ihn ein Fremder fragt, ob er bei ihm mitfahren könne. Er habe es eilig gehabt und deshalb verneint, erzählt Baykam. Dann sticht der Unbekannte zu. Es habe sich angefühlt wie ein Stoß, so als hätte ihn ein alter Freund nach langer wiedergetroffen, ihn heftig geknufft und gefragt: »Wo warst du die letzten dreißig Jahre«, erzählt der Pop-Artist mit den wilden Locken. Er habe das große Messer gesehen, das ihm in die Taille gestochen wurde. Fernsehbildern zeigen Baykam, wie er danach irritiert hin und her läuft, Passanten um Hilfe bittet. Schließlich ruft eine Frau ein Taxi, das ihn und die ebenfalls verletzte Mitarbeiterin in eine Klinik bringt. Dort wird er notoperiert. Letztlich ist es wohl ein Witz, der ihm das Leben rettete, befindet er heute: Mit Kollegen habe er vor der Pressekonferenz gewitzelt, dass sie zum Schutz der Kunst nun schusssichere Westen tragen müssten. Das müsse der Attentäter gehört haben, denn er stach in die Seite, wo solche Westen in der Regel offen sind. Für Baykam ist der Hintergrund des Anschlags klar. Er habe seit 25 Jahren auf einen solchen Angriff gewartet, da er »gegen den Islamismus« kämpfe. Ein Kampf, den viele seiner Freunde nicht überlebt hätten. Der Täter, ein islamistischer Nationalist, habe vor Gericht keine Reue gezeigt, sogar nochmals versucht, den Künstler zu attackieren. Er wurde letztlich zu 32 Jahren Haft verurteilt.

Viele Tabubrüche

Allgemein wählt Erdoğan für den Umgang mit den Armeniern zunächst einen ähnlichen Ansatz wie mit den Kurden: vorsichtige Öffnung. Und er beginnt mit der Kultur. Am 5. Dezember 2004 wird in Istanbul das erste Museum auf türkischem Boden eröffnet, das sich der armenischen Geschichte widmet. Im April 2005 folgt seine Initiative zur Normalisierung der politischen Beziehungen. »Es gibt keine chinesische Mauer zwischen uns«, sagte Erdoğan und signalisierte so seine Bereitschaft für die Aufnahme »politischer Beziehungen«. Auch thematisch spart er die Massaker nicht aus, er schlägt immer wieder vor, eine unabhängige Kommission zur Erforschung der Ereignisse einzurichten. Die wird jedoch nie Realität, was allerdings auch am Widerstand der armenischen Regierung liegt. Ähnlich seiner anfänglichen Strategie gegenüber den Kurden legt Erdoğan hier anfangs ein hohes Tempo vor, bisherige Tabus zu brechen.

Im September 2008 besucht Präsident Gül als erster türkischer Staatschef Armenien. Anlass ist ein Fußballspiel in der Qualifikationsrunde für die Fußball-Weltmeisterschaft. Im Hrazdan-Stadion sollen sich am 6. September die Mannschaften der beiden verfeindeten Staaten gegenüberstehen. Armeniens neuer Präsident Sersch Sargsjan hat Gül eingeladen – und Ankara sagt zu. CHP und MHP raten von der Reise ab – doch von den Vertretern der alten politischen Linie lässt Erdoğan sich nicht aufhalten. Immerhin hatte Sargsjan zuvor erklärt, eine türkische Anerkennung des Völkermordes sei keine Voraussetzung für die Verbesserung der Beziehungen. Gül reist an – ebenso wie 250 türkische Fans, die für diese Reise von der Visumspflicht befreit sind. Armenien gibt sich gastfreundlich, auch wenn die Ehrenloge mit Sicherheitsglas ausgestattet wurde. Das Spiel endete mit einem 0:2-Sieg für die Türkei. Im Anschluss treffen sich die beiden Präsidenten zu gemeinsamen Gesprächen.

Im Oktober 2009 geht die – auch im Westen lobend zur Kenntnis genommene – »Fußballdiplomatie« Erdoğans in die nächste Runde. Das Rückspiel der Qualifikationsrunde steht am 14. Oktober an. Dafür reist Sargsjan als erster armenischer Präsident in die Türkei, um im nordwesttürkischen Bursa das Match zu verfolgen. Die Stadt war einst Heimat Zehntausender Armenier und zeitweise sogar Sitz des armenischen Patriarchen. Sportlich steht nichts auf dem Spiel, beide Mannschaften haben keine Chance mehr auf das Ticket nach Südafrika 2010. Auch dieses Mal gewinnt die Türkei mit 2:0. Das armenische Team wird ausgebuht, aber alles bleibt friedlich, das ist auch Chefsache. Erdoğan sagt:»Ich rufe die Fans auf, nicht auf Hetze zu reagieren und die traditionelle türkische Gastfreundschaft zu zeigen.«

Kurz zuvor, am 10. Oktober, schlossen der türkische Außenminister Davotoğlu und sein armenischer Amtskollege Edward Nalbandjan ein historisches Versöhnungsabkommen. »Wir wissen, dass es ein langer Prozess sein wird«, sagte Davutoğlu, »aber jeder lange Prozess beginnt mit einem ersten Schritt.« Doch über diesen kommen die beiden Seiten nach diesem hoffnungsvollen Anfang nicht hinaus. Erdoğan reagiert auf die Anerkennung des Genozids durch die USA und Schweden mit Drohungen gegen die illegal in der Türkei lebenden Armenier. Zudem hält der »Bruderstaat« Aserbaidschan nichts von einer Einigung mit dem Feind. Die Nachbarländer werfen sich gegenseitig vor, absurd hohe Forderungen zu stellen. Schon ein halbes Jahr nach der Unterzeichnung der Protokolle, im April 2010, erklärt Sargsjan den Versöhnungsprozess für beendet und setzt deren Ratifizierung aus.

Das verbotene G-Wort

Vor allem beim Thema »Genozid« bewegt sich Erdoğan keinen Millimeter. Sobald das Stichwort »Völkermord« fällt, setzen bei ihm die immer gleichen Reflexe ein. Erdoğan ist zwar grundsätzlich bereit, eines der größten Massaker des letzten Jahrhunderts anzusprechen, aber seine offizielle Wortwahl lautet »traurige Ereignisse«. Denn würde er von Genozid reden, würde der türkische Gründungsmythos angekratzt werden, der auf den erfolgreichen Befreiungskriegen basiert und nicht mit dem hässlichen G-Wort belastet werden soll.

Der »Vorwurf« des Völkermords kann in der Türkei noch immer mehrjährige Haftstrafen nach sich ziehen. Als die international bekannte türkische Schriftstellerin Elif Şafak in ihrem Roman »Der Bastard von Istanbul« eine fiktive Romanfigur von einem Völkermord der Türken an den Armeniern im Ersten Weltkrieg erzählen lässt, wird sie 2006 wegen »Beleidigung des Türkentums« angeklagt – und freigesprochen. Staatsanwalschaft und Richter erklären übereinstimmend, es lägen keinerlei Beweise für eine Straftat vor.

Wann immer ein Land den Genozid anerkennt, zürnt Erdoğan. Als Mitte Juni 2005 der Bundestag mit den Stimmen aller Fraktionen eine Entschließung zum Gedenken an die türkischen Massaker an den Armeniern verabschiedet, zeigt sich der Ministerpräsident enttäuscht von Bundeskanzler Schröder: »Ich schätze eher Politik mit Rückgrat«, zitieren ihn türkische Medien. Auf eine symbolische Erklärung des österreichischen Parlaments zum hundertjährigen Jahrestag reagiert die Türkei mit dem Abzug des Botschafters und einer scharfen Erklärung, die von »permanenten negativen Auswirkungen auf die Beziehungen der Länder« spricht.

Als Frankreich 2012 unter Nicolas Sarkozy, einem der Gegner eines türkischen EU-Beitritts, ein Gesetz verabschiedet, das die Leugnung des Genozids unter Strafe stellt, droht Erdoğan vor AKP'lern, Frankreich »schrittweise zu bestrafen«. Erst als die französische Justiz das Gesetz als »verfassungswidrig« einkassiert, entspannt sich die Lage wieder. Rund zwanzig Länder weltweit sprechen mittlerweile offiziell von Völkermord.

Auch mit dem US-Präsidenten legt sich Erdoğan bei dem Thema an: Noch als Präsidentschaftskandidat geht Barack Obama 2008 in der armenischen Community mit dem Versprechen auf Stimmenfang, deren Forderung nach einer Anerkennung des Genozids zu unterstützen. »Amerika hat einen Führer verdient, der wahrheitsgemäß über den armenischen Völkermord spricht. Ich habe vor, dieser Präsident zu sein«, verspricht er vollmundig. Auch hier setzt sich die Realpolitik durch – gegen den Idealismus und zugunsten Erdoğans. Der Nato-Partner droht, die für Irak- und spätere Syrien-Manöver strategisch wichtige Nutzung des türkischen Luftwaffenstützpunkt Incirlik für die US-Armee zu beenden, sollte Obama von einem Genozid sprechen. Der spricht fortan diplomatisch vom »Meds Yeghern«, dem »Großen Verbrechen«, ein Begriff, den die Armenier auch nutzen. 2015 verstreicht der hundertste Jahrestag des Genozids – ohne Fürsprache Obamas.

Ein einziges Mal macht Erdoğan bei diesem Thema so etwas wie ein öffentliches Zugeständnis. Im Jahr 2014, in einer Erklärung zum 99. Jahrestag des Massenmords, formuliert Erdoğan zum ersten Mal sein Bedauern über die Geschehnisse, wenn auch nicht direkt. Das Wort »Völkermord« vermeidet er dabei selbstverständlich, ebenso eine offizielle Entschuldigung der Türkei als Rechtsnachfolger des Osmanischen Reichs. »Es lässt sich nicht abstreiten, dass die letzten Jahre des Osmanischen Reichs, gleich welcher Religion oder ethnischer Herkunft sie angehörten, für Türken, Kurden, Araber, Armenier und Millionen weiterer osmanischer Bürger eine schwierige Zeit voller Schmerz waren«, heißt es in der Mitteilung. Das klingt wenig konkret, und er relativiert damit die Taten auch. Er streitet nicht ab, dass es im Osmanischen Reich zu Gewalttaten kam, aber wirkliches Bedauern sieht anders aus.

Der armenische Präsident reagiert brüskiert auf Erdoğans Erklärung – Armenien erwartet noch immer ein Schuldeingeständnis. Sargsjan wirft Erdoğan vor, bei der »völligen Leugnung« des Genozids zu bleiben. Dies sei so, als werde das Verbrechen weiter fortgeführt, sagt er. Die ultranationalistische MHP wirft Erdoğan hingegen vor, mit der Erklärung gegen die Interessen der Türkei gehandelt zu haben.

Kurze Zeit später – Erdoğan ist im Wahlmodus, es geht um die Präsidentschaft – ist er wieder auf dem nationalistischen Kurs, den seine Stammwähler schätzen. Seine erste Initiative, auf die Armenier zuzugehen, liegt fast zehn Jahre zurück. Im Rahmen des Wahlkampfs beklagt er sich in einem Fernsehinterview, man habe ihn, dessen Familie vom Schwarzen Meer stammt, schon einen Georgier genannt. Dann setzt er nach: »Und verzeihen Sie, noch hässlicher, einen Armenier.« Die »Agos« druckte daraufhin die Titelzeile »Gott soll es verzeihen«.

Im Gedenkjahr 2015 setzt Erdoğan seinen Konfrontationskurs fort. Die Zeiten der Fußballdiplomatie und der großzügigen Gesten scheinen Lichtjahre entfernt. Als Armenien am 24. April der Opfer des Völkermordes gedenkt, feiert die Türkei ihre eigene Gedenkfeier – zu einem völlig anderen Anlass. Während die Armenier ihre Toten symbolisch an dem Tag beklagen, an dem die armenische Elite Istanbuls verhaftet wurde und der den Auftakt zum Massenmord markiert, zelebriert Erdoğan die Landung der Alliierten im Ersten Weltkrieg auf der Halbinsel Gallipoli, die ebenfalls hundert Jahre zurückliegt und mit einem Sieg der Osmanen unter Mustafa Kemal, dem späteren Atatürk, in der »Schlacht von Gallipoli« endete. Zu dieser Gedenkfeier lädt Erdoğan auch Sargsjan ein – ein diplomatischer Affront. Sargsjan lehnt ab und nennt die Einladung »zynisch und kurzsichtig«.

Kurz vor dem Jubiläum spricht auch Bundespräsident Joachim Gauck das in der Türkei verbotene G-Wort aus – in einer Rede am 23. April 2014 im Berliner Dom. Er nennt das Vorgehen der osmanischen Regierung einen Völkermord und fordert, auch die Deutschen müssten sich »noch einmal der Aufarbeitung stellen, wenn es nämlich um eine Mitverantwortung, unter Umständen gar eine Mitschuld, am Völkermord an den Armeniern geht«. Immerhin bestand zwischen den Mittelmächten Deutsches Reich und Österreich-Ungarn im Ersten Weltkrieg ein militärisches Bündnis. Der Bundestag zieht nach, das Parlament berät erstmals über eine Erklärung, die die Massaker als Genozid bezeichnet. Es folgte ein typischer »Erdoğan«: »Die letzten Länder, die von Genozid gesprochen haben, sind Deutschland, Russland und Frankreich. Was während der zwei Weltkriege passierte, die von Deutschland angezettelt wurden, ist offensichtlich. Sie sollten zunächst, jeder für sich, die Flecken in ihrer eigenen Geschichte reinigen«, erklärt er in einer vom Fernsehen übertragenen Rede. Papst Franziskus, kurz zuvor der erste Staatsgast in Erdoğans frisch fertiggestelltem, aber illegal errichtetem »Weißen Palast«, hatte vom »ersten Genozid des 20. Jahrhunderts« gesprochen – Erdoğan forderte ihn auf, er solle aufhören, »Unsinn« zu reden. Letztlich formuliert der Bundestag keine klare Einordnung – die Flüchtlingskrise ist für Berlin ein denkbar ungünstiger Zeitpunkt, um den nun so wichtigen türkischen Partner zu provozieren. Die Resolution wird erst einmal auf Eis gelegt.

Für Erdoğans Umgang mit Kurden und Armeniern lässt sich das gleiche bittere Resümee ziehen: Nach einem hoffnungsvollen Auftakt, in der Erdoğan sich äußerst beweglich zeigte und offen und auch gegen Widerstände alte Zöpfe abschnitt, folgte nicht nur Abkühlung und Ernüchterung, sondern eine von Erdoğan provozierte und befeuerte Eskalation. Die bestimmenden Fakten sind dabei anfangs die Forderungen der EU, später Erdoğans Machtinteressen, die sich vor allem an Wahlterminen festmachen lassen. Was Erdoğan in beiden Konflikten beweist, ist, dass er gerne bereit ist,

Zugeständnisse zu machen, so lange diese einem machtpolitischen Ziel dienen. Jedoch keinen Millimeter darüber hinaus. Und dass es für ihn keine Autorität zu geben scheint, die ihn in seinem Kurs beirren kann. Und: er kommt damit durch.

Erdoğan und die Aleviten

Die EU-Forderung, Minderheitenrechte umzusetzen, bezieht sich auch auf die größte religiöse Minderheit des Landes: Bis heute sind sie besonders stark von der Zweiklassengesellschaft betroffen, die alle ausgrenzt, die entweder nicht der offiziellen Definition von »türkisch« oder eben von »muslimisch«, also sunnitisch entsprechen.

Rund dreißig Prozent der Türken sollen Aleviten sein. An konkreten und verlässlichen Zahlen mangelt es – viele Aleviten ziehen es vor, sich nicht öffentlich zu ihrem Glauben zu bekennen, um Nachteile zu vermeiden. Es gibt auch kurdische Aleviten beziehungsweise alevitische Kurden, die damit einer doppelten Minderheit angehören. Die Bezeichnung der gnostischen Abspaltung des schiitischen Islam geht auf den Namen von Ali Ibn Abu Talib zurück. Er war der Vetter und Schwiegersohn des Propheten Mohammed und der vierte der »rechtgeleiteten Kalifen«, die zunächst dessen Nachfolge antraten. Durch die Streitigkeiten um das rechtmäßige Erbe Muhammads als geistiges – und weltliches – Oberhaupt spaltete sich der Islam früh in eine sunnitische und eine schiitische Linie. Wobei letztere die Legitimität ihrer Führer auf Ali bezieht.

Die Aleviten sind eine Glaubensgemeinschaft, die sich im 13. und 14. Jahrhundert aus dem schiitischen Zweig des Islam entwickelt hat. Die Bezeichnung Alevi bedeutet im Türkischen und Arabischen »Anhänger des Ali«. Nach den Sunniten sind die Aleviten die größte muslimische Glaubensgemeinschaft in der Türkei. Der religiöse Alltag der Aleviten hat mit dem der Vertreter der Schia, etwa den iranischen Zwölferschiiten, bis auf die Verehrung Alis und seiner Nachfolger kaum Gemeinsamkeiten – ebenso wenig wie mit dem frommer Sunniten. Stark vereinfacht gesagt leben sie die Religion liberaler, statt strikter Regeln gibt es mystische Elemente. Die fünf Säulen des Islam, die für Schiiten und Sunniten gelten, sind für sie nicht obligatorisch: So fasten sie etwa nicht während des Ramadans und lehnen die Pilgerfahrt nach Mekka ab.

Auch das Kopftuch für Frauen ist bei den Aleviten nicht üblich, ebenso wenig wie ein nach Geschlechtern getrenntes Gebet – das findet gemeinsam in den Cemevi statt. Konservative Sunniten kritisieren diese vermeintlich laxe Glaubensauslegung, immer wieder spricht man ihnen ab, überhaupt zum Islam zu gehören. Entsprechend werden ihre Gebetshäuser offiziell nicht als solche anerkannt und erhalten keine staatliche Förderung wie die sunnitischen Moscheen. Ausnahmen bilden einzelne Gemeinderäte, die Cem-Häuser quasi auf kommunaler Ebene anerkennen.

Der türkische Laizismus hat sich nie mit einer Gleichbehandlung unterschiedlicher islamischer – oder auch nichtislamischer – Strömungen beziehungsweise Religionen auseinandergesetzt. Dies ist kein Thema. Und wenn Erdoğan von »Religionsfreiheit« spricht, dann meint er die Freiheit des sunnitischen Islam. Alle anderen Religionsgemeinschaften werden im besten Fall ignoriert, jedoch auch diskriminiert und in ihrer Freiheit eingegrenzt. Das beginnt in den Schulen. Laizistischen Prinzipien zum Trotz hat bereits die Verfassung von 1982 den sunnitisch geprägten Religionsunterricht als verpflichtend eingeführt. Kein türkischer Regierungschef hat jemals Ethikunterricht als Alternative anvisiert, der Religionsunterricht ist bis heute obligatorisch. Auch Aleviten müssen daran teilnehmen.

Die Unterdrückung der – von konservativen Muslimen als Häretiker geschmähten – Aleviten hat eine jahrhundertelange Tradition. Schon unter den Osmanen hatten sie Diskriminierung und Angriffe, sogar den Tod durch Vertreter der sunnitischen Mehrheit zu fürchten. Auch nach der Republikgründung kommt es immer wieder zu brutalen Übergriffen. Traurige Höhepunkte bilden Pogrome, wie am 2. Juli 1993, als bei einem Brandanschlag in Sivas 37 Menschen, mehrheitlich Aleviten, sterben. Ein sunnitischer Mob unter der Führung von Mitgliedern der Refah-Partei, der damals auch Erdoğan angehört, zündet ein Hotel an, in dem eine Festveranstaltung zu Ehren eines Künstlers aus dem 16. Jahrhundert stattfindet. Der war wegen seines Einsatzes gegen religiöse Unterdrückung ermordet worden. Nun dauert es Stunden, bis die Sicherheitskräfte eingreifen. Ministerpräsidentin Çiller erklärt später erleichtert:»Unseren Bürgern rund um das Hotel ist nichts zugestoßen.« Mehr als dreißig islamistische Extremisten verbüßen wegen des Anschlags lebenslange Haftstrafen. Einige der Täter können nach Deutschland fliehen, wo sie Asyl gewährt bekommen. Bis heute wurde dieses Verbrechen öffentlich kaum aufgearbeitet.

Erdoğan versucht nun auch bei dieser Minderheit eine Annäherung. Dazu trägt bei, dass Aleviten immer wieder die Behandlung der Aleviten vor den Europäischen Gerichtshof für Menschenrechte vorbringen – keine besonders positive Referenz für Erdoğans EU-Pläne. Er beginnt eine Serie interkonfessioneller Konferenzen mit sunnitischen und alevitischen Vertretern. Allein zwischen Juni 2009 und Juni 2010 finden sieben solcher Dialoge statt. Auf politische Forderungen der Minderheit geht Erdoğan indessen nicht ein. Die wünscht beispielsweise eine Freistellung vom Religionsunterricht. Auch kritisieren die Aleviten die Religionsbehörde Diyanet. Sie ist steuerlich finanziert und ihr obliegen alle religiösen – also sunnitischen – Aufgaben, wie der Bau und die Verwaltung von Moscheen oder der Einsatz von Religionslehrern und Imamen. Die Aleviten bezahlen also mit ihren Steuergeldern Moscheen, die sie nicht besuchen.

Politisch bleiben Erdoğan und seiner AKP die meisten Aleviten ohnehin suspekt: Aus dieser Bevölkerungsgruppe erhält er die wenigsten Stimmen, zahlreich vertreten sind sie hingegen unter den Gezi-Protestlern. Immerhin entschuldigt er sich für das Massaker von Dersim, dem heutigen Tunceli, bei dem 1937/1938 rund 13 000 Kurden von der Armee ermordet wurden, um einen Kurdenaufstand niederzuschlagen. Doch richtet sich diese Geste auch an die Kurden, auf deren Stimmen er zu diesem Zeitpunkt, vor den Wahlen 2011, spekuliert.

Und selbst diese Symbole sind für ihn eher Pflichtprogramm als Überzeugungstaten. Sein Misstrauen sitzt tief: Als Bürgermeister Istanbuls hatte er höchstpersönlich den Abriss eines Cem-Hauses angeordnet, was nur die vehementen Proteste der Gemeinde verhinderten. Noch 2005 bekräftigt er die offizielle Linie, Cemevleri seien nur Begegnungs-, aber keine Religionsstätten. Immer wieder äußert er sich kritisch über Aleviten, etwa über deren vermeintliche Überrepräsentation in der Justiz, die er festgestellt haben will. Islamkritische Richter erhielten ihre Befehle »von den Dede«, also von alevitischen Geistlichen. Am 29. Mai 2013 wird der Grundstein für die dritte Bosporus-Brücke in Istanbul gelegt. Erdoğan ist auch zugegen. Benannt werden soll das Bauwerk nach Sultan Selim I., der von 1512 bis 1520 als Sultankalif herrschte. Er gilt als größter Mörder der Aleviten. 70 000 von ihnen hat er in seiner Amtszeit abschlachten lassen.

Der Terror nebenan

Neben Erdoğans Innenpolitik prägt vor allem ein außenpolitischer Aspekt die Debatte – »Islamist oder nicht«: der syrische Bürgerkrieg. Nämlich die Frage, wen Erdoğan in dieser – teilweise sehr undurchsichtigen – Gemengelage unterstützt und mit welchen Mitteln. Er selbst positioniert sich nach anfänglicher Freundschaft gegen seinen einstigen Freund Assad und lädt offen die Opposition in die Türkei ein.

Bis heute ist die Türkei – vor allem die grenznahe Großstadt Gaziantep – ein wichtiges Zentrum der syrischen Opposition: Hier treffen sich Aktivisten, NGOs, Berichterstatter. Das ist der »positive« Aspekt der Unterstützung, Erdoğan lässt einer syrischen Zivilgesellschaft Freiraum. Allerdings nicht nur ihr. So kam es in Gaziantep bereits zu mehreren politischen Morden, die dem IS zugeschrieben werden. Ende Dezember 2015 stirbt der bekannte Journalist und Filmemacher Nadschi al-Dscherf. Auf offener Straße richtet der Täter eine Waffe mit Schalldämpfer auf den Vater zweier Töchter, der nach Frankreich ausreisen wollte.

Immer wieder werden Vorwürfe laut, die Erdoğans konkrete Unterstützung radikaler Islamisten zum Inhalt haben: IS-Kämpfer sollen in einem türkischen Krankenhaus behandelt, türkische Waffen an die Islamisten geliefert worden sein. Die Türkei soll dem IS Öl abkaufen und somit für volle Kassen der Islamisten sorgen. Die Türkei habe zudem den im Dezember 2015 getöteten Assad-Gegner und Milizführer Zahran Alloush (Dschaisch al-Islam) unterstützt, er galt als brutal und fundamentalistisch. Die CHP spricht davon, dass der IS alleine 2014 Öl im Wert von rund 700 Millionen Euro in die Türkei illegal verkauft habe – doch nachweisen kann sie das nicht. Wie bei vielem handelt es sich um Spekulationen, es gibt Bilder – etwa von in einem öffentlichen Park in Istanbul tagsüber feiernden IS-Anhängern –, es gibt Videos über angebliche Waffenlieferungen nach Syrien, es gibt Geschichten über einen Ölhandel zwischen Ankara und dem IS – aber es fehlen Beweise. Und wer Ankara dennoch eine Zusammenarbeit mit den Islamisten unterstellt, der muss, wie die Journalisten Can Dündar und Erdem Gül, mit Gefängnisstrafen rechnen

Dieses Buch wird nicht in der Lage sein, zu klären, welche einzelnen Handlungen Erdoğan zur eventuellen Unterstützung des IS unternommen hat und welche nicht, dazu fehlen schlichtweg gesicherte Informationen. Einige der Vorwürfe klingen glaubwürdig, doch selbst wenn alle komplett erfunden wären, bliebe doch ein kleinster gemeinsame Nenner, der unbestritten ist: Erdoğan hat lange Zeit dem Morden im Nachbarland zugeschaut und nichts dagegen unternommen. Sonst wäre die Grenze Richtung Syrien schlichtweg zu, sie wäre zumindest besser kontrolliert und es würde keine freie Fahrt für europäische Dschihadisten geben. Wollte Erdoğan das unterbinden, wäre er dazu definitiv in der Lage – die Grenze zu Armenien hält er seit Jahren dicht.

Warum unterstützt Erdoğan, der sich doch als Primus der Region sieht, eine solch unmenschliche Allianz? Sicher nicht, weil er von öffentlichen Enthauptungen und Ganzkörperschleiern in Ankara träumt. Vielmehr ist es der Wunsch, Assad endlich davonzujagen, durch dessen öffentliche Widerreden er sich bloßgestellt fühlt. Zudem gibt es im Syrienkonflikt zwei Szenarien, die für Erdoğan unmittelbar deutlich bedrohlicher sind als ein brutales Terrorregime fanatischer Warlords: Zum einen sind das die international anerkannten und somit erstarkten Kurden, die sich den Weg für einen eigenen Kurdenstaat ebnen und dadurch seiner Meinung nach die territoriale Einheit den Türkei gefährden. Die türkischen Kurden beziehungsweise die PKK aus der Terrorecke zu rücken birgt für ihn zudem ein innenpolitisches Risiko, weil es zum einen sein »Stabilitätsargument« schwächt, zum anderen die Möglichkeit nimmt, etwa die HDP zu diskreditieren.

Doch Erdoğan unterschätzte den IS. Nachdem Ankara die Gefahr erkennt und mit Bombardierungen beginnt, wird der IS 2015 zu einem innenpolitischen Problem, das bis heute anhält. Es gibt Anschläge und Attentate auf türkischem Grund, die dem IS zugeschrieben werden, etwa am 12. Januar 2016 in der Istanbuler Altstadt, bei dem ein Selbstmordattentäter zwölf deutsche Touristen mit in den Tod reißt. Keines der Attentate richtet sich jedoch gegen AKP-nahe Ziele, und zu keinem der Anschläge bekennt sich der IS. Erdoğan behauptet auch nach dem Angriff auf dem Sultanahmet-Platz, dass seine Regierung den IS-Terror mit aller Härte bekämpfe. Doch in einer Rede am Tag nach dem Anschlag verwendete er mehr Zeit darauf, Kritiker seiner Kurdenpolitik zu verurteilen als die Dschihadisten.

Die Armee kapituliert vor Erdoğan

Die Freude bei der AKP, aber auch in weiten Teilen der Gesellschaft, ist im Juni 2007 groß: Vier einstmals einflussreiche Militärs, die bereits im Ruhestand sind, werden verhaftet. Generäle, die in Handschellen abgeführt werden, das ist ein absolutes Novum – galt die Generalität doch über Jahrzehnte als der wahre Machthaber im Land. Nun legt sich die Staatsanwaltschaft mit öffentlichkeitswirksamem Intro mit ihnen an und lässt sie ab- und vorführen. »Jahrzehntelang haben sie uns beobachtet, abgehört und Akten über uns angelegt. Jeder, dessen Frau ein Kopftuch trug und der konservative Meinungen vertrat, wurde registriert. Jetzt sind wir an der Macht, jetzt werden wir uns sie vornehmen«, freut sich im Februar 2010 ein AKP-Abgeordneter, als der drei Jahre zuvor eröffnete Machtkampf in die finale Runde geht. Mit den Ergenekon-Schauprozessen wird das Militär als ewiger Putschler entmachtet.

Die für die ranghohen Militärs demütigende Szene läutet 2007 das Mammutverfahren »Ergenekon« ein. Es wird die Republik in ihren Grundfesten erschüttern und die Machtverhältnisse weiter verschieben. Sein Ausgangspunkt sind Ermittlungen im Zusammenhang mit einem betrügerischen Autokauf im März 2001 in Istanbul. Dabei wird angeblich zufällig die Wohnung eines Mitarbeiters des Geheimdienstes MIT durchsucht, wobei Unterlagen gefunden werden, die eine ultranationalistische Untergrundgruppe namens Ergenekon beschreiben. Laut Mythologie ist Ergenekon ein sagenhaftes Tal in den Bergen Zentralasiens, das den Turkvölkern Zuflucht bot. Zunächst wird den Funden keine weitere Beachtung geschenkt. Erst als im Juni 2007 in einem Istanbuler Vorort mehrere Waffenlager entdeckt und bei den folgenden Hausdurchsuchungen auf dem Computer eines pensionierten Offiziers Dokumente mit den Namen Ergenekon gefunden werden, kommt Brisanz in die Angelegenheit. Denn die Unterlagen beschreiben Putschpläne gegen die AKP-Regierung mit Namen wie »Aktion gegen die Reaktion« oder »Vorschlaghammer«. Militärs sollen zudem Online-Auftritte erstellt haben, um einen nationalistischen Aufschrei auszulösen. Teil des Plans sollen auch Morde an Prominenten unterschiedlichen Hintergrunds sein, von der kurdischen Politikerin Leyla Zana über den türkischen Literaturnobelpreisträger Orhan Pamuk und den türkisch-jüdischen Unternehmer Ishak Alaton bis hin zu Erdoğan selbst. Es heißt, der Untergrundgruppe gehe es dabei um die Verteidigung des Kemalismus – sowohl gegen kurdische Separatisten als auch gegen den politischen Islam. Die Schuld für die geplanten Unruhen solle dann dem islamistischen Milieu zugeschoben werden, um dann einen Militärputsch und die gewaltsame Absetzung der Regierung rechtfertigen zu können.

Wegen dieser Inhalte lässt sich der zuständige Staatsanwalt die Funde aus dem Jahr 2001 nochmals zuschicken. Plötzlich geht es nicht mehr nur um abstrakte Putschpläne, die noch als dubios abgetan werden könnten, plötzlich wird es konkreter. Als im regierungskritischen Magazin »Nokta« Tagebuchauszüge des Admirals Özden Örnek veröffentlicht werden, die detaillierte Umsturzpläne beschreiben, kommen die Ermittlungen im Fall Ergenekon ins Rollen.

Laut Staatsanwaltschaft zieht sich die Gruppierung, die auch »Staat im Staat« oder »tiefer Staat« genannt wird, durch die Eliten des Landes. Verwickelt sein sollen Juristen, Journalisten und frühere Offiziere, die von einem Wiederaufleben des Großtürkischen Reiches, wie es die Urvölker beherrscht haben sollen, träumen – und natürlich von einem Sturz Erdoğans. Die Beschuldigten bestreiten die Existenz der Pläne nicht. Ihre Erklärung: Es handle sich um eine Art strategisches Kriegsspiel, in dessen Rahmen Szenarien durchdacht worden seien, keinesfalls jedoch handle es sich um reale Putschpläne. Angesichts der türkischen Geschichte mit ihrem ganz speziellen Selbstverständnis des Militärs keine besonders glaubwürdige Aussage. Immerhin war die politische Spitze des Landes jahrzehntelang de facto abhängig von der Gunst der Generäle, »Paschas« genannt.

So kehrt Erdoğan die Jahrzehnte etablierte Rollenverteilung mit einem Mal um: Nicht mehr das Militär lenkt und schikaniert, sondern die Regierung treibt nun die Herren in Uniform vor sich her. Sie müssen sich auf der Anklagebank verantworten – einige ziehen den Freitod vor. Erdoğan ist fest entschlossen, die Militärs in die Kasernen zurückzuschicken und befindet, die Republik bedarf dieser selbsternannten Wächter nicht mehr.

Deren Selbstverständnis basiert seit Atatürk darauf, »seinen« Staat als dessen Erbe zu verteidigen – vor allem gegen die eigenen Bürger. Also stützten sie stets die herrschende Klasse, die kemalistische Elite. Kein Wunder also, dass die sozialdemokratische CHP von Entmilitarisierung wenig wissen wollte. Atatürk war General – das Militär ist überall: Der Militärdienst ist für alle männlichen Türken Pflicht, eine Verweigerung nicht vorgesehen. Nach den USA hat die Türkei die größte Armee in der Nato. Doch während sich die Militärs als »Hüter der Demokratie« betrachten, wirken sie eher gegenteilig: Sie agieren im rechtsfreien Raum, setzen demokratische Prozesse – wie Wahlen – außer Kraft und hüten vor allem die zahlreichen eigenen Privilegien. Während anderswo die Streitkräfte dem Verteidigungsministerium unterstellt sind, erscheint die Rolle des türkischen Verteidigungsministers fast schon rein dekorativ: Die Streitkräfte haben einen eigenen Geheimdienst, der Generalstab lenkt die Verteidigungspolitik – nicht umgekehrt.

Zwar legt die Verfassung fest, der Generalstabschef sei dem Ministerpräsidenten untergeordnet – in der Realität verhält es sich jedoch umgekehrt. Und trotz gesetzlichen Verbots mischen sich die Generäle oft und tiefgreifend direkt in die Politik ein. »In den Kasernen werden zur Zeit wieder die Stiefel geputzt, damit der erneute Marsch zur Macht reibungslos verläuft«, lautete eine gängige Redewendung, wenn das Militär wieder drohte, den Zivilisten die Macht wegzureißen.

Erdoğan legt eine enorme Ausdauer an den Tag, um die Armee auszuschalten. Ihm kommt dabei zugute, dass die Generäle ihn anfangs schlichtweg unterschätzen und voller Arroganz auf den vermeintlich kulturlosen, einfachen Mann aus dem Volk herabschauen – wie auf seine Wähler. Um das Militär stummzuschalten, wendet Erdoğan die Methode an, die er auf dem Fußballfeld gelernt hat: abwarten, Taktik aushecken, Gegner studieren, Mannschaft zusammenstellen, Druck machen, schießen, Tor.

Als das gescheiterte AKP-Verbot 2007 den Generälen deutlich macht, dass sich das Problem Erdoğan nicht von alleine lösen wird, ist es zu spät: Erdoğans finaler Schlag gegen die Uniformierten folgt rasch, denn darauf hat er seit langem hingearbeitet. Erdoğan räumt den Kurden mehr Rechte ein, sucht die Annäherung an Armenien, will den Zypernkonflikt beenden und fastet im Ramadan, für die Militärs sind das Ungeheuerlichkeiten. Zumal beide Seiten ihre Macht nicht bereitwillig teilen. Die Militärs hätten sich niemals mit ihm arrangiert, also musste er sich ihrer entledigen.

So gibt er sich genau so lange zahm, bis seine Position stark genug für einen offenen Konfrontationskurs ist. Das ist mit seiner zweiten Wiederwahl und spätestens mit dem gescheiterten Verbot der AKP gegeben. Ab diesem Zeitpunkt spricht er nicht mehr von der Armee als »unserem Augapfel«, sondern schreitet zur Tat: 2010 ändert ein von ihm forciertes Verfassungsreferendum die 1982 vom Militär zusammengestellte Verfassung. Erdoğan spricht von einer neuen Zeitrechnung für die Demokratie, die den »Schmutz« beseitige. Mit dem Referendum fällt auch die Immunität der Generäle. Der Weg für die Abrechnung ist damit endgültig frei.

Die Selbstherrlichkeit schwindet

Wie die Macht der Generäle unter Erdoğan abnimmt, zeigt ein Blick auf die Führung des Generalstabs in seinen Amtszeiten: Noch 2006 tritt der kemalistische Hardliner Yaşar Büyükanıt (2006–2008) in seiner Antrittsrede mit dem gewohnt arroganten Habitus der alten Elite auf. Er formuliert zahlreiche »rote Linien« für die Regierung und teilt seine Wünsche für politische Entscheidungen mit – die

Kurdenfrage solle militärisch gelöst werden. Seinen Nachfolger Il-ker Başbuğ bringen dessen regierungskritische Töne bereits vor Gericht – das Verbotsverfahren gegen die AKP ist da schon gescheitert, das Ergenekon-Verfahren läuft. Als Başbuğ 2010 sein Amt abgibt, warnt er:»Wir müssen miterleben, wie versucht wird, unserer nationalen Kultur eine religiöse Prägung zu geben. Kameraden, das schädigt unseren Staat und unsere Nation. Wir müssen deswegen einen entschiedenen Kampf führen, um unsere Gesellschaft vor diesen Einflüssen zu bewahren und unsere nationale Kultur vor allen schädlichen Einwirkungen zu schützen.« Auch Başbuğ wird im Rahmen von Ergenekon im Januar 2012 festgenommen. Die Staatsanwaltschaft wirft ihm vor, Leiter einer terroristischen Vereinigung gewesen zu sein, die einen Staatsstreich plante. Der General nennt den Vorwurf zunächst »tragikomisch« – immerhin hätte er für einen Sturz Erdoğans ganz andere Mittel gehabt. Doch der einst Selbstherrliche wird angesichts der Anklage kleinlaut und entschuldigt sich sogar bei Erdoğan, weil die Militärs dessen Ehefrau Emine wegen ihres Kopftuches nicht als Besucherin in ein Militärkrankenhaus in Ankara gelassen hatten. Auch Başbuğs Nachfolger Işık Koşaner bleibt nicht lange im Amt.

Das Blatt hatte sich endgültig gewendet, die bis dahin größte innere Herausforderung wird von Erdoğan gewonnen. Im August 2011 kursiert ein Zeitungsfoto, das die Eröffnung des Obersten Militärrates zeigt. Es ist die wichtigste Sitzung der Armeeführung, die zwei Mal im Jahr zusammenkommt. Am Kopf des Tisches sitzt Erdoğan, allein, und er scheint die Runde zu dirigieren. Bislang saßen dort Generalstabschef und der Ministerpräsident gemeinsam. Das Bild illustriert eine Kapitulation, die wenige Tage zuvor öffentlich wurde.

Ende Juli 2011 tritt die gesamte militärische Führung geschlossen zurück – ein dramatischer Höhepunkt des erbitterten Machtkampfes. Generalstabschef Koşaner, die Kommandanten des Heeres, der Luftwaffe und der Marine bitten um die vorzeitige Pensionierung. Der Rücktritt ist zum letzten Mittel der Generäle geworden, um ihr Missfallen gegenüber der Regierung auszudrücken. Koşaner begründete den Schritt in seiner Abschiedserklärung an die »Waffen-brüder« damit, dass er diese nicht mehr vor politischer Verfolgung schützen könne – ein Protest gegen die Inhaftierung von rund 250 Soldaten, unter ihnen auch aktive Generäle und Admiräle. Was früher ein politisches Erdbeben gewesen wäre, wird nun von AKP-Vize-Premier Bekir Bozdağ lapidar als »positive Schmerzen« genannt. Koşaners Nachfolger wurde der AKP-nahe Necdet Özel.

Bereits im Rahmen der EU-Beitrittsverhandlungen werden diverse Harmonisierungspakete umgesetzt, die den Einfluss des Militärs schwächten: So wird der seit dem Putsch 1961 mächtige Nationale Sicherheitsrat zum »Beratergremium« degradiert. Mit Yiğit Alpogan wird 2004 zudem erstmals ein Zivilist Generalsekretär der Institution, die lange als Parallelregierung galt. Militärs genossen Immunität vor Strafverfolgung und standen, wenn überhaupt, nur vor Militärgerichten, wo sie wenig befürchten mussten – vor allem wenn es sich um »Vorkommnisse« in den Kurdengebieten handelte. Ein Beispiel illustriert den Status der Militärs: Als bei einem Sprengstoffanschlag im südostanatolischen Hakkari Soldaten sterben, wird zunächst die PKK beschuldigt. Die Staatsanwaltschaft ermittelt und kommt zu dem Ergebnis, zwei Armeemitglieder seien die Täter. Ein ziviles Gericht verurteilt sie zu vierzig Jahren Haft. Dann wird das Verfahren an ein Militärgericht weitergereicht, das die Männer freispricht. Der Staatsanwalt verliert seinen Job. Im Juli 2009 verabschiedet die Regierung Erdoğan ein Gesetz, das die Anklage der Militärs auch vor zivilen Gerichten ermöglicht.

Ergenekon: folgenschwerer Glücksfall

Die Ergenekon-Prozesse sind für den Ministerpräsidenten eine Allzweckwaffe gegen die Uniformierten. Zwar hat er nach außen nichts mit diesen Verfahren zu tun – die dritte Gewalt ist offiziell unabhängig –, doch niemand in der Türkei zweifelt daran, dass die Regierung dieses fragwürdige Verfahren gefördert hat. Die Prozesse beginnen nach der Putschdrohung 2007 und den gewonnenen

Wahlen 2008. Erstmals in der Geschichte der Republik tritt nun ein ziviles Gericht zusammen, um Verstöße des Militärs gegen die Demokratie zu ahnden. Ergenekon ufert zu einer beispiellosen Abrechnung mit hunderten Erdoğan-Gegnern aus. Eine Verhaftungswelle folgt auf die andere – meist vor laufenden Kameras, die das Schauspiel live in Millionen türkische Wohnzimmer bringen. Verhaftet werden unter anderem der Nationalheld Engin Alan, der 1999 PKK-Chef Öcalan in Kenia festnehmen ließ, und die beiden Putschgeneräle von 1980 – Kenan Evren und Tahsin Şahinkaya. Viele Türken sind jedoch empört, weil Evren nicht wegen Folter, sondern lediglich wegen »gewaltsamen Umsturzes der verfassungsmäßigen Ordnung« angeklagt wird. Sie fordern, er solle auch wegen seiner Verbrechen als Putschgeneral angeklagt werden. Angeklagt werden Offiziere unterschiedlicher Ränge ebenso wie Generäle a.D. und kritische Journalisten, Menschenrechtler, Akademiker und Intellektuelle.

Zum Prozessauftakt am 20. Oktober 2008 in Silivri bei Istanbul wird zunächst 86 Angeklagten vorgeworfen, sie hätten mit Anschlägen etwa auf Moscheen oder das Militärmuseum in Istanbul und einen Flugzeugabschuss im Rahmen einer »Strategie der Spannung« ein Klima der Angst schaffen wollen. Die Schuld habe man dem islamistischen Milieu zuschieben wollen, um so die Basis für einen Militärputsch zu legen. Dann habe das Militär als Retter einschreiten wollen.

Erdoğan kommentiert das Spektakel, das bald immer mehr Angeklagte einschließt, für seine Verhältnisse öffentlich äußerst knapp: »Die Justiz macht ihre Arbeit.« Und: »Niemand steht mehr über den Interessen des Gesetzes.« Später sagt er noch, die Macht gehöre »in die Hände des Volkes«, auch wenn er damit die eigenen Hände meinte. Entsprechend weichen die anfänglichen Sympathien für das AKP-Vorgehen gegen die Generäle immer mehr Verdächtigungen, Ergenekon sei ein raffinierter Plan gewesen, um endlich die lästigen Militärs loszuwerden. An der politischen Motivation des Prozesses gibt es kaum Zweifel, das liegt auch am Gebaren im Gerichtssaal: »Geheime« Zeugen werden gehört, die Anwälte zahlreicher Angeklagter dürfen sich nicht äußern, illegal abgehörte Telefonate werden als Beweismaterial zugelassen. Die Anklage beruht weitgehend auf Spekulationen und beinhaltet Widersprüche. Gutachter stellen Fälschungen an angeblichem Beweismaterial fest. Im Ergebnis ufert Ergenekon in einer unübersichtlichen Flut von Nebensträngen und Nebenverfahren aus. Die Beschuldigten behaupten, die Anklage beruhe auf einer gefundenen Word-Datei, die von jedem geschrieben hätte werden können. Ob es sich letztendlich um reale Putschpläne oder ein Gedankenspiel handelte, kann nicht geklärt werden. Erdoğans Macht tut das keinen Abbruch, die Militärs können ihre alte Stärke nie mehr auch nur annähernd wieder herstellen. 2013, fünf Jahre nach Prozessbeginn und unmittelbar nach den Gezi-Unruhen, werden die Urteile gesprochen.

Die mehr als 300 Angeklagten erhalten hohe Haftstrafen, einige Ex-Generäle sogar lebenslänglich. Die Urteile zeigen, dass in der modernen Türkei nichts mehr ist, wie es einmal war. Die einst unantastbaren Militärs liegen nun am Boden. Die selbsternannten Schiedsrichter, die Staatspräsident Gül nur »Staatspräsident« nannten, und nicht, wie in der Türkei üblich, »mein Staatspräsident« bringt nun ein ziviles Gericht hinter Gitter. Jedes weitere Hafturteil erscheint im Blitzlichtgewitter der Medien wie ein Sieg Erdoğans. Nicht alle währen lange: 2014 kippt das Verfassungsgericht viele dieser Urteile, zahlreiche Verurteilte kommen frei. Trotzdem, dieser Gegner ist ein für alle Male geschlagen.

Der britische Türkei-Experte Gareth Jenkins, politischer Analyst beim »Silk Road Studies Program« von der Johns-Hopkins-Universität in Washington, hat die Ergenekon-Verfahren wissenschaftlich untersucht. Er hat Akte um Akte gelesen und in seiner Studie »Zwischen Fakt und Fantasie« ausgewertet. Seine Ergebnisse sind niederschmetternd: Der »tiefe Staat« ist eindeutig Realität, dieser habe unter anderem furchtbare Gewalttaten an den Kurden ausgeübt. Doch bei den Ergenekon-Verfahren sei es nie darum gegangen, diesen »tiefen Staat« auszuheben. Die Prozesse seien vor allem von der Gülen-Bewegung angeschoben worden, um mit den Gegnern abzurechnen. Ein sehr cleveres Vorgehen der Gülen-Bewegung, welche die von ihr infiltrierte Justiz dazu nutzte, um abzurechnen, und Erdoğan habe das eindeutig politische Verfahren unterstützt. Zwar nicht aktiv, aber er habe es zugelassen, dass ein undemokratisches Verfahren mit offensichtlich gefälschten Beweisen gegen Militärs, Politiker, Journalisten und Geschäftsleute durchgeführt werden konnte. »Denn Erdoğan hatte all diese Informationen«, ist sich Jenkins sicher, der seit 1989 in der Türkei lebt. Jenkins zählt einige der Absurditäten auf, die ihm etwa in den Anklageschriften aufgefallen sind. Ein Beispiel: So werde in der Anklage behauptet, dass sich einige der Putschisten mit dem damaligen US-amerikanischen Vizepräsidenten Dick Cheney getroffen hätten, um Erdoğans Sturz zu bereden. »Es wurden sogar Rechts- und Linksnationalisten gleichermaßen beschuldigt, derselben Geheimorganisation angehören, die sich nicht einmal die Hand geben würden.«

Ohne Frage seien einige der Verurteilten in kriminelle Aktivitäten verwickelt gewesen, doch die meisten der Beschuldigten seien seiner Studie zufolge nur insofern schuldig, als sie Ultranationalisten seien. An eine geschlossene Organisation mit dem Namen Ergenekon glaubt Jenkins nicht, der auch ein Buch zum türkischen Militär geschrieben hat. Der große Sieger der Ergenekon-Prozesse sei Erdoğan. »Teile der Gülen-Bewegung und die AKP haben die gemeinsamen Gegner ausgeschaltet, danach hat sich Erdoğan Gülen vorgenommen. Erdoğan hat zu 100 Prozent gewonnen.«

Mit dem radikalen Beschneiden militärischer Macht durch den Prozess und seine Folgen erfüllte Erdoğan Forderungen, welche die EU seit langem an das Land heranträgt. Doch anders als von Europa erhofft, wurde zwar eine Demilitarisierung, nicht aber eine Demokratisierung erreicht. Es ist ein weiterer Schritt in Richtung Autokratie mit plebiszitären Elementen – denn mit den Militärs räumt er einen entscheidenden Faktor aus dem Weg, der die systematische Machtkonzentration um Erdoğan hätte stoppen können. Nach außen hin hat jedoch zunächst einmal die zivile, demokratisch gewählte Macht über die undemokratische alte Garde gesiegt.

Das islamische Wirtschaftswunder

Die Türkei heute ist eine andere, als die, die Erdoğan 2003 übernommen hat. Denn damals war das Land bankrott, die Wirtschaft litt unter Hyperinflation und war am Rande eines Kollaps, wer konnte, floh ins Ausland. Damals war die Türkei der weltgrößte Schuldner des Internationalen Währungsfonds, ein Armenhaus. Heute aber sind die Zeiten vorbei, in denen die Menschen hungern mussten, weil ihre ständig wechselnden Regierungen die Talfahrten nicht in den Griff bekamen. Kurz vor Ausbruch der Gezi-Proteste zahlte die Türkei ihre letzten Schulden beim IWF ab. So gilt Erdoğan als der Politiker, der Millionen Türken endlich den Zugang zu Konsumgütern und Bildung verschafft hat und das Gesundheits- und Sozialsystem sowie die Infrastruktur ausbaute. Es gab keine einzige nennenswerte Wirtschaftskrise mehr, seitdem die AKP an der Macht ist.

Beim Human Development Index (HDI) rangiert die Türkei 2015 auf Platz 72 von insgesamt 188 Ländern. Der Index wird aus den Kriterien Lebenserwartung, Alphabetisierung, Einschulungsquote und Bruttoinlandsprodukt pro Kopf berechnet. Zum Vergleich: Deutschland belegt Rang sechs. Aber immerhin hat sich die Türkei in den letzten fünf Jahren um sechzehn Plätze verbessert. Unter Erdoğan schaffte es das Land unter die zwanzig Wirtschaftsnationen (G20), bis 2023 soll es aber zu den größten zählen. Die US-Investmentbank Goldman Sachs beurteilt Erdoğans ambitioniertes Ziel realistischer, und sieht die Türkei erst 2050 unter den zehn größten Wirtschaftsmächten der Welt.

Ohne Zweifel hat Erdoğan eine sehr hohe Wirtschaftskompetenz, doch ist der Aufschwung nicht allein sein eigener Verdienst. Der studierte Betriebswirt führte das 2001 von Kemal Derviş, einem türkischen Weltbankmanager, eingeleitete Umschuldungsprogramm durch. Er übernahm also die Reformfelder und führte sie konsequent weiter, das Land erholte sich erstaunlich schnell von der Wirtschaftskrise. Mit ökonomischen Sachverstand setzte der neue Ministerpräsident eine erfolgreiche proeuropäische und liberal marktorientierte Finanz- und Handelspolitik durch, öffnete das Land für ausländische Investoren und förderte erfolgreich die Infrastruktur. Es wurde ein zweites Standby-Abkommen mit dem IWF für die Zeit von 2005 bis 2008 vereinbart. Neben der wirkte sich auch die Bemühung um Erschließung neuer regionaler Märkte positiv auf die Bilanzen aus. Die Fortsetzung des Reformwegs erhöhte auch die Glaubwürdigkeit für ausländische Investoren. Der »kranke Mann am Bosporus« wurde zu einem beliebten Wirtschaftspartner. Die politische Instabilität mit den Dauerwahlkämpfen und die daraus resultierende Unvorhersehbarkeit der Wirtschaftspolitik war bis 2015 beendet, statt wechselnder Koalitionsregierungen hielt sich eine Partei an der Macht, die EU-Beitrittsgespräche führte.

Die Türkei wurde zum Musterland unter den Schwellenländern mit durchschnittlichen Wachstumsraten von 4,7 Prozent. Höhere Zuwachsraten hatten nur China, Indien und Argentinien. Betrug die Inflation 2001 noch 68,5 Prozent, war sie 2014 auf nur noch 8,2 Prozent gefallen. 2002 war die Türkische Lira die Währung mit dem geringsten Nominalwert. Die Schulden des Landes beliefen sich auf achtzig Prozent des BIP, das Budgetdefizit betrug siebzehn Prozent. Im Jahr 2015 betrug die Staatsverschuldung 33 Prozent.[62] Die neuen Sozialleistungen und das Wirtschaftswunder verpackt Erdoğan als Geschenk an das Volk, und nicht als Selbstverständlichkeit einer Regierung. Eine Zuwendung, die ihnen bei seiner Abwahl zu verlieren droht, so suggeriert er immer wieder.

Unterstützt wird Erdoğan von einer islamischen Wirtschaftsbourgeoisie, den sogenannten »anatolischen Tigern«. Diese frommen Geschäftsleute bauten erfolgreich aus kleinen – meist Familienunternehmen – mittelgroße Firmen auf, die nicht nur innerhalb der Türkei, sondern mittlerweile weltweit mit ihren Produkten vertreten sind. Die Wachstumsrate der Unternehmer erzielte nach einem kurzen Einbruch während der internationalen Finanzkrise 2009 dann 2010 und 2011 ganze neun Prozent. Organisiert sind die »anatolischen Tiger« in dem 1990 gegründeten Industriellen- und Unternehmerverband MÜSIAD (Müstakil Sanayici ve İş Adamları Derneği), der die AKP unterstützt. Der Zusammenschluss konservativer Geschäftsleute soll anfangs auch Auslandsreisen von AKPlern finanziert haben, die Partei soll im Gegenzug später die Unternehmer bevorzugt behandelt haben. Gemeinsam wurden neue Handelsmärkte außerhalb Europas erschlossen. So sind in den Nachbarstaaten mittlerweile überall Waschmaschinen und Kühlschränke von türkischen Firmen wie Arçelik und Vestel zu finden.

Ein internationales Sinnbild für das AKP-Wirtschaftswunder ist die Fluggesellschaft Turkish Airlines. Früher wurde das Kürzel der Airline THY wegen der schlechten Ausstattung mit »They hate you« übersetzt. Heute fliegt die Fluggesellschaft nach eigenen Angaben 122 Länder an (Stand 2017). Schon mehrfach wurde die halbstaatliche Airline zur besten Europas gewählt, und keine andere Fluglinie wächst so rasant wie diese. Geht es so weiter, dann löst das Luftwunder in absehbarer Zeit die deutsche Lufthansa in Europa als Nummer eins ab – mit bedingungsloser Unterstützung der AKP. Heute steht THY für » They hug you« – »Sie umarmen dich«.

Jahrelang ging es aufwärts: größer, schneller, weiter. Natürlich kam das starke Wirtschaftswachstum gut an. Die AKP eilte von Wahlsieg zu Wahlsieg, und die glänzenden Bilanzen wurden zu einem der stärksten Argumente, um Erdoğan die Stimme zu geben – und der sieht sich gerne als Baumeister spektakulärer Projekte, die auch sein Denkmal sein sollen. Eines der ehrgeizigsten davon ist der Bau des neuen Flughafens im Norden der Millionenmetropole Istanbul. Erst 2014 war die Grundsteinlegung für den dritten Flughafen der Stadt, der laut Ankara »der größte Flughafen« der Welt werden und schon 2018 eröffnen soll. Bis zu 150 Millionen Passagiere will man hier jährlich abfertigen.

Ein anderes Projekt hingegen ist schon fertig: Pünktlich zum 90. Geburtstag der Republik wurde 2013 nach neunjähriger Bauzeit der »Marmaray«-Bahntunnel unter dem Bosporus eröffnet. Der insgesamt 13,6 Kilometer lange Tunnel – wovon 1,4 Kilometer unter Wasser verlaufen – verbindet den europäischen Teil Istanbuls mit dem asiatischen und zählt zu den weltweit größten Infrastrukturprojekten der vergangenen Jahre. Für Millionen Istanbuler ist dieses Prestigeprojekt eine enorme Entlastung, weil sie sich teils stundenlange Umwege und Staus auf den überlasteten Brücken sparen. Die Arbeiten verzögerten sich um Jahre, weil Archäologen beim Bau einen vollständig erhaltenen byzantinischen Hafen fanden. Erdoğan sprach schließlich ein Machtwort, und erklärte im Februar 2011 in einem seiner berüchtigten Wutanfälle, er wolle das Projekt nicht länger wegen »archäologischen Zeugs (wie) Töpfen und Pfannen« aufschieben.

Weil für Erdoğan nur Superlative zählen, soll die dritte Bosporusbrücke, benannt nach dem Aleviten-Schlächter Sultan Yavuz Selim I., mit 322 Metern die »welthöchsten Pfeiler« bekommen und über acht Fahrspuren und zwei Eisenbahngleise verfügen – und mit 1408 Metern von Asien nach Europa somit auch die »längste Eisenbahnbrücke der Welt« werden. Dass für die Zufahrtsstraßen wie schon beim Flughafen wieder ein Waldgebiet gerodet werden musste, war bei der Grundsteinlegung, bei der Erdoğan persönlich anwesend war, kein Thema, die Kritik von Stadtplanern und Umweltschützern wurde einfach übergangen. Auch beim vierten Megavorhaben – einem neuen Bosporus-Kanal – werden alle Bedenkenträger überhört. Dieser künstliche Wasserkanal, den auch Erdoğan als »verrücktes Projekt« bezeichnet, soll auf bis zu fünfzig Kilometern Länge den Bosporus entlasten. Machbarkeitsstudien untersuchen die Umsetzung, Erdoğan wünscht sich die Einweihung des »türkischen Panamakanals« bis 2023, dem 100. Geburtstag der Republik. Der Umweltminister Idris Güllüce bekannte sich im Fernsehen zu seinem Lieblingssound: »Die Stimme der Betonmaschinen soll in diesem Land nie fehlen. Pat, pat – bei diesem Geräusch fühle ich mich wohl.«

Von der internationalen Wirtschaftskrise 2009 blieb die Türkei weitgehend verschont. Doch seit 2012 geht es nicht mehr so steil bergauf, das Wachstumstempo verlangsamt sich. Die fetten Jahre sind vorbei, 2015 verbuchte die Republik nur noch ein Wachstum von 2,8 Prozent – und es mehren sich dunkle Vorzeichen am Horizont: So ist der Aufschwung deswegen bisher so erfolgreich gewesen, weil die Türkei Industriegüter billig produziert, deren Qualität besser ist als der Güter aus dem asiatischen Raum. Aber es mangelt an hochwertigen Produkten.

Forscher und Doktoranden werden kaum unterstützt, es fehlt an Innovationen – so machen im Jahre 2015 High-Tech-Produkte nur vier Prozent am türkischen Gesamtexport aus, das Land hängt am Wohlwollen seiner Kreditgeber, weil der Boom durch ein systematisches chronisches Defizit in der Leistungsbilanz erkauft wurde, das 2014 bei 5,7 Prozent des BIP lag. Hinzu kommt eine stabile Arbeitslosigkeit von zehn Prozent bei 77 Millionen Einwohnern, Millionen Flüchtlinge aus Syrien drängen zusätzlich auf den Arbeitsmarkt. Immer wieder wird eine ökonomische Krise prophezeit, das Leistungsbilanzdefizit sei schlecht, warnen Experten. Zwar ist die staatliche Verschuldung nicht besorgniserregend, doch die private Verschuldung ist rapide gestiegen – denn in der Türkei werden Kreditkarten von den Banken leichtfertig ausgegeben. Bei einem Durchschnittseinkommen von 1201,50 Türkische Lira brutto (rund 450 Euro) werden Kreditkarten von vielen Türken wie ein zweites Bankkonto genutzt.

Die AKP versucht mit einem Unterhaltungsprogramm abzulenken. Etwa wenn Prototypen für »türkische Autos« vorgestellt werden oder sogar von Flugzeugen made in Turkey geträumt wird. Doch das kann nicht darüber hinwegtäuschen, dass das Bildungsniveau in dem Land immer noch tief ist. Auf dem English-Proficiency-Index, der die Englischkenntnisse der Bevölkerung misst, landet die Türkei 2015 auf Platz fünfzig von insgesamt siebzig Ländern – noch hinter Pakistan. Laut OECD-Ergebnissen von 2015 verfügen 34 Prozent der Türken einen Abschluss des Sekundarbereichs II, was der niedrigste Wert unter den OECD-Ländern ist, dessen Durchschnitt bei 75 Prozent liegt.

Außerdem sind politische Unruhen schlecht für das Geschäft, und von denen gibt es seit den Gezi-Protesten mehr als ausreichend.

Nicht enden wollende Gerüchte über grassierende Korruption und Schmiergeldzahlungen, über Kriege in den Nachbarstaaten, politische Unwägbarkeiten belasten den türkischen Industriestandort. Wenn die Wirtschaft lahmt, dann macht Erdoğan gelegentlich eine undefinierbare »Zins-Lobby« dafür verantwortlich. Als im September 2014 die Ratingagenturen Moodys und Fitch das Land knapp über Ramschniveau bewerten, unterstellt Erdoğan ihnen politische Motive – keine vertrauensbildenden Worte. Auch die Weltbank warnt 2015 davor, ohne den Ausbau von vertrauenswürdigen Institutionen wie einem transparenten Justizsystem sei ein weiteres Wachstum gefährdet.

Ein wichtiges Standbein für die heimische Wirtschaft wankt erheblich – denn die Touristen bleiben weg. Die zwei Kriege in den Nachbarländern Syrien und Irak und der IS-Terror im Land selbst verschrecken viele Reisende. Im ersten Halbjahr 2015 verbucht der Tourismus nach offiziellen Angaben mit 11,5 Milliarden Euro einen um neun Prozent niedrigeren Umsatz als im Vorjahreszeitraum. Vor allem bei Russen und Deutschen war das Land als Urlaubsziel beliebt. Doch nach dem Abschuss eines russischen Kampfjets im November 2015 und dem Terroranschlag auf deutsche Reisende in Istanbul im Januar 2016 bleiben genau diese beiden Gruppen weg. So meldet im Februar der weltgrößte Reisekonzern Tui, dass nach dem Selbstmordanschlag im Januar 40 Prozent weniger Kunden für den Sommer einen Türkei-Urlaub gebucht hätten als im Jahr zuvor.

Der oberste Zensor

Kritiker ruhigzustellen ist bei Erdoğan nicht nur Chefsache – er hat sich in seinen Amtsjahren viele Mittel geschaffen, um nahezu jeden Opponenten zum Schweigen zu bringen und dessen berufliche Existenz zu vernichten. Ganz oben auf seiner Liste stehen diejenigen, die ihn kritisieren oder angreifen – und das öffentlich tun: Allen voran Journalisten und Publizisten, jedoch auch Blogger und Online-Aktivisten. Dabei geht Erdoğan persönlich vor – gelegentlich sorgt er dafür, dass die Karrieren derjenigen enden, die ein unfreundliches Wort über ihn verlieren. Dass es ihm bei seinem Kampf gegen bestimmte Medien um weit mehr geht, als um die Rache eines Gekränkten, zeigt sich darin, wie er die Medienlandschaft umgepflügt hat. Welche Wahrheiten die Türken erfahren, bestimmt der Mann, der einst wegen eines Gedichts im Gefängnis saß.

Zum Jahresende 2015 beherrscht die »Flüchtlingskrise« Europa, ebenso die Angst vor dem »Islamischen Staat« – entsprechend gefragt ist Erdoğan deshalb als Partner des Auslands. Vor allem Europa bemüht sich um sein Wohlwollen. Die Bedingungen könnten besser nicht sein, um sich zu Hause weitere lästige Kritiker vom Hals zu schaffen. Nicht dass ihn andere Umstände aufgehalten hätten, die Meinung des Auslands interessiert Erdoğan in diesen Fragen ohnehin nicht, schließlich interessiert sie auch seine Stammwähler nicht. Diesmal trifft es Can Dündar, den Chefredakteur der regierungskritischen Tageszeitung »Cumhuriyet«, und seinen Büroleiter in Ankara, Erdem Gül. Ihr Verbrechen: Die Zeitung hatte im Mai 2015 Bilder veröffentlicht, die Lastwagen des Geheimdienstes MIT zeigen sollen, die Anfang 2014 Waffen über die Grenze nach Syrien transportieren. »Der Moment, in dem der Staat scheitert«, lautete eine der dazugehörigen »Cumhuriyet«-Schlagzeilen. Erdoğan selbst erhebt daraufhin Anzeige gegen die Journalisten. Er droht im Staatssender TRT damit, der Journalist werde »einen hohen Preis« für die Veröffentlichung zahlen und nicht ungestraft davonkommen. Zwar nennt er nicht den Namen Dündar, aber jedem ist klar, wen er meint.

Schon zuvor hatte es immer wieder Berichte und Geschichten über Waffenlieferungen nach Syrien an islamistische Kämpfer gegeben. Ankara hatte diese bislang immer zurückgewiesen und erklärt, es handle sich um humanitäre Sendungen für die turkmenische Minderheit im Nachbarland. Zuletzt waren Erdoğans Dementis jedoch leiser geworden. »Welchen Unterschied macht es, ob der Konvoi Waffen transportierte oder nicht?«, fragte er irgendwann entnervt in einer Rede zurück und wollte die Enthüller endlich erledigt wissen.

Die Urheber der zwei Berichte bekommen nun die volle Härte des Systems Erdoğan zu spüren. Nach stundenlangen Verhören werden Dündar und Gül am 26. November noch im Gerichtssaal wegen des Verdachts auf Spionage und Geheimnisverrats in Untersuchungshaft genommen. Die Staatsanwaltschaft fordert lebenslänglich. Kurz darauf, am 30. November, findet der EU-Sondergipfel anlässlich der Flüchtlingskrise statt. Dündar und Gül bitten in einem offenen Brief aus dem Silivri-Gefängnis Bundeskanzlerin Merkel um Solidarität. »Sehr geehrte Frau Bundeskanzlerin Dr. Angela Merkel, sehr geehrte Staats- und Regierungschefs der Europäischen Union«, beginnt der Brief. »Sie verhandeln mit der Türkei um eine Lösung für die Flüchtlingskrise, die herzzerreißende Ausmaße erreicht hat. Auch wir hoffen auf die bestmögliche Lösung für alle Beteiligten. Wir hoffen aber auch, dass die bestmögliche Lösung für die Flüchtlingskrise Sie nicht daran hindern wird, weiterhin die westlichen Werte wie Bürgerrechte, Meinungs- und Pressefreiheit hochzuhalten und sie zu verteidigen. Unsere gemeinsamen Werte sind jedoch nur zu verteidigen, wenn wir alle zusammenstehen und solidarisch handeln. In diesem Sinne bitten wir Sie gerade jetzt sehr eindringlich um Ihre Solidarität. Im Namen aller in der Türkei verhafteten Journalisten.«[63]

Der Appell bleibt ungehört. Stattdessen schließen Merkel und ihre Amtskollegen einen Deal mit Ankara. Der sieht vor, dass künftig die Türkei den Europäern einen großen Teil der Flüchtlinge vom Hals hält. Da bleibt kein Platz für offene Worte über die Verhaftung der beiden Journalisten, auch wenn diese nur einen weiteren Höhepunkt der systematischen Unterdrückung von Presse- und Meinungsfreiheit und der Zensur bildet, die in der Türkei mittlerweile erschreckende Ausmaße angenommen haben. Dabei hat Erdoğans drastisches Vorgehen gegen Kritiker aus Kultur und Publizistik über die Jahre dazu geführt, dass sich Zensur oft schon von selbst erledigt. Die »Schere im Kopf« ist in vielen Redaktionen Realität. Geschärft wird sie von der Angst vor Arbeitslosigkeit oder Schlimmerem. Beispiele, dass diese Befürchtungen realistisch sind, gibt es viele.

Das Mediensystem Erdoğan

Nach mehr als dreimonatiger Untersuchungshaft kommen Dündar und Gül am 26. Februar, dem Geburtstag Erdoğans, wieder frei. Das Verfassungsgericht hatte das Vorgehen gegen die beiden für nicht rechtens erklärt. Doch noch immer droht ihnen lebenslange Haft, denn die Klage von Erdoğan wurde nicht fallen gelassen. Der Staatspräsident erklärte gar, er habe weder Respekt vor der Entscheidung, noch akzeptiere er sie.

Frei war die Presse in der Türkei nie. Schon immer wurden dort Journalisten unter Druck gesetzt, inhaftiert oder gar ermordet. Je nach Regierung ist der Druck mal stärker, mal schwächer. Doch erst Erdoğan hat die Unterdrückung der Presse professionalisiert und gleichzeitig zu seiner persönlichen Aufgabe gemacht. Ob Ministerpräsident oder Staatspräsident, in keinem Amt ist er sich zu schade, Journalisten persönlich anzugreifen. Einen Korrespondenten des US-Senders CNN diffamiert er im Juni 2014 als einen »Speichellecker«, wie die Nachrichtenagentur Anadolu meldete. Die Berichterstattung des Senders habe mit »freier, unparteiischer, unabhängiger

313

Presse« nichts zu tun, sondern wirke wie die Arbeit von »Agenten«. In Deutschland wäre es eine verrückte Vorstellung, dass Präsident Gauck als Privatperson etwa die Chefredakteure der »Süddeutschen Zeitung« für eine investigative Recherche verklagt. In der heutigen Türkei sind solche Absurditäten mittlerweile Alltag. Anfang 2016 sind 31 türkische Journalisten in türkischen Gefängnissen. Die CHP zählt, dass 2015 ganzen 774 Journalisten wegen unliebsamer Meinungen gekündigt wurden.[64]

Erdoğan schenkt den türkischen, aber auch den ausländischen Medien eine enorme Aufmerksamkeit und reagiert auf öffentlich geäußerte Kritik heftig, stellenweise nahezu paranoid. Etwa wenn Korrespondenten wegen einer Überschrift das Land verlassen müssen. Was er von den vielen Auslandskorrespondenten hält? Im Juni 2013, während der Gezi-Proteste, hält er eine Rede im Istanbuler Stadtteil Zeytinburnu. Statt die Massen zu beruhigen, sagt er zu den etwa 100 000 Anwesenden: »Seit Tagen habt ihr verlogene Nachrichten produziert. Wer seid ihr, wer seid ihr? Seid ihr berechtigt, über die Türkei Urteile zu fällen?« Gemeint sind wir Auslandskorrespondenten, die von hier berichten. Und weiter: »Ihr habt der Welt eine andere Türkei gezeigt, aber ihr seid allein geblieben mit euren Lügen. Diese Nation ist nicht die Nation, die ihr der Welt präsentiert habt.« Wie immer bei solchen Veranstaltungen jubeln ihm die Menschen zu, es wird »Lasst sie uns zerquetschen« gerufen.

Von der Regierung eingesetzte Internettrolle sorgen dafür, dass oppositionelle Meinungsäußerer mit Rufmordkampagnen überzogen werden. Unerwünscht ist jegliche direkte oder indirekte Kritik an seiner Person oder seiner Familie, der AKP sowie politischen Entscheidungen und staatlichen Interaktionen und Institutionen. Doch: persönliche Angriffe auf die Urheber von Kritik genügen Erdoğan in der Regel nicht. Er geht zielstrebig und systematisch auch gegen Medienunternehmer vor.

Dazu nutzt er auf unterschiedlichen Ebenen seinen Einfluss aufs türkische Mediensystem: Grundsätzlich ist die türkische Medienlandschaft seit der Einführung des privaten Fernsehens und Rundfunks (1993/94) recht vielfältig. Zudem garantiert die türkische

Verfassung Meinungs- und Pressefreiheit. Mit der Einschränkung: Die Freiheit der Republik und die Prinzipien Atatürks dürfen nicht verletzt werden.

Um diese Freiheit einzuschränken, baute Erdoğan die Medienaufsichtsbehörde RTÜK (Radyo ve Televizyon Üst Kurulu) von einem Kontrollorgan zur Zensurbehörde um. Zudem wuchs sein Einfluss auf einzelne Medien massiv. Und der liegt in der Struktur vieler Medienunternehmen begründet. Viele gehören zu Mischkonzernen, die beispielsweise auch im Goldhandel oder im Baugewerbe aktiv sind. Wer also Geld verdienen will, darf es sich mit Erdoğan nicht verscherzen. Eine AKP-freundliche Berichterstattung kann den Weg zu begehrten Staatsaufträgen ebnen. Prominentes Beispiel hierfür ist die Demirören Holding, die 2011 die einst liberalen Tageszeitungen »Milliyet« und »Vatan« erwarb. Demirören handelt unter anderem mit staatlichem Gas, ist also auf Erdoğans Wohlwollen angewiesen. Das zeigt sich deutlich in der Berichterstattung der beiden Blätter. Kritische Journalisten wie der prominente Kolumnist Hasan Cemal mussten gehen. Enge Verbindungen gibt es auch zum Immobilien-Multi, der Albayrak-Gruppe. Sie gibt die stramm islamische Tageszeitung »Yeni Şafak« heraus, die Erdoğan-Gegnern schon mal Gewalt androht. Berat Albayrak ist mit Erdoğans Tochter Esra verheiratet, seit November 2015 ist er nicht nur Schwiegersohn, sondern zudem Energieminister im neuen Kabinett von Ministerpräsident Davutoğlu.

Es gibt ausnahmslos kein objektives Medium in der Türkei, jedes Medium hat eine Agenda – entweder pro oder contra Erdoğan. Doch die Kritiker werden immer weniger, die Liste der Hofberichterstatter immer länger, Schlagzeilen werden von Erdoğan diktiert. Einiges erinnert an George Orwells düstere Utopie »1984«. So kontrolliert 2015 Erdoğan direkt oder indirekt 75 Prozent der Printmedien und achtzig Prozent der TV-Sender. Der Kreis unabhängiger, regierungskritischer Medien ist auf die Zeitungen »Cumhuriyet«, »Evrensel«, »Sözcü« und »Taraf« und Fernsehsender wie IMC TV oder die Internetzeitung T24 geschrumpft. Als Erdoğan 2003 die Macht übernahm, befand sich die Türkei auf Platz 116 der Rangliste für Pressefreiheit der Organisation »Reporter ohne Grenzen« –

2015 ist das Land auf Platz 149 von 180 Staaten abgerutscht und steht zwischen Mexiko (Platz 148) und der Demokratischen Republik Kongo (Platz 150).[65] Unter Erdoğan hat die Zensur einen neuen Professionalisierungsgrad erreicht, der gezielt auf vorauseilenden Gehorsam durch Einschüchterung setzt. Rund 150 Themen stehen auf einem Index, den die RTÜK regelmäßig an die Journalisten verschickt. Wer dennoch über diese Themen berichtet, muss mit Geldstrafen rechnen. Die Begründung lautet meist, entsprechende Nachrichten würden Ermittlungen behindern. Index-Themen sind beispielsweise die Korruptionsermittlungen von 2013/2014, die auch die Familie Erdoğan belasteten, oder eben die angeblichen Waffenlieferungen des Geheimdienstes nach Syrien.

Auch das umstrittene Antiterrorgesetz nutzt Erdoğan, um gegen Journalisten vorzugehen: Es ist eine Mischung aus undeutlicher Demokratiefeindlichkeit, weil in all dem drohenden Inhalt nicht präzise formuliert, und politischer Verstiegenheit, weil die Verachtung für Kritiker gesetzlich verankert wird. So kann eine gewaltfreie Meinungsäußerung, etwa pro-PKK-Sprechchöre, als Terrordelikt geahndet und mit mehreren Jahren Haft bestraft werden. Für Journalisten bedeutet das: Wenn sie nach Einschätzung der Justiz »Propaganda« für Terrorgruppen betreiben, müssen sie ebenfalls mit Gefängnis rechnen.

Erdoğans Wut gegen Journalisten sitzt tief – und lässt sich schon zu Beginn seiner Laufbahn als aufstrebender Jungpolitiker ausmachen. Damals war er noch Teil der Unterschicht. Die Medienschaffenden verkörperten für ihn hingegen die kemalistische Elite, die auf »schwarze Türken« wie ihn herabblickte. »Die sind wie ein Stier, der angreift, wenn er rot sieht. Aber ihre Angriffe unterscheiden sich je nach Matador«, kritisierte Erdoğan schon 1994. Und: »Alles was über mich geschrieben wird, ist Wehgeschrei.«[66]

Von Anfang an machten sich Journalisten immer wieder über ihn lustig, zeigten ihm, dass er nicht hineinpasste in das System, belächelten seine Herkunft, seine Frömmigkeit, seine Wortwahl. So war Kritik an Erdoğan auch oft persönlich – von dieser Ebene hat auch er sich nie entfernt, wenn er auch heute noch voller Verbissenheit Rache an den Vertretern der Branche nimmt. Für die aus seiner Sicht arroganten Schreiber war – und ist – er ein dankbares Opfer: unberechenbar, risikofreudig, immer für eine verbale Entgleisung gut. Legendär ist der Satz, den die Tageszeitung »Hürriyet« nach Erdoğans Verurteilung 1998 voller Spott schrieb: Erdoğan könne jetzt »nicht einmal mehr Dorfvorsteher« werden. Erdoğan hat diesen Hohn nie vergessen – seine Abrechnung mit dem Medienhaus und dessen Besitzer Aydın Doğan sollte zum Vernichtungsschlag werden.

Der getriebene Medienzar

Die Auseinandersetzung zwischen Staatsmann und Medienmogul entwickelte sich aus harmonischen Anfängen: Einst war Doğan Erdoğan wohlgesonnen. Man kannte sich, der Ministerpräsident nannte Doğan respektvoll »Abi«, großer Bruder. Der Unternehmer, der 2009 das Bundesverdienstkreuz bekam, ist Inhaber der Doğan-Holding, eines Mischkonzerns mit Unternehmen in der Finanz-, Tourismus- und Energiebranche. Zudem gehört die führende Mediengruppe des Landes dazu, die auch immer wieder mit dem Axel-Springer-Verlag kooperierte. Zu ihr gehörten die auflagenstarken und laizistisch ausgerichteten Tageszeitungen »Hürriyet«, »Milliyet«, »Vatan« und Sender wie Star TV und CNN Türk. Die Unternehmensaufstellung machte Doğan als Publizisten angreifbar – denn als Geschäftsmann trachtete er nach möglichst vielen lukrativen Staatsaufträgen.

Entsprechend berichteten die Doğan-Medien seit dem AKP-Wahlsieg plötzlich wesentlich wohlwollender über Erdoğan und seine Partei. Doch nachdem Doğan mehrfach bei der Vergabe von Regierungsaufträgen leer ausgegangen war, setzten sich seine Titel auffallend kritischer mit dem Ministerpräsidenten auseinander. Aus gegenseitiger Unterstützung wurde Feindschaft. Zum endgültigen Zerwürfnis kam es im September 2008. Die »Hürriyet« hatte über einen Spendenskandal berichtet, in den über Umwege auch die AKP involviert gewesen sein soll. Der Wohltätigkeitsverband Deniz Feneri (Leuchtturm) soll unter Deutschtürken Spenden eingesammelt haben, die dann im AKP-Umfeld verschwunden seien. Das Frankfurter Landgericht verurteilte drei Vereinsfunktionäre wegen Veruntreuung von Millionen. Einen Beweis, dass die Gelder an die AKP gegangen sind, gab es nicht – doch die Doğan-Medien suggerierten dies. Erdoğan fordert daraufhin zum Boykott dieser »Lügenpresse« auf, sie sei voller »Schmutz«. Doğan wirft Erdoğan vor, er habe seine Leute auf ihn gehetzt, um ihn zu vernichten. Der entgegnet, Doğan habe seine Leute auf ihn angesetzt, um ihn zu stürzen. Natürlich steht kurz darauf die Steuerfahndung vor Doğans Tür – und wird prompt fündig: Im Februar 2009 wird Doğans Medienimperium zu einer Steuerstrafnachzahlung von rund 380 Millionen Euro verurteilt. Eine Summe, die sogar dieses gewaltige Unternehmen trifft. Der Firmeninhaber muss Star TV, den »Milliyet« und die »Vatan« an AKP-nahe Unternehmensgruppen verkaufen.

Auf die in der Gruppe verbliebenen Medien wie die Zeitung »Hürriyet« wird seitdem Druck ausgeübt. Beispielsweise in Form von Hausdurchsuchungen, die keine Ergebnisse bringen. Kurz vor den Neuwahlen am 1. November 2015 versuchen zudem Nationalisten zweimal, nachts die Redaktionsräume zu stürmen. Ein Video dokumentiert die Rede eines AKP-Abgeordneten vor dem Redaktionsgebäude. Er sagt, egal wer die Wahlen gewinnen werde, die AKP werde ein Präsidialsystem mit Erdoğan einführen. Anschließend werde man mit allen Gegnern abrechnen. Dann zählt er die regierungskritische Presse und die prokurdische HDP auf.[67]

Die Medien der Doğan-Gruppe bleiben längst nicht die einzigen, mit denen Erdoğan abrechnet. Ebenfalls auf seiner Liste stehen die Medien des einflussreichen Unternehmers Gülen. Jahrelang hatten auch die Medien Gülens den aufstrebenden Erdoğan unterstützt. Nach dem Bruch mit dem Politiker vollzogen auch dessen Meinungsmacher einen Kurswechsel und berichteten fortan regierungsfeindlich. Erdoğan warf seitdem der »Bande aus Pennsylvania«, wo Gülen im Exil lebt, vor, ihn stürzen zu wollen – seine Vergeltung folgte.

Fast auf den Tag genau ein Jahr nach dem Beginn der Korruptionsermittlungen in Erdoğans Umfeld wird am 14. Dezember 2014 vor laufenden Kameras der Chefredakteur der »Zaman«, Ekrem Dumanlı, verhaftet. Ihm wird die »Bildung und das Betreiben einer terroristischen Organisation« vorgeworfen. Dumanlı wird nach wenigen Tagen wieder freigelassen, unter der Auflage, nicht ins Ausland zu reisen. Die »Zaman« hatte trotz Nachrichtensperre von dem Korruptionsskandal berichtet.[68] Gelegentlich werden auch die Räume der englischsprachigen »Today's Zaman« von der Polizei durchsucht. Im Juni 2015 wird der Chefredakteur der »Today's Zaman« wegen Beleidigung des Präsidenten Erdoğan zu 21 Monaten Haft auf Bewährung verurteilt. Das Gericht befindet Bülent Keneş schuldig, Erdoğan durch einen Eintrag im Kurznachrichtendienst Twitter im Juli 2014 auf strafbare Weise beleidigt zu haben. Der Journalist hatte kurz vor Erdoğans Wahl über den Präsidenten geschrieben, dessen verstorbene Mutter hätte sich ihres Sohnes geschämt, wäre sie noch am Leben.

Ein Gülen-Sprachrohr sind auch die Medien der Koza-Ipek-Gruppe: Auch diese Holding ist ein Mischkonzern, der im Tourismus-, Energie- und Bergbausektor tätig ist und sich zusätzlich regierungskritische Medien leistet. Dazu gehören die Tageszeitung »Bugün« und die Fernseh- und Radiosender Kanaltürk und Bügun TV. Die Inhaber der Gruppe stehen der Gülen-Bewegung nahe – daher ist es aus AKP-Sicht logisch, auch diese zu zerschlagen: Im September 2015, vier Wochen vor den von Erdoğan erwirkten Neuwahlen, werden zunächst bei zwei landesweiten Razzien Dutzende Firmen der Holding wegen Verdachts auf Unterstützung der »Fethullahistischen Terrororganisation (Fetö)« durchsucht. Mit »Fetö« ist die Gülen-Bewegung gemeint. Für die Regierung steht das Ergebnis ohnehin fest: Alle Mitarbeiter der Koza-Ipek-Gruppe seien Terroristen, befindet Yasin Aktay, AKP-Vize-Chef. Staatliche Treuhänder zwingen daraufhin die Medien der Koza-Ipek-Gruppe auf Regierungskurs, leitende Redakteure und Journalisten werden entlassen. Während am Tag vor der Zwangsübernahme die »Millet« einen Presseausweis in einer blutverschmierten Hand zeigt und mit

»Blutiger Putsch« titelt, erscheint sie einen Tag später – unter neuer Führung – unter dem Titel »Die ganze Türkei, ein Herz« mit passenden Erdoğan-Jubelbildern. Neuer »Bügun«-Chefredakteur wird Ersoy Dede, Autor der islamistischen Tageszeitung »Yeni Akit«, die gegen Laizisten, ethnische Minderheiten und Homosexuelle hetzt.[69]

Ein derartiges »Ausschalten« einer Vielzahl von Medien unterschiedlicher Couleur war in der Türkei vor Erdoğan kaum vorstellbar. Er besiegt diverse Gegner mit verschiedenen Mitteln. Das Ziel ist immer das gleiche: Journalisten bis zur Berufsaufgabe einschüchtern, Entscheider außer Gefecht setzen. So zielstrebig und passgenau ist das für Erdoğan nur möglich, weil er sich die Position geschaffen hat, alle möglichen Instanzen gegen seine Gegner in Stellung zu bringen, von der Steuerfahndung über die Staatsanwaltschaft und Polizei bis hin zum wütenden Mob. Der oberste Zensor ist extrem effektiv: Die mächtigen Kritiker haben bereits gehörig an Einfluss eingebüßt. Die absolut erwünschte »Nebenwirkung« dieser Strategie, ein Klima der Angst, ist auch unter den mutigsten Kollegen in der Türkei zu spüren. Und weil Erdoğan als besonders humorlos gilt, verwundert es auch nicht, dass er wegen »Beleidigung« gegen Karikaturisten klagt, etwa wenn diese ihn als Katze zeichnen.

Immer wieder sagt er, die Türkei habe »die freieste Presse der Welt«, die tagein, tagaus diffamieren und diskriminieren würde, was in anderen demokratischen Ländern überhaupt nicht möglich sei. Er sagt aber auch, er sehe eine Gefahr bei den Medienschaffenden, die Stifte, die Journalisten in ihren Händen halten, könnten manchmal auch Waffen sein.

Kritisieren darf nur einer

Seine Einschätzung beschränkt sich dabei nicht auf professionelle Journalisten – einen unkontrollierbaren Hort der Rebellion sieht er auch im Internet. Und auch wenn dessen Online-Zensur aufgrund der Charakteristika dieses Mediums insgesamt einem Kampf gegen Windmühlen gleicht, heißt das nicht, dass er nicht einzelne

Akteure empfindlich trifft – und sich auch gegen Größen durchsetzt. Basis seiner Eingriffe ist regelmäßig der Vorwurf einer Gefährdung der nationalen Sicherheit. So wird im März 2007 erstmals das Videoportal YouTube gesperrt, weil dort Atatürk-beleidigende Filme veröffentlicht worden sind. Bis 2010 ist das Portal über einen Zeitraum von zwei Jahren gesperrt. Erst nachdem Ankara erreicht hat, dass die Plattform von einer türkischen Domain aus arbeitet, die nach türkischem Recht beleidigende Videos entfernt, wird die Sperrung aufgehoben.

Auch andere soziale Netzwerke wie Twitter oder Facebook werden immer wieder zeitweise blockiert. Erdoğan erkennt deren Potenzial, dezentral Informationen zu verbreiten und Gleichgesinnte zu vernetzen – und reagiert mit gewohnten Reflexen: Juristische und politische Schritte begleiten verbale Angriffe, die die Zensur als »Schutz der Republik« deklarieren. Während der Gezi-Proteste bezeichnet er in einer Fernsehsendung soziale Medien als »schlimmste Bedrohung von Gesellschaften«. Und schimpft: »Es gibt etwas, was sich Twitter nennt – eine Plage. Die größten Lügen sind hier zu finden.« Trotzdem ist auch der Ministerpräsident im Besitz eines Twitter-Accounts und zählt im Januar 2016 rund 7,9 Milionen Follower. Hier wurden bereits knapp Viertausend Mitteilungen abgesetzt.[70]

Vor den Kommunalwahlen vom 30. März 2014, nachdem im Zuge des Korruptionsskandals Tonbänder veröffentlicht wurden, die Erdoğan belasteten, kündigt er an: »Wir sind entschlossen, nicht zuzulassen, dass das türkische Volk YouTube und Facebook geopfert wird«, und legte im Oktober 2014 nach: »Ich bin mit jedem Tag zunehmend gegen das Internet.«

Bereits seit November 2011 gibt es ein umstrittenes Filtersystem für türkische Internetnutzer. Sie können zwischen verschiedenen Paketen wie »Familie« oder »Kinder« auswählen. Wer das macht, bekommt Webseiten mit bestimmten – etwa sexuellen – Inhalten nicht mehr angezeigt. So weit, so normal. Ähnliche Angebote sind weltweit verbreitet. Die türkische Besonderheit ist aber, dass das System hier zur weitergehenden Zensur genutzt werden kann – und wird: Die Kriterien für die Einstufung als potenziell gefährdend sind sehr dehnbar formuliert. Teilweise reicht es schon aus, auf einer Seite die Farben der kurdischen Flagge – Gelb-Rot-Grün – zu zeigen, um von Ankara gesperrt zu werden.

Seit März 2015 erleichtert ein weiteres Gesetz die AKP-Online-Zensur. Nun können Webseiten von der Regierung ohne richterlichen Beschluss blockiert werden. Die Justiz wird erst anschließend eingeschaltet.

Konservativ, aber kein Islamist

Islamist oder frommer Modernisierer? Eine Frage, die sich die Türken seit Erdoğans Machtantritt immer wieder stellen. Denn immerhin saß er für entsprechende Äußerungen, die den staatlichen Prinzipien des Laizismus widersprechen, im Gefängnis, und nach wie vor schockiert er die liberalen Türken mit moralischen Forderungen, die rückwärtsgewandt sind.

Das Etikett Islamist ist schneller vergeben, als erklärt. Sein inflationärer Gebrauch macht den Begriff schwammig – alles, was irgendwie islamisch und mit »strenger« Regelauslegung nach außen tritt, ist potenziell islamistisch. Um sich der Frage zu nähern, ob Erdoğan ein Islamist ist, empfiehlt es sich daher, zunächst grob festzuklopfen, was einen Islamisten ausmacht. Im Allgemeinen geht es Islamisten um das Ziel einer gesellschaftlichen Veränderung, darum, einen »islamischen Staat« zu errichten. Also ein definiertes Gebiet, in dem die Religion (bzw. die gruppenspezifische Auslegung religiöser Gebote) die Grundlagen des Zusammenlebens, also der Gesellschaft, der Politik, der Wirtschaft, der Bildung und des Rechts, bestimmen und keine Autorität über der göttlichen Autorität steht, wobei die exakte Ausgestaltung dieser »Regeln« variieren kann. Also kurz gesagt: Es geht darum, religiös legitimierte Regeln für Staat und Gesellschaft zu etablieren.

Erdoğan befeuert die Gerüchte um seine »islamistische Agenda« durch seine politischen Forderungen – und auch Taten –, die auf gesellschaftliche Veränderungen abzielen. Unbestreitbar ist zudem, dass der Einfluss der Religiösen in Erdoğans Türkei gestiegen ist. Die Tatsache, dass selbst relativ klar religiös motivierte Forderungen – wie etwa die Einschränkung des Alkoholkonsums – nichtreligiös begründet wurden, ebenso wie Erdoğans intransparentes »Engagement« im syrischen Bürgerkrieg führten dazu, dass einige Kritiker Erdoğan eine »hidden agenda« in Sachen Islamismus unterstellen. Insgesamt deutet wenig darauf hin, dass Erdoğan heute noch ein Islamist (nach obiger Definition) ist – trotz seiner politischen Herkunft aus dem islamistischen Milieu Erbakans. Relativ klar hingegen ist, dass sich Erdoğan eine islamisch-konservative Gesellschaft wünscht, in der der sunnitische Islam dominiert. Diese Bestrebungen machen den Säkularen Angst vor einer Islamisierung »ihrer« Gesellschaft, die individuelle Einschränkungen mit sich bringt. Für überzeugte Laizisten ist Erdoğan dadurch eine klare Bedrohung. Vor allem die kemalistische Presse wirft Erdoğan und seinen AKP-Genossen immer wieder vor, »Şeriatçılar« – Anhänger der Scharia zu sein. Die ebenfalls kemalistische Opposition wird nicht müde, vor einer »religiösen Diktatur« zu warnen.

Tatsächlich nicht von der Hand zu weisen ist, dass Erdoğan der Religion, beziehungsweise dem Religiösen, eine deutlich größere Rolle in nahezu allen Bereichen des öffentlichen Lebens beschert hat. Das hat die Gesellschaft verändert: Der Islam ist sichtbar geworden, und offen fromm zu sein, ist heute nicht mehr nur kein Nachteil mehr, sondern absolut salonfähig und bringt teilweise sogar Vorteile mit sich.

Argumente für die Islamismus-These liefert vor allem Erdoğans politische Vergangenheit, die unbestritten im islamistischen Milieu liegt. Erdoğan wurde in der Millî-Görüş-Bewegung politisch sozialisiert – zu einer Zeit, als einerseits strikter Laizismus die politische Linie bestimmte, andererseits einzelne Politiker wie Erbakan jedoch bewiesen, dass islamische Themen erhebliche Zugkraft hatten. Eine Re-Islamisierung der türkischen Gesellschaft gehörte schon immer zu Erdoğans Wunschvorstellung, wobei er auch immer ein Bedürfnis zeigte, das Volk nach religiösen Vorstellungen zu erziehen – und somit zu bevormunden.

Aus seiner eigenen Frömmigkeit machte er nie einen Hehl – im Gegenteil, sie wurde früh zum politischen Stilmittel. Noch heute inszeniert er sich entsprechend, etwa wenn er, wie im Dezember 2015, auf dem Heimweg aus der Moschee angeblich einen

Selbstmörder rettet. Wie er mit dieser Religiosität umgeht, hat sich jedoch verändert: Während diese heute eher dazu zu dienen scheint, seiner Person einen moralischen Rahmen zu geben, nutzte er als Jungpolitiker die Religion durchaus politisch im Sinne des politischen Islam.

Der öffentliche Wandel kam mit seiner Haftentlassung 1999. Erdoğan versprach, nun ein »lupenreiner Laizist« zu sein. Das war damals schon unglaubwürdig – und Erdoğan betonte während seines folgenden kometenhaften Aufstieges immer wieder, dass dem nicht so sei. Als »Laizist« hätte er das enorme islamische Wählerpotenzial kaum bedienen können, das ja zunächst eine der Grundlagen seines Erfolges darstellte. Viele von ihnen lehnten den von oben diktierten Säkularismus Atatürks ab, und Erdoğan entwickelte funktionierende Strategien, diese konservative Mehrheit in AKP-Wählerstimmen umzuwandeln.

Das gelang auch deshalb, weil er die von vielen als künstlich auferlegt empfundenen Prinzipien des Republikgründers beschnitt – und so ein erhebliches Identifikationspotenzial für die religiös Konservativen schuf: Das begann beim verschärften Alkoholgesetz, reichte über seine Verurteilungen von Küssen in der Öffentlichkeit oder allzu liberalen Rollenbildern bis hin zur Öffnung öffentlicher Einrichtungen und Ämter für kopftuchtragende Frauen sowie die Aufwertung der Imam-Hatip-Schulen, die diesen Instituten regen Zulauf sicherte.

Kulturkampf um den Alkohol

Erdoğan versteht sich als Landesvater, der die Türken nicht nur politisch vertritt, sondern auch moralisch erzieht. Das zeigt sich auch beim Thema Alkohol. Auch wenn er seinen engagierten Kampf gegen den im Islam verbotenen Alkoholkonsum nicht theologisch, sondern mit Gesundheit und Jugendschutz begründet. Er kämpft sowohl verbal als auch auf Gesetzesebene. Dem Alkoholverbot zu folgen, entspricht klar seinen Moralvorstellungen, er selbst lebt demonstrativ abstinent, stößt öffentlich mit Traubensaft an und propagiert die Entsagung, obwohl der durchschnittliche Alkoholkonsum in der Türkei mit 1,6 Litern pro Erwachsenem und Jahr überschaubar ist. Der OECD-Durchschnitt liegt bei 8,9 Litern.

Die Diskrepanz zwischen moralisch-religiöser Intention und naturwissenschaftlicher Begründung führt zu lustigen Szenen: In einem TV-Interview erklärt Erdoğan, wer Alkohol konsumiere, werde dadurch umgehend zum Alkoholiker. Als er vorschlägt, die Trauben zu essen, statt Wein zu trinken, bricht eine Welle des On-line-Spottes über ihn herein. Mit Vorschlägen wie, man könne an einem Kaktus lutschen, statt Tequila zu trinken, lachen diejenigen über ihn, denen sein Weltbild in etwa so fern ist wie eine Koranschule in Saudi-Arabien.

Stück für Stück erhöht die AKP die Alkoholsteuer, seit 2003 ist etwa bei der Steuer auf Bier ein Anstieg um 700 Prozent zu verzeichnen. Zudem darf im 100-Meter-Radius um Schulen und Moscheen kein Alkohol verkauft werden. Bereits als Bürgermeister von Istanbul unterband Erdoğan den Ausschank in städtischen Restaurationen. Im September 2013 treten verschärfte Regelungen zum Kauf und Verzehr von Alkohol in Kraft: Der Verkauf zwischen 22 und 6 Uhr ist nun untersagt, ebenso wie der Alkoholkonsum auf öffentlichen Plätzen. In Bars, Kneipen und Restaurants kann allerdings immer noch jeder trinken, wann und was er will.

Auch Gewinnspiele dürfen künftig keinen Alkohol mehr als Preis ausloben. Alkoholwerbung ist seit Juni 2014 untersagt. In Fernsehserien sind keine alkoholischen Getränke mehr zu sehen – sie werden überblendet, wobei die Zensoren durchaus Humor beweisen: So gibt es etwa US-Serien, in denen Schauspieler an einer Blume nippen. Die größte Brauerei des Landes, Efes, beklagt bereits, sie könne ihr Bier an immer weniger Verkaufsstellen anbieten.

Einige der AKP-Initiativen, etwa das Werbeverbot oder das Konsumverbot auf öffentlichen Plätzen, haben durchaus vergleichbare Pendants in europäischen Ländern – geht jedoch Erdoğan gegen Alkoholkonsum vor, steht er sofort unter Verdacht, die Scharia einführen zu wollen. Ein allgemeines Alkoholverbot stand jedoch nie auf seiner Agenda, es geht ihm mehr um die moralische Identität des Landes: Alkohol ist zwar denjenigen erlaubt, die ihn sich noch leisten können, soll aber in der Öffentlichkeit nicht zu sehen sein. So darf der weitverbreitete Anisschnaps Raki auch nicht »Nationalgetränk« genannt werden. Das steht laut Erdoğan nur dem – natürlich alkoholfreien – Joghurtgetränk Ayran zu.

Träume von einem untergegangenen Weltreich

Mit Erdoğans Bestrebungen, die Gesellschaft zu einem konservativeren Lebenswandel »zu erziehen«, verbindet der »Landesvater« eine weitere Tendenz, die eher zu nationalistischen Bewegungen als zu Islamisten in der politischen Tradition des 19. Jahrhunderts passt: Er glorifiziert eine Epoche, die in der modernen Türkei lange Zeit unbeachtet blieb: die Zeit des Osmanischen Reiches. Bis Erdoğan diesen historischen Akzent setzte, war historische Bewunderung vor allem für Republikgründer Atatürk reserviert gewesen.

Zwar beanspruchten die Sultane neben der weltlichen auch die religiöse Führerschaft über ihr Einflussgebiet, jedoch gehören sie nicht zu den üblicherweise von Islamisten zitierten historischen Vorbildern. Auch Erdoğan bezieht sich in erster Linie auf die »weltlichen« Erfolge der Osmanen, also auf ihre Kriegsführung und Expansionspolitik.

Neben dem außenpolitischen Anspruch, den er damit zum Ausdruck bringt, bietet sein »Osmanismus« zudem eine Möglichkeit, sich deutlich von Atatürks Modernisierungsexzessen abzugrenzen, mit der viele seiner Stammwähler »fremdeln«. Galt bislang Republikgründer Atatürk als einziges historisches Vorbild, schafft Erdoğan nun ein neues, und lässt die osmanische Ära in schillerndem Licht erscheinen: Er nutzt den Glanz der Vergangenheit für sein Konstrukt eines neuen nationalistischen Selbstbewusstseins. Dazu gehört auch, dass Kritik am Osmanischen Reich, etwa an dessen despotischem Regierungswesen, nicht mehr erwünscht ist.

In osmanisch angehauchter Allmacht schwelgend, droht er etwa den Machern der TV-Kostümseifenoper »Muhteşem Yüzyıl« (»Das prächtige Jahrhundert«). Die beliebte Serie stellt die Intrigen am Hofe des Sultans Süleyman I. dar. Es wird geliebt, reichlich getrunken und gespeist. Für Erdoğan ein Affront: »Wir haben keine solchen Vorfahren. Wir haben keinen solchen Sultan Süleyman gehabt. Er hat dreißig Jahre seines Lebens auf einem Pferderücken verbracht. So wie in der Serie dargestellt, ist es nicht zugegangen im Palast«, tobt er. An die Verantwortlichen gerichtet, sagt er: »Ich verurteile die Regisseure dieser Serien und die Fernsehkanalbesitzer. Obwohl wir die Verantwortlichen darauf hingewiesen haben, erwarte ich auch von den Gerichten die nötigen Schritte. So ein Verständnis kann es nicht geben«. Die Serie gehört zu dem erfolgreichsten TV-Exportschlager des Landes.

Erdoğans geschichtliche Prioritäten sind längst auch in der Bildung angekommen: Schulbücher zeichnen Bilder heldenhafter Sultane, die demokratisch herrschten. Erdoğans Begeisterung für die historische Epoche, in deren Glanzzeiten die Sultane weite Teile des Nahen Ostens und Zentralasiens dominierten, gipfelte in der Idee, alle türkischen Oberschüler sollten Osmanisch lernen, »ob sie wollen oder nicht«. Dieses Gemisch aus Türkisch, Persisch und Arabisch, das mit arabischen Buchstaben geschrieben wurde, war 1928 von Atatürk durch das moderne Türkisch mit lateinischen Buchstaben ersetzt worden.

Seine Begründung für das Erlernen der ausgestorbenen Verwaltungssprache, ist es, der Vergangenheit näherzukommen: Schüler, sollten damit in Zukunft wieder die Grabsteine ihrer Großeltern entziffern können. »Unsere Halsschlagader ist durchtrennt. Stellen Sie sich eine Nation vor, die nicht in ihren eigenen Archiven lesen kann!«, poltert er im Befehlston. »Toll, wir werden in Zukunft antworten können, falls uns ein osmanischer Soldat auf der Straße nach dem Weg fragen sollte«, wird auf Twitter gescherzt.

Die Idee war offenbar nicht absurd genug, als dass das Erdoğan treu ergebene Bildungsministerium sie nicht – zumindest teilweise – umsetzte. Heute lernen tausende Schüler die tote Sprache – sie ist Bestandteil des Lehrplanes der Imam-Hatip-Schulen. Ein Journalist kommentiert, Schulkindern das Osmanische aufzuzwingen, sei ein sicherer Weg für Erdoğan, seine Beliebtheit einzubüßen – denn die Sprache sei »notorisch schwierig«.

Erdoğans Begeisterung für diesen Teil der Vergangenheit macht auch vor peinlichen Selbstinszenierungen nicht halt. Bei einem Besuch von Palästinenserpräsident Mahmud Abbas im Januar 2015 empfing Erdoğan diesen in seinem AK-Saray. Für den gemeinsamen Fototermin standen sechzehn als Osmanische Krieger verkleidete Statisten bereit. Die bärtigen Männer hatten in Ritterrüstungen, mit Kettenhemden, goldenen Helmen, Schildern und Speeren die unterschiedlichen historischen Reiche der anatolischen Geschichte symbolisieren sollen und werden im Internet als »osmanischer Zirkus im Palast« verspottet.

Ein Stück Textil spaltet das Land

Schon immer trugen Frauen in der Türkei ein Kopftuch, schon immer war es in der laizistischen Republik ein Problem und vor allem ein Politikum. Am Kopftuch entzündet sich in der Türkei die Debatte um den Laizismus und die Veränderungen in der Gesellschaft des Landes. Das Thema birgt erhebliche gesellschaftliche Sprengkraft. Seit Erdoğan an der Macht ist, versucht er, die bestehenden Verbote zum Tragen des Kopftuchs in öffentlichen Gebäuden und Positionen aufzuweichen – für Kritiker ein Indiz für seine angeblich rückschrittliche religiöse Gesinnung, für seine Anhänger ist es die konsequente Fortführung einer Politik, die eine gesellschaftliche Benachteiligung religiös lebender Menschen beenden soll. Ging er das Thema in seiner ersten Amtszeit noch eher zurückhaltend an, löst er in seiner dritten Amtszeit als Ministerpräsident sein Versprechen gegenüber den religiösen Wählern ein.

Kein anderes Objekt veranschaulicht so sehr die innere Zerrissenheit der Türkei: Für die Säkularen ist es Stoff gewordene islamische Frauenfeindlichkeit und bedroht die laizistischen Grundsätze des Staates – für viele Gläubige ist es Teil der religiösen Pflicht, für manche Muslima auch ein Zeichen der Emanzipation. Seit den frühen Achtzigerjahren, also der Zeit der Militärherrschaft, galt das Kopftuchverbot an den Universitäten. Ab 1997 wurde das Verbot verschärft und schloss so hunderttausende Türkinnen von gleichberechtigter Teilhabe aus. Weil das Tragen von Kopftüchern in allen öffentlichen Einrichtungen verboten war, konnten verschleierte Frauen von vorneherein keine verbeamteten Berufe und staatlichen Anstellungen anstreben. Als die Abgeordnete Merve Kavakçı 1999 zu ihrer Vereidigung mit Kopftuch erschien, löste sie einen Skandal aus. Abgeordnete sprangen von ihren Sitzen auf und skandierten:»Raus mit dir!« Die Refah-Politikerin musste ihr Mandat niederlegen.

Als fünfzehn Jahre später ihre jüngere Schwester Ravza Kavakçı als AKP-Abgeordnete im Kabinett Davutoğlu II vereidigt wird, trägt sie vor den Parlamentariern dasselbe blaue Seidenkopftuch, das ihre Schwester damals das Amt kostete.

Das strenge türkische Kopftuchverbot entsprach nicht der Vorstellung der Mehrheit der Bevölkerung, doch für die kemalistische Führung bedeutete der Stoff auch Macht über die»schwarzen Türken«, die sich so entweder für offen gezeigte Frömmigkeit oder für gesellschaftliche Teilhabe entscheiden mussten. Entsprechend wurde eine liberalere Regelung – wie etwa in vielen europäischen Ländern – über Jahrzehnte hinweg abgelehnt. Selbst säkulare Feministinnen setzten sich 2010 unter dem Motto»Der 28. Februar kann nicht tausend Jahre dauern« gegen den Bann ein. Innerhalb weniger Stunden unterzeichneten zehntausende Türken diese Onlinepetition, darunter zahlreiche Prominente. Für den Ministerpräsidenten, der keinen Hehl aus seiner Ablehnung gegenüber der Gleichberechtigung machte, eine Wohltat. Weil seine zwei Töchter wegen ihrer Verhüllung im Ausland studieren mussten, bezeichnete er sich selbst als»leidenden Vater«.

Doch obwohl selbst Liberale für das Tuch auf die Straße gingen, brauchte Erdoğan mehrere Anläufe, um sein Wahlversprechen, das Kopftuchverbot abzuschaffen, zu halten. Zu Beginn seiner Amtszeit nimmt er an offiziellen Terminen allein teil: Die verhüllte Emine ist wegen der strikten Kopftuchregelung nicht dabei. Auch der damalige Präsident Gül klagt:»Im Ausland wird meine Ehefrau überall willkommen geheißen, so wie sie ist.«Doch den ersten gesetzlichen Lockerungsversuch kassiert 2007 das Verfassungsgericht, zu dieser Zeit steht der AKP das Verbotsverfahren unmittelbar bevor. In der nächsten Runde setzt sich Erdoğan durch. Im Herbst 2010 wird das Verbot an den Universitäten aufgehoben, 2012 das Verbot für Staatsbedienstete. Auch Anwältinnen dürfen seit 2013 vor Gericht ihre religiöse Gesinnung zur Schau tragen. Emine Erdoğan nimmt erstmals offiziell im Oktober 2010 an den Feiern zum Tag der Republik teil.

Wie sehr sich die Zeiten seitdem geändert haben, zeigt der Fall eines Hochschullehrers, der 2012 zu einer zweijährigen Haftstrafe verurteilt wird: Er verwies eine Studentin wegen ihres Kopftuchs von der Universität. Dem Professor für Astrophysik aus Izmir wurde laut seinem Anwalt der Verstoß gegen das»verfassungsmäßige Recht auf Bildung«vorgeworfen, weil er die Frau der Universitätsleitung gemeldet hatte. Im November 2015 führte erstmals in der Geschichte der Republik eine Richterin mit Kopftuch den Vorsitz in einem Gerichtsverfahren. Kurz zuvor, vor den Parlamentswahlen am 7. Juni, hatte der Hohe Rat der Richter und Staatsanwälte das Kopftuchverbot für Richterinnen aufgehoben.

Gegen die »unnatürliche Gleichberechtigung«

Ein Thema, zu dem sich Erdoğan immer wieder gerne und umfassend äußert, sind Frauen. Genauer gesagt, die Erwartungen an Frauen, an muslimische Frauen. Seine Vorstöße sind legendär und ganz nach dem Geschmack vieler Konservativer. Denn Erdoğan begründet seinen Standpunkt mit den»gottgegebenen«Unterschieden zwischen den Geschlechtern und dem Schutz der Frau. Neben der Kopftuchdebatte gibt es noch die Kochtopfdebatte.

Eine ideale muslimische Ehefrau ist für Erdoğan wie seine Emine und die zwei Töchter: Sie hält dem Mann den Rücken frei, hat keine

Karriereambitionen, und natürlich bringt sie möglichst viele Kinder auf die Welt. Zwar dürfen Frauen auch, wie etwa seine Tochter Sümmeyye, öffentlich aktiv sein, etwa als Übersetzerin für ihren Vater, doch alles in einem begrenzten Rahmen. Denn: Erdoğans moralisches Mikromanagement reicht selbstverständlich bis in die Privaträume.

Trotz thematischer Überschneidung: Mit seinen Vorstellungen entspricht er dem klassischen türkischen Familienmodell konservativer Kreise eher als den Forderungen radikaler islamistischer Gruppierungen. Letztere gehen in der Regel auch mit rechtlicher Benachteiligung einher, etwa vor Gericht oder im Erbrecht oder im Familienrecht. Erdoğan fokussiert sich auf die Themen vorbildliche Ehe und öffentliche Moral. Und: auch wenn Scheidungen in der Türkei legal sind und immer häufiger vorkommen, betrachten sie viele Fromme als verwerflich.

Schon 1998 warnte er vor Verhütung, bezeichnete sie als »Verrat«, der den Fortbestand der Nation gefährde. »Weil ich an das Morgen unseres Landes denke, bin ich gegen Geburtenkontrolle. Ich betrachte es so, dass damit das türkische Volk verurteilt ist, zur zahlenmäßigen Minderheit zu werden. Denn wenn dieses Volk sterilisiert wird, wird die Türkei morgen ihre dynamische Bevölkerung verlieren und den Punkt erreichen, an dem Deutschland heute ist. Man sollte dem Volk kein Hindernis in den Weg stellen, um sich zu vermehren. Wir sind bewegt von dem Geist, der das Osmanische Reich gründete.«[71] Diesen »Vermehrungswunsch« wiederholt er auch später immer wieder. Seine Vorstellung: Eine Frau solle mindestens drei Kinder auf die Welt bringen. »Eins ist gleichbedeutend mit Einsamkeit, zwei bedeuten Rivalität, drei Gleichgewicht und vier Wohlstand«, erklärt er auf einer Hochzeit dem Brautpaar. Dann fügt er hinzu: »Um den Rest kümmert sich Gott.«

Am Weltfrauentag 2010 spricht er zwar vor Frauenvereinen, doch deren Einsatz wertet er auch gerne mal als »feministische Propaganda« ab. Die Frauenbewegung habe »nichts mit unserem Glauben und unserer Kultur zu schaffen«, lautet so eine Stilblüte. Im November 2014 erklärt er ausgerechnet auf der Konferenz einer Frauenorganisation, dass Frauen und Männer im Arbeitsleben nicht vollständig gleichberechtigt sein könnten. »Das widerspricht der menschlichen Natur«, tönt er, weil die Geschlechter unterschiedliche körperliche Voraussetzungen hätten: »Man kann Frauen nicht die gleiche Arbeit wie Männer machen lassen, wie es in der Vergangenheit unter kommunistischen Regimes geschehen ist. Gib ihr eine Schaufel und lass sie arbeiten? So etwas geht nicht. Das widerspricht ihrer zierlichen Statur.« Und: wenn eine Frau stille, könne sie auch nicht die gleiche Arbeit leisten wie ein Mann, der eine solche Verpflichtung nicht zu erfüllen habe.

Jedoch wird die rechtliche Stellung der Frau unter Erdoğan nicht verschlechtert, im Gegenteil: die gesetzliche Gleichstellung wird sogar vorangetrieben. Das liegt jedoch auch daran, dass mehrere AKP-Gesetzesinitiativen an der starken Gegenwehr von Frauenverbänden scheitern.

So fokussiert er sein Wirken vor allem auf die gesellschaftliche, moralische Ebene. Zwar engagiert sich die AKP für die Bildung von Mädchen und Frauen, doch auch da hat alles seine Grenzen: Das Familienministerium fördert besonders häufig Projekte zur weiblichen Hausarbeit, bei denen die hergestellten Produkte von zu Hause aus verkauft werden können. Durch ständige Forderungen nach klassischen Rollenbildern zementiert Erdoğan das Weltbild seiner konservativen Klientel: Die schätzt Frauen nur dann, wenn sie züchtig-verhüllt sind, gehorsam, lieblich, gebärend und dienend. Dank Erdoğan dürfen die Töchter dieser Klientel zwar nun auch mit Kopftuch einen Universitätsabschluss machen – anstatt sie dann jedoch zu ermutigen, diesen auch zu nutzen, predigt der Landesvater den heimischen Herd als weibliche Erfüllung.

Dabei gäbe es viele Bereiche, in denen Erdoğans Schutz nötiger wäre, als vor der »Schaufel im Arbeitsleben«: Frauenvereine schätzen, dass fast jede dritte Frau in der Türkei noch immer als Minderjährige zwangsverheiratet wird.

Würde sich Erdoğan allerdings tatsächlich gegen Ehen von Minderjährigen einsetzen, wäre das mehr als unglaubwürdig: Sein Sohn Necmettin Bilal heiratete 2003 mit zwanzig Jahren. Die Braut ist zu diesem Zeitpunkt zarte siebzehn Jahre alt. Die Frau des ehemaligen

Staatspräsidenten Gül ist an ihrem Hochzeitstag gerade fünfzehn geworden – die Ehe war arrangiert.

Im Oktober 2003 plant die AKP ein Gesetz, das einem Vergewaltiger Strafmilderung zusichert, wenn dieser sein Opfer heirate. Denn dadurch sei die Ehre der Frau wiederhergestellt, so das AKP-Argument. »Jeder möchte schließlich gern eine Jungfrau heiraten«, sagt ein Berater des Justizministeriums. Nach heftigen Protesten von Frauenverbänden wird das Gesetz nicht umgesetzt. Jedoch betont die Regierung, diese Verbände verträten nicht die »durchschnittliche türkische Frau«. Die ist schließlich in den zahlreichen »AKP-Frauenvereinen« organisiert – Erdoğan hat es früh verstanden, Frauen für sich zu instrumentalisieren.

2007 dann der Vorschlag, dass der seit 2004 in der Verfassung verankerte Grundsatz »Frauen und Männer sind gleichberechtigt; der Staat ist verpflichtet, die Gleichheit zu verwirklichen«, durch »Alle sind vor dem Gesetz völlig gleich. Maßnahmen zum Schutze besonders schutzbedürftiger Gruppen, wie der Frauen, Kinder, Alten und Behinderten, dürfen nicht zum Nachteil des Gleichheitsprinzips ausgelegt werden« ersetzt werde. Der Verfassungsentwurf wurde zurückgezogen. Denn auch hier kritisierten Frauenverbände lautstark, dass sie sich etwa im Vergleich mit Kindern und Behinderten nicht schutzbedürftig fühlten.

2009 folgt dann eine weitere Irritation. Die Opposition fordert, den strafmildernden Begriff »Ehrenmord« zu streichen. Dieser umfasst Morde von Männern, die aus dem Gefühl der verletzten Ehre verübt werden. Ein Anliegen, das die AKP so nicht umsetzen wollte. Zusätzlich zu dem Straftatbestand »Ehrenmord« wurde noch der Begriff »traditionsbedingte Morde« aufgenommen, der die Tötung von Frauen meint, die auf Anweisung eines »Familienrats« ausgeführt werden. Dieser Tatbestand gilt nicht als strafmildernd, der »Ehrenmord« allerdings schon. Zudem soll auch noch der Ehebruch als Straftatbestand mit aufgenommen werden. Damit würde die AKP auf die »Wünsche der anatolischen Frau« reagieren, sagt Erdoğan. Auf Druck der EU wird dieser Passus dann doch nicht umgesetzt.

Ihr Bauch gehört ihm

Seit 1983 ist eine Abtreibung in den ersten zehn Wochen der Schwangerschaft erlaubt. Bei medizinischer Notwendigkeit ist auch ein späterer Abbruch legal. Für Erdoğan ist Abtreibung jedoch »Mord«, wie er mit drastischen Worten deutlich macht: Als er im Juni 2012 ankündigt, das Abtreibungsrecht zu verschärfen, bremsen erneut massive Proteste von Frauenverbänden die AKP aus. Jeder Schwangerschaftsabbruch sei, so Erdoğan, wie Uludere. Im Dezember 2011 wurden in Uludere 34 meist kurdische Männer auf tragische Weise im Südosten von Militärs ermordet, da sie fälschlicherweise für Terroristen gehalten wurden. Erst nach massiven Protesten von Frauenverbänden wird das Vorhaben, das Abtreibungsrecht zu verschärfen, eingestellt. Aber der Ministerpräsident bleibt dabei, dass er als Privatperson Abtreibungen ablehnt.

Wenn AKP-Vize Bülent Arınç lautes Lachen von Frauen als Unsittlichkeit darlegt und diese dazu auffordert, doch eher auf den Boden zu schauen, und bei Sexabhängigkeit den Koran als Lektüre empfiehlt oder wenn der Gesundheitsminister Mehmet Müezzinoğlu im Januar 2015 empfiehlt, Frauen sollten sich ganz der Mutterrolle widmen und keine Karriere in den Mittelpunkt ihres Lebens stellen, ist von Erdoğan nichts zu hören.

Die Volksfrömmigkeit ebenso wie das Bildungssystem islamischer zu gestalten, das waren für Erdoğan von Anfang an die wichtigsten »pädagogischen« Projekte als Landesvater. Noch als Ministerpräsident schwärmt er von der »religiösen Generation«, die er heranziehen möchte. Entsprechend wertete die AKP die Religionsbehörde Diyanet auf und förderte landesweit den freiwilligen Koranunterricht. Die 1924 gegründete Diyanet, die in Form der Ditib auch in Deutschland vertreten ist, soll über die Religionsausübung wachen und so auch fundamentalistische Strömungen kontrollieren. So werden hier die Freitagspredigten verfasst, die Gestaltung des Religionsunterrichts bestimmt, Fatwas formuliert.

Mittlerweile verfügt die Behörde über etwa 100 000 Angestellte und ein Jahresbudget von 600 Millionen Euro. Für Kritiker ist sie inzwischen zu einem Kontrollinstrument eines Konservativen geworden, der nicht mehr den Laizismus schützen will, sondern genau diesen auszuhebeln versucht. Zwischen 2002 und 2013 entstehen rund zehntausend neue islamische Gotteshäuser, ein Zuwachs von dreizehn Prozent – und all das wird vom Staat bezahlt.

Wie bei so vielem wartet Erdoğan mit seiner religiösen Ideologisierung der Schulbildung bis nach der gewonnenen Parlamentswahl 2011, und auf einen Zeitpunkt, zu dem es innerhalb der Türkei so gut wie keine »gefährlichen Gegner« mehr für seine Politik gibt: So wurde im Zuge einer Bildungsreform 2012 auch das Fach »Nationale Sicherheit« abgeschafft, das quasi den laizistischen Ersatz des Religionsunterrichts darstellte und dazu diente, die Schüler zu säkularen Kemalisten zu erziehen. Ginge es nach Erdoğans Vorstellungen, würden schon Erstklässler Religionsunterricht erhalten, der bisher erst ab dem zwölften Lebensjahr verpflichtend ist.

Der nationale Bildungsrat empfiehlt im Dezember 2014 die »religiöse Werteerziehung« im Kindergarten. Das Mindestalter für den Koranunterricht wird von zwölf auf drei Jahre herabgesetzt. Als Absolvent einer Imam-Hatip-Schule ist Erdoğan natürlich davon überzeugt, dass dies einer der besten Ausbildungswege und eine Grundlage für ein gottgefälliges Leben sei. Entsprechend wertet er diesen Ausbildungsweg auf – eine Maßnahme, für die er übrigens keine Wartezeit einlegt: Schon kurz nach seinem Amtsantritt 2002 erhalten die frommen Absolventen gleichberechtigten Zugang zur Universität wie die Abiturienten staatlicher Gymnasien.

Erdoğans Regierung sorgt dafür, dass Imam-Hatip-Schulen für Kinder ab dem elften Lebensjahr geöffnet werden, sogar Militärakademien dürfen deren Absolventen nun besuchen. Ein Erfolg, für den er sich bei seinen Wählern feiern lässt. »Haben wir die Imam-Hatip-Schulen für Fünftklässler geöffnet?«, freut er sich bei einem Wahlkampfauftritt. Er erntet frenetischen Jubel. Er erklärt stolz, die Schülerzahl der Imam-Hatip-Schulen sei von 60 000 auf eine Million angestiegen. Ein Indiz dafür, dass die Gesellschaft unter ihm frommer geworden und die Ausbildung an den staatlichen Schulen immer noch mangelhafter ist als an den religiösen

Gymnasien. Doch auch um die Lernenden auf staatlichen Schulen kümmert er sich: Im Herbst 2014 gibt es neue Schulbücher. Diese kommen ohne Darstellungen menschlicher Sexualorgane aus. Das soll die Schüler vor »nichtislamischen Inhalten schützen«. Auch die Universitäten verändert Erdoğan. Zunächst krempelt die AKP den Hochschulrat (Yükseköğretim Kurulu, YÖK) um, ein Relikt aus der Zeit der Militärherrschaft, das den Unis bei der Lehre auf die Finger schauen soll, um die kemalistische Linie zu halten. Nun wird der Rat mit AKP-Getreuen besetzt. Die Rolle des Islam an den Hochschulen wird rasch zum Thema. Erdoğan möchte, dass jede Hochschule eine eigene Moschee bekommt: »In unserem Land gibt es zwanzig Millionen junge Leute, und wir wollen jeden von ihnen erreichen«, sagt Mehmet Görmez, Chef des Präsidiums für Religionsangelegenheiten, im November 2014.

Dieser ehrgeizige Wunsch wurde bisher nicht umgesetzt. Erdoğan engagiert sich inzwischen anderswo in religiösen Bauprojekten: So soll in Istanbul, auf dem Hügel Çamlıca, dem höchsten der Stadt auf der asiatischen Seite, die größte Moschee des Landes entstehen. Die Fundamente sind bereits errichtet. Hier sollen dereinst über 30 000 Gläubige Platz finden. Die Megamoschee soll sechs Minarette erhalten – ein Projekt, das stark an Prestigebauten der Herrscherhäuser der Golfmonarchien erinnert. Kritiker schimpfen, der Islam verlange Bescheidenheit. Erdoğan interessiert das nicht, immerhin trägt er den Spitznamen »Sultan vom Bosporus«.

Aller demonstrativen Frömmigkeit und aller konservativ-moralischen Forderungen zum Trotz ist Erdoğan kein Islamist. Er gibt sich fromm, ja. Toleranz oder Gleichstellung aller Glaubensrichtungen interessieren ihn wenig, er hetzt gegen Menschen, die mit strenger Religionsauslegung nichts gemein haben – doch das macht ihn noch längst nicht zum Fundamentalisten. Sein Credo ist deutlich näher an »Der Staat bin ich« eines Ludwig XIV. als an dem Slogan »Der Islam ist die Lösung«, der als Grundprinzip gemäßigter Islamisten, wie der Muslimbrüder gilt, deren theoretische Fundamente auch Sayyid Qutb legte. Ein Prinzip, das davon ausgeht, dass es für alle Fragen des persönlichen und öffentlichen Lebens eine Antwort in der Religion, also im Koran, in der Überlieferung oder deren Auslegung gibt. Staatlicher Autorität mit weltlicher Legitimation – in Erdoğans Fall Wahlen – räumt dieses Konzept gegenüber der göttlichen Autorität keine Bedeutung ein.

Ein Ansatz, der religiöse Autoritäten – welcher Art auch immer – deutlich stärken würde, indem er ihnen die Definitionsmacht darüber verleihen würde, was richtig und was falsch ist. Das liefe einem türkischen Grundprinzip zuwider, das Erdoğan noch nie angetastet hat, trägt es doch zu seinem Einfluss bei. In der Türkei kontrolliert der Staat die Religion, etwa über die Religionsbehörde – nicht umgekehrt.

In Erdoğans Türkei heißt die Lösung nicht »Islam« sondern »Erdoğan«. Er sorgt für Wohlstand, Wachstum und Sicherheit, Erdoğan geht die Konflikte der gesamten Region an. Ist Erdoğan hingegen keine Lösung – oder gar Teil des Problems – wird häufig das Problem negiert, in der Regel, indem diejenigen, die darüber berichten oder gar protestieren, zum Schweigen gebracht werden.

Wenn Erdoğan Gesetze fordert, die quasi einen »islamkonformen« Lebenswandel erzwingen sollen, wie Alkoholverbote, sorgt das immer wieder für besorgte Aufschreie. Zu Recht. Dennoch darf man deren Bedeutung für Erdoğans Image nicht unterschätzen. Denn: auch wenn er sich inzwischen als Stabilitätsgarant für eine wachsende Mittelschicht zur Wahl stellt – für seine Stammwählerschaft liegen seine Aktien noch immer auch in »Bruder Tayyip«. Der ist nur dann eine glaubwürdige Identifikationsfigur, wenn er die eigenen Vorstellungen von Recht und Anstand vertritt – und dies macht er als »Landesvater« gerne mit erhobener rechter Hand, dabei streckt er vier Finger aus und den presst den Daumen in die Handfläche. Mit dem arabischen »Rabia«-Zeichen zeigt er seine Solidarität mit dem Ägypter Mursi und den Muslimbrüdern.

Dennoch lassen sich Erdoğans religionsbezogenen Interventionen nicht als reine Wahlkampfrhetorik abtun: Der Islam ist in der heutigen Türkei wieder zur Instanz geworden. Erdoğan hat gezielt gesellschaftliche Veränderungen angestrengt, und es ist ihm an vielen Stellen gelungen, die Religion in einst laizistischen Bastionen zu verankern – mit ihm als Vormund, der die Gesellschaft nach seinen Vorstellungen, und die sind auch durch Religiosität geprägt, formt – und damit bereits bei den Kindern beginnt.

Zar gegen Sultan

Es hätte alles so gut sein können – wie bisher –, aber als im Spätherbst 2015 die Türkei einen russischen Kampfjet über Syrien abschießt, hält die Welt kurz den Atem an. Im Mittelpunkt des Eklats stehen zwei Autokraten, die es mit Menschenrechten und Meinungsfreiheit nicht so genau nehmen, und die gleichfalls als eigenwillige und schwer berechenbare Charaktere bekannt sind. Mit dem russischen Präsidenten Wladimir Putin trifft Erdoğan zum ersten Mal seit langem wieder auf jemanden, der ihm ernsthaft Grenzen aufzeigt, was viele vor dem Hintergrund, dass die beiden sich bis kurz zuvor prächtig verstanden, erstaunt. Mit der türkisch-russischen Eintracht ist es urplötzlich vorbei.

In der Tat haben die beiden Kontrahenten viel gemeinsam – auch biografisch. Weil dazu auch die immense Machtgier und eine extrem hohe Bewertung der eigenen Bedeutsamkeit gehören, lässt sich der Eklat im Luftraum mit diesen Parallelen ebenso erklären wie die vorherige Eintracht der beiden Staatsmänner: Beide werden entweder abgrundtief verabscheut oder wie Heilsbringer verehrt. Sie werden umworben und geächtet – gefeiert und gehasst. Ihre Gegner schimpfen sie Diktatoren, die leichtfertig in Kriege ziehen. Ihre Anhänger küssen ihnen die Hände, weil sie ihnen ihren Nationalstolz zurückgegeben haben. Die beiden Polarisierer verstehen sich – noch im September 2015 eröffnen sie an einem strahlenden Herbsttag in der russischen Hauptstadt lächelnd die größte Moschee Europas. Vom Westen fühlen sich zu diesem Zeitpunkt beide betrogen – nun präsentieren sie vor der Weltpresse ihre guten Beziehungen.

Schon kurze Zeit später ist die über Jahre mit bester Zusammenarbeit gepflegte Harmonie jäh zu Ende, als die beiden Machtmenschen im Syrienkonflikt aneinandergeraten, in dem beide unterschiedliche Ziele verfolgen. Und die Welt sieht mit Erstaunen, wie der sonst so für seinen Jähzorn berüchtigte Erdoğan sich zumindest indirekt bei Putin entschuldigt.

Abb. 12: Putin und Erdoğan beim G-20-Gipfel Ende 2015 in Antalya

Der Türke und der Russe sind Brüder im Geiste. Erdoğan, so schrieb das US-amerikanische Magazin »Foreign Policy« noch unmittelbar vor dem Streit der beiden Herren, sei die »anatolische Version des russischen Präsidenten«. Sie verachten beide die Demokratie, verachten die Pressefreiheit, können sich nicht vorstellen, dass es Bürger gibt, die aus Überzeugung gegen sie Widerstand leisten, und nicht, weil ihnen dafür etwa Geld geboten wird. Erdoğan und Putin sehen sich jeweils als Fleisch gewordener Staat und geben sich dabei charismatisch, provokativ, konfrontativ. Mit ihrer Außenpolitik beunruhigen sie immer wieder die Welt. Putin annektiert sogar die Krim, um russische Stärke zu demonstrieren und von seinen innenpolitischen Schwierigkeiten abzulenken – um den Preis eines Bürgerkriegs. Erdoğans selbstbewusste Vorstöße in den Nachbarstaaten können ganz nüchtern betrachtet als komplett gescheitert bewertet werden. Trotzdem strotzen der Türke und der Russe vor Arroganz und verstehen sich als erfolgreiche Erbauer neuer politischer und gesellschaftlicher Systeme.

Ihre Visionen beschränken sich dabei nicht nur auf einen starken Staat, sondern auch auf die Wiedererlangung der Großmachtrolle. Selbst ihr Umgang mit der Geschichte ihrer Länder bietet Parallelen: Die Staatsmänner präsentieren sich als Modernisierer, die sich mit zeitweise tabuisierten Epochen der Historie aussöhnen. Erdoğan träumt öffentlich von der einstigen Größe des Osmanischen Reichs, Putin von den Glanzzeiten der Sowjetunion. Deren Ende erklärte der Russe zur »größten geopolitischen Katastrophe des Jahrhunderts«.

Während Erdoğan vorschlägt, an Schulen Osmanisch zu unterrichten, führt Putin die alte Sowjethymne mit der Melodie aus Tagen des Massenmörders Josef Stalin wieder ein; mit dem von ihm installierten Feiertag »Tag der Einheit des Volkes« will er zudem an den historischen Vorgänger, das untergegangene Zarenreich, erinnern.

Neben politischen gibt es auch biografische Parallelen: Mit Erdoğan und Putin treffen zwei Einzelkämpfer aufeinander, zutiefst gekränkt, die es gegen alle Widerstände bis ganz nach oben geschafft haben. Auf der einen Seite Erdoğan, der sich aus dem ärmlichen Istanbuler Werftenviertel Kasımpaşa in seinen Riesenpalast in Ankara emporarbeitete. Auf der anderen Seite der zwei Jahre ältere Russe, der ebenfalls in bescheidenen Verhältnissen des damaligen Leningrad aufwuchs. Sie erklären sich ihren Aufstieg auch damit, dass sie bereits früh lernten, sich durchzuboxen und listig zu sein. Beide haben aus der bescheidenen Herkunft längst Legenden entwickelt. Etwa wenn Putin sein Zusammentreffen mit einer Ratte schildert, aus dem er gelernt habe, mit Gegnern umzugehen: »Im Aufgang hausten Ratten. Einmal entdeckte ich eine riesige Ratte und begann mit der Verfolgung, bis ich sie in die Ecke getrieben hatte. Da bäumte sie sich plötzlich auf und ging auf mich los. Jetzt hatte sie den Spieß umgedreht und jagte mich. Ich war aber doch schneller und schlug ihr die Tür vor der Nase zu.«»Wenn eine Prügelei unausweichlich ist, schlägst du besser als erster zu«, lautet noch so ein Putin-Satz, mit dem er seine Kindheit schildert.

In ihren Biografien gibt es zudem einschneidende Erlebnisse der ohnmächtigen Staatsmacht. Für den jungen Erdoğan ist es das schmachvolle Ende von Ministerpräsident Menderes am Galgen der kemalistischen Militärs im September 1960. Putin erlebt als KGB-Spion 1989 in Dresden den Sturm des Volkes auf die Stasizentrale mit, von dort zieht die wütende Menge weiter zum KGB-Sitz, wo er Nachtdienst hat. Seine Bitte um Verstärkung verhallt ungehört, wie Putin später schildert. Da habe er begriffen, dass die Sowjetunion krank sei.»Es war eine tödliche Krankheit namens Lähmung«, analysiert Putin.

Beide übernehmen die Macht in einer Zeit, als das jeweilige Land am Boden liegt. Erdoğan tritt in der schwersten Wirtschaftskrise der Republik an – Putin in einem schwachen Staat auf den Trümmern der Sowjetunion. Beide beginnen mit Nothilfe des Internationalen Währungsfonds kurz vor dem endgültigen Bankrott – und beide beginnen tatkräftig und schnell mit geschickten Umstrukturierungen – und begründen den wirtschaftlichen Aufstieg. Es gelingt ihnen, innerhalb eines Jahrzehnts ein neues System mit totalitären Tendenzen und einer schwachen Opposition zu schaffen.

Sie inszenieren sich hypernationalistisch und demonstrativ fromm. Putin feiert seine erste Präsidentschaft 2000, indem er sich in einem Gottesdienst vom Patriarchen von Russland segnen lässt. Erdoğan betet stets öffentlichkeitswirksam vor oder nach der Abgabe seiner Wahlstimme in der symbolträchtigen Istanbuler Eyüp-Sultan-Moschee für seinen Sieg. Beide zeigen gern offen ihre Stärke – wenn auch mit kleinen stilistischen Unterschieden: Während Putins PR-Bilder ihn schon mal mit nacktem Oberkörper zeigen, bleibt Erdoğan stets zugeknöpft. So viel Freizügigkeit würden ihm die Frommen verübeln.

Wie alle Autokraten bauen sowohl Erdoğan als auch Putin einen Teil ihrer Legitimierung auf verschwörungstheoretisch anmutenden Feindbildern auf, ob nun im In- oder im Ausland verortet, die dazu dienen, Demokratiedefizite zu verdecken: Die Opposition gilt als ein vom Ausland gesteuertes Komplott, Justiz und Medien haben beide gefügig gemacht. Wer dennoch Widerstand leistet, wird in Terrornähe gerückt und muss mit Gefängnis rechnen. Kritische Stimmen gelten ihnen als Majestätsbeleidigung, »freche« Journalisten werden durch Klagen oder Verhaftungen mürbe gemacht. Fügsame Medien werden mit Nähe belohnt. Als sich Putin 2012 erneut zur Wahl stellen will, darf im Staatsfernsehen nur seine Partei die Kandidatenkür live zelebrieren. Das türkische Staatsfernsehen sendet vor den Neuwahlen im November 2015 innerhalb von 25 Tagen volle 59 Stunden AKP-Propaganda, die prokurdische Oppositionspartei HDP bekommt achtzehn Minuten Sendezeit.

Zu den zahlreichen Parallelen der beiden gehört auch, dass »Nachgiebigkeit« bei keinem auf der Liste der Charaktereigenschaften steht. Sie verstehen sich als Alpha-Männer, die mit länger werdender Amtszeit immer weniger gezwungen sind, sich anderen auch nur ansatzweise zu beugen. Dennoch geht beider Beziehung lange erstaunlich gut. In vielen Jahren haben sie in vielen Bereichen tiefgreifende Verbindungen etabliert: Ankara und Moskau machen gemeinsame Politik und betreiben staatliche Kooperationen und privatwirtschaftliche Zusammenarbeit.

Entsprechend ist es für Erdoğan grundsätzlich nicht von Interesse, diese Beziehung leichtfertig aufs Spiel zu setzen, auch wenn dies seine Selbstdarstellung als Primus der Region ausbremst: Vor allem Erdoğan braucht Putin, besonders wirtschaftlich profitiert die Türkei von der Bindung zu Russland.

Der Abschuss des Kampfflugzeuges steht am Ende einer Kette kleinerer Konfliktpunkte, die im Sinne der gemeinsamen Ziele und Interessen jedoch relativ reibungslos übergangen wurden. Erdoğan, der sich so gerne als einer präsentiert, der sich nichts gefallen lässt, erweist sich dabei Putin gegenüber selbst bei sensiblen Themen als äußerst nachgiebig. Der Türke kann sich also doch zusammenreißen, wenn er nur will.

Am Schauplatz Syrien treffen grundsätzliche Interessen aufeinander: Während Erdoğan demonstrativ mit Syriens Präsident Assad gebrochen hat und dessen Gegner unterstützt, ist Putin einer von dessen letzten verbliebenen Verbündeten. Seit 1971 beherbergt Syrien den einzigen russischen Marinestützpunkt im Mittelmeer. Seit Ende September 2015 fliegt Russland im syrischen Bürgerkrieg Luftangriffe auf Gegner Assads. Dennoch gelingt es Ankara und Moskau bis Ende 2015, über diese Differenzen hinwegzusehen.

Das hat Gründe: So ist die Türkei nach Deutschland der größte Abnehmer russischen Gases, sie deckt 65 Prozent ihres Bedarfs aus Russland. Nach Papst Franziskus war Putin im Dezember 2015 der zweite Staatsgast in Erdoğans Palast in Ankara. Kurz darauf verkündete Putin überraschend das Aus für die geplante South-Stream-Pipeline. Deren Bau war eigentlich für den Transport russischen Gases nach Südeuropa für Ende 2014 geplant gewesen. Aufgrund des Verhaltens der EU sei die Trasse, die das Transitland Ukraine in Betracht zog, nicht mehr haltbar, erklärte Putin auf einer gemeinsamen Pressekonferenz mit Erdoğan. Stattdessen plane man nun eine Kooperation mit der Türkei, die Pipeline »Turkish Stream«, die solle russisches Erdgas über das Schwarze Meer in die Türkei bringen. Putin verzichtet also auf eine Mega-Gaspipeline und wertet damit die Türkei auf. Eine Ankündigung, die Erdoğan sehr gelegen kommt, gibt sie ihm doch gegenüber der EU, die ihn jahrelang geschmäht und hingehalten hat, ein weiteres Machtinstrument.

Im Sinne des gemeinsamen Ziels nimmt Erdoğan auch russische Luftangriffe auf turkmenische Dörfer in Syrien zähneknirschend hin. Geschätzte 300 000 Turkmenen leben in Syrien, die Angehörigen einer türkischstämmigen Minderheit verlieren ihre Existenz, Assads Truppen hingegen können vorrücken. Erdoğan, der sich wie viele Türken den Turkmenen historisch verpflichtet fühlt, tut nichts, um Putin aufzuhalten.

Wirtschaftlich sind beide Länder da noch eng verflochten. Russland hatte das erste türkische Atomkraftwerk gebaut – im Gegenzug sind zahlreiche türkische Baufirmen in Russland aktiv, Millionen russischer Touristen verbringen ihren Urlaub in der Türkei. Aufgrund der EU-Sanktionen wegen des Ukrainekonflikts sind die türkischen Lebensmittelexporte nach Russland enorm gestiegen.

Angesichts der exzellenten Wirtschaftsbeziehungen sieht Erdoğan Putin nach, dass dieser den Genozid an den Armeniern auch als solchen bezeichnet – ein Thema, bei dem Erdoğan normalerweise sehr empfindlich reagiert. Auch Putins rüder Umgang mit den Krimtataren, einer turksprachigen Ethnie auf der annektierten Krim, führt zwar zu Worten der »Besorgnis« nicht jedoch zum echten Konflikt. Trotz seines Selbstverständnisses als Beschützer turkstämmiger Minderheiten, betont Erdoğan weiterhin die Nähe zu Russland. Mit dem Abschuss eines russischen Jets am 24. November 2015 durch die türkische Luftwaffe ändert sich das. Ankara zufolge war der Jet trotz mehrfacher Warnung in den türkischen Luftraum eingedrungen. Erdoğan manövriert sich binnen kürzester Zeit zu einem Point of no Return – dass er das so beabsichtigt hatte, ist unwahrscheinlich. Der Abschuss geschieht zu einem Zeitpunkt, als international Bewegung in den Syrienkonflikt kommt: Nach den tödlichen Anschlägen von Dschihadisten in Paris im November 2015 zeigt sich der Westen nicht nur gewillt, mit Assad zu verhandeln, gar zu koalieren, sondern er geht auch auf den wegen des Ukrainekonflikts geächteten Putin zu. Der kommt nun als Assad-Verbündeter als möglicher Vermittler in Frage. Für Erdoğan hingegen scheint keine tragende Rolle vorgesehen – er soll in erster Linie der EU den Flüchtlingsstrom vom Leib halten.

Die Autokratenfreundschaft ist zu Ende: Gaben sich Mitte November Erdoğan und Putin auf dem G-20-Gipfel noch die Hand, weigert sich Putin wenige Tage später auf dem Pariser Klimagipfel, Erdoğan überhaupt zu treffen. Von der bislang speziellen Nachgiebigkeit Erdoğans gegenüber Moskau ist nun nichts mehr zu spüren – im Gegenteil. Der Vorfall führt zu einem schweren Zerwürfnis zwischen dem Nato-Land und Russland. Und während einige internationale Analysten schon vor dem Dritten Weltkrieg warnen, liefern sich die einstigen Partner einen heftigen Schlagabtausch:»Dieser Fall geht über den normalen Kampf gegen den Terrorismus hinaus«, wütet Putin, sichtlich um Fassung bemüht. Der

Abschuss sei ein »Stoß in den Rücken, begangen von Helfershelfern von Terroristen«. Ein eigenes Verschulden liege selbstverständlich nicht vor, findet Putin und kündigt »ernsthafte Konsequenzen« an.

Binnen weniger Tage erklärt Putin das einstige Freundes- zum Feindesland, das russische Touristen meiden sollten. So wird der Import von türkischem Obst und Gemüse verboten. In der Türkei ist die Stimmung ebenfalls aufgeheizt. Die regierungskritische Tageszeitung »Sözcü« spottet angesichts der angedrohten Wirtschaftssanktionen: »Wenn uns das Erdgas abgedreht wird, haben wir genug Tränengas auf Lager!« Russland legt Satellitenbilder vor, die belegen sollen, dass Erdoğan und seine Familie in Ölgeschäfte mit dem IS verwickelt sind. Hauptabnehmer des vom IS in Syrien und im Irak gestohlenen Erdöls sei die Türkei. »Nach vorliegenden Angaben sind die politische Führung des Landes, Präsident Erdoğan und seine Familie, auch verwickelt«, erklärt Russlands stellvertretender Verteidigungsminister Anatoly Antonov – ein Vorwurf, der auch in der Türkei immer wieder erhoben wird. Doch harte Beweise blieben bisher alle schuldig.

»Allah muss die regierende Clique der Türkei bestraft haben, indem ihr Sinn und Verstand entzogen wurde«, legt Putin nach. Reaktionen, mit denen Erdoğan so nicht gerechnet hat. Denn er war es gewohnt, gegen andere auszuteilen, andere zu bestrafen und zu demütigen – jetzt aber zeigt der Russe keine Gnade. Während Moskau weiter an der Eskalationsschraube dreht, versucht Ankara zu beschwichtigen. »Wir haben nicht die Absicht, diesen Zwischenfall hochzuspielen«, erklärt Erdoğan. Er sei »wirklich betrübt über den Zwischenfall«. Ministerpräsident Davutoğlu fügt hinzu: »Russland ist unser Freund, unser Nachbar.« Der einstige Freund indessen verlangt eine Entschuldigung, um einen weiteren Dialog fortzuführen. Erdoğan aber lenkt nicht ein: »Ich denke, wenn es eine Seite gibt, die sich entschuldigen muss, dann sind das nicht wir«, sagt er. »Die, die unseren Luftraum verletzt haben, sind diejenigen, die sich entschuldigen müssen.«

Doch Putin zeigt Erdoğan fast täglich, wer der Stärkere ist, er belässt es nicht bei Wirtschaftssanktionen: Er ärgert den Türken, indem er die Kurden in Syrien unterstützt und ihnen ermöglicht, Territorium einzunehmen. Zudem unterstützt die russische Luftwaffe die Truppen des syrischen Präsidenten al-Assad mit Luftangriffen – damit rüstet der Russe den Syrer Assad auf, und damit einen Feind Erdoğans.

Der Putschversuch – ein »Segen Gottes«

Schon im ersten Halbjahr 2016 liefert die Türkei der Weltpresse eine Schlagzeile nach der nächsten, die meisten davon wenig erfreulich. Am 28. Juni wird dann der Istanbuler Atatürk-Flughafen zum Ziel von Terroristen. Drei Attentäter sprengen sich an verschiedenen Stellen des Flughafens in die Luft, zuvor feuern sie in der Abflughalle mit Sturmgewehren in die Menge. Mindestens 44 Menschen werden getötet, mehr als 260 verletzt. Die Regierung vermutet den IS hinter dem Attentat, ein Bekenntnis gibt es allerdings nicht. Doch dann passiert etwas, womit wohl niemand mehr gerechnet hat. Der laue Sommerabend des 15. Juli beginnt zunächst friedlich, die Nacht aber wird zu einer Zäsur. Danach ist nichts mehr so, wie es einmal war. Im Land gibt es einen Putschversuch.

Als die ersten Nachrichten dazu gemeldet werden, versuchen die Menschen in Istanbul so schnell wie möglich nach Hause zu gelangen. Panische Schreie sind zu hören, Autos kollidieren. In den Eckläden decken sich alle mit Lebensmitteln ein, um sich dann in ihren Wohnungen zu verstecken und die Nachrichten zu verfolgen. Niemand weiß, wann es wieder sicher sein wird, auf die Straßen zu gehen.

Dabei schien es, als habe Präsident Erdoğan das Militär weitgehend entmachtet. Doch in dieser Nacht von Freitag auf Samstag revoltieren Teile der türkischen Streitkräfte. Um die Kontrolle über Istanbul zu erlangen, sperren sie unter anderem die beiden Bosporus-Brücken ab, die sensibelsten Punkte des Landes. Die Militärs verhängen das Kriegsrecht und eine Ausgangssperre für das ganze Land.

Ein »Rat für den Frieden im Land« verkündet etwas später im Fernsehen, die Armee habe »die Macht im Land in ihrer Gesamtheit übernommen«. Damit sollen »die verfassungsmäßige Ordnung, die Demokratie, die Menschenrechte und die Freiheiten« im Land gewährleistet werden, heißt es in der Erklärung. Es ist zu diesem Zeitpunkt jedoch unklar, ob ein Machtwechsel stattgefunden oder die Regierung die Kontrolle zurückgewonnen hat.

Auch in Ankara greifen die am Putsch beteiligten Soldaten an: Sie bombardieren das Parlament in Ankara mit Panzern, Militärhubschrauber feuern auf die Zentrale des Geheimdienstes. Beide Bauten werden schwer beschädigt. Auf den Straßen bekämpfen sich Soldaten und Polizisten.

In Istanbul sind die Straßen wie leer gefegt. Über der Stadt am Bosporus kreisen Hubschrauber. Kampfjets fliegen im Tiefflug über die Metropole, die Geräusche erinnern an Explosionen. Etliche Fensterscheiben bersten. Die Menschen werfen sich panisch auf den Boden. Es sind Schüsse und Detonationen zu hören, Kriegsgeräusche mitten in der Millionenmetropole. Eine »Show of Force«, wie es im Militärjargon heißt, eine Machtdemonstration. Die ältere Generation erinnert sich mit Schrecken an die drei früheren Umsturzversuche.

Mitten in dieser Julinacht 2016 erwachen die Muezzins in den Moscheen zum Leben. Von den Minaretten ertönt nun, außerhalb der Gebetszeiten, der Aufruf, sich den Umstürzlern entgegenzustellen und die Ausgangssperre zu missachten.

Währenddessen häufen sich in den sozialen Netzwerken die Spekulationen, es handele sich um eine Inszenierung Erdoğans. Für einen ernsthaften Putsch sei das Vorgehen der Soldaten viel zu unprofessionell, heißt es. Erdoğan wolle so seine Machtposition weiter festigen. Denn wenn es ihm nun gelänge, sich als starker Führer zu beweisen, der Ordnung in das Land bringt, dann könne die Regierungspartei bei Neuwahlen endlich die absolute Mehrheit erlangen und ein Präsidialsystem durchdrücken.

Unter Zwang verliest eine Nachrichtensprecherin im Staatssender *TRT* eine Erklärung der Putschisten: »Die Demokratie, basierend auf Gewaltenteilung, ist beseitigt worden. Unter diesen Bedingungen können wir unsere Pflichten nicht mehr erfüllen. Wir haben die Kontrolle übernommen, unter dem Motto: Frieden im Land, Frieden in der Welt.«

Der Kommandeur der 1. Armee, General Ümit Dündar, gibt unterdessen dem Fernsehsender *A Haber* ein Telefoninterview: »Dieser Putschversuch ist das Werk einer kleinen Gruppe von Soldaten. Er wird von der türkischen Armee nicht unterstützt.« Seine Worte machen klar, dass weite Teile des Militärs sich gegen die Putschisten stellen.

Wo Erdoğan sich aufhält, weiß niemand zu diesem Zeitpunkt. In Online-Communitys und Nachrichten gibt es Verschwörungstheorien: Er sei auf dem Weg zum Flughafen, meldet etwa *NBC News*, und habe Asyl in Deutschland beantragt. Die anhaltenden Gerüchte, er wolle sich ins Ausland absetzen, werden aus seinem Umfeld vehement dementiert: Der Präsident sei in der Türkei, an einem sicheren Ort, heißt es.

Der sonst so medienpräsente Politiker lässt sich nach den ersten Putsch-Meldungen fast zweieinhalb Stunden Zeit, bis er sich an die Öffentlichkeit wendet. Kurz nach halb eins nachts hält eine *CNN-Türk*-Moderatorin ihr iPhone in die Fernsehkamera, auf dem Bildschirm ist Erdoğan zu sehen, der über *Facetime* spricht. Der Staatschef, eigentlich auf der ganz großen Bühne zu Hause, ist gezwungen, sich mit einem Anruf bei einem für türkische Verhältnisse eher kritischen TV-Sender an die Nation zu wenden. Das Handybild gibt keinen Aufschluss, wo Erdoğan gerade ist – möglicherweise in seinem Flugzeug, möglicherweise auf dem Weg in seine Heimatstadt Istanbul. Dort haben die Umstürzler allerdings gerade den Tower am Atatürk-Flughafen in ihre Gewalt gebracht und allen Flugverkehr von und nach Istanbul gestoppt.

Später ist zu erfahren, der Präsident habe sich einen nachgeholten Kurzurlaub im Badeort Marmaris an der Ägäis gegönnt, weil er *Bayram*, das Fest zum Ende des Ramadan, durch den zeitgleichen NATO-Gipfel in Warschau nicht mit der Familie feiern konnte. Unmittelbar vor seinem Anruf bei *CNN-Türk* hätten einige Umstürzler versucht, die Ferienanlage zu stürmen. Zwei seiner Leibwächter seien getötet worden. »Wäre ich zehn, fünfzehn Minuten länger geblieben, wäre ich getötet oder gefangen genommen worden«, sagt Erdoğan in einem Interview.

Mit dem Anruf bei *CNN-Türk* unternimmt Erdoğan einen ebenso geschickten wie gewagten Schachzug: Er plädiert an die Türken, sich den Putschisten öffentlich entgegenzustellen und Widerstand zu leisten: »Geht auf die Straßen und Plätze, und gebt ihnen eine Antwort. (…) Ich rufe unser Volk auf, sich auf den Plätzen und am Flughafen zu versammeln«, sagt er. »Sollen sie [die Putschisten] mit ihren Panzern und ihren Kanonen machen, was sie wollen.« Es ist ein lebensgefährlicher Appell, die Umstürzler schießen scharf auf die Demonstranten.

Doch sein Aufruf funktioniert. Nicht nur stellen Erdoğans Anhänger eine Mehrheit in der Türkei, viele verehren ihn auch wie einen Heiligen. Im Zweifel wären sie wohl bereit, für ihn zu sterben. Menschenmassen strömen auf die Straßen und zum Atatürk-Flughafen. Die Demonstranten skandieren »Gott ist groß« und »Recep! Tayyip! Erdoğan!«. Sie rufen klar und deutlich: »Nein zum Putsch«. Schon jetzt ist in den Sprechchören auch die Forderung nach der Todesstrafe für die Umstürzler zu hören.

Fernsehbilder zeigen, wie sich Bürger den Panzern entgegenstellen. Auf der Bosporus-Brücke in Istanbul, die Asien und Europa miteinander verbindet, ergeben sich die Soldaten schließlich. Triumphierende Demonstranten mit türkischen Flaggen und Schals, auf denen der Namenszug Erdoğans zu lesen ist, besteigen die Panzer auf der weltberühmten Brücke.

Die Putschisten werden misshandelt oder sogar ermordet. Es sind blutige Szenen, die sich ereignen, als Regierungsgegner und Regierungsbefürworter aufeinanderstoßen.

Über Twitter wird ein Video verbreitet, das offenbar auf einer der Bosporus-Brücken in Istanbul aufgenommen wurde, es zeigt einen Soldat, der blutüberströmt auf dem Boden liegt. Jemand sagt auf türkisch: »Vier haben wir umgebracht, jetzt sind wir beim Fünften. Hund!« Schüsse sind zu hören. Andere rufen »Gott ist groß!«, »Ungläubiger!« und »Krepier!«. Mehrere Menschen treten auf den leblos wirkenden Körper ein.

Auf anderen Aufnahmen ist zu sehen, wie Putschgegner einen Panzer umzingeln. Einer steigt auf das Dach und tritt auf den Soldaten in der Luke ein. Stimmen sind zu hören, die rufen:»Schlag ihn! Schlag ihn!« Andere flehen:»Das ist ein Soldat! Hört auf!« Ein Polizist eilt dem Soldaten schließlich zur Hilfe.

Die dem Militär nahestehende Zeitung»Sözcü« berichtet, ein aufgebrachter Mob habe einem Soldaten in Istanbul die Kehle durchgeschnitten. Offensichtlich haben sich die Putschisten dramatisch verschätzt. Dass AKP-Wähler sie nicht unterstützen würden, damit mussten sie rechnen. Doch nicht nur die Erdoğan-Anhänger und weite Teile der Armee verweigern den Umstürzlern die Gefolgschaft, sondern das gesamte demokratische Spektrum der Türkei. Alle drei Oppositionsparteien – die sich sonst untereinander spinnefeind sind – verurteilen den Putschversuch einhellig. Wer gegen Erdoğan ist, ist also nicht automatisch für den Putsch. Auch Politiker wie CHP-Oppositionschef Kılıçdaroğlu, der Erdoğan sonst einen»Diktator« nennt, wollen nicht zurück zur Militärherrschaft – die ohnehin der Vergangenheit anzugehören schien. Ebenso Armee-General Dündar, der dem Präsidenten versichert:»Herr Präsident, ich bin Ihnen gegenüber loyal. (…) Kommen Sie nach Istanbul. Ich werde für Ihre Sicherheit garantieren.«

Unter dem Druck der Menschenmassen ziehen sich die Putschisten auch vom Atatürk-Flughafen in Istanbul zurück. Das ermöglicht Erdoğans Maschine doch noch, dort gegen 2.30 Uhr zu landen. Jubelnde Anhänger warten auf den Präsidenten, der mit starren Gesichtszügen erstmals seit Beginn des Putschversuches öffentlich auftritt. Die Menschen brüllen:»Tayyip! Wir sind bereit, für dich zu sterben!«

Für Erdoğan selbst steht zu diesem Zeitpunkt längst fest, dass sein alter Weggefährte hinter dem Putschversuch steckt: Sein einstiger Verbündeter Fethullah Gülen, der in den vergangenen drei Jahren zu seinem Erzfeind geworden ist.»Das war die Parallelorganisation höchstpersönlich«, sagt Erdoğan nach seiner Landung in Istanbul. Dass Gülen – der auf Betreiben Erdoğans in der Türkei inzwischen als Terrorist gilt – noch in der Nacht jede Beteiligung dementiert und den Putschversuch scharf verurteilt, fällt dabei nicht ins Gewicht.

Am Ende der Nacht hat sich Erdoğan also durchgesetzt, wie bislang immer in seiner politischen Karriere. Allmählich kehrt am Bosporus wieder Normalität ein. Die terrorgeplagten Türken machen stoisch weiter. Die Straßen sind zwar deutlich leerer als sonst in den Morgenstunden an einem Samstag. Die ersten Restaurants und Läden auf der *İstiklâl*-Straße – der Haupteinkaufsstraße – öffnen wieder, die Menschen trauen sich nach der erst vor wenigen Stunden verhängten Ausgangssperre wieder auf die Straßen. Nur die zahlreichen Polizisten und Scherben von den zerbrochenen Fensterscheiben erinnern daran, dass gerade ein Militärputsch vereitelt wurde. So ruhig ist es sonst nur an Feiertagen.

Unmittelbar nach dem Putsch-Wochenende setzt eine der größten »Säuberungswellen« ein, die das Land je erlebt hat. Erdoğan geht dabei noch vehementer als bislang gegen seine Opponenten vor. Der Putschversuch bietet ihm nicht nur für sein hartes Vorgehen eine Grundlage, sondern stärkt auch seine Forderung nach der Einführung eines Präsidialsystems. Erdoğan sagt, der Putschversuch sei »letztendlich ein Segen Gottes« und würde als Anlass dienen, »dass unsere Streitkräfte, die vollkommen rein sein müssen, gesäubert werden«.

Bis heute ist jedoch umstritten, was genau in jener Nacht eigentlich geschah und wer dahintersteckt.

Die Säuberungen nach der Revolte

Mit einer tiefgreifenden Neuorganisation der Armee, einer Neu-justierung der Außenpolitik sowie den größten Entlassungswellen und Massenfestnahmen ihrer jüngeren Geschichte leitet Erdoğan nun einige der bedeutendsten Veränderungen seit der Gründung der modernen Türkischen Republik 1923 ein.

Oberflächlich betrachtet herrscht auf den Straßen des Landes wieder Normalität. Doch große rote türkische Fahnen an öffentlichen Gebäuden, Plakate, auf denen mit der Losung »Das Volk hat die Macht« die Niederschlagung des Putschversuchs gefeiert wird, und Porträts von »Märtyrern« – Zivilisten, die in der Putschnacht ihre Leben verloren – erinnern daran, dass nichts mehr so ist wie vor jenem Freitagabend.

Erdoğan-Anhänger belagern über Wochen den Taksimplatz, um eine »Wache für die Demokratie« zu halten – vor drei Jahren protestierten hier noch Zehntausende gegen die Bebauung des Ge-zi-Parks und gegen Erdoğan. Mit kostenlosem Essen werden die Menschen zusätzlich angelockt. Die Bosporus-Brücke wird umgehend in »Brücke der Märtyrer des 15. Juli« umbenannt, der 15. Juli wird nationaler Feiertag.

»Sie werden einen hohen Preis für diesen Verrat zahlen«, kündigt Erdoğan noch am Atatürk-Flughafen bereits in der Putschnacht an. Und er lässt seinen Worten Taten folgen: Wenige Stunden nach dem Niederschlagen der Revolte werden rund 2700 Richter abgesetzt – fast ein Fünftel aller Richter in der Türkei. Der Chef der Richtergewerkschaft *Yargıçlar*, Mustafa Karadağ, kritisiert, dass nicht nur mutmaßliche Unterstützer des Putsches, sondern auch völlig unbeteiligte Kritiker Erdoğans betroffen sind.

Innerhalb der ersten zwei Tage werden 6000 Menschen festgenommen, vor allem Soldaten, Offiziere und Generäle sowie Richter und Staatsanwälte. Eine beispiellose Entlassungswelle: Fast die Hälfte aller Generäle wird festgenommen und entlassen. Rund 32 türkische Diplomaten, die in ihre Heimat zurückberufen werden, kehren nicht in die Türkei zurück. Diese hätten sich in andere Länder abgesetzt, sagt Außenminister Mevlüt Çavuşoğlu.

Noch dramatischer ist, dass Erdoğan den Ausnahmezustand verhängt und die Armee ihm selbst und dem Parlament unterstellt. Das Militär stehe unter der Kontrolle der Regierung, sagt Erdoğan. Er werde als Präsident und Oberbefehlshaber mit dem Militär zusammenarbeiten, um es von dem »Virus« zu befreien. Der Ausnahmezustand ermöglicht es dem Präsidenten und dem Kabinett zudem, neue Gesetze ohne Beteiligung des Parlaments zu verhängen. So können ganz verfassungskonform Grundrechte und Freiheiten eingeschränkt oder aufgehoben werden.

Im Zuge der nun möglichen Notverordnungen greift die Regierung mit aller Härte gegen ihre Kritiker und politischen Gegner durch: Ständig kommen neue Meldungen von Entlassungen, Festnahmen, Ausweisungen oder Sperrungen von Pässen, um Ausreisen zu verhindern.

Die Bilanz nach einem Jahr: Mehr als 100 000 Staatsbedienstete werden laut der Nachrichtenagentur *Anadolu* entlassen oder vom Dienst suspendiert. Vor allem trifft dies den Bildungssektor, wo Gülens Einfluss am größten war.

Über 50 000 Menschen werden verhaftet. Betroffen sind neben tausenden Militärs, Polizisten, Staatsanwälten und Richtern auch kurdische Oppositionelle und kritische Journalisten.

Fast 7000 Soldaten werden inhaftiert, darunter mehr als 160 Generäle und Admirale. Zahlreiche Offiziere setzen sich nach Deutschland ab und beantragten Asyl. Das Bundesamt für Migration und Flüchtlinge (BAMF) liefert später dazu die Zahlen: Im ersten Halbjahr 2017 stellen angesichts des harten Vorgehens der Türkei gegen angebliche Regierungsgegner und Kurden mehr als 3000 türkische Staatsbürger Asylanträge in Deutschland. Dazu kommen 209 Diplomaten und weitere 205 Staatsbedienstete, die seit dem Putschversuch Asyl in Deutschland beantragt haben, so das BAMF.

Bei der Polizei, die besonders von der Gülen-Bewegung unterwandert sein soll, gibt es 8800 Festnahmen.

Die Regierung lässt zahlreiche Schulen und Universitäten der Gülen-Organisation im In- und Ausland schließen. Zudem verlieren Hunderte Dozenten und Professoren ihre Stellen – viele von ihnen hatten sich für Frieden mit der kurdischen Arbeiterpartei PKK eingesetzt.

Da die meisten Festnahmen und Entlassungen auf der Grundlage von Notstandsdekreten erfolgen, gibt es keine näheren Begründungen. Viele Inhaftierte erhalten erst nach Monaten eine Anklageschrift, die meisten warten noch immer auf ihren Prozess. Ein Einspruch gegen die Dekrete vor Gericht ist nicht möglich.[72]

Nach Angaben der unabhängigen Journalistenplattform *P24* sind nach dem gescheiterten Putsch 168 Medien und Verlage geschlossen worden, darunter sogar ein kurdischsprachiger Kindersender. Tausende Journalisten sind arbeitslos, Hunderte kommen wahlweise wegen Beleidigung des Staatspräsidenten oder angeblicher Unterstützung von Terrororganisationen vor Gericht – vor Richtern, die zuvor von der AKP befördert wurden. Rund 150 Journalisten werden inhaftiert. Viele wissen überhaupt nicht, was ihnen vorgeworfen wird.

Es reicht aus, ein Bankkonto bei einer Gülen-nahen Bank zu haben oder eine bestimmte App auf dem Handy zu nutzen. So werden Medienberichten zufolge Haftbefehle gegen mehr als 400 Personen erlassen, die sich mit der Nutzung des verschlüsselten Handy-Dienstes Bylock verdächtig gemacht haben sollen. Ankara geht davon aus, dass Gülen-Anhänger über diese App ein Netzwerk gebildet haben. Aydin Sefa Akay, bis zu seiner Festnahme Richter beim Internationalen Strafgerichtshof, wird auf dieser Grundlage von einem Gericht in Ankara zu siebeneinhalb Jahren Haft verurteilt. Der Jurist gibt zu, die App auf seinem Smartphone installiert zu haben, bestreitet aber deren Benutzung ebenso wie den Vorwurf, Mitglied der Gülen-Bewegung zu sein.

Nicht einmal die versammelte parlamentarische Opposition in der Türkei stellt infrage, dass die Gülen-Bewegung gefährlich ist und den Staat jahrelang unterwandert hat – doch die jetzigen Maßnahmen entbehren jeglicher Verhältnismäßigkeit und Rechtsstaatlichkeit. Im Westen wird das Ausmaß der sogenannten Säuberungsaktionen als »Hexenjagd« kritisiert. In der Türkei wird hingegen argumentiert, die Maßnahmen zeigten lediglich, wie stark die Anhänger Gülens bereits alle staatlichen Institutionen infiltriert hätten.

War das politisch-gesellschaftliche Klima zuvor schon schwierig, mischt sich jetzt zur bleiernen Angst der Erdoğan-Gegner noch der nationalistische Jubel der Erdoğan-Anhänger. »Wir werden sie in so tiefe Löcher werfen, dass sie kein Sonnenlicht mehr sehen, solange sie atmen«, droht Wirtschaftsminister Nihat Zeybekçi. Ömer Çelik, Europa-Minister, sagt, die Gülen-Bewegung sei »brutaler als die Dschihadisten des IS«. Agrarminister Faruk Çelik findet, »diese Leute als Tiere zu bezeichnen, ist hochgradig beleidigend für Tiere«. Der Präsident der Religionsbehörde *Diyanet*, Mehmet Görmez, nennt die Gülen-Anhänger »ein Netzwerk gefügiger Roboter«. Die Bewegung könne nicht als religiöse Gruppe betrachtet werden, Gülen selber nicht als religiöser Gelehrter. Für Ministerpräsident Binali Yıldırım, kurz zuvor im Juni ins Amt gehoben, ist die Gülen-Bewegung eine »niederträchtigere Terrororganisation« als die PKK.

Dass man aus staatlich-türkischer Sicht noch tiefer angesiedelt werden kann als die verbotene kurdische Arbeiterpartei, schien bis zum Putschversuch unvorstellbar.

Erdoğan selbst räumt drei Wochen nach der Revolte ein, die *Cemaat*, die Bewegung Gülens, unterstützt zu haben. »Trotz zahlreicher Meinungsverschiedenheiten habe ich, wie viele andere auch, geglaubt, dass man sich in grundsätzlichen Fragen einig sei, und deswegen habe ich ihnen geholfen.« Dies sei trotz Bedenken »in gutem Glauben« geschehen. »Obwohl sie viele Seiten hatten, mit denen ich nicht übereinstimmte, habe auch ich persönlich ihnen geholfen.«

Das Besondere an der Gülen-Terrororganisation sei, dass sie sich als religiöse, fromme Gemeinde präsentiere, die sich der Bildung widme und religiöse Werte in den Vordergrund stelle. Nur so sei es der Bewegung möglich gewesen, wie ein Krebsgeschwür zu erstarken und sich wie ein Virus auszubreiten. »Ich empfinde tiefes Bedauern darüber, dass es mir nicht gelungen ist, schon viel früher das wahre Gesicht dieser verräterischen Organisation aufzudecken. Und ich weiß, dass ich deswegen unserem Herrn und meinem Volk Rechenschaft schulde«, so Erdoğan.

Nach einer Studie der geheimdienstlichen Analyseabteilung des Auswärtigen Amtes der EU (EUINTCEN) steckt Gülen vermutlich nicht hinter dem vereitelten Putschversuch. Es sei »höchst unwahrscheinlich«, dass Gülen »eine Rolle bei dem Putschversuch gespielt« habe, zitieren Medien aus dem EU-Dossier. In dem Geheimdienstbericht wird davor gewarnt, dass Erdoğan die Revolte dazu nutzen könne, um »gegen die Widersacher des AKP-Regimes vorzugehen«. Die Analyse kommt zu dem Fazit: »Der Umsturzversuch war nur der Auslöser einer Säuberungswelle, die lange im Voraus vorbereitet wurde.«

Fethullah Gülen weist auch ein Jahr nach der Revolte die Vorwürfe zurück und erhebt schwere Vorwürfe gegen Präsident Erdoğan. »Im Nachgang dieses tragischen Vorkommnisses wurden die Lebensumstände zu vieler unschuldiger Menschen verdunkelt«, heißt es in seiner Mitteilung. »Sie wurden widerrechtlich von ihren Arbeitsplätzen entlassen, festgenommen, eingesperrt und sogar gefoltert – alles auf Geheiß der Regierung.« Und weiter: »Das vergangene Jahr war schlimm für mich. Hunderttausende unschuldige Türken werden bestraft, weil die Regierung entscheidet, dass sie irgendwie mit mir ›verbunden‹ sind.« Gülen fordert eine unabhängige internationale Untersuchung des gescheiterten Militärputsches.

Ankara dagegen beharrt auf der Auslieferung Gülens aus den USA. Mit der Wahl von Donald Trump im November 2016 zum Präsidenten der Vereinigten Staaten entbrennt eine neue Diskussion um die Ausweisung Gülens. Michael Flynn, Armee-General im Ruhestand und Militärberater Trumps, schreibt in einem Gastbeitrag für das Magazin »The Hill«: »Gülen (…) ist ein zwielichtiger

—islamischer Mullah, der in Pennsylvania residiert.« Er nannte ihn den »Osama bin Laden der Türkei«. Gülen stelle sich gern als moderate Kraft dar. »In Wahrheit ist er ein Islamist«, sagt Flynn. Nach dieser Äußerung halten türkische Medien eine Auslieferung Gülens für wahrscheinlicher. »Trump hat gewonnen, der Pfad für die Auslieferung ist offen«, schreibt die regierungsnahe Zeitung »Sabah«. Doch die USA sind an ein Auslieferungsabkommen mit der Türkei gebunden, über tatsächliche Schritte müssen Gerichte entscheiden – nicht die Politik im Alleingang.

Auch die Bestrebungen der Türkei nach einem EU-Beitritt stecken in der schwersten Krise seit Jahren. Angesichts der Repressionen nach dem Putschversuch fordert Österreich ein Ende der seit 2005 laufenden Beitrittsverhandlungen.

Hatte die Türkei im Rahmen der EU-Beitrittsgespräche im Jahr 2004 die Todesstrafe endgültig abgeschafft, wird diese plötzlich wieder zu einem Thema. Erdoğan-Anhänger zeigen symbolisch, wo sie die Putschisten gerne sehen würden: Sie hängen lebensgroße Puppen an den Galgen und fordern in Sprechchören: »Wir wollen die Todesstrafe«.

Erdoğan gibt Volkes Stimme so wieder: »Warum sollte ich sie auf Jahre hinweg im Gefängnis halten und füttern? – das sagen die Leute.« Wenn das Volk Hinrichtungen wünsche und das Parlament zustimme, sei auch er dazu bereit, wiederholt der Staatspräsident mehrfach vor Tausenden Anhängern. »Wünsche des Volkes darf man nicht abtun«, sagt er. »Gibt es heute nicht in Amerika die Todesstrafe? In Russland? In China? In anderen Ländern der Welt? Nur in den EU-Ländern gibt es keine Todesstrafe.«

Dass die Wiedereinführung der Todesstrafe ein Ende der EU-Beitrittsverhandlungen bedeuten würde, scheint Erdoğan wenig zu kümmern. Von der EU will er sich in dieser Frage nicht bremsen lassen, auch wenn die EU-Vollmitgliedschaft offiziell weiterhin erklärtes Ziel der Türkei ist. »Und ich persönlich achte nicht darauf, was Hans und Georg dazu sagen«, ruft Erdoğan. »Ich achte darauf, was Ahmet, Mehmet, Hasan, Hüseyin, Ayse, Fatma und Hatice sagen.«

Ankara zählt 249 »Märtyrer« – Todesopfer – des Putschversuchs. Gemeint sind jene Menschen, die ums Leben kamen, als sie sich gegen die Umstürzler stellten. Erdoğan spricht von »nur 35« getöteten Putschisten, aus Regierungskreisen heißt es kurz: »Wir zählen Terroristen, die das Parlament bombardiert haben, nicht zusammen mit Menschen, die von Panzern überfahren wurden. Aus Respekt.« Die Einstufung eines Opfers als »Märtyrer« bedeutet für die Hinterbliebenen, dass der Tote wie ein gefallener Soldat behandelt wird, auch wenn er Zivilist war. Damit haben Angehörige Anspruch auf staatliche Unterstützung. Söhnen und Brüdern von Putschopfern wird außerdem der Militärdienst erlassen.

Die Hinterbliebenen der in der Putschnacht ermordeten Militärs müssen dagegen mit dem Stigma leben, Angehörige von »Verrätern« zu sein. Die beim vereitelten Militärputsch umgekommenen Soldaten dürfen keine religiöse Bestattung bekommen, meldet der Fernsehsender *CNN-Türk*. Die türkische Regierung verbiete der ihr unterstellten Religionsbehörde *Diyanet*, dass Imame an deren Begräbnissen teilnehmen. Unklar ist allerdings, ob einfache Soldaten wie beispielsweise Wehrdienstleistende überhaupt um das Ziel des umstürzlerischen Einsatzes wussten – oder ob sie nur Befehlen folgten, deren Illegalität sie nicht erkennen konnten.

In der Tageszeitung »Cumhuriyet« schildert die Familie eines Toten den Verlust ihres Sohnes.[73] »Wir fahren morgen ins Sommerlager in Yalova«, seien die letzten Worte Murat T.'s an seine Mutter Sevkiye gewesen. Wenige Tage später muss sie die Leiche ihres 21-jährigen Sohnes identifizieren. »Ich bin sicher, dass mein Kind nicht in Frieden in seinem Grab liegt! Und wir haben auch keinen Frieden. Wir wollen nur, dass die Wahrheit offenbart wird!«, beklagt die Frau, die im westtürkischen Izmir lebt. Ihr Sohn, Schüler der Luftwaffenakademie in Istanbul, habe ihr beim Abschied gesagt, sie solle sich keine Sorgen machen, wenn sein Mobiltelefon ausgeschaltet sei – er sei ja in den Ferien.

Dass Murat T. in der Putschnacht auf die Bosporus-Brücken in Istanbul abkommandiert worden sei, habe sie überhaupt nicht geahnt, sie vermutete ihn in Yalova. Erst als sie überhaupt keine

Nachricht von ihm erhalten habe, sei sie nach Istanbul gereist. Doch bei der Luftwaffenakademie sei sie abgewimmelt worden. Die Familie sucht daraufhin in Gefängnissen, in Krankenhäusern und schließlich in der Rechtsmedizin nach ihrem Kind. Dort wird sie fündig.

Dem jungen Murat wurde nach Angaben seiner Familie von einem Mob die Kehle durchgeschnitten. »Wir haben ihn nur an seinen Nägeln erkannt«, trauert die Mutter Sevkiye T. So entstellt sei der Körper ihres Sohnes gewesen. Ihr Kind habe sich die Nägel abgeknabbert, an den Dellen in den Fingerkuppen habe sie ihn erkannt.

Weil die Gefängnisse mit möglichen Putschisten und Gülen-Anhängern überfüllt sind, kündigt Ankara an, rund 38 000 Häftlinge, die vor dem Putschversuch verurteilt wurden, freizulassen. Dabei handele es sich nicht um eine Amnestie, sondern um eine Entlassung unter Auflagen, teilt Justizminister Bozdağ mit. Davon sind Häftlinge, die wegen schweren Taten wie Mord oder Sexualstraftaten verurteilt sind, allerdings ausgeschlossen.

Auch wirtschaftlich kommt das Land in eine Krise. Im August bezeichnet die britische Rating-Agentur Standard & Poor's die Türkei jetzt als ein »Hochrisiko«-Land, zuvor wurden Anleger vor einem »moderat hohem Risiko« gewarnt. Erdoğan wittert eine Verschwörung und spricht von einer »politisch motivierten« Entscheidung und von »Türkenfeindlichkeit«.

Ankara rechnet nach dem gescheiterten Putsch mit einem wirtschaftlichen Schaden von mindestens 300 Milliarden Türkischen Lira, umgerechnet etwa 90 Milliarden Euro, Tendenz steigend. Unter anderem seien Gebäude und militärische Ausrüstung beschädigt, sagt Zoll- und Handelsminister Bülent Tüfenkçi. Nicht mitgerechnet, so Tüfenkçi, sei die Stornierung von Aufträgen aus dem Ausland und der Rückgang der Besucherzahlen. »Die Leute konnten nicht kommen. Denn die Putschisten haben die Türkei wie ein Dritte-Welt-Land aussehen lassen.«

Der türkische Literaturnobelpreisträger Orhan Pamuk warnt in einem Beitrag für die italienische Zeitung »La Repubblica«: »Die

Gedankenfreiheit existiert nicht mehr. Wir bewegen uns mit großer Geschwindigkeit von einem Rechtsstaat zu einem Terrorregime.« Derweil setzt die Regierung ihr Vorgehen gegen ihre Gegner fort, zahlreiche Bürgermeister – vor allem im Kurdengebiet – werden abgesetzt. Die Immunität zahlreicher HDP-Abgeordneter wird aufgehoben, sie werden inhaftiert. Auch das HDP-Führungsduo Selahattin Demirtaş und Figen Yüksekdağ wird Anfang November wegen Terrorvorwürfen verhaftet. Erdoğan macht den Weg für sein Präsidialsystem frei.

Es ist ein Wahlkampf im Ausnahmezustand, das Verfassungsreferendum erfolgt mitten im immer wieder verlängerten Ausnahmezustand. Die Opposition sieht sich in vielen Bereichen benachteiligt. So wird etwa die Versammlungsfreiheit eingeschränkt. Demonstrationen regierungskritischer Gruppen und Parteien werden nur noch in Ausnahmen genehmigt. Ungenehmigte Proteste werden regelmäßig mit Gewalt aufgelöst. Vor Beginn des Wahlkampfs wurde per Dekret das Gebot aufgehoben, dass Fernsehsender alle Parteien gleich behandeln müssen. Die CHP kritisiert, dass ihre Kundgebungen kaum übertragen würden, während alle Auftritte von Erdoğan und Ministerpräsident Yıldırım live gesendet werden. Die OSZE-Beobachtermission beklagt ebenfalls eine einseitige Abdeckung des Wahlkampfs in den Medien.

Die Justiz ist blockiert, weil Tausende Richter und Staatsanwälte entlassen wurden. Die vakanten Stellen sind vielfach durch Referendare ohne die nötige Ausbildung oder Erfahrung besetzt. Das Verfassungsgericht hat sich für Notstandsdekrete als nicht zuständig erklärt, sodass der Klageweg gegen Maßnahmen unter dem Ausnahmezustand abgeschnitten ist.

Anschreiben gegen die Repression

Ende Oktober 2016 trifft die »Säuberungswelle« die Redaktion der »Cumhuriyet«, als 13 führende Redakteure der Zeitung festgenommen werden, darunter Chefredakteur Murat Sabuncu. Aykut Küçükkaya ist nun kommissarischer Chefredakteur. Erschöpft sieht er aus, seine Augen sind rot unterlaufen. »Inmitten dieses Wahnsinns müssen wir jeden Tag eine Zeitung herausbringen«, sagt er. Die »Cumhuriyet« befindet sich im Istanbuler Stadtteil Şişli, einem mit Shoppingmalls zubetonierten Viertel. Die Straße ist abgesperrt; wer zur Redaktion will, wird von Polizisten durchsucht. Sicherheitsleute bewachen das durch einen Zaun abgeriegelte Gebäude. Auch im Redaktionsgebäude selbst wird das Gepäck durchleuchtet. Die Journalisten der »Cumhuriyet« sind gerade selbst landesweit und international ein Topthema – und in Gefahr.

»Wir können nichts dafür, dass wir gerade über uns selbst berichten müssen«, sagt Küçükkaya. Wer aus seinem Bürofenster schaut, sieht das Logo der »Milliyet« – einer regierungstreuen Tageszeitung. Bis August 2013 war Can Dündar Kolumnist der »Milliyet« – dann wurde er wegen seiner AKP-Kritik entlassen und wechselte zur »Cumhuriyet«. Auf einem von Küçükkayas Regalen steht ein Foto mit einem lachenden Dündar – Arm in Arm mit Kollegen. Der frühere Chefredakteur des Blattes wurde im Mai wegen Veröffentlichung von Staatsgeheimnissen zu fünf Jahren und zehn Monaten Haft verurteilt. Vor der Revisionsverhandlung setzte er sich nach Deutschland ab.

In diesen Tagen ist nirgends ein Lachen in der Redaktion zu hören. Viele Redakteure sehen so müde aus wie ihr Chef, manche haben ihren Kopf auf ihren Schreibtisch gelegt. »Das Volk hat ein Recht auf Informationen« und »Journalismus ist kein Verbrechen« steht auf Plakaten, die auf einem Schreibtisch herumliegen.

»Ja, wer die Wahrheit schreibt, die Mächtigen kritisiert, der ist ein Verbrecher in diesem Land«, sagt Interims-Chefredakteur

Küçükkaya. Ob die Verhaftungswelle für ihn überraschend kam? »Damit habe ich nicht gerechnet«, sagt er, während im Hintergrund der Sender *CNN-Türk* gerade zeigt, wie weitere Journalisten im Südosten des Landes festgenommen werden. »Denn wenn wir immer daran denken würden, dass wir abgeholt werden, dann könnten wir nicht arbeiten«, sagt er. »So funktioniert der Journalismus in der Türkei halt, man steht immer unter Druck.« Er gibt sich furchtlos, doch überzeugend wirkt er dabei nicht.

Dass die »Cumhuriyet« vor der staatlichen Willkür nicht verschont werden würde, war bekannt, aber es ist dennoch anders, schließlich ist die Zeitung ein geschichtsträchtiges Symbol der Republik.

»Angst macht uns angreifbar«

»Cumhuriyet« heißt übersetzt Republik – und die Zeitung ist fast genauso alt wie der türkische Staat selbst. Zum ersten Mal erschien das Blatt am 7. März 1924, also nur kurz nach der Staatsgründung durch Mustafa Kemal Atatürk. Wegen ihrer streng kemalistisch-laizistischen Blattlinie wurden mehrere »Cumhuriyet«-Journalisten Opfer islamistisch motivierter Anschläge. Zu den bekanntesten Opfern zählen Uğur Mumcu und Ahmet Taner Kışlalı, die in den neunziger Jahren ermordet wurden.

Noch ist das Blatt die letzte kritische Zeitung in der Türkei. AKP-Kritiker befürchten allerdings, dass demnächst ein staatlicher Treuhänder die Zeitung übernehmen oder die Redaktion ganz geschlossen wird. Die Staatsanwaltschaft wirft den »Cumhuriyet«-Journalisten vor, Verbindungen zur verbotenen kurdischen Arbeiterpartei PKK und zu der Bewegung des Predigers Gülen zu haben. Beide Gruppen gelten in der Türkei als Terrororganisationen. Das ist absurd, denn die »Cumhuriyet« hat den niedergeschlagenen Putschversuch umgehend verurteilt und auch die Gülen-Bewegung und die Gewalt der PKK immer wieder scharf kritisiert. Doch die Journalisten haben ebenfalls die AKP-Regierung scharf angegriffen.

Einer ihrer prominentesten Berichterstatter, Ahmet Şık, wurde 2011 wegen Terrorverdachts 13 Monate in Untersuchungshaft festgehalten. Grund dafür war sein noch unveröffentlichtes Buchmanuskript mit dem Titel *Die Armee des Imam*, in welchem er über Gülen und seine weltweit aktive Sekte schrieb. Zu diesem Zeitpunkt waren Erdoğan und Gülen noch enge Verbündete.

»Cumhuriyet wird am Leben bleiben«

Şükran Soner ist die dienstälteste Redakteurin des Blattes. Seit 50 Jahren schreibt sie für die »Cumhuriyet«, drei Militärputsche hat sie als Journalistin erlebt. »Die jetzige Situation macht mir keine Angst. Mir macht es aber Angst, wohin all diese Traumatisierungen führen werden«, sagt sie. Denn zwar habe auch die Militärjunta die *Cumhuriyet* immer bedroht, doch man habe immer gewusst, dies sei eine Phase des Übergangs. Jetzt aber gehe eine gewählte Regierung gegen das Medium vor und ein Ende sei nicht absehbar. Es sei zu erwarten gewesen, dass die AKP das Blatt ins Visier nehmen werde – »doch ich wusste nicht, von wo aus sie zuschlagen würden«, sagt Şükran Soner.

In ihrem chaotischen Büro, das mit Büchern, Preisen und Bildern zugestellt ist, schreibt sie gerade einen Kommentar zum Thema Pressefreiheit. »Sie haben solch eine Angst«, urteilt Soner über die AKP. »Um überleben zu können, wird ein immer größerer Druck ausgeübt.« Doch genau dieser Druck führe dazu, dass der Widerstand sich erhärte. »›Cumhuriyet‹ wird am Leben bleiben«, davon ist sie überzeugt. »Wir sind ein Zeichen der Republik. Wir werden nicht von unserer Zeitung lassen«. Und dann fügt sie rasch hinzu: »Angst schützt uns nicht. Im Gegenteil: Angst macht uns angreifbar.«

Referendum zur Verfassungsänderung: Schicksalstag für die Türkei

»Wenn es ein ›Ja‹ wird, dann schließen wir die Firma«, sagt der Leiter des türkischen und als regierungskritisch geltenden Instituts für Meinungsumfragen *Akam* Anfang April 2017 vor laufenden Kameras. Er wirkt dabei sichtlich unsicher. Vier Umfragen hat sein Institut für das Verfassungsreferendum zur Einführung des Präsidialsystems publiziert – und alle sagen ein klares Nein voraus. Andere Umfragen sehen ein knappes Rennen mit einem leichten Vorsprung des Erdoğan-Lagers.

Ohne Übertreibung lässt sich sagen, dass das Schicksal des Landes von dieser Wahl am 16. April abhängt. Auf der linken Hälfte der Stimmzettel steht *Evet* (Ja) – auf weißem Hintergrund – und auf der anderen *Hayir* (Nein) – auf braunem Hintergrund. Der Wähler entscheidet, indem er einen Stempel mit der Aufschrift *tercih* (Auswahl) auf den bevorzugten Teil drückt.

Gegner des Präsidialsystems warnen vor einer Ein-Mann-Herrschaft. Nach einem Sieg werde Erdoğan seinen autokratischen Kurs als Willen des Volkes verkaufen, fürchten sie. Sollten die Türken mehrheitlich mit einem Ja stimmen, wäre dies das Ende der Gewaltenteilung. Der Präsident werde dann die Justiz endgültig unter seine Kontrolle bringen, das nach westlichen Standards ohnehin schwache Ausbildungssystem des Landes stärker nach dem Islam ausrichten und es vielleicht sogar wagen, ein weiteres Referendum für die Wiedereinführung der Todesstrafe zu initiieren.

Erdoğan, überall Erdoğan

Glaubt man Erdoğan in diesen Tagen, dann erhebt sich die Republik gerade wie Phoenix aus der Asche. In Istanbul wird das Straßenbild von ihm bestimmt: Überall hängen Plakate und riesige Stoffbanner mit seinem Konterfei. Im Fernsehen ist Erdoğan ohnehin allgegenwärtig – durchschnittlich zweimal täglich werden seine Reden live übertragen.

Seine Auftritte sind teils martialisch, so beschimpft er Journalisten als Kinderschänder oder droht dem Ausland:»Sie haben unserem Volk in Europa so viel Leid zugefügt. Wir werden sie dafür nach dem 16. April bezahlen lassen.« Sie können aber nicht über die Fakten hinwegtäuschen: Rechtlosigkeit und politische Willkür beherrschen das Land. Die Türkei ist der Staat mit den meisten inhaftierten Journalisten weltweit, jeden Tag werden Oppositionelle festgesetzt. Und die Wirtschaftskrise ist noch lange nicht ausgestanden.

»Die AKP wird auf der gleichen Müllhalde landen, auf der schon die Gülen-Bewegung liegt«, sagt der inhaftierte Journalist Ahmet Şık während seines Prozesses in Istanbul.»Wir werden ein Leben aufbauen, in dem die Träume unserer Kinder Realität werden können. Diese Mafiaherrschaft, dieses organisierte Böse wird erhalten, was es verdient hat, und auch der Alaturka-Führer wird dies bekommen.« Doch ein Ende der AKP und der Ära Erdoğan ist nicht in Sicht.

Wahlen im Ausnahmezustand

Mehr als 55,3 Millionen Türken sind am 16. April 2017 aufgerufen, in einem Verfassungsreferendum über den Umbau ihrer parlamentarischen Demokratie zu einem Präsidialsystem zu entscheiden. Unter enormen Sicherheitsvorkehrungen: Allein in Istanbul sind fast 34 000 Polizisten für den Einsatz vorgesehen. Die Terrormiliz »Islamischer Staat« hat zu Anschlägen während des Referendums aufgerufen.

»Ist es ein Ja für die Nation? Ist es ein Ja für eine Flagge? Ist es ein Ja für unsere Heimat? Ist es ein Ja für einen Staat? Ja, ja, ja, ja«, wirbt Erdoğan einen Tag vor dem Urnengang noch einmal vor Unterstützern in Istanbul. Die neue Verfassung werde Stabilität und Vertrauen bringen. »Die Türkei kann einen Sprung in die Zukunft machen.« Zudem sei das Referendum ein Wendepunkt im Kampf gegen Terrorismus.

Und eine Quittung für Europa. »Dieser Sonntag ist der Tag, an dem unser Volk jenen europäischen Ländern eine Lektion erteilen wird, die uns in den vergangenen zwei Monaten mit aller Art von Gesetzlosigkeit einschüchtern wollten«, sagt er zum Abschluss seines Wahlkampfs in Istanbul. »Morgen ist der Tag, um ihnen darauf eine Antwort zu geben. Wir werden auch Deutschland eine Antwort geben, und Österreich, Belgien, der Schweiz und Schweden.«

Schon während des Wahlkampfs kommt es immer wieder zu schweren Spannungen zwischen der Türkei und mehreren europäischen Staaten. Auslöser sind geplante Wahlkampfauftritte türkischer Regierungsvertreter im Ausland. Erdoğans Vorwurf: Die Länder stellten sich auf die Seite der Gegner seines Präsidialsystems. »Seht, heute greifen sie in allen europäischen Zeitschriften und Zeitungen diesen euren Bruder an. Was habe ich ihnen denn getan? Was haben sie gegen mich?« Dabei verstoßen Wahlkampfauftritte türkischer Politiker im Ausland und in diplomatischen Vertretungen außerhalb der Türkei nach Artikel 94/A gegen das türkische Wahlgesetz. Die AKP selbst führte das Gesetz 2008 ein. Doch das Gesetz wird von allen Parteien einfach übergangen: In dem Gesetz ist nämlich nicht geregelt, wer dessen Einhaltung kontrolliert und welche Strafen bei Verstößen angewendet werden.

Vor allem mit Deutschland führt der türkische Wahlkampf zu einer Eskalation. Mehrere deutsche Kommunen untersagen Auftritte türkischer Regierungsmitglieder. Die Türkei wirft der Bundesregierung vor, Putschisten und PKK-Extremisten Zuflucht zu gewähren. Zudem ist man in der Türkei verärgert, weil sich die hochrangigen Mitglieder der Bundesregierung nach dem gescheiterten Putschversuch für einen Solidaritätsbesuch lange Zeit gelassen haben. Der damalige Außenminister Frank-Walter Steinmeier (SPD) reiste erst im November nach Ankara. Er bekundete zwar seine Solidarität, kritisierte aber beispielsweise auch die Einschränkung der Pressefreiheit, eine Maßnahme, die das Erdoğan-Regime während des Ausnahmezustands ergriffen hatte.

Die Bundesregierung zeigt sich besorgt über das rabiate Vorgehen gegen die Opposition in der Türkei. In einem Rechtsstaat müsse immer das »Prinzip der Verhältnismäßigkeit« gewahrt werden, mahnt Bundeskanzlerin Merkel.

Die von Ankara geforderte Auslieferung mutmaßlicher Gülen-Anhänger in Deutschland, gegen die in der Türkei ermittelt wird, und ein Interview mit dem Präsidenten des Bundesnachrichtendienstes (BND), Bruno Kahl, erzeugen zusätzliche Spannungen. Kahl sagt dem »Spiegel«, Ankara sei es bislang nicht gelungen, den BND davon zu überzeugen, dass der von Erdoğan beschuldigte Prediger tatsächlich Urheber des Putschversuches gewesen sei. Die Gülen-Bewegung nennt Kahl überraschend verharmlosend »eine zivile Vereinigung zur religiösen und säkularen Weiterbildung«. Die Reaktion der Türkei erfolgt mit der Frage des Verteidigungsministers Fikri Işık, »ob nicht der deutsche Geheimdienst hinter diesem Putsch steckt«.

Deutsch-türkische Spannungen: Armenien, Böhmermann, Nazi-Vergleiche

Die Liste der Streitpunkte zwischen Deutschland und der Türkei ist lang: Ein im März 2016 zwischen der EU und der Türkei vereinbartes Flüchtlingsabkommen sieht vor, dass die Türkei ihren Grenzschutz verstärkt und Flüchtlinge so daran hindert, auf die griechischen Inseln zu gelangen. Dafür stellt die EU finanzielle Mittel zur Verbesserung der Lebensumstände von Flüchtlingen in der Türkei bereit. Flüchtlinge ohne Anspruch auf Asyl werden von den griechischen Inseln zurück in die Türkei gebracht und die EU verpflichtet sich, für jeden dieser so abgeschobenen Flüchtlinge einen syrischen Flüchtling direkt aus der Türkei aufzunehmen. Die Türkei verlangt im Gegenzug Visafreiheit für ihre Bürger bei Reisen in die EU. Das wiederum wird in Deutschland mit Skepsis gesehen.

Ungefähr zur gleichen Zeit greift der ZDF-Moderator Jan Böhmermann Erdoğan mit seinem Gedicht *Schmähkritik* an. Nach seinen Angaben will er damit den Unterschied zwischen erlaubter und verbotener Satire zeigen. Strafrechtliche Ermittlungen, Prozesse, diplomatischer Ärger und hitzige Diskussionen sind die Folge. Der Präsident erstattet Anzeige, die Bundesregierung stimmt den Ermittlungen wegen Beleidigung eines ausländischen Staatsoberhauptes zu, was auch in Deutschland sehr kontrovers diskutiert wird. Im Oktober 2016 stellt die Staatsanwaltschaft Mainz das Verfahren ein. Einer privaten Klage Erdoğans gibt das Hamburger Landgericht in Teilen statt und Böhmermann darf bestimmte Passagen seines Gedichtes nicht mehr veröffentlichen.

Kurz darauf, Ende Juni, verabschiedet der Deutsche Bundestag die Armenien-Resolution und stuft das Massaker der Türken an den Armeniern vor gut 100 Jahren damit als Völkermord ein. Die Regierung in Ankara protestiert gegen diese Entscheidung und spricht von beeinträchtigten Beziehungen zu Deutschland. Türkischstämmige Bundestagsabgeordnete erhalten kurz nach der Abstimmung Drohungen.

Auch die Krise um den türkischen Militärstützpunkt Incirlik wird im Zusammenhang mit der Resolution gesehen: Ankara erlaubt den deutschen Bundestagsabgeordneten mehrere Monate lang nicht, die dort stationierten Bundeswehrsoldaten zu besuchen. Erst unter erheblichem politischen Druck gibt die türkische Regierung nach. In der Folge entscheidet Berlin, die Bundeswehr vom Stützpunkt abzuziehen und sie außerhalb der Türkei, in Jordanien, zu stationieren.

Erdoğan wirft Deutschland immer wieder »Nazi-Methoden« vor. »Wenn sie sich nicht schämen würden, glaub mir, dann würden sie die Gaskammern und Konzentrationslager von Neuem auf die Tagesordnung setzen. Aber momentan trauen sie sich das noch nicht.« Die Entwicklungen in Europa zeigten,»dass der Kampf gegen unser Land und unsere Mission ein neues Stadium erreicht hat«. In Erdoğans Logik offenbaren die Feinde der Türkei nun ihr wahres Gesicht:»Meine Brüder, der Maskenball ist vorüber.«

Die regierungsnahe Tageszeitung»Güneş« zeigt Merkel daraufhin in SS-Uniform und bezeichnet die Bundeskanzlerin als»weiblichen Hitler«.»Du wendest auch gerade Nazi-Methoden an«, sagt der Präsident an Merkels Adresse gerichtet. Oder:»Verehrte Merkel, du unterstützt Terroristen«, so Erdoğan in einem Interview des Senders *A Haber* mit Blick auf die PKK.

Über den Münchner Prozess um die Mordserie des rechtsterroristischen NSU ätzt er:»Ihr habt das noch immer nicht aufgeklärt. Ihr seid Faschisten, Faschisten.« Und schließlich, während einer Ansprache in der Stadt Rize:»Und ich sage, gebt diesen Enkeln des Nationalsozialismus, die diese faschistischen Repressionen anwenden, mit einem ›Ja‹ aus den Urnen und mit Gottes Hilfe die entsprechende Antwort.«

Nach Ansicht von Bundesinnenminister Thomas de Maizière (CDU) will die Türkei mit derartigen Provokationen ein»Reiz-Reaktions-Schema« auslösen.»Ziel ist es, die Türkei in eine Opferrolle und die Kritiker dazu zu bringen, der Verfassungsänderung zuzustimmen, weil sie sich mit der Türkei solidarisch erklären«, sagt de Maizière.

Nur drei Tage vor dem Verfassungsreferendum wirft Erdoğan Europa erneut eine faschistische und islamfeindliche Haltung vor.»Das Make-up im Gesicht Europas zerfließt«, sagt er bei einer Wahlkampfveranstaltung in der Schwarzmeerstadt Giresun.»Das darunterliegende faschistische, rassistische, fremdenfeindliche und islamfeindliche Gesicht hat angefangen, sich zu zeigen. Sie haben nun angefangen zu zeigen, dass sie islamfeindlich sind. Sie können Muslime nicht ertragen.«

Europa sei, so sieht es Erdoğan, allerdings auf die dort lebenden Türken angewiesen.»Was sie auch tun, es ist umsonst. Die Zukunft Europas werden unsere fünf Millionen Brüder formen, die sich aus der Türkei dort angesiedelt haben«, sagt der Staatschef.»Für Europa, dessen Bevölkerung altert, dessen Wirtschaft erlahmt und dessen Kraft versiegt, gibt es keinen anderen Ausweg.«

Mit Drohgebärden zum Sieg

Und trotz all der Repressalien gewinnt Erdoğan – schon wieder. Rund 51,41 Prozent stimmen mit einem Ja, auf das Nein-Lager entfallen 48,59 Prozent. »Wir haben viel zu tun, wir haben noch viel zu erledigen in diesem Land«, sagt Erdoğan nach Bekanntgabe des Sieges. Als er fortfährt:»So Gott will, wird die erste Aufgabe sein…«, unterbricht ihn die Menge mit:»Todesstrafe, Todesstrafe«. Erdoğan bekräftigt: Wenn er dafür nicht die nötige Unterstützung im Parlament bekomme,»dann machen wir eben auch dazu eine Volksabstimmung«.

Seine aggressiven Wahlkampfparolen schrecken viele Auslandstürken nicht davor ab, für ihn zu stimmen. Im Gegenteil, Erdoğans Rechnung geht auf: In den Niederlanden verbucht er mehr als 70 Prozent der Stimmen, in Belgien stimmen 75 Prozent für Ja, in Österreich 73 Prozent. Unter den türkischen Wählern in Deutschland votieren rund 63 Prozent für die Verfassungsänderung.

Der Bundesvorsitzende der Türkischen Gemeinde in Deutschland, Gökay Sofuoğlu, führt die Zustimmung vieler Deutsch-Türken auf Defizite bei der Integration zurück.»Viele Menschen fühlen sich hier ausgegrenzt und diskriminiert«, sagt Sofuoğlu dem WDR. Sie sähen Erdoğan als»ihren Kümmerer« und hätten für ihn gestimmt, ohne sich mit der Verfassungsänderung auseinandergesetzt zu haben. Er werte das Abstimmungsergebnis in Deutschland auch als Zeichen des Protestes. Erdoğan habe Gefühle der Diskriminierung und Ausgrenzung»sehr polemisch aufgegriffen«, sagt er dem SWR. Das Feindbild Europa und Deutschland sei bei den Leuten gut angekommen. Er habe es geschafft, dass viele türkischstämmige Wahlberechtigte in Deutschland mit Ja gestimmt hätten, erklärt der Verbandsvertreter. Der Präsident habe»in Reden viel erzählt, aber kein Wort über die Verfassungsänderung«. Sofuoğlu spricht von einer »bewussten Manipulation«. Nur so lasse sich der Widerspruch, selbst in einer europäischen Demokratie zu leben, aber für einen eher autoritären Staat in der Türkei zu stimmen, erklären.

Präsident Erdoğan und sein Regierungschef Yıldırım sprechen von Sieg. Doch dieser »Sieg« ist so knapp und wackelig – der immer stärker werdende Mann aus Ankara wird seine Macht mit einer noch autokratischeren Politik zementieren müssen. Denn der Sockel, auf dem er jetzt steht, ist höchst bröckelig.

In den Großstädten überwiegt das Nein

Obwohl im Wahlkampf massiv die Medien manipuliert, zahlreiche Verhaftungen im Nein-Lager und von Oppositionspolitikern veranlasst werden, Erdoğan sich bei Dutzenden Auftritten die Kehle nahezu wund schreit und gegen das verfassungsmäßige Neutralitätsgebot verstößt: Immerhin rund die Hälfte der Wähler spricht sich letztlich gegen Erdoğans Superpräsidentschaft aus, mit der er die Reste der defekten Demokratie in eine Autokratie umwandeln will.

In den drei größten Städten des Landes – Istanbul, Izmir und Ankara – entscheiden sich mehr Menschen mit Nein als mit Ja. Damit hat Erdoğan erstmals nach 23 Jahren die Mehrheit in Istanbul verloren. Zunächst war er seit 1994 Bürgermeister, dann stand die von ihm mitgegründete AKP dort immer an erster Stelle. Eine knappe Mehrheit durch Unterdrückung von Gegenstimmen ist eine Niederlage; jetzt steht Erdoğan Millionen Kriminellen im eigenen Land gegenüber – schließlich hat er zuvor die Nein-Anhänger als »Terroristen« diffamiert.

Viel ist von Wahlfälschungen die Rede. Über soziale Medien werden Aufnahmen veröffentlicht, die zeigen, wie syrische Geflüchtete ohne Türkischkenntnisse zur Stimmenabgabe bewegt werden. Auf Bildern ist zu sehen, wie im ostanatolischen Van in einem Wahlkreisbüro bewaffnete Soldaten neben den Wahlurnen stehen – als Einschüchterung gedacht. Kurdische Medien berichten, dass in

Karaköprü, einer Kreisstadt in der Provinz Urfa, ein AKP-Wahllo-kalvorsteher die Wähler dazu gezwungen habe, ihre Stimmen offen abzugeben.

Die Oppositionspartei CHP behauptet, die halbstaatliche Nachrichtenagentur *Anadolu* habe stundenlang falsche Ergebnis-se zugunsten des Regierungslagers veröffentlicht. Zur selben Zeit meldet die regierungskritische Tageszeitung »Cumhuriyet«, dass der türkische Wahlrat erstmals auch nicht offiziell abgestempelte Zettel für gültig erklärt und damit die Manipulationsmöglichkeiten er-heblich erleichtert habe. Die Wahlkommission verteidigt später ihre umstrittene Entscheidung.

Beobachter der Organisation für Sicherheit und Zusammenar-beit in Europa (OSZE) kritisieren, dass bei der Wahl gegen interna-tionale Standards verstoßen worden sei. Außenminister Çavuşoğlu weist den OSZE-Bericht zurück. Der Bericht enthalte mehrere Fehler, die absichtlich eingefügt worden seien, kommentiert er. Außerdem sei die Untersuchung nicht objektiv, sondern »extrem parteiisch«.

Der knappe Ausgang des Türkei-Referendums bringt Erdoğan aus Sicht vieler internationaler Zeitungen in eine missliche Lage. Die italienische Tageszeitung »La Repubblica« schreibt: »Das Er-gebnis des türkischen Referendums steht auf der Kippe zwischen of-fiziellem Erfolg und einem politischen Affront.« Erdoğan habe sich mehr erhofft – überzeugt davon, dass er genügend Charisma und Popularität habe. Das Blatt schlussfolgert: »Das unerwartete Ergeb-nis von Sonntag hat uns gezeigt, dass dieses große Land resistent ist gegen die Verrücktheiten seines Anführers.« Die spanische Zeitung »La Vanguardia« kommentiert: »Diejenigen, die von Sieg sprechen, können dies nicht tun, ohne noch andere Wörter hinzuzufügen: Pyrrhussieg, minimal, eng, bitter, umstritten.« Erdoğan bekomme nun beispiellos weitreichende Macht, schreibt die britische Zeitung »The Guardian«. Damit sei die Türkei in ein erschreckendes und unvorhersehbares neues Kapitel ihrer politischen Geschichte ein-getreten. »Mit der Umsetzung dieser Reformen wird die Türkei fast in ein Sultanat verwandelt – nahezu 100 Jahre, nachdem Atatürk auf den Ruinen des Osmanischen Reichs die türkische Republik gründete.«

Die regierungsnahe Tageszeitung »Yeni Akit« freut sich erwartungsgemäß über das Ergebnis. Sie veröffentlicht eine Todesanzeige, mit der sie die Beerdigung der alten türkischen Republik ankündigt: Für den Tag nach der Wahl, den 17. April.

Wie weiter im Erdoğan-Land – Nachwort

»Korkma – hab' keine Angst«, so beginnt die türkische Nationalhymne, der *İstiklâl Marşı*. Aber genau das möchte Erdoğan: gefürchtet werden. Er hat seine eigenen Leute mittlerweile so aufgepeitscht, dass sie gemeinsam mit ihm rücksichtslos gegen alles und jeden vorgehen, der seine Meinung nicht teilt. »Macht das Licht an, die Türkei soll heller werden« – mit diesem Slogan warb die AKP einst, aber die Türkei heute ist ein Land der Furcht vor der Staatsgewalt, die zu sehr vielem bereit ist. Ihr »Leader« – so wird Erdoğan in der Türkei liebevoll genannt – hat die Vision eines Landes, das nicht länger Rücksicht auf ethnische oder religiöse Minderheiten, internationale Kritiker und erprobte Anstandsregeln nehmen will. Mit emotionaler Rohheit greift er deswegen jeden an, der ihm bei der Erfüllung seines Traumes im Wege steht.

Er ist eine einzigartige Figur. Kein anderer türkischer Präsident seit Atatürk weist solch ein schillerndes Leben auf. Sein größtes Alleinstellungsmerkmal ist jedoch mittlerweile seine Skrupellosigkeit. Mit einem oft grimmigen Gesicht, einem einschüchternden Blick, und einer beleidigenden Rhetorik. Gelegentlich beginnt er seine Sätze mit einem »Ey!«, wenn er wieder irgendwen im Visier hat. Ein Populismus, der seinen Anhängern imponiert. Denn viele sind empfänglich für seine autoritäre Vision eines starken Mannes, für seine Dreistigkeit und seine einfachen Lösungen, die er entschieden durchsetzt. Es fehlt ihm jede Form von kritischer Selbstwahrnehmung, er vertraut nur sich und seinen Impulsen.

Noch zu Beginn seiner Amtszeit als Ministerpräsident war er Antreiber eines positiven gesellschaftlichen Wandels. Er suchte die Versöhnung mit den Kurden, baute friedliche Beziehungen zu den Nachbarstaaten auf, die Wirtschaft boomte. Heute ist der Friedensprozess beendet, die Wirtschaft stagniert, der Bürgerkrieg von nebenan ist dank Erdoğans zweifelhafter Syrienpolitik längst ein innenpolitisches Problem. War die Türkei vor einigen Jahren noch weitgehend stabil, ist sie heute zerrüttet. Ein Zustand, in dem das Land starke Partner braucht – doch die gibt es nicht. Aussichten darauf, dass der Kurdenkonflikt sich demnächst wieder befriedet, gibt es momentan nicht. Und auch wenn die AKP sich mit der PKK wieder an einen Verhandlungstisch setzen sollte, dann hat sie mittlerweile eine Generation von kurdischen Jugendlichen herangezogen, die im Südosten miterleben mussten, wie sie wegen ihrer Herkunft zu Zielscheiben der Regierung wurden – und diese Generation wird sich irgendwann für diese Brutalität rächen.

Europa ist wegen der Flüchtlingskrisen abhängig von einem Mann, der von demokratischen Grundwerten nicht allzu viel hält, der nicht vor bürgerkriegsähnlichen Szenarien im eigenen Land zurückschreckt, der nationalistische Wogen schürt, der systematisch die Pressefreiheit aushöhlt, der Kritiker – und seien sie noch so jung – persönlich verklagt, der Andersdenkende überhaupt als heruntergekommene Schwächlinge, Volksfeinde, Landesverräter oder gar als Terroristen darstellt. Immer wieder werden Wirtschaftskrisen prophezeit, und die innen- als auch außenpolitische Instabilität sowie das Treiben der Massenmörder des IS an der türkisch-syrischen Grenze und in der Türkei tragen dazu bei, dass Anleger ihr Vertrauen verlieren.

In dieser Treibhausatmosphäre bastelt er einfach fleißig weiter an seiner muslimischen Autokratie. Das ist die Momentaufnahme der Türkei im Januar 2018.

Anhang

Aussprachehilfe für das Türkische

C c [dʒ] stimmhaftes dsch wie in »Cami« (»Moschee«)
Ç ç [tʃ] stimmloses tsch wie in »Çerkes« (»Tscherkesse«)
Ğ ğ [:] ein weiches g, dass den vorangegangenen Vokal dehnt und kaum zu hören ist (»Erdoğan«)
I ı [ɨ] ganz dumpfes und kurzes i wie in »Isparta« (»Isparta«)
Ss [s] wie ein scharfes s gesprochen
Ş ş [ʃ] stimmloses sch wie in »Schule«
Zz [z] stimmhaftes s wie in »Zonguldak« (»Zonguldak«)

Wichtige türkische Parteien von 1923 bis heute

AKP Adalet ve Kalkınma Partisi – Partei für Gerechtigkeit und Aufschwung oder Partei für Gerechtigkeit und Entwicklung, gegründet 2001 u.a. auch von Recep Tayyip Erdoğan, islamisch-konservativ

ANAP Anavatan Partisi – Mutterlandspartei, gegründet 1983 durch Turgut Özal, liberal-konservativ

AP Adalet Partisi – Gerechtigkeitspartei, gegründet 1961, 1964 bis 1980, Vorsitz Süleyman Demirel, national-konservativ

BDP Barış ve Demokrasi Partisi, kurdisch: Partiya Aştî û Demokrasiyê – Partei des Friedens und der Demokratie, gegründet 2011, Vorsitzender Selahattin Demirtaş, pro-kurdisch

CHP Cumhuriyet Halk Partisi – Republikanische Volkspartei, gegründet 1923 durch Mustafa Kemal Atatürk, kemalistisch-sozialdemokratisch

DP Demokrat Parti – Demokratische Partei, gegründet 1946, u.a. von Adnan Menderes, konservativ-liberal

DTP Demokratik Toplum Partisi, kurdisch: Partiya Civaka Demokratîk – Partei der demokratischen Gesellschaft, gegründet 2005, pro-kurdisch

DSP Demokratik Sol Parti – Demokratische Linkspartei, gegründet 1985 von Rahşan Ecevit, der Ehefrau von Bülent Ecevit, sozialdemokratisch

DYP Doğru Yol Partisi – Partei des Rechten Weges, gegründet 1983, Vorsitz 1987 bis 1993 Süleyman Demirel, 1993 bis 1996 Tansu Çiller, konservativ

FP Fazilet Partisi – Tugendpartei, 1997, islamistisch

HADEP Halkın Demokrasi Partisi – Partei der Demokratie des Volkes, kurdisch: Partiya Demokrasiya Gel, gegründet 1994, pro-kurdisch

HDP Halkların Demokratik Partisi – Demokratische Partei der Völker, gegründet 2012, Vorsitzende Selahattin Demirtaş und Figen Yüksekdağ, pro-kurdisch

MHP Milliyetçi Hareket Partisi – Partei der Nationalen Bewegung, gegründet 1969 von Alparslan Türkeş, ultranationalistisch

MNP Milli Nizam Partisi – Nationale Ordnungspartei, gegründet 1970 von Necmettin Erbakan, islamistisch

MSP Millî Selamet Partisi – Nationale Heilspartei, gegründet 1972, islamistisch

RP Refah Partisi – Wohlfahrtspartei, gegründet 1972, islamistisch

SP Saadet Partisi – Partei der Glückseligkeit, gegründet 2001, islamistisch

Die Regierungen der Türkei seit 1923

Quelle: http://www.basbakanlik.gov.tr

Ministerpräsident	Partei	Amtszeit	Regierungsart
Mustafa Kemal Atatürk		03.05.1920–24.01.1921	I. Rat der Vollzugsbeauftragten
Fevzi Paşa (Çakmak)		24.01.1921–19.05.1921	II. Rat der Vollzugsbeauftragten
Fevzi Paşa (Çakmak)		19.05.1921–09.07.1922	III. Rat der Vollzugsbeauftragten
Hüseyin Rauf Bey (Orbay)		12.07.1922–04.08.1923	IV. Rat der Vollzugsbeauftragten
Ali Fethi Bey (Okyar)		14.08.1923–27.10.1923	V. Rat der Vollzugsbeauftragten
İsmet Paşa (İnönü)	CHP	01.11.1923–06.03.1924	Einparteienregierung
İsmet Paşa (İnönü)	CHP	06.03.1924–22.11.1924	Einparteienregierung
Ali Fethi Bey (Okyar)	CHP	22.11.1924–03.03.1925	Einparteienregierung
İsmet Paşa (İnönü)	CHP	03.03.1925–01.11.1927	Einparteienregierung
İsmet Paşa (İnönü)	CHP	01.11.1927–27.09.1930	Einparteienregierung
İsmet Paşa (İnönü)	CHP	27.09.1930–04.05.1931	Einparteienregierung
İsmet Paşa (İnönü)	CHP	04.05.1931–01.03.1935	Einparteienregierung

Ministerpräsident	Partei	Amtszeit	Regierungsart
Ismet Paşa (İnönü)	CHP	01.03.1935–25.10.1937	Einparteienregierung
Mahmut Celal Bayar	CHP	25.10.1937–11.11.1938	Einparteienregierung
Mahmut Celal Bayar	CHP	11.11.1938–25.01.1939	Einparteienregierung
Refik Saydam	CHP	25.01.1939–03.04.1939	Einparteienregierung
Refik Saydam	CHP	03.04.1939–09.07.1942	Einparteienregierung
Şükrü Saracoğlu	CHP	09.07.1942–09.03.1943	Einparteienregierung
Şükrü Saracoğlu	CHP	09.03.1943–07.08.1946	Einparteienregierung
Mehmet Recep Peker	CHP	07.08.1946–10.09.1947	Einparteienregierung
Hasan Saka	CHP	10.09.1947–10.06.1948	Einparteienregierung
Hasan Saka	CHP	10.06.1948–16.01.1949	Einparteienregierung
Şemsettin Günaltay	CHP	16.01.1949–22.05.1950	Einparteienregierung
Adnan Menderes	DP	22.05.1950–09.03.1951	Alleinregierung
Adnan Menderes	DP	09.03.1951–17.05.1954	Alleinregierung
Adnan Menderes	DP	17.05.1954–09.12.1955	Alleinregierung

Ministerpräsident	Partei	Amtszeit	Regierungsart
Adnan Menderes	DP	09.12.1955–25.11.1957	Alleinregierung
Adnan Menderes	DP	25.11.1957–27.05.1960	Alleinregierung
Cemal Gürsel	parteilos	30.05.1960–05.01.1961	Übergangsregierung
Emin Fahrettin Özdilek	parteilos	05.01.1961–20.11.1961	Übergangsregierung
İsmet Paşa (İnönü)	CHP, AP	20.11.1961–25.06.1962	Koalitionsregierung
İsmet Paşa (İnönü)	CHP, YTP, CKMP, Unabh.	25.06.1962–25.12.1963	Koalitionsregierung
İsmet Paşa (İnönü)	CHP, Unabh.	25.12.1963–20.02.1965	Koalitionsregierung
Suat Hayri Ürgüplü	AP, YTP, CKMP, Unabh.	20.02.1965–27.10.1965	Koalitionsregierung
Süleyman Demirel	AP	27.10.1965–03.11.1969	Alleinregierung
Süleyman Demirel	AP	03.11.1969–06.03.1970	Alleinregierung
Süleyman Demirel	AP	06.03.1970–26.03.1971	Alleinregierung
Nihat Erim	parteilos	26.03.1971–11.12.1971	Nationale Einheitsregierung
Nihat Erim	AP, CHP	11.12.1971–22.05.1972	Koalitionsregierung
İlhan Öztrak		22.05.1972–15.04.1973	Alleinregierung

Ministerpräsident	Partei	Amtszeit	Regierungsart
Mehmet Naim Talu		15.04.1973–26.01.1974	Alleinregierung
Mustafa Bülent Ecevit	CHP, MSP	26.01.1974–17.11.1974	Koalitionsregierung
Sadi Irmak	parteilos	17.11.1974–31.03.1975	Überparteienregierung
Süleyman Demirel	AP, MSP, CGP, MHP	31.03.1975–21.06.1977	I. Nationalistische Front
Mustafa Bülent Ecevit	CHP	21.06.1977–21.07.1977	Minderheitsregierung
Süleyman Demirel	AP, MSP, MHP	21.07.1977–05.01.1978	II. Nationalistische Front
Mustafa Bülent Ecevit	CHP, CGP, Unabh.	05.01.1978–12.11.1979	Koalitionsregierung
Süleyman Demirel	AP, MHP, MSP, Unabh.	12.11.1979–12.09.1980	Minderheitsregierung
Bülent Ulusu	parteilos	12.09.1980–13.12.1983	Übergangsregierung
Turgut Özal	ANAP	13.12.1983–21.12.1987	Alleinregierung
Turgut Özal	ANAP	21.12.1987–09.11.1989	Alleinregierung
Yıldırım Akbulut	ANAP	09.11.1989–23.06.1991	Alleinregierung
Ahmet Mesut Yılmaz	ANAP	23.06.1991–20.11.1991	Alleinregierung
Süleyman Demirel	DYP, SHP	20.11.1991–25.06.1993	Koalitionsregierung
Tansu Çiller	DYP	25.06.1993–05.10.1995	Alleinregierung

Ministerpräsident	Partei	Amtszeit	Regierungsart
Tansu Çiller	DYP	05.10.1995–30.10.1995	Alleinregierung
Tansu Çiller	DYP	30.10.1995–06.03.1996	Alleinregierung
Ahmet Mesut Yılmaz	ANAP	06.03.1996–23.06.1996	Alleinregierung
Necmettin Erbakan	RP, DYP	28.06.1996–30.06.1997	Koalitionsregierung
Ahmet Mesut Yılmaz	ANAP, DSP, MHP	30.06.1997–11.01.1999	Koalitionsregierung
Mustafa Bülent Ecevit	ANAP, DSP, MHP	11.01.1999–28.05.1999	Koalitionsregierung
Mustafa Bülent Ecevit	ANAP, DSP, MHP	28.05.1999–18.11.2002	Koalitionsregierung
Abdullah Gül	AKP	18.11.2002–11.03.2003	Alleinregierung
Recep Tayyip Erdoğan	AKP	11.03.2003–28.08.2007	Alleinregierung
Recep Tayyip Erdoğan	AKP	29.08.2007–06.07.2011	Alleinregierung
Recep Tayyip Erdoğan	AKP	06.07.2011–29.08.2014	Alleinregierung
Ahmet Davutoğlu	AKP	29.08.2014–28.08.2015	Alleinregierung
Ahmet Davutoğlu	AKP, HDP	28.08.2015–24.11.2015	Koalitionsregierung
Ahmet Davutoğlu	AKP	24.11.2015–24.05.2016	Alleinregierung
Binali Yıldırım	AKP	24.05.2016–	Alleinregierung

Zeittafel

1914 Das Osmanische Reich tritt im November an der Seite Deutschlands und Österreich-Ungarns in den Ersten Weltkrieg ein.

1915 Am 24. April Beginn des Genozids an den Armeniern.

1918 Am 30. Oktober wird der Waffenstillstand von Mudros beschlossen. Ende des Ersten Weltkriegs für das Osmanische Reich.

1919 Am 19. Mail Beginn des sogenannten Unabhängigkeitskriegs, der bis zum 29. Oktober 1923 andauert.

1920 Am 10. August wird der Friedensvertrag von Sèvres unterzeichnet. Das Osmanische Reich wird von den Alliierten aufgeteilt.

1923 Am 24. Juli wird der Vertrag von Lausanne unterzeichnet, und damit der Vertrag von Sèvres revidiert. Die Türkei wird zu einem souveränen Staat, die bis heute gültigen Grenzen werden festgelegt. Am 29. Oktober wird die Republik ausgerufen. Erster Präsident wird Mustafa Kemal Atatürk.

1924 Am 20. April wird die erste Verfassung der Republik verabschiedet. Beginn der kemalistischen Kulturrevolution. So wird u.a. in den nächsten Jahren die Schrift latinisiert, das Schweizer Zivilgesetzbuch übernommen, der Laizismus wird in der Verfassung verankert.

1932 Beitritt zum Völkerbund am 18. Juli.

1938 Am 10. November stirbt Atatürk. Ismet Inönü wird neuer Staatspräsident und Vorsitzender der CHP.

1945 Am 23. Februar erklärt die Republik Deutschland den Krieg. Einen Tag später wird die Türkei Gründungsmitglied der Vereinten Nationen

1946 Mit der Gründung der DP am 7. Januar endet das Einparteiensystem.

1949 Im August Beitritt zum Europarat.

1950 Die DP gewinnt die Parlamentswahlen am 14. Mai mit 55,2 Prozent.

1952 Die Türkei wird am 18. Februar NATO-Mitglied.

1954 Recep Tayyip Erdoğan wird am 26. Februar geboren. Am 2. Mai gewinnt die DP erneut mit 58,4 Prozent die Parlamentswahlen.

1957 Zum dritten Mal in Folge gewinnt die DP am 27. Oktober die Parlamentswahlen mit 48 Prozent.

1959 Die Türkei bewirbt sich am 31. Juni um eine Mitgliedschaft in der Europäischen Wirtschaftsgemeinschaft (EWG).

1960 Erster Militärputsch: Am 27. Mai übernimmt das Militär die Macht Am 16. August erklärt Zypern seine Unabhängigkeit.

1961 Mit der Verabschiedung einer neuen Verfassung am 9. Juli beginnt die Ära der „zweiten Republik" Am 17. September wird Adnan Menderes hingerichtet. Die ersten Parlamentswahlen nach dem Putsch am 15. Oktober gewinnt die CHP mit 36,7 Prozent. Am 30. Oktober schließt die Bundesrepublik ein Anwerbeabkommen mit der Türkei.

1963 Am 12. September schließen die EWG und Ankara ein Assoziierungsabkommen.

1965 Am 10. Oktober gewinnt Süleyman Demirels AP mit 52,9 Prozent die Parlamentswahlen. Erdoğan beginnt mit dem Besuch der Grundschule

1969 Die Parlamentswahlen am 12. Oktober gewinnt erneut die AP mit 46,5 Prozent der Stimmen.

1970 Am 26. Januar wird die MNP gegründet, der Erdoğan beitritt.

1971 Zweiter Militärputsch: Am 12. März muss die Regierung auf Druck der Junta zurücktreten.

1973 Die Parlamentswahlen am 14. Oktober gewinnt die CHP mit 33,3 Prozent. Erdoğan beginnt mit dem Besuch einer Imam-Hatip-Schule.

1974 Am 25. Januar bildet sich das Kabinett Ecevit (CHP) unter Beteiligung von Erbakans MSP. Nachdem griechische Zyprioten den Anschluß an Griechenland verkündet hatten, besetzten türkische Truppen den Nordteil Zyperns.

1975 Nach den Parlamentswahlen am 12. Oktober bildet sich die Regierung der „Nationalen Front" unter Süleyman Demirel.

1977 Am 5. Juni gewinnt die CHP mit 33,3 die vorgezogenen Parlamentswahlen.

1978 Am 4. Juli heiraten Erdoğan und Emine Gülbaran.
Am 27. November wird u.a. von Abdullah Öcalan die PKK gegründet.

1979 Die Parlamentswahlen am 14. Oktober gewinnt die AP mit 54 Prozent.

1980 Am 12. September putscht das Militär zum dritten Mal.

1981 Erdoğan macht einen Abschluss als Betriebswirt an der Istanbuler Marmara-Universität.

1983 Am 19. Juli wird als Nachfolgepartei der MSP die RP gegründet. Erdoğan wird Istanbuler Vorsitzender.
Am 6. November gewinnt die ANAP die Parlamentswahlen mit 45,1 Prozent.
Am 15. November wird die „Türkische Republik Nordzypern" gegründet.

1984 Die PKK beginnt mit bewaffneten Aktionen

1987 Im April übergibt die Türkei der Europäischen Gemeinschaft ihren Antrag auf Vollmitgliedschaft. Die Kommission lehnt 1989 ab.
Die Parlamentswahlen vom 29. Oktober gewinnt die ANAP mit 36,3 Prozent.

1991 Am 20. Oktober gewinnt die DYP mit 27,3 Prozent die Parlamentswahlen.

1994 Erdoğan gewinnt am 27. März die Wahlen für das Bürgermeisteramt Istanbuls.

1995 Am 24. Dezember gewinnt die RP mit 21,4 Prozent der Stimmen die Parlamentswahlen.

1996 Am Januar tritt die Zollunion zwischen der Türkei und der EU in Kraft.

1997 Am 28. Februar wird Ministerpräsident Necmettin Erbakan vom Militär in einem „sanften Putsch" zum Rücktritt gezwungen.

1999 Am 13. Februar wird Öcalan von einem türkischen Spezialkommando in Nairobi festgenommen.
Am 26. März tritt Erdoğan eine viermonatige Haftstrafe an. Er war wegen dem Vortragen eines nationalistischen Gedichts verurteilt worden.
Die Parlamentswahlen am 18. April gewinnt die DSP mit 22,2 Prozent.

Am 11. Dezember gewährt die EU der Türkei auf dem Helsinki-Gipfel den Status als Beitrittskandidat.

2001 Am 14. August wird die AKP gegründet

2002 Bei den Parlamentswahlen am 3. November gewinnt die AKP mit 34,3 Prozent als stärkste Kraft.

2003 Am 14. März übernimmt Erdoğan das Amt des Ministerpräsidenten.

2004 Bei den Kommunalwahlen am 28. März gewinnt die AKP mit 41,8 Prozent.
Am 24. April entscheidet sich bei einer Volksabstimmung die Mehrheit der Griechen für die weitere Teilung Zyperns.

2005 Am 3. Oktober nimmt die EU Beitrittsverhandlungen mit der Türkei auf.
2007 Das Militär droht am 27. Mai mit einem Putsch.
Die vorgezogenen Parlamentswahlen am 22. Juli gewinnt die AKP mit 46,6 Prozent.
Bei einer Volksabstimmung am 21. Oktober stimmen 68,9 Prozent für eine Direktwahl des Präsidenten ab 2014.
2008 Am 30.Juli entscheidet das Verfassungsgericht mit knapper Mehrheit gegen ein AKP-Verbot.
Am 20. August beginnt das Verfahren gegen die sogenannten Ergenekon-Verschwörer.

2009 Vor dem Hintergrund der Wirtschaftskrise gewinnt die AKP bei den Kommunalwahlen am 29. März mit 38,9 Prozent

2010 Bei einem Referendum am 12. September stimmen 57,9 Prozent der Wähler einer umfassenden Verfassungsreform zu.

2011 Bei den Parlamentswahlen am 12. Juni kommt die AKP auf 49,8 Prozent.

2013 Ende Mai starten die Gezi-Proteste.
Am 17. Dezember beginnt der größte Korruptionsskandal des Landes.

2014 Die Kommunalwahlen am 30. März entscheidet die AKP mit 42,8 Prozent.
Bei dem größten Grubenunglück des Landes in Soma sterben 301 Bergleute.
Am 10. August wird Erdoğan in der ersten Runde mit 51,8 Prozent der Stimmen zum ersten, direkt vom Volk gewählten Präsident gewählt.

2015 Bei den Parlamentswahlen am 7. Juni holt die AKP 40,9 Prozent. Am 10. Oktober sterben beim verheerendsten Terroranschlag des Landes rund 100 Menschen in Ankara. Die Neuwahlen am 1. November gewinnt die AKP mit 49,5 Prozent.

2016 Am 15. Juli scheitert ein von Teilen des Militärs unternommener Putschversuch.

2017 Am 16. April stimmt die Mehrheit der Wahlberechtigten bei einem Referendum für Erdoğans Präsidialsystem.

Literatur

Abadan-Unat, Nermin (Hg.): Die Frau in der türkischen Gesellschaft, Frankfurt/M. 1985

Ackermann, Michael: Türkisch-Zypern. Geschichte und Gegenwart, Bad Kissingen 1997

Adanır, Fikret: Geschichte der Republik Türkei, Mannheim 1995

Agai, Bekim: Islam und Kemalismus in der Türkei, Berlin 2004

Ahmad, Feroz: The Turkish Experiment in Democracy 1950–74, London 1977

Ahmad, Feroz: Demokrasi Sürecinde Türkiye 1945–1980, Istanbul 1996

Ahmad, Feroz: Geschichte der Türkei, Essen 2005

Ahmad, Feroz: The Making of Modern Turkey, London 1993

Ahmed, Laila: Women and Gender in Islam, New Haven 1992

Akçam, Taner: Armenien und der Völkermord. Die Istanbuler Prozesse und die türkische Nationalbewegung, Hamburg 1996

Akçam, Taner: A Shameful Act. The Armenian Genocide and the Question of Turkish Responsibility, London 2007

Akdoğan, Yalçın: Ak Parti ve Muhafazakar Demokrasi (Die AKP und konservative Demokratie), Istanbul 2004

Akşin, Abdülhat: Atatürk'un Dış Politika Ilkeleri ve Diplomasisi (Atatürks außenpolitische Prinzipien und Diplomatie), Istanbul 1964

Akşin, Sina: Turkey: from Empire to Revolutionary Republic. The Emergence of the Turkish Nation from 1789 to the Present, London 2007

Anderson, Perry: Nach Atatürk. Die Türken, ihr Staat und Europa, Berlin 2009

Andrews, Peter Alford; Benninghaus, Rüdiger: Ethnic Groups in the Republic of Turkey, Wiesbaden 1989

Atatürk Gasi Mustafa Kemal Pascha: Der Weg zur Freiheit 1919–1920, Leipzig 1927

Atatürk Gasi Mustafa Kemal Pascha: Der Weg zur Freiheit 1920–1927, Leipzig 1929

Avcıoğlu, Doğan: Türkiye'nin Düzeni. Dün-Bugün-Yarın, Ankara 1996

Axiarlis, Evangelia: Political Islam and the secular State in Turkey: Democracy, Reform and the Justice and Development Party, London 2014

Aydın, Mustafa: Turkish Foreign Policy Framework and Analysis, Ankara 2004

Bağcı, Hüseyin: Die türkische Außenpolitik während der Regierungszeit Menderes von 1950 bis 1960, Bonn 1988

Bakış, Mehmet Ata: Türkische Nahostpolitik seit dem Zweiten Weltkrieg. Ein Beitrag zur türkischen Außenpolitik (1945–1991), Frankfurt/M. 1993

Belge, Murat (Hg.): Modern Türkiye'de Siyasi Düşünce, 9 Bde., (Politische Anschauungen in der modernen Türkei), Istanbul 2001–08

Bianchi, Robert: Interest Groups and Political Development in Turkey, Princeton 1984

Bozdemir, Mevlüt: Armee und Politik in der Türkei, Frankfurt/M. 1988

Büyükbaş, Hakkı: Die Türkei auf dem Wege zur ›regionalen Großmacht‹. Eine Untersuchung über die regionale Außenpolitik der Türkei nach dem Ende des Ost-West-Konfliktes, Berlin 1998

Çağaptay, Soner: Islam, Secularism and Nationalism in Modern Turkey: Who is a Turk?, London 2006

Çakır, Ruşen: Ne Şeriat Ne Demokrasi. Refah Partisini Anlamak (Weder Scharia noch Demokratie. Die Wohlfahrtspartei verstehen), Istanbul 1994

Çakır, Ruşen; Çalmuk, Fehmi: Recep Tayyip Erdoğan. Bir Dönüşüm Öyküsü (Recep Tayyip Erdoğan. Die Geschichte eines Wandels), Istanbul 2001

Çakır, Ruşen; Sakallı, Semih: 100 soruda Erdoğan. Gülen savaşı (100 Fragen zum Thema Erdoğan. Der »Gülen-Krieg«), Istanbul 2014

Çaman, Mehmet Efe: Türkische Außenpolitik nach dem Ende des Ost-West-Konfliktes, Dissertation, Berlin 2005

Çarkoğlu, Ali; Toprak, Binnaz: Religion, Society and Politics in a Changing Turkey, Istanbul 2007

Çarkoğlu, Ali; Toprak, Binnaz: Değişen Türkiye'de din, toplum ve siyaset (Religion, Gesellschaft und Politik in einer sich wandelnden Türkei), Istanbul 2006

Casier, Marlies; Jongerden, Joost (Hg.): Nationalism and Politics in Turkey: Political Islam, Kemalism and the Kurdish Issue, London 2011

Çetin, Bilal: Türk Siyasetinde Bir Kasımpaşalı: Tayyip Erdoğan (Ein Mann aus Kasımpaşa in der türkischen Politik: Tayyip Erdoğan), Istanbul 2003

Çetin, Muhammed: Turkey's Path to Democratization. Barriers, Actors, Outcomes, New York 2014

Cizre, Ümit (Hg.): Secular and Islamic Politics in Turkey: The Making of the Justice and Development Party, London 2008

Copur, Burak: Neue deutsche Türkeipolitik der Regierung Schröder/Fischer (1998–2005), Hamburg 2012

Davutoğlu, Ahmet: Stratejik Derinlik. Türkiye'nin Uluslararası Konumu (Strategische Tiefe. Die internationale Stellung der Türkei), Istanbul 2001

Davutoğlu, Ahmet: Turkey's Zero-Problems Foreign Policy, in Foreign Policy 2010/05

Demiray, Muhittin: Die regionale Außen- und Sicherheitspolitik der Türkei in der Ära Özal (1983–1993) vor dem Hintergrund der innenpolitischen Entwicklungen, Hamburg 2001

Dodd, Clement Henry: The Crisis of Turkish Democracy, Beverley 1983

Engin, Ismail; Franz, Erhard (Hg.): Aleviler. Kimlik ve Tarih (Alewiten. Identität und Geschichte), Hamburg 2000

Erdoğan, Recep Tayyip: Bu Şarkı Burada Bitmez (Hier endet dieses Lied noch nicht), Istanbul 2001

Evin, Ahmet; Denton, Goeffrey (Hg.): Turkey and the European Community, Opladen 1990

Findley, Carter Vaughn: The Turks in World History, New York 2004

Finkel, Andrew; Sirman, Nükhet (Hg.): Turkish State, Turkish Society, New York 1990

Fisher, Nora Onar: Neo Ottomanism. Historic Legacies and Turkish Foreign Policy, Istanbul 2009

Frech, Siegfried; Öcal, Mehmet (Hg.): Europa und die Türkei, Schwalbach 2006

Fuller, Graham E.: The New Turkish Republic. Turkey as a Pivol State in the Muslim World, Washington 2008

Furniss, Edgar Stephenson Jr.: A New State Faces a Difficult World. The Position of Turkey Today, New Haven 1940

Gerhards, Jürgen; Hölscher, Michael: Kulturelle Unterschiede in der Europäischen Union. Ein Vergleich zwischen Mitgliedsstaaten, Beitrittskandidaten und der Türkei, Wiesbaden 2005

Giannakopoulos, Angelos; Maras, Konstadinos (Hg.): Die Türkei-Debatte in Europa. Ein Vergleich, Wiesbaden 2005

Gieler, Wolfgang; Henrich, Christian-Johannes (Hg.): Politik und Gesellschaft in der Türkei. Im Spannungsverhältnis zwischen Vergangenheit und Gegenwart, Wiesbaden 2010

Göle, Nilüfer: Republik und Schleier. Die muslimische Frau in der modernen Türkei, Berlin 1995

Göle, Nilüfer: The Forbidden Modern. Civilization and Veiling, Ann Arbor/Michigan 1996

Göktürk, Pia Angela: Der Werdegang der modernen Türkei, Istanbul 1983

Gürbey, Gülistan: Außenpolitik in defekten Demokratien. Gesellschaftliche Anforderungen und Entscheidungsprozesse in der Türkei 1983–1993, Berlin/Frankfurt M./New York 2005

Gürek, Harun: AKP'nin müteahhitleri (Die Baumeister der AKP), Istanbul 2008

Hale, William M.: Turkish Politics and the Military, London 1994

Hale, William M.: Turkish Foreign Policy 1774–2000, London 2000

Hale, William M.; Özbudun, Ergun (Hg.): Islamism, Democracy and Liberalism in Turkey. The case of the AKP, New York 2010

Hanioğlu, M. Şükrü: Atatürk. An Intellectual Biography, Princeton 2013

Hendrick, Joshua D.: Gülen. The Ambiguous Politics of Market Islam in Turkey and the World, New York/London 2013

Hermann, Rainer: Wohin geht die türkische Gesellschaft? Kulturkampf in der Türkei, München 2008

Heper, Metin; Sayarı, Sabri: Türkiye de Liderler ve Demokrasi (Politische Eliten und Demokratie in der Türkei), Istanbul 2008

Heper, Metin (Hg.): Politics in the Third Turkish Republic, Boulder 1994

Hirsch, Ernst E.: Die Verfassung der türkischen Republik, Frankfurt/M. 1996

Hoffmann, Judith: Aufstieg und Wandel des politischen Islam in der Türkei, Berlin 2004

Hoş, Mustafa: Big Boss, Istanbul 2014

Hunter, Shireen Tahmaasb: Turkey at the Crossroads. Islamic Past or European Future?, Brüssel 1995

Ihrig, Stefan: Atatürk in the Nazi Imagination, Cambridge/London 2014

Jackh, Ernest: The Rising Crescent. Turkey Yesterday, Today and Tomorrow, New York 1994

Joppien, Charlotte: Die türkische Adalet ve Kalkinma Partisi (AKP). Eine Untersuchung des Programms »Muhafazakar Demokrasi«, Berlin 2011

Karluk, Rıdvan: Avrupa Birliği ve Türkiye (Die Europäische Union und die Türkei), Istanbul 2003

Kaygisiz, Hasan: Menschenrechte in der Türkei. Eine Analyse der Beziehungen zwischen der Türkei und der Europäischen Union von 1990–2005, Frankfurt/M. 2010

Kramer, Heinz: Die Europäische Gemeinschaft und die Türkei, Baden-Baden 1988

Kreiser, Klaus: Geschichte der Türkei. Von Atatürk bis zur Gegenwart, München 2012

Kreiser, Klaus: Atatürk. Eine Biographie, München 2008

Kumbaracıbaşı, Arda Can: Turkish Politics and the Rise of the AKP. Dilemmas of Institutionalization and Leadership Strategy, London/New York 2009

Kündig-Steiner, Werner (Hg.): Die Türkei. Raum und Mensch, Kultur und Wirtschaft in Gegenwart und Vergangenheit, Tübingen/Basel 1974

Leggewie, Claus (Hg.): Die Türkei und Europa. Die Positionen, Frankfurt/M. 2004

Lepsius, Johannes: Bericht über die Lage des armenischen Volkes in der Türkei, Potsdam 1916

Lepsius, Johannes: Der Todesgang des Armenischen Volkes: Bericht über das Schicksal des Armenischen Volkes in der Türkei während des Weltkriegs, Potsdam 1927

Lewis, Bernard: The Emergence of Modern Turkey, London 1961

Liedtke, Berndt: Entwicklungen, Wandlung und Perspektiven innerer Sicherheit in der Türkei. Demokratisierung – Rechtsstaatlichkeit – Europäisierung, Frankfurt/M. 2011

Liel, Alon: Turkey in the Middle East. Oil, Islam and Politics, London 2001

Lundgren, Asa: The Unwelcome Neighbour. Turkey's Kurdish Policy, London 2007

Mango, Andrew: Ataturk. The Biography of the founder of Modern Turkey, London 1999

Martin, Lenore G.; Keridis, Dimitris (Hg.): The future of the Turkish Foreign Policy, Cambridge 2004

McDowall, David: A Modern History of the Kurds, London 1996

Mielke, Christoph: Wandel der türkischen Nahostpolitik. Außenpolitik zwischen regionalem Führungsanspruch und Interessenskonflikt, Berlin 2007

Moser, Brigitte; Weithmann, Michael W.: Die Türkei. Nation zwischen Europa und dem Nahen Osten, Regensburg 2002

Nohl, Arnd-Michael; Pusch, Barbara (Hg.): Bildung und gesellschaftlicher Wandel in der Türkei. Historische und aktuelle Aspekte, Würzburg 2011

Öcal, Mehmet: Die türkische Außen- und Sicherheitspolitik nach dem Ende des Ost-West-Konflikts (1990–2001), Hamburg 2005

Özalp, Osman Nuri: Die türkische Zentralasienpolitik 1990-2007, Hamburg 2008

Özak, Ibrahim Halil; Dağyeli, Yıldırım (Hg.) Die Türkei im Umbruch, Frankfurt/M. 1989

Özbudun, Ergum; Yazici, Serap: Democratization Reforms in Turkey, 1993–2004, Istanbul 2004

Özdemir, Hikmet: Ordunun Olağandışı Rolü, (Die außergewöhnliche Rolle des Militärs), Istanbul 1994

Özkırımlı, Umut (Hg.): The Making of a Protest Movement in Turkey. #Occupygezi, Basingstoke/New York 2014

Oran, Baskın (Hg.): Turkish Foreign Policy – Facts and Analyses with Documents, Utah 2010

Oran, Baskın: Türk Dış Politikası Kurtuluş Savaşından Bugüne Olgular, Belgeler, Yorumlar, Band I 1919–1980, Band II 1980–2000 (Die türkische Außenpolitik. Vom Befreiungskrieg bis heute – Tatsachen und Interpretationen), Istanbul 2001

Pamuk, Muhammed: Yasaklı Umut. Recep Tayyip Erdoğan (Verbotene Hoffnung. Recep Tayyip Erdoğan), Istanbul 2001

Park, Bill: Modern Turkey: People, State and Foreign Policy in a Globalised World, London 2012

Plattner, Hans: Die Türkei. Eine Herausforderung für Europa, München 1999

Riemer, Andrea K.: Die Türkei an der Schwelle zum 21. Jahrhundert. Die Schöne oder der Kranke Mann am Bosporus? Frankfurt/M. 1998

Rubin, Barry und Metin Heper (Hg.): Political Parties in Turkey, London 2002

Rumpf, Christian: Das türkische Verfassungssystem. Einführung mit vollständigem Verfassungstext, Wiesbaden 1996

Rumpf, Christian: Einführung in das türkische Recht, München 2004

Sayarı, Sabri: Political Leaders and Democracy in Turkey, Lanham 2002

Sauter, Dieter: Türkisches Roulette. Die neuen Kräfte am Bosporus, München 2007

Schüler, Harald: Die türkischen Parteien und ihre Mitglieder, Hamburg 1998

Şen, Faruk: Türkei: Land und Leute, München 1991

Seufert, Günter; Kubaseck, Christoph: Die Türkei, München 2004

Seufert, Günter: Politischer Islam in der Türkei. Islamismus als symbolische Repräsentation einer sich modernisierenden muslimischen Gesellschaft, Istanbul 1997

Sever, Ahmet: Abdullah Gül ile 12 yıl: yaşadım, gördüm, yazdım (Zwölf Jahre mit Abdullah Gül). Ich habe es erlebt, gesehen und aufgeschrieben), Istanbul 2015

Steinbach, Udo: Die Türkei im 20. Jahrhundert. Schwieriger Partner Europas, Bergisch Gladbach 1996

Steinbach, Udo: Geschichte der Türkei, München 2000

Steinhaus, Kurt: Soziologie der türkischen Revolution, Frankfurt/M. 1969

Tapper, Richard (Hg.): Islam in Modern Turkey. Religion, Politics and Literature in a Secular State, London 1991

Taşpınar, Ömer: Kurdish Nationalism and Political Islam in Turkey. Kemalist Identity in Transition, New York 2005

Tekin, Üzeyir: AK Partinin Muhafazakar Demokrat Kimliği (Die konservativ-demokratische Identität der AKP), Ankara 2003

Thelen, Sybille: Die Armenierfrage in der Türkei, Bonn 2011

Tibi, Bassam: Die postkemalistische Türkei, in: Internationale Politik, Bd. 53, 1998, Nr.1

Türk, Hakan: R. Tayyip Erdoğan kimdir? (Wer ist R. Tayyip Erdoğan?), Istanbul 2003

Uğur, Mehmet: European Union and Turkey. An Anchor-Credibility Dilemma, Aldershot 1999

Ulugay, Osman: Türkiye kime kalacak? Başbakan'ın yazdırdığı kitap (Wem bleibt die Türkei? Das Buch, das der Ministerpräsident schreiben ließ), Istanbul 2012

Uzgel, Ilhan; Duru, Bülent (Hg.): AKP Kitabı. Bir Dönüşümün Bilançosu, (Das AKP-Buch. Die Bilanz eines Wandels), Istanbul 2013

von Kral, August Ritter: Das Land Kamal Atatürks. Der Werdegang der modernen Türkei, Wien/Leipzig 1935

Wehling, Hans-Georg (Hg.): Türkei. Politik – Gesellschaft – Wirtschaft, Opladen 2002

Weitmann, Michael: Atatürks Erben auf dem Weg nach Westen, München 1997

Werner, Ernst; Markov, Walter: Geschichte der Türken von den Anfängen bis zur Gegenwart, Berlin 1979

White, Jenny: Muslim Nationalism and the New Turks, Princeton 2014

Yavuz, M. Hakan: Islamic Political Identity in Turkey, Oxford 2003

Yavuz, M. Hakan: Secularism and Muslim Democracy in Turkey, Cambridge 2009

Yavuz, M. Hakan: The Emergence of a New Turkey, Utah 2006

Yeşilada, Birol; Rubin, Barry (Hg.): Islamization of Turkey under the AKP Rule, New York 2011

Yilmaz, Turan: Tayyip. Kasımpaşa'dan Siyasetin Ön Saflarına (Tayyip. Von Kasımpaşa in die vordersten Reihen der Politik), Ankara 2001

Yıldırım, Ergün: Ak Parti ve Cemaat. Yeni Türkiye'nin Yeni Aktörleri (Die AKP und die Gülen-Bewegung. Die Akteure der Neuen Türkei), Istanbul 2011

Yoldaş, Yunus: Das politische System der Türkei, Frankfurt/M. 2008

Ziemke, Kurt: Die neue Türkei. Die politische Entwicklung 1914–1929, Stuttgart 1930

Zürcher, Eric: Turkey: A Modern History, New York 1997

Zürcher, Eric: The European Union, Turkey, and Islam, Amsterdam 2004

403

Glossar

Altı Ok »Sechs Pfeile« des Kemalismus – Etatismus, Revolutionismus, Republikanismus, Populismus, Nationalismus und Säkularismus

Atatürkçülük Kemalismus

Ak sauber, rein, weiß, unverbraucht

Ak Saray Weißer Palast – Amtssitz von Erdoğan

Anitkabir Grabdenkmal – Mausoleum für Atatürk

Beyaz Türkler »Weiße Türken« – Bezeichnung für die republikanischen Bildungsbürger, meist aus Großstädten

Cemaat Bezeichnung für religiöse Gemeinschaften

Cemevi Gemeinschaftshaus der Aleviten

Ditib Diyanet İşleri Türk İslam Birliği, Türkisch-Islamische Union der Anstalt für Religion

Diyanet İşleri Başkanlığı Präsidium für Religionsangelegenheiten

Ebedi Şef »Ewige Anführer«, Atatürk

Ergenekon nationalistischer Geheimbund

Ezan Gebetsruf

Fethullahçı Anhänger Fethullah Gülens

Gecekondu über Nacht illegal errichtete Häuser

Gelenekçiler Traditionalisten

Hoca Lehrer

HSYK Hâkimler ve Savcılar Yüksek Kurulu – Hoher Rat der Richter und Staatsanwälte

layiklik Laizismus

Imam-Hatip-Lisesi Schulen für Vorbeter und Prediger, religiöse Gymnasien

İstiklâl Marşı Freiheits- bzw. Unabhängigkeitsmarsch, Nationalhymne

İrtica »religiöse Reaktion«

Millî Görüş Nationale Sicht – Organisation, die ein auf dem Islam basierendes politisches, soziales und wirtschaftliches System anstrebt

Muhafazakar Demokrasi Konservative Demokratie, Parteiprogramm der AKP

MGK Millî Güvenlik Kurulu – Nationaler Sicherheitsrat

MIT Millî İstihbarat Teşkilâtı – Nationaler Nachrichtendienst

MTTB Millî Türk Talebe Birliği – Nationale Union der Türkischen Schüler und Studenten

Müsiad Müstakil Sanayici ve İş Adamları Derneği – Verband unabhängiger Unternehmer und Industrieller, islamischer Unternehmerverband

OYAK Ordu Yardımlaşma Kurumu – Pensionsfonds der türkischen Streitkräfte

PKK Partiya Karkerên Kurdistanê, kurdische Terrororganisation

RTÜK Radyo ve Televizyon Üst Kurulu – Rundfunk und Fernsehrat

Kara Türkler »Schwarze Türken« – islamisch-konservative Türken, meist aus Anatolien stammend

Şeriat Scharia

Türkiye Cumhuriyeti Türkische Republik

Taqiyya Kunst der Verstellung und des Verschweigens der wahren Geisteshaltung gegenüber »Ungläubigen«

Tüsiad Türk Sanayicileri ve İşadamları Derneği – Vereinigung türkischer Industrieller und Unternehmer

UEDT Avrupalı Türk Demokratlar Birliği, Union Europäisch-Türkischer Demokraten

Varoş Armenviertel der Städte

Yenilikçiler Modernisierer

YÖK Yükseköğretim Kurulu – Hochschulrat

405

Namensregister

Abbildungsnachweis

Dank

Dieses Buch wäre ohne die Unterstützung meiner wunderbaren Freunde nicht zu leisten gewesen: Christian F., Christine Keck, Eva Gajek, Gaby Sohl, Julia Herrnböck, N. T., Nicole Gries, Tanja Wynk, Sabrina Klaes und Tabea Grzeszyk.

Ariane Lemme hat mich mit ihren Ermutigungen immer unterstützt und mit ihren journalistischen Anregungen inspiriert. Die Journalistin Annette Maria Rieger hat mir den Raum gegeben, um in Ruhe schreiben zu können. Sebastian Ingenhoff danke ich dafür, dass er so ist, wie er ist. Meine Grundschullehrerin Barbara Skratek hat dieses Buch ermöglicht – weil sie mir einfühlsam das Schreiben und Lesen beigebracht hat.

Besonderer Dank geht an die Arabistin Kerstin Griessmeier, die mit ihrer Arbeit und ihren fachlichen Hinweisen das Buch »gerundet« hat.

Spezieller Dank geht an R. S. – in guten wie in schlechten Zeiten.

Anmerkungen

1 Kreiser, Klaus: Atatürk. Eine Biographie, München 2008, 27

2 Ebd., 261

3 Çakır, Ruşen; Çalmuk, Fehmi: Recep Tayyip Erdoğan. Bir Dönüşüm Öyküsü, (Recep Tayyip Erdoğan. Die Geschichte eines Wandels). Istanbul 2001, 16–17

4 Ebd., 15

5 http://t24.com.tr/haber/erdogan-babam-cok-otoriter-bir-babaydi-yanlis-yaptigimizda-hesaplasirdi,238620

6 Ebd.

7 Siehe Nr. 3, 16–17

8 Ebd.

9 Siehe Nr. 14, 32

10 Ebd., 21

11 Siehe Nr. 3, 25–26

12 Ebd., 20

13 Milliyet, 27. Juni 2000

14 Pamuk, Muhammed: »Yasaklı Umut: Recep Tayyip Erdoğan, (Verbote Hoffnung: Recep Tayyip Erdoğan)«, Istanbul 2001, 21–22

15 http://t24.com.tr/haber/erdogan-babam-cok-otoriter-bir-babaydi-yanlis-yaptigimizda-hesaplasirdi,238620

16 Hürriyet, 24. März 1997

17 Milliyet, 12. Oktober 1994

18 Siehe Nr. 3, 22

19 Ebd., 23

20 Ebd., 23

21 Siehe Nr. 14, 17

22 Siehe Nr. 3, 45

23 Siehe Nr. 3, 26

24 Siehe Nr. 3, 39

25 http://t24.com.tr/haber/erdogan-babam-cok-otoriter-bir-babaydi-yanlis-yaptigimizda-hesaplasirdi,238620

26 Ebd.

27 Ebd.

28 Ebd.

29 Siehe Nr. 3, 36

30 Türk, Hakan: R. Tayyip Erdoğan kimdir?, (Wer ist R. Tayyip Erdoğan?), Istanbul 2003, 33

31 Siehe Nr. 3, 30

32 Siehe Nr. 14, 27

33 Sabah, 26. Dezember 1993

34 Siehe Nr. 14, 49

35 Milliyet, 21. November 1994

36 ATV, Juli 1994

37 Hürriyet, 8. Januar 1995

38 Milliyet, 21. November 1994

39 Sabah, 26. Dezember 1993

40 Hürriyet, 10. Juli 1998

41 Milliyet, 21. November 1994

42 Siehe Nr. 14, 70–71

43 Milliyet, 9. Oktober 1998

44 Siehe Nr. 14, 71–72

45 Milliyet, 9. Oktober 1998

46 Siehe Nr. 14, 71–72

47 Sabah, 21. Juni 1998

48 Ebd.

49 Siehe Nr. 14, 99

50 Ebd., 99–100

51 Süddeutsche Zeitung, 12. Dezember 2002

52 Al-Dschasira, 26. Februar 2006

53 Bei einer Rede in der südosttürkischen Kurdenmetropole Diyarbakir am 12. August 2005

54 Süddeutsche Zeitung, 17. April 2004

55 Claudia Roth in Berlin am 23. Juli 2007

56 http://www.cnnturk.com/2011/turkiye/12/08/basbakan.erdogan.kanser.mi/639780.0/

57 http://www.cumhuriyet.com.tr/haber/turkiye/407387/Gezi_Parki_Davasi_nda_gerekceli_karar_aciklandi.html

58 Günter Seufert, »Überdehnt sich die Bewegung von Fethullah Gülen? Eine türkische Religionsgemeinde als nationaler und internationaler Akteur«, Studie der Stiftung Wissenschaft und Politik, Berlin 2013

59 *Diyanet İşleri Türk İslam Birliği*, Türkisch-Islamische Union der Anstalt für Religion, türkisch

60 *Avrupalı Türk Demokratlar Birliği*, Union Europäisch-Türkischer Demokraten

61 Der Spiegel, 17. Januar 2011

62 https://www.auswaertiges-amt.de/de/aussenpolitik/laender/tuerkei-node/wirtschaft/201964

63 http://www.cumhuriyet.com.tr/haber/turkiye/435407/Can_Dundar_ve_Erdem_Gul_un_Bruksel_e_gonderdigi_mektubun_Almancasi.html#

64 http://www.chp.org.tr/Haberler/15/tanrikulu-turkiye-davutoglun-%20un-o-yayi-gerdigi-gibi-gergin-durumda-11762.aspx

65 https://www.reporter-ohne-grenzen.de/fileadmin/Redaktion/Presse/Downloads/Ranglisten/Rangliste_2015/Rangliste_der_Pressefreiheit_2015.pdf

66 Milliyet, 20. Februar 1994

67 http://www.hurriyet.com.tr/ak-parti-milletvekili-saldirganlara-boy-le-hitap-etti-1-kasim-dan-sonra-defolup-gidecekler-30007675

68 http://www.zaman.com.tr/gundem_dumanli-serbest-karaca-tutuklan-di-ozgur-medyaya-senaryodan-tutuklama_2265359.html

69 http://www.diken.com.tr/yeni-akit-yazari-ersoy-dede-kayyu-mun-el-koydugu-bugundeki-ilk-yazisini-yazdi/

70 https://twitter.com/search?q=Erdogan&src=typd

71 Hürriyet, 10. Juli 1998

72 Stand August 2017

73 http://www.cumhuriyet.com.tr/haber/turkiye/616461/Koprude_linc_edilen_askeri_ogrencinin_ailesi__Sopalarla_parca_parca_edil-mis.html